商务部研究院国家高端智库系列丛书

China's Free Trade Agreements (FTAs) Development Report

2020 中国自由贸易区发展报告

RCEP与中国自由贸易区提升战略前瞻

袁 波 王 蕊 等著

中国商务出版社
CHINA COMMERCE AND TRADE PRESS

图书在版编目（CIP）数据

中国自由贸易区发展报告．2020：RCEP与中国自由贸易区提升战略前瞻/袁波等著．—北京：中国商务出版社，2021.5（2021.10重印）
ISBN 978-7-5103-3790-1

Ⅰ.①中…　Ⅱ.①袁…　Ⅲ.①自由贸易区－研究报告－中国－2020　Ⅳ.①F752

中国版本图书馆CIP数据核字（2021）第075259号

中国自由贸易区发展报告 2020
RCEP与中国自由贸易区提升战略前瞻
ZHONGGUO ZIYOU MAOYIQU FAZHAN BAOGAO 2020
RCEP YU ZHONGGUO ZIYOU MAOYIQU TISHENG ZHANLÜE QIANZHAN
袁　波　王　蕊　等著

出　　版：中国商务出版社
地　　址：北京市东城区安定门外大街东后巷28号　　**邮　　编**：100710
责任部门：商务事业部

总 发 行：中国商务出版社发行部 010－64266193　64515150
直销电话：010－64255862
网　　址：http：//www.cctpress.com
网络零售：http：//shop.162373850.taobao.com/

排　　版：北京嘉年华文图文制作有限责任公司
印　　刷：北京九州迅驰传媒文化有限公司
开　　本：787毫米×1092毫米　1/16
印　　张：25.25　　**字　　数**：479千字
版　　次：2021年5月第1版　　**印　　次**：2021年10月第2次印刷
书　　号：ISBN 978-7-5103-3790-1
定　　价：88.00元

凡所购本版图书有印装质量问题，请与本社综合业务部联系。（电话：010－64212247）

《中国自由贸易区发展报告》编撰委员会

前言

Preface

“十三五”时期是中国经济发展进入新常态后，推动新一轮改革开放的重要时期，而加快实施自贸区战略正是其中的重要内容。按照“十三五”规划“加快实施自由贸易区战略，逐步构筑高标准自由贸易区网络”相关要求，中国在坚定维护多边贸易体制的同时，加快自贸区建设，取得了显著成效。即便在2020年新冠肺炎疫情对经济全球化造成重大影响的形势下，中国仍坚持扩大对外开放，积极推动自贸区建设，成功签署了《区域全面经济伙伴关系协定》（RCEP）和中柬自贸协定，积极推动中日韩、中国—海合会、中国—挪威等自贸谈判。截至目前，中国已与26个国家和地区签署19个自贸协定，自贸伙伴遍及亚洲、欧洲、拉丁美洲、大洋洲和非洲。自贸区已成为中国进一步深化国内改革、扩大高水平开放、深度参与国际规则制订和建设开放型世界经济的重要平台。

“十四五”时期，世界将进入动荡变革期，新冠肺炎疫情影响广泛而深远，逆全球化趋势延续，单边主义、保护主义使中国自贸区建设面临更加复杂的外部环境，与此同时，WTO多边贸易体制改革前景不容乐观，将推动包括中国在内的世界各国加速推进区域经济一体化，美欧日等发达经济体也将加快争夺国际经贸规则制订主导权，中国自贸区建设面临提质升级的迫切要求。2020年10月，《中共中央关于制定国民经济和社会发展第十四个五年规划和二〇三五年远景目标的建议》明确提出，将实施自由贸易区提升战略，积极构建面向全球的高标准自贸区网络。2020年11月，习近平主席先后在第三届中国国际进口博览会和亚太经合组织第二十七次领导人非正式会议上表示，“中国愿同更多国家商签高标准自由贸易协定”“将积极考虑加入全面与进步跨太平洋伙伴关系协定”。可以预见，“十四五”期间，随着自由贸易区提升战略的加快实施，中国的自由贸易区建设将进一步向高质量、高标准的方向发展，不仅将成为国内国外双循环互促发展的新助力，还将协同多边成为全球经济秩序变革的新动力。

本书重点围绕“十三五”期间中国的自由贸易区建设以及相关领域的热点

问题进行分析和研究，共包括四个部分。第一篇是综述，主要梳理回顾“十三五”期间中国自由贸易区建设的新进展以及中国与自由贸易协定伙伴的经贸合作，分析“十四五”期间中国自由贸易区建设面临的新形势，并在此基础上提出“十四五”期间中国自由贸易区建设的思考建议；第二篇是自由贸易协定下的双边经贸合作，对已经签署的 19 个自贸协定进行简要介绍，并分别对中国与自贸伙伴的经贸合作情况进行分析；第三篇是自由贸易区与地方经济，主要对河北、上海、浙江、山东、广东、安徽、江西、河南、湖北、广西、重庆、四川、贵州、西藏、陕西等 15 个省（自治区、直辖市）与自贸伙伴的经贸合作情况进行分析；第四篇是专题篇，主要对 RCEP、东亚经济共同体等当前区域经济一体化和自由贸易协定研究领域的热点问题进行分析。

全书由商务部国际贸易经济合作研究院亚洲研究所宋志勇所长组织撰写，袁波、王蕊负责具体协商、组织拟定提纲以及全书统稿与撰写工作，宋志勇、朱思翘、张雪妍、潘怡辰、赵晶、石新波、刘洪伯、刘艺卓、蔡桂全、卢武贤、段丹等参加了本书的写作工作。对外经济贸易大学李光辉教授为本书的撰写和出版提供了大量支持与指导工作。本书写作过程中，得到了商务部国际司、世贸司、政研室以及河北、上海、浙江、山东、广东、安徽、江西、河南、湖北、广西、重庆、四川、贵州、西藏、陕西等地商务部门的大力支持，在此表示诚挚的谢意。此外，本书的问世也要感谢赵桂茹女士专业、细致和谨慎的编辑与出版工作。

写作过程中，作者查阅大量资料，向许多专家请教，多次进行修改，但由于时间仓促，研究水平有限，不足之处在所难免，还请广大读者批评指正。

作　者

2021 年 1 月

目　录

第一篇

综　述*

* 本部分由王蕊统稿。

第一章 “十三五”期间中国自由贸易区建设的新进展*

“十三五”时期（2016—2020 年）是中国经济发展进入新常态后，推动新一轮改革开放的重要时期。在“十二五”期末的 2015 年 12 月，国家专门出台《国务院关于加快实施自由贸易区战略的若干意见》，为中国自由贸易区（以下简称自贸区）建设做出“顶层设计”，明确提出要“坚持与推进共建‘一带一路’和国家对外战略紧密衔接，坚持把握开放主动和维护国家安全，逐步构筑起立足周边、辐射‘一带一路’、面向全球的高标准自由贸易区网络”。① 2016 年 3 月公布的“十三五”规划也要求“加快实施自由贸易区战略，逐步构筑高标准自由贸易区网络”。② 2017 年 10 月，党的十九大进一步提出要“促进自由贸易区建设，推动建设开放型世界经济”。③ 习近平主席在 2020 年 11 月举行的第三届中国国际进口博览会上表示，“中国愿同更多国家商签高标准自由贸易协定”。④ 总体来看，“十三五”期间，中国自贸区建设取得积极进展，成为进一步深化国内改革、扩大高水平开放、深度参与国际规则制订的重要平台。尽管 2020 年新冠肺炎疫情对经济全球化造成重大影响，但中国仍坚持扩大对外开放，积极推动自贸区建设，促进国内国际经济联动，争取为双循环新发展格局提供强大助力。

一、高标准自由贸易区网络逐步形成

“十三五”期间，中国积极推动自贸区谈判与实施，自贸区网络逐步扩大。截至 2020 年年底，中国已签署协定的自贸区共 19 个，其中，“十三五”期间签署的自贸

---

* 本部分作者为王蕊。

① 国务院．国务院关于加快实施自由贸易区战略的若干意见［EB/OL］. http://www.gov.cn/zhengce/content/2015—12/17/content_10424.htm，2015—12—17.

② 新华社．中华人民共和国国民经济和社会发展第十三个五年规划纲要［EB/OL］. http://www.gov.cn/xinwen/2016—03/17/content_5054992.htm，2016—03—17.

③ 新华社．决胜全面建成小康社会夺取新时代中国特色社会主义伟大胜利——在中国共产党第十九次全国代表大会上的报告［EB/OL］. http://www.gov.cn/zhuanti/2017—10/27/content_5234876.htm，2017—10—27.

④ 新华社．习近平在第三届中国国际进口博览会开幕式上的主旨演讲［EB/OL］. http://www.cppcc.gov.cn/zxww/2020/11/05/ARTI1604536226723106.shtml，2020—11—05.

协定或升级协定有8个，包括与格鲁吉亚、马尔代夫、毛里求斯和柬埔寨新签的4个自贸协定，区域全面经济伙伴关系协定（RCEP），以及与智利、新加坡、巴基斯坦签署的3个升级议定书或第二阶段议定书。中国正在谈判的自贸区共11个，其中，“十三五”期间启动谈判的自贸协定有7个，包括与以色列、摩尔多瓦、巴拿马和巴勒斯坦开展的4个自贸协定谈判，以及与新西兰、韩国和秘鲁进行的3个自贸协定升级或第二阶段谈判。此外，中国正在研究的自贸区共8个，其中，“十三五”期间启动研究的自贸协定有6个，包括与尼泊尔、巴新、加拿大、孟加拉国、蒙古国的自贸协定联合可行性研究以及与瑞士的自贸协定升级联合研究。

表1—1—1 “十三五”期间中国自由贸易区建设情况（截至2020年年底）

	签署协定的自贸区	启动谈判的自贸区	启动研究的自贸区
数量	8	7	6
亚洲	·中国—巴基斯坦及第二阶段 ·中国—新加坡及升级 ·中国—格鲁吉亚 ·中国—马尔代夫（尚未生效） ·中国—柬埔寨（尚未生效）	·中国—以色列 ·中国—韩国第二阶段 ·中国—巴勒斯坦	·中国—尼泊尔 ·中国—孟加拉国 ·中国—蒙古国
大洋洲		·中国—新西兰升级（结束谈判）	·中国—巴新
亚洲和大洋洲	·区域全面经济伙伴关系协定（RCEP）（尚未生效）		
欧洲		·中国—摩尔多瓦	·中国—瑞士升级
美洲	·中国—智利及升级	·中国—秘鲁升级 ·中国—巴拿马	·中国—加拿大
非洲	·中国—毛里求斯（2021年1月1日生效）		

注：上述自贸伙伴根据外交部网站各洲国家和地区列表进行分类。
资料来源：根据中国自由贸易区服务网资料整理。

当前，中国自贸区正朝着高标准、高质量方向发展。在货物贸易方面，中国已签自贸协定自由化水平总体较高。例如，内地与港澳更紧密经贸关系安排（CEPA）的自由化率①达到100%，中国与智利、新西兰、新加坡、冰岛、澳大利亚等国自贸协定的自由化率均达到95%以上。在“十三五”期间生效的中国—格鲁吉亚自贸协定中，中国对格鲁吉亚产品的自由化率为93.9%，格鲁吉亚对中国产品的自由化率为96.5%。而对于最不发达国家，中国也给予高水平关税减让。在中国—柬埔寨自贸协定中，中国对柬埔寨产品的自由化率达到97.5%，其中，协定生效后立即实现

① 本书“自由化率”指零关税产品税目数占全部产品税目数的比重。

零关税的产品达到97.4%。在服务贸易和投资方面，中国自贸区逐步降低市场准入门槛，创造更好的营商环境。例如，内地与港澳CEPA已采用准入前国民待遇加负面清单开放模式，RCEP投资领域采用负面清单，中国—韩国自贸协定第二阶段也正以负面清单方式进行服务贸易和投资谈判。在协定内容方面，中国自贸区逐步拓展涵盖领域，增加更多新议题。例如，在中国与新加坡、智利、新西兰等国的自贸协定升级中均增加了电子商务、竞争、环境等规则议题，符合新一轮国际经贸规则制订的大趋势，也是中国高标准自贸区建设的重要体现。

二、"一带一路"沿线自由贸易区建设稳步推进

"一带一路"倡议是中国向世界提供的具有广泛包容性的国际合作新平台，也是中国自贸区战略的重点推进方向。"十三五"规划明确提出要"积极同'一带一路'沿线国家和地区商建自由贸易区"。[①] 截至2020年年底，中国已签署协定的自贸区有7个位于"一带一路"沿线，主要集中在亚洲地区，协定伙伴涉及巴基斯坦、格鲁吉亚、马尔代夫、日本、韩国、澳大利亚、新西兰以及新加坡、柬埔寨等东盟国家。同时，正在谈判的自贸区也有5个位于"一带一路"沿线，谈判伙伴涉及海合会、斯里兰卡、以色列、巴勒斯坦、摩尔多瓦。此外，中国还与3个"一带一路"沿线国家正在进行自贸区可行性研究，包括尼泊尔、孟加拉国和蒙古国。

表1—1—2　中国在"一带一路"沿线自由贸易区建设情况（截至2020年年底）

	已签协定的自贸区	正在谈判的自贸区	正在研究的自贸区
数量	7	5	3
亚洲	· 中国—东盟及升级 · 中国—巴基斯坦及第二阶段 · 中国—新加坡及升级 · 中国—格鲁吉亚 · 中国—马尔代夫（尚未生效） · 中国—柬埔寨（尚未生效）	· 中国—海合会 · 中国—斯里兰卡 · 中国—以色列 · 中国—巴勒斯坦	· 中国—尼泊尔 · 中国—孟加拉国 · 中国—蒙古国
亚洲和大洋洲	· 区域全面经济伙伴关系协定（RCEP）（尚未生效）		
欧洲		· 中国—摩尔多瓦	

注：上述自贸伙伴根据外交部网站各洲国家和地区列表进行分类。
资料来源：根据中国自由贸易区服务网资料整理。

① 新华社．中华人民共和国国民经济和社会发展第十三个五年规划纲要［EB/OL］. http://www.gov.cn/xinwen/2016—03/17/content_5054992.htm，2016—03—17.

具体来看，“十三五”期间，中国与“一带一路”沿线的格鲁吉亚、马尔代夫以及柬埔寨新签署自贸协定。其中，格鲁吉亚是丝绸之路经济带的重要节点，中国—格鲁吉亚自贸协定于 2017 年 5 月 13 日正式签署，并于 2018 年 1 月 1 日生效，为两国经贸合作提供了重要的机制保障。这是“一带一路”倡议提出后中国与沿线国家启动并达成的第一个自贸协定，也是中国与欧亚地区国家签署生效的第一个自贸协定，对沿线其他国家具有积极的示范作用。① 而且，格鲁吉亚与欧盟、欧洲自由贸易联盟、土耳其以及独联体国家之间拥有自贸协定，可作为中国进入欧洲及欧亚市场的重要平台。马尔代夫是 21 世纪海上丝绸之路的重要驿站，中国—马尔代夫自贸协定于 2017 年 12 月 7 日正式签署，有利于丰富和充实两国面向未来的全面友好合作伙伴关系。② 然而遗憾的是，这一协定至今尚未生效。中国—柬埔寨自贸协定于 2020 年 10 月 12 日正式签署，这是中国与最不发达国家商签的第一个自贸协定，覆盖“一带一路”倡议合作、货物贸易、原产地规则、海关程序和贸易便利化、技术性贸易壁垒、卫生与植物卫生、服务贸易、投资合作、经济技术合作、电子商务等领域，也是中国首个就“一带一路”倡议合作独立设章的自贸协定，标志着双方全面战略合作伙伴关系及共建“一带一路”合作进入了新时期。③

同期，中国还与“一带一路”沿线的以色列、摩尔多瓦、巴勒斯坦启动了自贸协定谈判。其中，中国—以色列自贸协定谈判于 2016 年 3 月启动，到 2019 年 11 月已举行七轮谈判；中国—摩尔多瓦自贸协定谈判于 2017 年 12 月启动，到 2018 年 9 月已举行三轮谈判；中国—巴勒斯坦自贸协定谈判于 2018 年 10 月启动，2019 年 1 月举行首轮谈判。

三、世界最大的自由贸易协定正式签署

区域全面经济伙伴关系协定（RCEP）是由发达国家、发展中国家和最不发达国家参与的大型区域贸易安排，也是中国参与的成员最多、经济规模最大、影响最广的自贸协定。自 2012 年 11 月启动以来，中国始终支持东盟的中心地位，积极推动 RCEP 谈判取得积极进展。“十三五”期间是 RCEP 谈判的关键期。2017 年 11 月 14 日，首次 RCEP 领导人会议确定了协定框架，包括货物贸易、原产地规则、海关

---

① 中国商务部．中国与格鲁吉亚自贸协定今日生效［EB/OL］. http：//fta. mofcom. gov. cn/article/chinageorgia/chinageorgianews/201801/36758 _ 1. html，2018—01—01.

② 中国商务部．中国与马尔代夫签署自由贸易协定［EB/OL］. http：//fta. mofcom. gov. cn/article/chinamedf/chinamedfnews/201712/36398 _ 1. html，2017—12—08.

③ 商务部新闻办公室．商务部国际司负责人就中国和柬埔寨签署自由贸易协定答记者问［EB/OL］. http：//fta. mofcom. gov. cn/article/chinacambodia/chinacambodiaxwfb/202010/43220 _ 1. html，2020—10—12.

程序与贸易便利化、卫生与植物卫生措施、标准、技术法规与合格评定程序、贸易救济、服务贸易等十八个议题。① 此后，谈判进程加快，到2018年11月14日第二次RCEP领导人会议时，谈判任务完成度已接近80%。② 2019年11月4日，在第三次RCEP领导人会议上，除印度以外的15个成员国已结束全部20个章节的文本谈判以及实质上所有市场准入问题谈判。③

2020年，虽然面临新冠肺炎疫情全球大流行的重大挑战，15个RCEP成员国仍一致决定努力推动协定签署。在8月27日召开的RCEP第8次部长级会议上，各方一致认为，RCEP的签署将提振商业信心，促进区域经济一体化，维持区域和全球产业链、供应链稳定，对推动疫后复苏、维持区域和全球经济发展稳定发挥重要作用。④ 2020年11月15日，在第四次RCEP领导人会议上，15个成员国完成协定签署，全球最大的自贸区正式诞生，涵盖了拥有22亿人口（占全球将近30%）的市场、26.2万亿美元GDP（占全球约30%）和将近28%的全球贸易。⑤ RCEP内容涉及货物贸易、服务贸易和投资领域，以及知识产权、电子商务、竞争、中小企业、经济与技术合作和政府采购等规则议题，为成员间经贸合作提供了制度保障。对中国而言，通过RCEP首次与日本建立了自贸关系，将显著提高中国自贸区网络的"含金量"，并为中日韩自贸协定谈判奠定基础。

四、与非洲国家自由贸易区实现零的突破

"十三五"以前，非洲地区始终是中国自贸区网络的空白，而"十三五"期间，中国终于实现与非洲国家自贸区建设零的突破。2016年11月4日，中毛两国共同签署谅解备忘录，启动双边自贸协定联合可行性研究，这也是中国与非洲地区经济

---

① 中国商务部．驱动经济一体化　促进包容性发展——《区域全面经济伙伴关系协定》（RCEP）谈判领导人联合声明［EB/OL］. http：//fta. mofcom. gov. cn/article/rcep/rcepnews/201711/36158 _ 1. html，2017－11－15.

② 李克强出席第二次RCEP领导人会议［EB/OL］. http：//fta. mofcom. gov. cn/article/fzdongtai/201811/39363 _ 1. html，2018－11－15.

③ 商务部新闻办公室．《区域全面经济伙伴关系协定》（RCEP）第三次领导人会议联合声明［EB/OL］. http：//fta. mofcom. gov. cn/article/rcep/rcepnews/201911/41745 _ 1. html，2019－11－05.

④ 区域全面经济伙伴关系协定（RCEP）第8次部长级会议《联合媒体声明》［EB/OL］. http：//fta. mofcom. gov. cn/article/rcep/rcepnews/202008/42988 _ 1. html，2020－08－27.

⑤ 商务部新闻办公室．《区域全面经济伙伴关系协定》（RCEP）领导人联合声明［EB/OL］. http：//fta. mofcom. gov. cn/article/rcep/rcepnews/202011/43460 _ 1. html，2020－11－15.

体开展的第一个自贸协定联合可行性研究。① 2017 年 5 月 24 日，双方结束联合可行性研究，结论认为，建设自贸区符合中毛两国利益，有利于进一步深化中毛双边经济贸易关系。② 2017 年 12 月 12 日，中毛两国签署谅解备忘录，正式启动自贸协定谈判，经过四轮谈判，于 2018 年 9 月 2 日结束谈判，并于 2019 年 10 月 17 日正式签署中国—毛里求斯自贸协定，成为中国与非洲国家达成的第一个自贸协定。协定内容涵盖货物贸易、服务贸易、投资、经济合作等方面，于 2021 年 1 月 1 日正式生效。中毛双方最终货物贸易自由化率分别达到 96.3%和 94.2%，服务贸易承诺开放的分部门均超过 100 个，投资保护内容也进一步升级。③ 这不仅有利于深化和拓展中毛两国经贸合作关系，还将为中国与其他非洲国家经贸往来提供平台和支点，有利于进一步充实和丰富中非全面战略合作伙伴关系。

五、已有自由贸易区逐步完成拓展升级

“十三五”期间，中国更加注重自贸协定的高质量发展，积极推动对已有自贸协定的提质升级。内地与港澳 CEPA 于 2015 年启动升级。2017 年 6 月和 12 月，内地分别与香港和澳门地区在 CEPA 框架下签署投资协议和经济技术合作协议；2018 年 12 月，与港澳地区分别签署 CEPA 货物贸易协议；2019 年 11 月，与港澳地区对 CEPA 服务贸易协议进行修订，并于 2020 年 6 月 1 日起生效。通过一系列贸易、投资及经济技术合作协议的签署和实施，内地与港澳 CEPA 得到进一步丰富和完善，内地与港澳地区的开放水平也大幅提升。

中国—东盟自贸区是中国对外商谈的第一个自贸区，已于 2015 年 11 月 22 日签署升级议定书。“十三五”期间是这一升级议定书实施的关键时期。2016 年 7 月 1 日，升级议定书率先对中国和越南生效，此后其他成员陆续完成国内核准程序，到 2019 年 10 月 22 日，升级议定书对所有协定成员全面生效。④ 中国—东盟自贸区升级使双方经贸合作再上新台阶，也使优惠政策红利惠及更多协定成员国的企业和人民，成为中国—东盟命运共同体的重要支撑。

中国—智利自贸区是中国与拉美国家建立的第一个自贸区。“十三五”期间，中

① 中国与毛里求斯启动自贸协定联合可行性研究并签署谅解备忘录［EB/OL］. http://fta.mofcom.gov.cn/article/chinamauritius/chinamauritiusnews/201807/38283_1.html，2016—11—07.

② 中国—毛里求斯自由贸易协定联合可行性研究结束［EB/OL］. http://fta.mofcom.gov.cn/article/chinamauritius/chinamauritiusnews/201807/38281_1.html，2017—05—25.

③ 商务部新闻办公室．中国与毛里求斯签署自由贸易协定［EB/OL］. http://fta.mofcom.gov.cn/article/chinamauritius/chinamauritiusnews/201910/41643_1.html，2019—10—17.

④ 商务部国际司．中国—东盟自贸区升级《议定书》全面生效［EB/OL］. http://fta.mofcom.gov.cn/article/chinadm/chinadmnews/201910/41661_1.html，2019—10—23.

国与智利启动并完成了自贸区升级。2016 年 11 月 22 日，两国签署谅解备忘录，宣布启动升级谈判；经过三轮谈判，双方于 2017 年 11 月 11 日签署升级议定书，并于 2019 年 3 月 1 日生效。① 这是中国第二个自贸区升级协定，为中国深化与拉美国家经贸合作提供了重要平台。

中国—新加坡自贸区是双方在中国—东盟自贸区基础上建立的开放程度更高的双边自贸区，于 2015 年 11 月启动升级谈判。"十三五"期间，中新两国积极推动自贸协定升级谈判进程，经过 7 轮谈判，于 2018 年 11 月 5 日签署升级议定书，并于 2019 年 10 月 16 日生效，其中，原产地规则调整于 2020 年 1 月 1 日起实施。② 中国—新加坡自贸区升级是两国与时俱进的全方位合作伙伴关系的重要体现，也有利于推动中新（重庆）战略性互联互通示范项目国际陆海贸易新通道建设。

中国—巴基斯坦自贸区是中国与南亚国家建立的第一个自贸区。"十三五"期间，中国与巴基斯坦就自贸协定第二阶段谈判举行了第七至第十一次会议，最终于 2019 年 4 月 28 日签署第二阶段议定书，并于同年 12 月 1 日正式生效，而升级议定书降税安排于 2020 年 1 月 1 日起实施。③ 中国—巴基斯坦自贸区第二阶段进一步丰富和充实了两国全天候战略合作伙伴关系，并为正在建设的中巴经济走廊提供了重要的经贸合作制度保障。

同时，中国其他已签自贸协定的升级工作也在积极推进。"十三五"期间，中国—新西兰自贸协定升级谈判于 2016 年 11 月 20 日宣布启动，并于 2019 年 11 月 4 日正式结束④；中国—韩国自贸协定第二阶段谈判于 2017 年 12 月宣布启动，2020 年 7 月，两国在疫情背景下以视频方式举行第八轮谈判⑤；中国—秘鲁自贸协定升级谈判于 2018 年 11 月宣布启动，到 2019 年 8 月已举行三轮谈判⑥。此外，中国与瑞士也就自贸协定升级开展联合研究。

---

① 中智自贸协定升级议定书今日生效［EB/OL］. http：//fta. mofcom. gov. cn/article/chiletwo/chiletwonews/201903/39904 _ 1. html，2019—03—01.

② 中国与新加坡自由贸易协定升级议定书生效［EB/OL］. http：//fta. mofcom. gov. cn/article/singapore/singaporenews/201910/41638 _ 1. html，2019—10—16.

③ 中巴自贸协定第二阶段议定书正式生效实施［EB/OL］. http：//fta. mofcom. gov. cn/article/pakistanphasetwo/pakistanphasetwogfguandian/202001/42140 _ 1. html，2020—01—06.

④ 商务部新闻办公室．中国与新西兰宣布结束自由贸易协定升级谈判［EB/OL］. http：//fta. mofcom. gov. cn/article/newzealandtwo/newzealandtwonews/201911/41740 _ 1. html，2019—11—04.

⑤ 中韩 FTA 二阶段第八轮谈判今起举行［EB/OL］. http：//www. mofcom. gov. cn/article/i/jyjl/j/202007/20200702984353. shtml，2020—07—20.

⑥ 中国商务部．中国—秘鲁自贸协定升级第三轮谈判在京举行［EB/OL］. http：//fta. mofcom. gov. cn/article/bilutwo/bilutwonews/201908/41339 _ 1. html，2019—08—26.

表 1—1—3　中国自由贸易区升级情况（截至 2020 年年底）

	已签协定的自贸区	正在谈判的自贸区	正在研究的自贸区
数量	6	3	1
亚洲	・中国—东盟及升级 ・内地与香港更紧密经贸关系安排（CEPA）服务贸易、投资、经济技术合作、货物贸易等协议 ・内地与澳门更紧密经贸关系安排（CEPA）服务贸易、投资、经济技术合作、货物贸易等协议 ・中国—巴基斯坦及第二阶段 ・中国—新加坡及升级	・中国—韩国第二阶段	
大洋洲		・中国—新西兰升级（结束谈判）	
欧洲			・中国—瑞士升级
美洲	・中国—智利及升级	・中国—秘鲁升级	

注：上述自贸伙伴根据外交部网站各洲国家和地区列表进行分类。
资料来源：根据中国自由贸易区服务网资料整理。

第二章 “十三五”期间中国与自由贸易协定伙伴的经贸合作*①

“十三五”期间，世界经济深度调整、曲折前行，国际经贸关系更加复杂多变，以英国脱欧、美国退出巴黎气候协定、中美贸易摩擦等事件为代表，逆全球化趋势日益明显，习近平总书记也提出“世界处于百年未有之大变局”的重大论断，加之2020年的新冠肺炎疫情全球大流行，中国面临的国际环境更加复杂和严峻。在这种情况下，自贸区建设成为中国扩大对外开放、拓展国际合作空间的重要途径，自贸伙伴也成为中国对外经济关系的重要支撑力量。

一、中国自贸区经济领土进一步扩大

自贸区经济领土是一国全部自贸伙伴的国内生产总值（GDP）之和，其占世界GDP总量的比重为自贸区经济领土覆盖率，可作为衡量一国自贸区影响力的指标之一。“十三五”期间，中国新生效自贸协定涉及的伙伴仅有格鲁吉亚，其经济体量较小，对中国自贸区经济领土扩大的贡献度不高。到2020年11月，中国已生效自贸协定有15个，涉及自贸伙伴23个。基于国际货币基金组织（IMF）世界经济展望数据库，中国自贸区经济领土由2016年的8.0万亿美元增至2019年的9.1万亿美元，但自贸区经济领土覆盖率则由2016年10.5%提高到2017年的10.7%后开始下滑，到2019年降至10.4%。2020年，受到新冠肺炎疫情的影响，世界经济负增长已成定局，中国自贸伙伴的经济增长也受到严重冲击，估计2020年中国自贸区经济领土将出现明显下滑。

---

* 本部分作者为王蕊。

① 本章中涉及的中国与自贸伙伴某年份的经贸合作指标，如贸易额、投资额、承包工程完成营业额以及派出人员等，是指中国与截至当年生效的自贸协定所涉及伙伴的经贸合作规模。其中，中国2015—2017年的自贸伙伴有22个，包括文莱、缅甸、柬埔寨、印度尼西亚、老挝、马来西亚、菲律宾、新加坡、泰国、越南、中国香港、中国澳门、巴基斯坦、智利、新西兰、秘鲁、哥斯达黎加、中国台湾、冰岛、瑞士、韩国、澳大利亚；2018—2020年有23个，增加了格鲁吉亚。

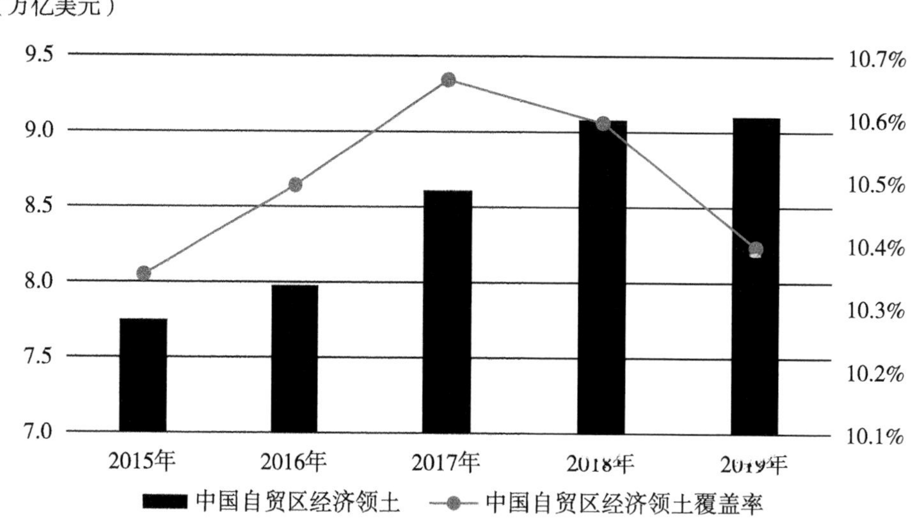

图 1—2—1　2015—2019 年中国自贸区经济领土及覆盖率情况

数据来源：国际货币基金组织（IMF）世界经济展望数据库（2020 年 10 月）。

目前，中国自贸区经济领土覆盖率与周边的韩国、越南、日本等国相比存在较大差距。近年来，日本、越南等国积极推动自贸协定谈判，并取得明显进展。例如，2019 年 2 月生效的日本—欧盟[①]经济伙伴关系协定（EPA），使日本自贸伙伴数量猛增至 47 个。根据 IMF 统计，2019 年日本自贸区经济领土达到 30.4 万亿美元，覆盖率升至 34.7%。越南与欧亚经济联盟签署的自贸协定于 2016 年 10 月生效，其参与的全面与进步跨太平洋伙伴关系协定（CPTPP）也于 2018 年 12 月生效，使得 2019 年越南自贸区经济领土达到 34.3 万亿美元，覆盖率升至 39.2%。2020 年 8 月生效的越南—欧盟自贸协定使越南的自贸伙伴数量进一步增至 52 个，根据 IMF 估计，2020 年越南自贸区经济领土覆盖率将达到 57.6%。而韩国在 2016 年自贸伙伴数量就达到 52 个，且涵盖作为世界前三大经济体的美国、欧盟和中国。到 2019 年，韩国自贸区经济领土已达到 66.4 万亿美元，覆盖率高达 75.9%。

相比之下，中国尚未与世界前十大经济体拥有生效的自贸协定，2019 年自贸区经济领土覆盖率仅为 10.4%，远低于韩国、越南以及日本。2020 年 11 月，RCEP 的签署使中国与日本建立了自贸关系，一旦协定生效将大大提高中国自贸区经济领土覆盖率。如果中国已签署自贸协定全部生效，涵盖 26 个伙伴的自贸区经济领土覆

① 英国于 2020 年 1 月 31 日正式脱离欧盟，故 2019 年以前欧盟数据包含英国，2020 年欧盟数据不包含英国。

盖率预计将达到16%①，但与韩国、越南、日本等国相比仍有较大差距。因而，未来需要在积极推动RCEP等已签协定生效的基础上，加快与欧盟、英国、加拿大等世界主要经济体的自贸协定研究与谈判，争取早日有所突破。

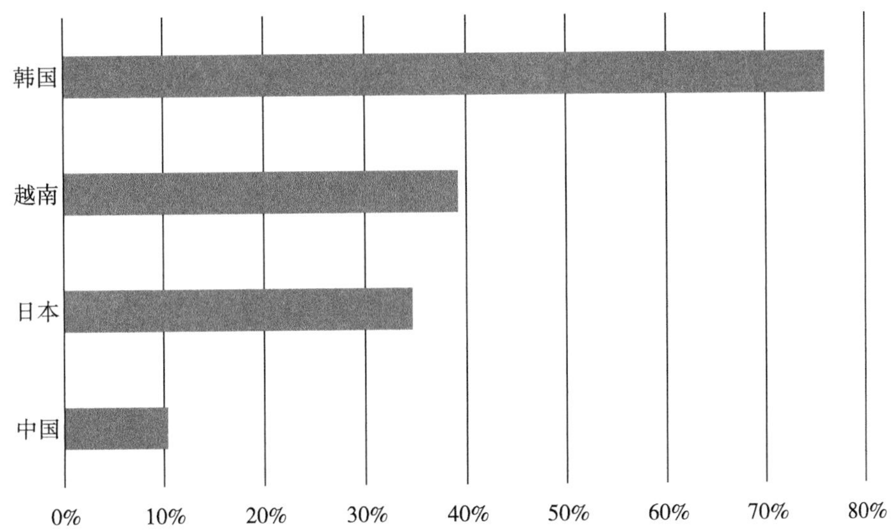

图1—2—2 2019年中国与韩国、越南、日本自贸区经济领土覆盖率情况

数据来源：国际货币基金组织世界经济展望数据库（2020年10月）。

二、中国与自贸伙伴货物贸易稳步发展

“十三五”期间，中国积极推动对外贸易的回暖向好，着力落实《对外贸易发展“十三五”规划》，进一步提升外贸发展的质量和效益，加快由贸易大国向贸易强国迈进。自贸区建设是中国拓展对外贸易的重要平台，虽然“十三五”期间中国新生效的自贸协定不多，但整体自贸区提质升级步伐加快，与自贸伙伴的贸易关系更加密切。

（一）与自贸伙伴货物贸易规模呈上升态势

“十三五”期间，中国与自贸伙伴的货物贸易规模总体呈上升态势，贸易额由2016年的14 233.9亿美元增至2019年的17 516.0亿美元，四年间年均增长7.2%，2019年比“十二五”期末的2015年增长15.1%。其中，中国对自贸伙伴出口额由7 637.9亿美元提高到9 084.1亿美元，年均增长6.0%，2019年比2015年增长7.6%；从自贸伙伴进口额由6 596.0亿美元增至8 431.9亿美元，年均增长8.5%，2019年比2015年增长24.6%，峰值为2018年的8 595.7亿美

① 以2019年数据估算。

元。2020 年，由于新冠肺炎疫情影响，全球经济和贸易大幅下滑，中国与自贸伙伴的贸易往来虽受到一定冲击，但基本保持稳定。2020 年 1—9 月，中国与自贸伙伴货物贸易额为 12 821.8 亿美元，在中国整体对外贸易下滑 1.8%的情况下，实现 0.9%的正增长。其中，中国对自贸伙伴出口额 6 526.0 亿美元，基本与上年同期持平；从自贸伙伴进口额 6 295.7 亿美元，在中国进口总额下降 3.1%的情况下，实现 1.9%的正增长。可见，在疫情冲击下，中国经济重启较为迅速，内需恢复好于外需。

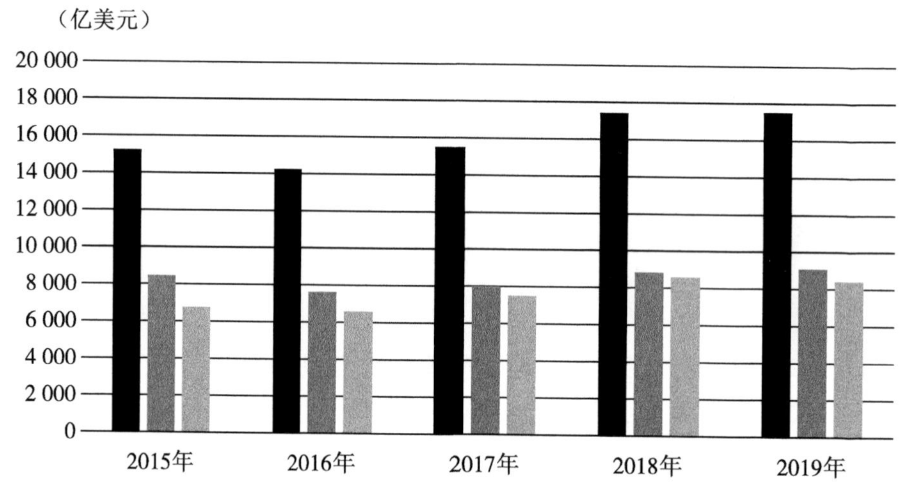

图 1—2—3　2015—2019 年中国与自贸伙伴货物贸易情况

资料来源：中国海关统计。

（二）自贸区货物贸易覆盖率略有下降

自贸区货物贸易覆盖率是一国与其自贸伙伴货物贸易额占其货物贸易总额的比重，主要反映一国自贸区在其对外贸易中的地位，还包括出口覆盖率和进口覆盖率两个指标。“十三五”期间，中国自贸区货物贸易覆盖率与“十二五”末相比略有下降。2016—2019 年，中国自贸区货物贸易覆盖率平均为 38.1%，比 2015 年减少 0.4 个百分点。从单个年份来看，仅 2016 年自贸区货物贸易覆盖率略高于 2015 年 0.1 个百分点，其余年份均低于 2015 年，尤其是 2017 和 2018 年仅为 37.7%，2019 年回升至 38.3%。其中，中国自贸区出口覆盖率与“十二五”末相比下降较为明显，2016—2019 年平均为 35.9%，比 2015 年减少 1.2 个百分点，最低值为 2017 年的 35.3%，到 2019 年回升至 36.4%；自贸区进口覆盖率则略有增长，2016—2019 年平均为 40.8%，比 2015 年提高 0.6 个百分点，最高值为 2016 年的 41.6%，到 2019 年回落至 40.6%。2020 年 1—9 月，中国自贸区货物贸易覆盖率为 38.9%，其中，出口覆盖率为36.0%，进口覆盖率为42.4%。因而总体来看，自贸伙伴在中国进口贸易中的地位更加重要。

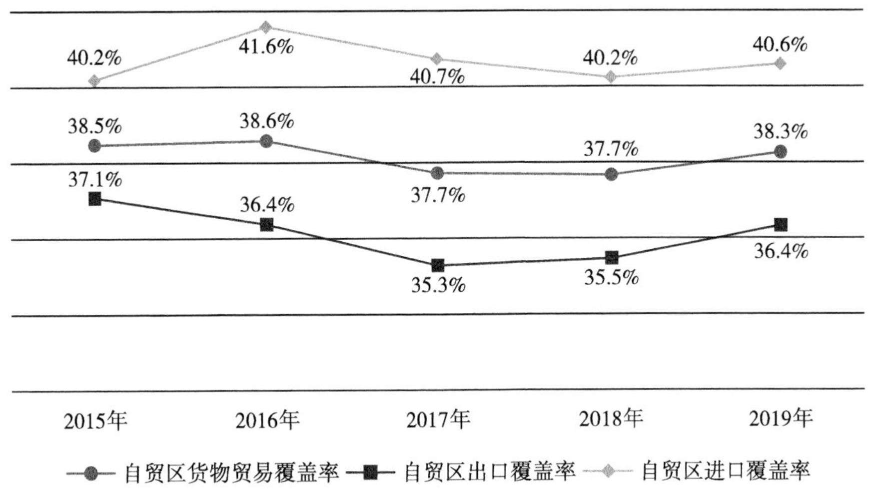

图1—2—4　2015—2019年中国自贸区货物贸易覆盖率情况

资料来源：中国海关统计。

与周边的韩国、越南等国相比，中国自贸区货物贸易覆盖率水平偏低。韩国与中国、美国、东盟、欧盟等主要贸易伙伴之间均有自贸协定，根据联合国商品贸易统计（UN Comtrade）数据库，2019年，韩国自贸区货物贸易覆盖率达到69.4%，其中，出口覆盖率高达73.5%，进口覆盖率也达到65.0%。越南与中国、韩国、日本以及其他东盟国家之间均有自贸协定，2019年的自贸区货物贸易覆盖率为62.6%，其中，出口覆盖率为74.5%，进口覆盖率为51.2%；2020年，与欧盟自贸协定生效将使得越南自贸区货物贸易覆盖率进一步提高到70%以上。日本自贸区货物贸易覆盖率为37.1%，略低于中国1.2个百分点，这主要是由于日本已生效自贸协定尚未包含中国、美国、韩国这三大贸易伙伴，如果RCEP生效，日本自贸区货物贸易覆盖率预计将迅速升至60%以上①。而中国也尚未与美国、欧盟等主要贸易伙伴达成自贸协定，与日本共同参与的RCEP也尚未生效。如果中国已签署自贸协定全部生效，涵盖26个伙伴的自贸区货物贸易覆盖率预计将达到45%②。因而，未来需要积极推动与主要贸易伙伴尤其是主要出口市场的自贸协定谈判，进一步拓展国际市场空间。

① 以2019年数据估算。

② 以2019年数据估算。

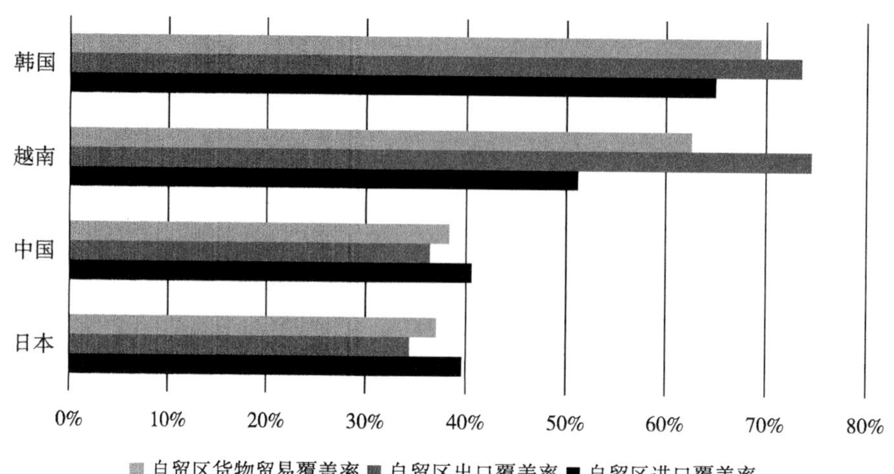

图 1—2—5　2019 年越南、韩国、日本和中国自贸区货物贸易覆盖率比较

数据来源：UN Comtrade 数据库。

(三) 主要自贸伙伴在中国对外贸易中的地位大多稳中有升

通过自贸区建设，中国与自贸伙伴的贸易往来更加密切，前十大贸易伙伴中，已有一半与中国建有自贸区。“十三五”期间，主要自贸伙伴在中国对外贸易中的地位大多保持稳定或有所上升。其中，东盟是中国最大的自贸伙伴，双边贸易额由 2016 年的 4 522.1 亿美元增至 2019 年的 6 414.7 亿美元，占中国对外贸易总额的比重也由 12.3%提高到 14.0%。2019 年，东盟已超过美国成为中国第二大贸易伙伴。2020 年 1—9 月，中国与东盟贸易额达到 4 818.1 亿美元，占中国对外贸易总额的比重进一步提高到 14.6%，东盟超过欧盟①成为中国第一大贸易伙伴。同期，中国香港在内地对外贸易中的排位略有下降，由 2016 年的第 4 位降至 2018 年的第 6 位，而韩国的排位略有上升，由第 6 位升至第 5 位；2018 年以后，中国香港和韩国的排位在 5、6 位交替。2019 年，中国香港和韩国与中国贸易额分别为 2 880.3 亿美元和 2 845.8 亿美元，分别占中国对外贸易总额的 6.3%和 6.2%，位居第 5 和第 6 位；2020 年 1—9 月，韩国和中国香港的排位再次逆转，分列第 5 和第 6 位。中国台湾和澳大利亚在中国对外贸易中的排位较为稳定，分别保持在第 7 和第 8 位。2019 年，中国大陆与台湾以及中国与澳大利亚贸易额分别为 2 280.8 亿美元和 1 696.4 亿美元，分别占中国对外贸易总额的 5.0%和 3.7%；2020 年 1—9 月，中国台湾和澳大利亚排位保持不变。

---

① 英国于 2020 年 1 月 31 日正式脱离欧盟。2020 年中国海关统计中，欧盟包含 27 个成员国，不包含英国。

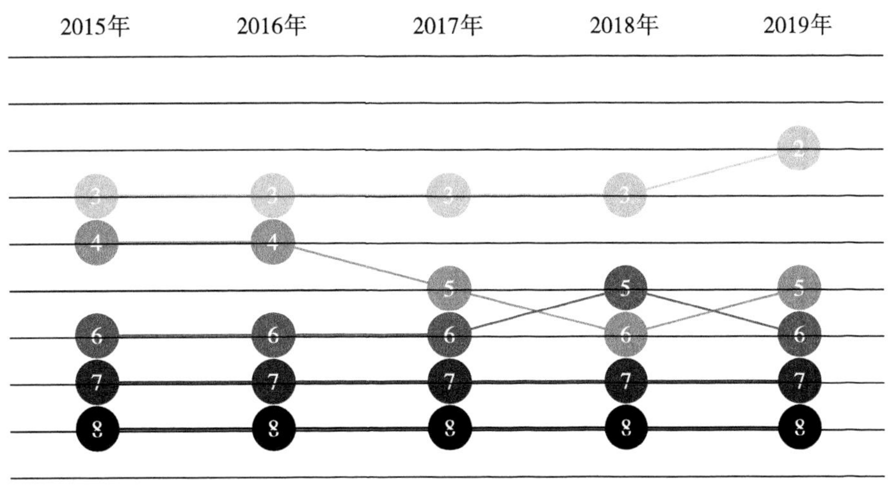

图 1—2—6　2015—2019 年中国主要自贸伙伴对外贸易排位情况

资料来源：中国海关统计。

从出口来看，东盟是中国自贸伙伴中最大的出口市场。“十三五”期间，中国对东盟出口额由 2016 年的 2 559.9 亿美元增至 2019 年的 3 594.2 亿美元，占中国出口总额的比重也由 12.2%提高到 14.4%。自 2018 年起，东盟超过中国香港成为中国第三大出口市场。2020 年 1—9 月，中国对东盟出口额为 2 670.9 亿美元，占中国出口总额的比重略升至 14.7%，东盟仍为中国第三大出口市场。而中国香港在内地出口市场中的排位有所下降，自 2018 年起由第 3 位降至第 4 位。2019 年，中国内地对香港出口额为 2 789.5 亿美元，占中国出口总额的 11.2%，仍居第 4 位；2020 年 1—9 月，中国香港排位保持不变。同期，韩国、中国台湾和澳大利亚在中国出口市场中的排位非常稳定，分别保持在第 6、第 8 和第 10 位。2019 年，中国对上述国家和地区出口额分别占中国出口总额的 4.4%、2.2%和 1.9%；2020 年 1—9 月，中国台湾排位降至第 9 位，韩国和澳大利亚排位保持不变。

从进口来看，东盟也是中国自贸伙伴中最大的进口来源地。“十三五”期间，中国自东盟进口额由 2016 年的 1 962.2 亿美元增至 2019 年的 2 820.4 亿美元，占中国进口总额的比重也由 12.4%提高到 13.6%。2019 年，东盟超过欧盟成为中国第一大进口来源地。2020 年 1—9 月，中国自东盟进口额为 2 147.2 亿美元，占中国进口总额的比重进一步升至 14.5%，东盟继续保持中国第一大进口来源地位。2016—2019 年，中国自韩国进口额由 1 588.7 亿美元增至 1 735.7 亿美元，但其占中国进口总额的比重由 10.0%降至 8.4%，韩国仍是中国第三大进口来源地。2020 年 1—9 月，中国自韩国进口额为 1 264.8 亿美元，占中国进口总额的 8.5%，韩国在中国进

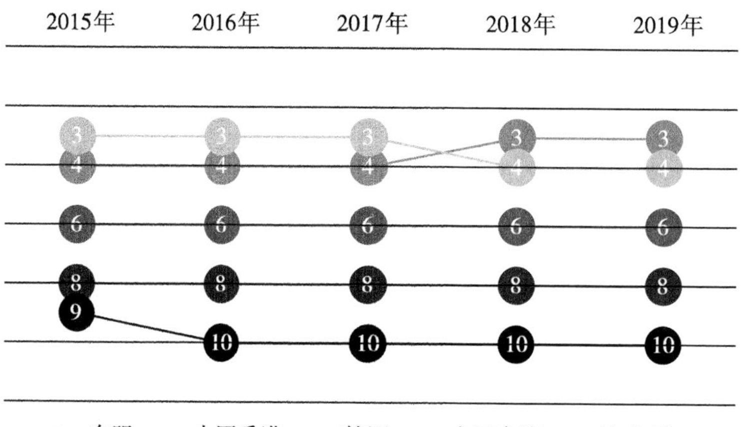

图 1-2-7　2015—2019 年中国主要自贸伙伴出口市场排位情况

资料来源：中国海关统计。

口来源地中排名降至第 4 位。同期，中国台湾在大陆进口来源地中的排位略有上升。2019 年，中国大陆自台湾进口额为 1 730.0 亿美元，占中国进口总额的 8.3%，中国台湾在大陆进口来源地的排位由之前的第 5 位升至第 4 位。2020 年 1—9 月，中国大陆自台湾进口额达到 1 423.3 亿美元，占中国进口总额的 9.6%，中国台湾在大陆进口来源地的排位进一步升至第 3 位。澳大利亚始终保持中国第七大进口来源地地位。到 2019 年，中国自澳大利亚进口额占中国进口总额的 5.8%；2020 年 1—9 月，澳大利亚排位保持不变。而瑞士的排位下降较为明显，由 2016 年的第 9 位降至 2019 年的第 12 位，到 2020 年 1—9 月进一步降至第 17 位。

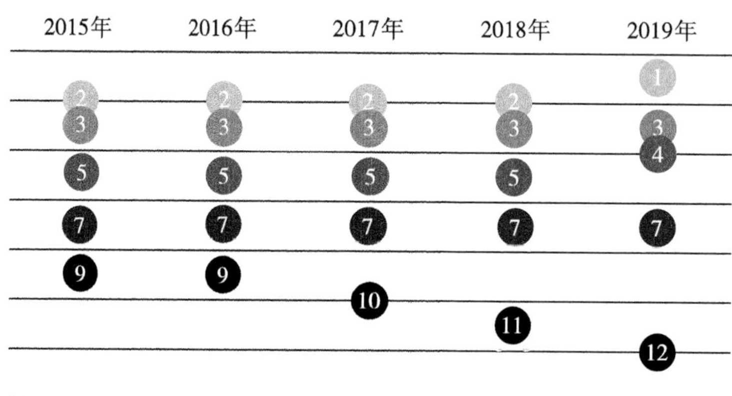

图 1-2-8　2015—2019 年中国主要自贸伙伴进口来源地排位情况

资料来源：中国海关统计。

（四）与自贸伙伴整体贸易顺差规模不断缩小

从贸易平衡情况来看，“十三五”期间，中国对自贸伙伴货物贸易整体呈现顺差，顺差规模由 2016 年的 1 041.9 亿美元降至 2019 年的 663.0 亿美元，占中国贸易顺差总额的比重也由 20.4%降至 15.7%。其中，中国香港是内地自贸伙伴中最大的贸易顺差来源，2019 年顺差额为 2 698.6 亿美元；其次是东盟，顺差额为 773.8 亿美元，主要来自越南、菲律宾和新加坡；再次是巴基斯坦，顺差额为 143.6 亿美元。同时，中国台湾是大陆自贸伙伴中最大的贸易逆差来源，2019 年逆差额为 1 179.2亿美元；其次是澳大利亚，逆差额为 732.3 亿美元；再次是韩国，逆差额为 625.7 亿美元。2020 年 1—9 月，中国对 25 个自贸伙伴顺差规模为 236.6 亿美元，其中，顺差仍主要来自中国香港、东盟、巴基斯坦、中国澳门等自贸伙伴，逆差主要来自中国台湾、澳大利亚、韩国、智利等自贸伙伴。

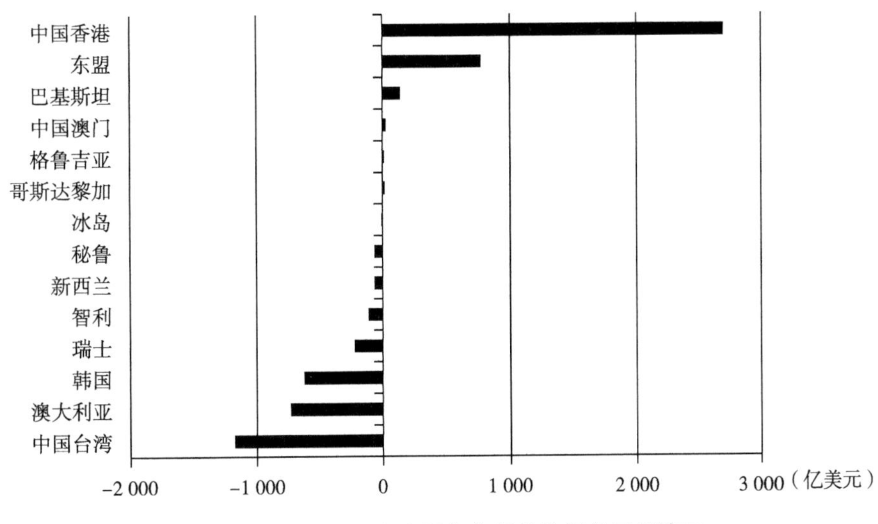

图 1—2—9 2019 年中国与自贸伙伴贸易平衡情况

资料来源：中国海关统计。

三、中国利用自贸伙伴直接投资稳中有升

“十三五”期间，中国着力改善营商环境，积极吸引外商投资。2017 年 10 月，党的十九大报告提出要“全面实行准入前国民待遇加负面清单管理制度，大幅度放宽市场准入，扩大服务业对外开放，保护外商投资合法权益”。① 在世界银行发布的

① 新华社．决胜全面建成小康社会夺取新时代中国特色社会主义伟大胜利——在中国共产党第十九次全国代表大会上的报告［EB/OL］. http：//www. gov. cn/zhuanti/2017－10/27/content_5234876. htm，2017－10－27.

《全球营商环境报告 2020》中，中国营商环境排名跃居全球第 31 位，比 2016 年提高 53 位，为自贸伙伴对中国投资合作提供了更好条件。

（一）自贸区利用外资覆盖率呈上升态势

自贸区利用外资覆盖率是指一国利用自贸伙伴实际投资占其实际利用外资总额的比重，主要反映一国自贸区在其利用外资中的地位。“十三五”期间，中国实际利用自贸伙伴直接投资总体呈波动增长态势，由 2016 年的 963.7 亿美元增至 2017 年的 1 064.5亿美元后，2018 年下滑到 1 039.1 亿美元，到 2019 年又回升至 1 141.6 亿美元，年均增幅为 5.8%。同期，中国自贸区利用外资覆盖率总体呈上升态势，由 2016 年的 76.5%提高到 2017 年的 81.2%，虽然 2018 年回落至 77.0%，2019 年再次提高到 82.6%，高于 2016 年 6.1 个百分点，与“十二五”期末的 2015 年相比，提高 2.6 个百分点。

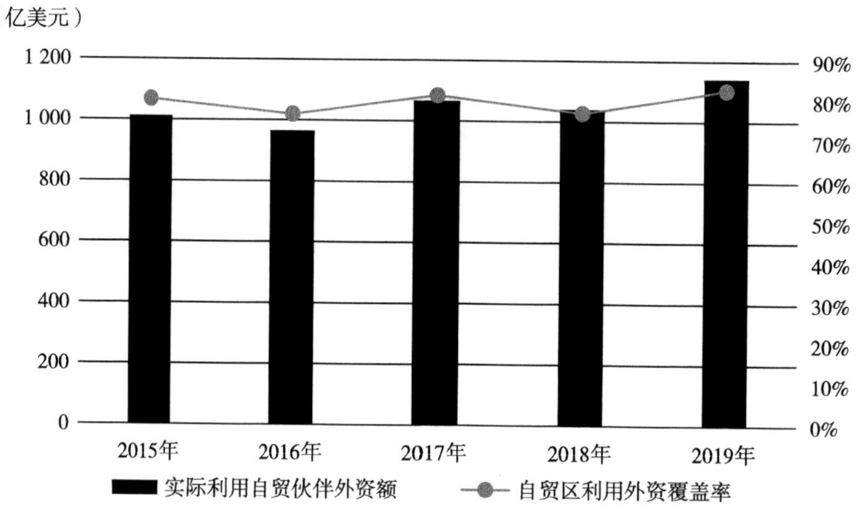

图 1—2—10　2015—2019 年中国自贸区利用外资覆盖率情况

资料来源：中国统计年鉴。

（二）实际利用自贸伙伴投资主要集中于中国香港、东盟和韩国

“十三五”期间，中国香港仍是内地实际利用自贸伙伴投资最多的地区，且外资规模整体呈上升态势。具体来看，中国内地实际利用香港地区直接投资额由 2016 年的 814.7 亿美元波动增长至 2019 年的 963.0 亿美元，年均增幅为 5.7%；占中国实际利用外资总额的比重由 2016 年的 64.7%提高到 2017 年的 72.1%后有所下滑，到 2019 年回升至 69.7%，高于 2016 年 5 个百分点，与“十二五”期末的 2015 年相比，提高 1.3 个百分点。同期，东盟国家也是中国利用外资较多的自贸伙伴，实际利用直接投资额由 2016 年的 65.3 亿美元降至 2017 年的 50.8 亿美元后逐步回升，到 2019 年升至 78.8 亿美元，年均增幅为 6.4%；占中国实际利用外资总额的比重由 2016 年的 5.2%降至 2017 年的 3.9%后，逐步回升至 2019 年的 5.7%，略高于

2016年0.5个百分点，与“十二五”期末的2015年相比，略降0.4个百分点。东盟国家对中国投资绝大部分集中在新加坡，直接投资额由2016年的60.5亿美元增至2019年的75.9亿美元，占比也由4.8%提高到5.5%。同时，韩国也是中国重要的外资来源国，中国实际利用韩国直接投资额由2016年的47.5亿美元增至2019年的55.4亿美元，占比由3.8%波动升至4.0%。

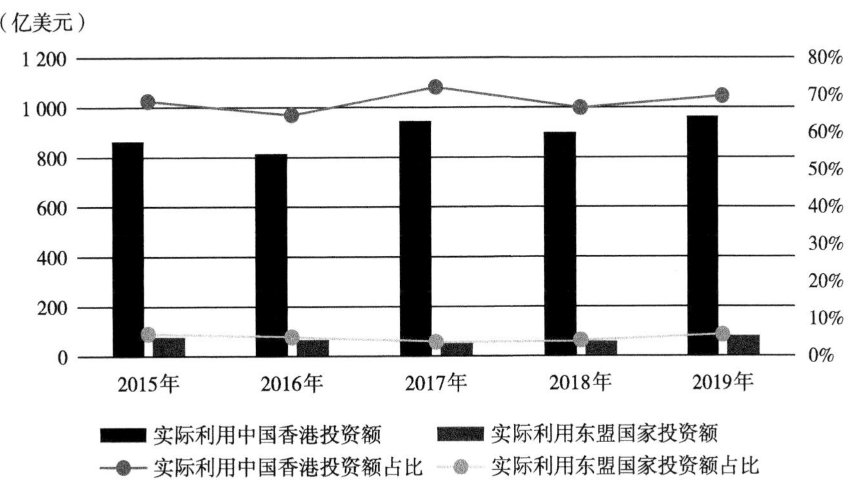

图1—2—11 2015—2019年中国实际利用中国香港和东盟国家投资情况

资料来源：中国统计年鉴。

四、中国对自贸伙伴直接投资有所放缓

“十三五”期间，中国对企业海外投资政策有所收紧。2016年12月，中国政府及金融部门密切关注房地产、酒店、影城、娱乐业、体育俱乐部等领域出现的非理性对外投资倾向，2017年8月发布《关于进一步引导和规范境外投资方向的指导意见》，加强对海外投资的真实性与合规性审查，提高风险防范能力。

（一）自贸区对外投资流量覆盖率波动上升

自贸区对外投资流量覆盖率是指一国对自贸伙伴直接投资流量占其对外投资流量总额的比重，可以反映一国自贸区在其对外投资中的地位。“十三五”期间，中国对自贸伙伴的直接投资流量呈下降趋势，由2016年的1 325.7亿美元降至2018年的1 016.6亿美元，2019年略回升至1 092.0亿美元，年均降幅为6.3%，低于同期中国整体对外直接投资流量降幅5.0个百分点。同期，中国自贸区对外投资流量覆盖率呈波动上升趋势，由2016年的67.6%增至2019年的79.8%，提高了12.2个百分点，与“十二五”期末的2015年相比，提高3.5个百分点。可见，在整体海外投资放缓的情况下，自贸伙伴在中国对外直接投资中的地位有所上升。

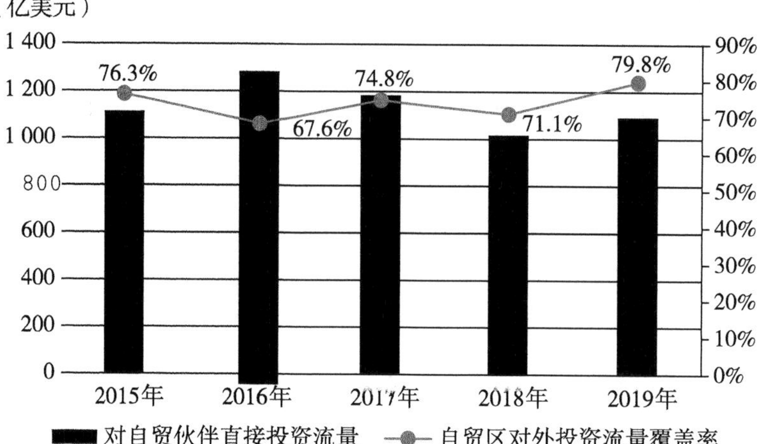

图 1—2—12　2015—2019 年中国自贸区对外投资流量覆盖率情况

资料来源：2019 年度中国对外直接投资统计公报。

（二）自贸区对外投资存量覆盖率略有下降

自贸区对外投资存量覆盖率是指一国对自贸伙伴直接投资存量占其对外投资存量总额的比重。“十三五”期间，中国对自贸伙伴的投资存量稳步增长，由 2016 年的 9 062.6 亿美元增至 2019 年的 14 573.1 亿美元，年均增幅为 17.2%，略低于中国整体对外直接投资存量增幅 0.2 个百分点。同期，中国自贸区对外投资存量覆盖率总体略有下降，由 2016 年的 66.8%降至 2017 年的 63.1%，此后回升至 2019 年的 66.3%，略低于 2016 年 0.5 个百分点，与“十二五”期末的 2015 年相比，下降 3.4 个百分点，反映出中国对自贸伙伴总体直接投资的收紧。

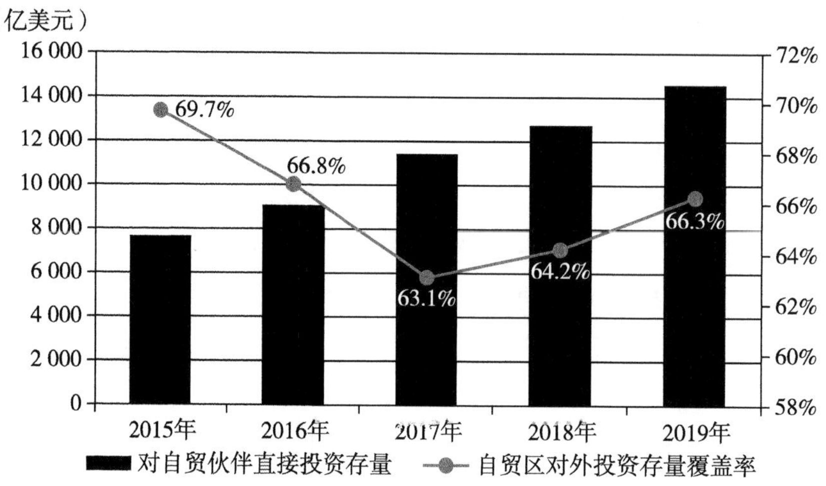

图 1—2—13　2015—2019 年中国自贸区对外投资存量覆盖率情况

注：2019 年末存量数据中包含对以往历史数据的调整。
资料来源：2019 年度中国对外直接投资统计公报。

（三）对自贸伙伴直接投资主要集中在中国香港和东盟国家

“十三五”期间，中国内地对香港地区的直接投资流量虽呈下降趋势，但香港地区依然是中国内地对外投资的主要区域。具体来看，中国内地对香港地区直接投资流量由2016年的1 142.3亿美元降至2018年的868.7亿美元，2019年略升至905.5亿美元，但其占中国内地对外投资流量总额的比重明显上升，由2016年的58.2%升至2019年的66.1%，提高7.9个百分点，与“十二五”期末的2015年相比，也提高4.5个百分点。同期，东盟国家也是中国对外投资的重要区域。中国对东盟国家直接投资流量由2016年的102.8亿美元升至2017年的141.2亿美元，随后回落至2019年的130.2亿美元，但其占中国对外投资流量总额的比重有所上升，由2016年的5.2%升至2018年的9.6%，2019年稍微回落至9.5%，高于2016年4.3个百分点，但与“十二五”期末的2015年相比，略低0.5个百分点。其中，新加坡是中国在东盟的主要投资目的地，直接投资流量由2016年的31.7亿美元增至2018年的64.1亿美元，2019年有所下滑，为48.3亿美元，其占中国对外投资流量总额的比重也由1.6%升至4.5%，2019年回落至3.5%，高于2016年1.9个百分点，但与“十二五”期末的2015年相比，下降3.7个百分点。

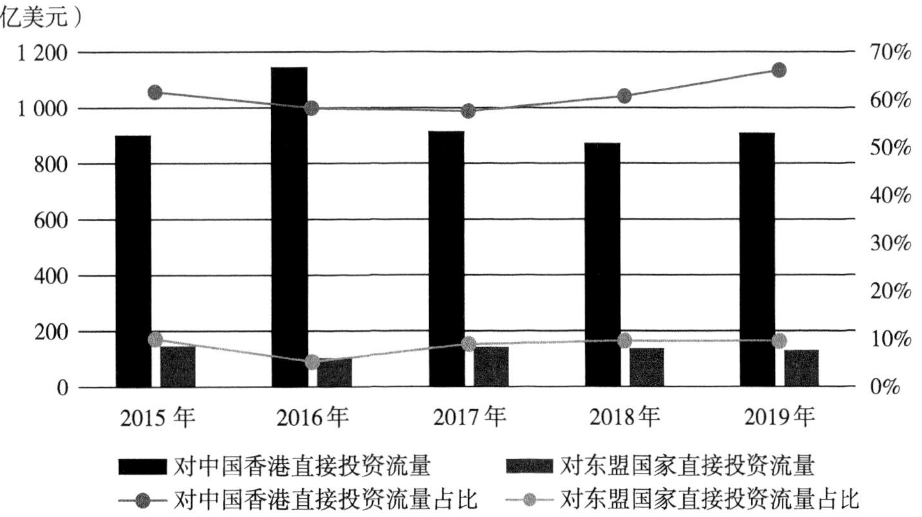

图1－2－14 2015—2019年中国对中国香港和东盟国家直接投资流量情况

资料来源：2019年度中国对外直接投资统计公报。

从中国对自贸伙伴的投资存量来看，截至2019年，中国香港仍是内地对外直接投资最集中的区域，投资存量达到12 753.6亿美元，占中国内地对外投资存量的一半以上，达到58.0%。其次是东盟国家，对其投资存量为1 098.9亿美元，占比为5.0%。从具体国别来看，中国对外直接投资最多的自贸伙伴是新加坡，截至2019

年，投资存量为 526.4 亿美元，占中国对外投资存量的 2.4%。其次是澳大利亚，对其投资存量为 380.7 亿美元，占比为 1.7%。此外，中国对外直接投资存量较多的自贸伙伴还涉及印度尼西亚、老挝、马来西亚、泰国、越南、韩国、柬埔寨、瑞士等，但占比均不足 1%。

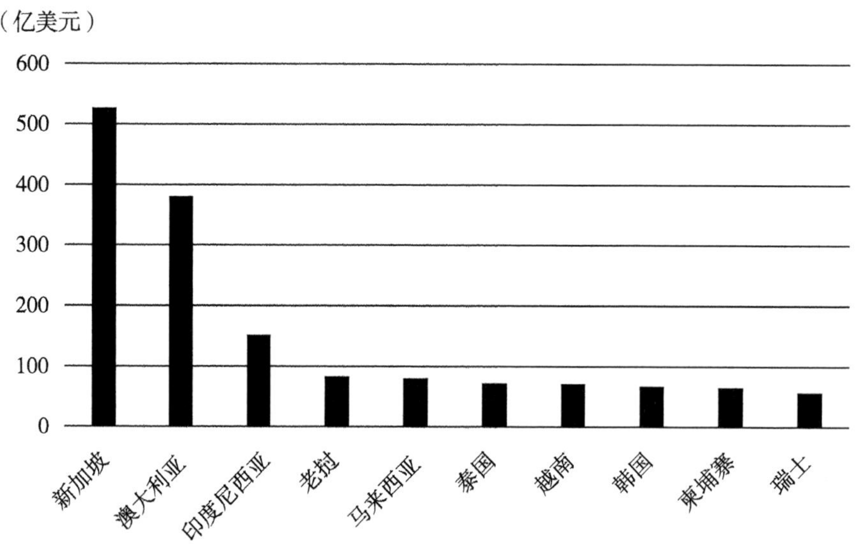

图 1—2—15　截至 2019 年中国对外直接投资存量前十大自贸伙伴

注：前十大自贸伙伴未包含港澳台地区。
资料来源：2019 年度中国对外直接投资统计公报。

五、中国与自贸伙伴经济技术合作不断推进

中国对外经济合作主要包括承包工程与劳务合作。“十三五”期间，随着“一带一路”倡议被越来越多国家认同，中国企业积极“走出去”，对外经济技术合作不断拓展。而自贸区建设也为对外承包工程与劳务合作提供了有利条件，中国与自贸伙伴的经济技术合作得到稳步发展。

（一）自贸区承包工程覆盖率快速提升

自贸区承包工程覆盖率是指一国在自贸伙伴的承包工程项目完成营业额占其全部海外市场承包工程完成营业额的比重，主要反映一国自贸区在其对外承包工程方面的地位。“十三五”期间，中国与自贸伙伴承包工程合作快速推进，2016—2019 年新签合同数年均超过 4 300 个，新签合同额年均超过 800 亿美元，其中峰值为 2017 年的 1 012.8 亿美元，2019 年为 821.9 亿美元；完成营业额由 2016 年的 453.1 亿美元增至 2019 年的 646.1 亿美元，年均增幅达到 12.6%，高于同期中国整体对外承包工程完成营业额增幅 9.9 个百分点。同期，中国自贸区承包工程覆盖率由

2016年的28.4%提高到2019年的37.4%，增加了8.9个百分点，与“十二五”期末的2015年相比，提高了11.5个百分点。可见，自贸伙伴已成为中国对外承包工程的重要市场，也是承包工程业务增长的重要动力源。

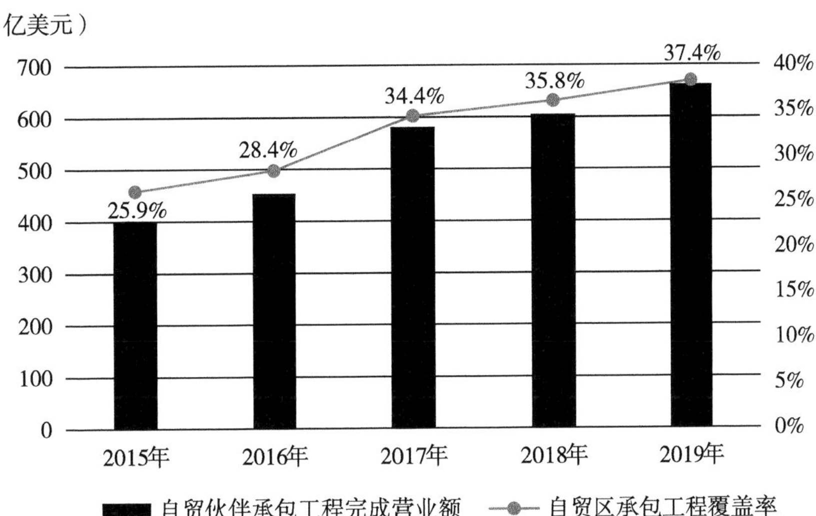

图1—2—16 2015—2019年中国自贸区承包工程覆盖率情况

资料来源：中国商务年鉴。

(二) 在自贸伙伴的承包工程主要集中在东盟、巴基斯坦和中国香港

东盟是中国自贸伙伴中最大的承包工程市场。“十三五”期间，中国在东盟国家的承包工程完成营业额稳步增长，由2016年的275.8亿美元增至2019年的399.3亿美元，年均增幅为13.1%；占中国对外承包工程完成营业额的比重也由17.3%提高到23.1%，增加了5.8个百分点，与“十二五”期末的2015年相比，也提高了5.8个百分点。其中，在印度尼西亚的承包工程完成营业额增长较快，由2016年的40.9亿美元增至2019年的87.1亿美元，年均增幅达到28.6%，占比也由2.6%提高到5.0%；在马来西亚的承包工程完成营业额相对较高，由2016年的47.5亿美元增至2017年的81.5亿美元后有所回落，到2019年降至73.0亿美元，年均增幅15.4%，占比由3.0%提高到4.8%后，逐步降至4.2%；在老挝的承包工程完成营业额由2016年的29.5亿美元增至2018年的52.6亿美元，2019年略回落至52.1亿美元，年均增幅为20.9%，占比由1.8%提高到3.1%后，回落至3.0%。同时，巴基斯坦是中国自贸伙伴中第二大承包工程市场，且在自贸伙伴国中居于首位。“十三五”期间，中国在巴基斯坦的承包工程完成营业额由2016年的72.7亿美元增至2017年的113.4亿美元，此后逐步回落至2019年的96.7亿美元；占中国对外承包工程完成营业额的比重由2016年的4.6%提高到2017年和2018年的6.7%，

2019 年降至 5.6%，高于 2016 年 1 个百分点，与“十二五”期末的 2015 年相比，提高了 2.2 个百分点。此外，中国香港也是内地自贸伙伴中重要的承包工程市场，完成营业额由 2016 年的 42.3 亿美元增至 2019 年的 63.7 亿美元，占比也由 2.7%提高到 3.7%，增加了 1 个百分点，与“十二五”期末的 2015 年相比，提高 1.1 个百分点。

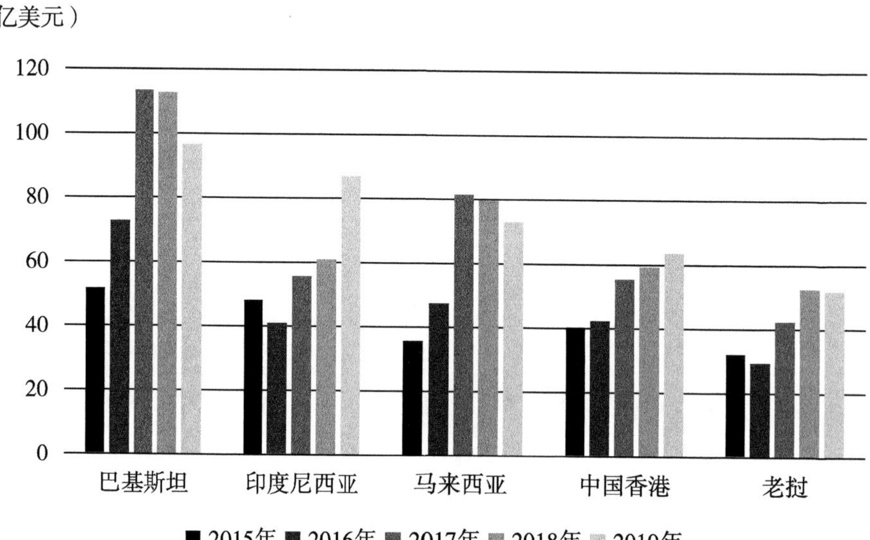

图 1—2—17　2015—2019 年中国在主要自贸伙伴承包工程市场完成营业额情况

资料来源：中国商务年鉴。

（三）自贸伙伴成为中国外派经济技术合作人员的主要地区

“十三五”期间，中国向自贸伙伴派出经济技术合作人员数量总体较为稳定，由 2016 年的 22.6 万人增至 2017 年的 25.6 万人后稍有回落，到 2019 年为 24.9 万人；占中国总体外派人员的比重不断上升，由 2016 年的 45.8%逐步提高到 2019 年的 51.0%，增加了 5.2 个百分点，与“十二五”期末的 2015 年相比，提高了 8.6 个百分点。其中，中国向自贸伙伴派出承包工程人员由 2016 年的 6.1 万人增至 2018 年的 8.7 万人，2019 年降至 7.4 万人，其占中国同期外派承包工程人员的比重由 26.4%提高到 38.4%后下滑至 35.1%；中国向自贸伙伴派出劳务合作人员由 2016 年的 16.5 万人增至 2017 年的 17.5 万人，2018 年降至 16.0 万人，到 2019 年回升至 17.4 万人，其占中国外派劳务合作人员的比重由 2016 年的 62.7%降至 2017 年的 58.2%，此后逐步升至 2019 年的 63.2%。到 2019 年年末，中国在自贸伙伴的经济技术合作人员共有 46.1 万人，其中，承包工程人员 12.2 万人，劳务合作人员 33.9 万人。

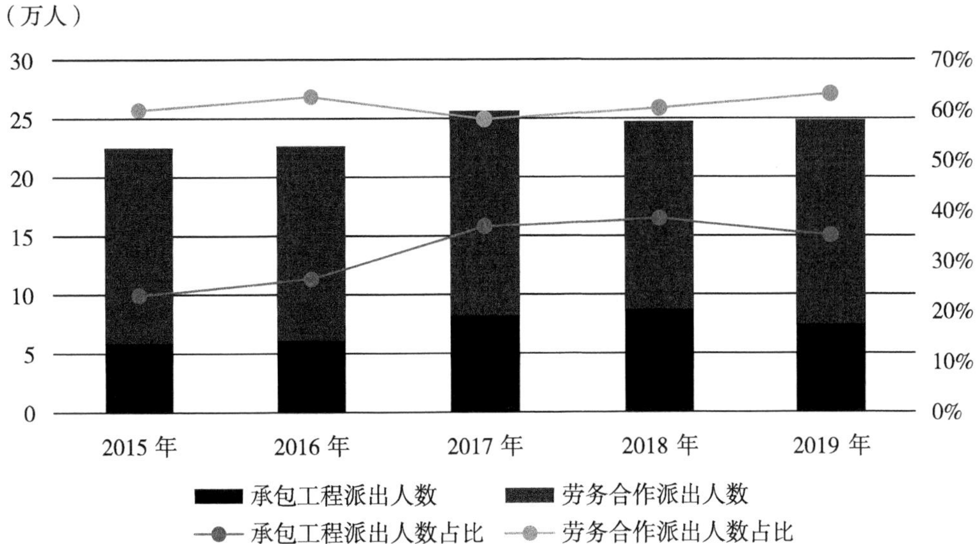

图 1－2－18　2015—2019 年中国向自贸伙伴派出经济技术合作人员情况

资料来源：中国商务年鉴。

“十三五”期间，中国向东盟派出的经济技术合作人员最多，由 2016 年的 9.0 万人增至 2017 年的 10.7 万人，此后有所下降，到 2019 年降至 10.2 万人；占中国外派人员的比重由 2016 年的 18.3%提高到 2018 年的 21.4%，2019 年稍有下降，为 20.9%，高于 2016 年 2.6 个百分点，与“十二五”期末的 2015 年相比，提高了 3.7 个百分点。其中，中国向东盟派出的承包工程人员由 2016 年的 4.6 万人增至 2018 年的 6.6 万人，2019 年降至 5.8 万人，其占比由 19.9%提高到 29.0%后回落至 27.3%；向东盟派出的劳务合作人员由 2016 年的 4.4 万人增至 2017 年的 4.6 万人，2018 年降至 3.9 万人，到 2019 年再次回升至 4.4 万人，其占比由 2016 年的 16.8%降至 2018 年的 14.9%，到 2019 年回升至 16.0%。到 2019 年年末，中国在东盟的经济技术合作人员为 20.7 万人，其中，承包工程人员 8.9 万人，劳务合作人员 11.8 万人。

从中国向自贸伙伴派出人员的具体国别和地区来看，中国澳门和中国香港以及新加坡是中国外派经济技术合作人员最为集中的自贸伙伴，2016—2019 年累计外派人数分别为 32.5 万人、22.3 万人和 17.9 万人，绝大部分是劳务合作人员；到 2019 年年末，中国在上述地区派出人员分别为 13.6 万人、6.4 万人和 9.9 万人。同时，中国向印度尼西亚、老挝、马来西亚和巴基斯坦 2016—2019 年累计派出人员均超过 5 万人，主要集中在承包工程领域；到 2019 年年末，在上述国家派出人员分别为 2.5 万人、2.5 万人、2.0 万人和 1.9 万人。

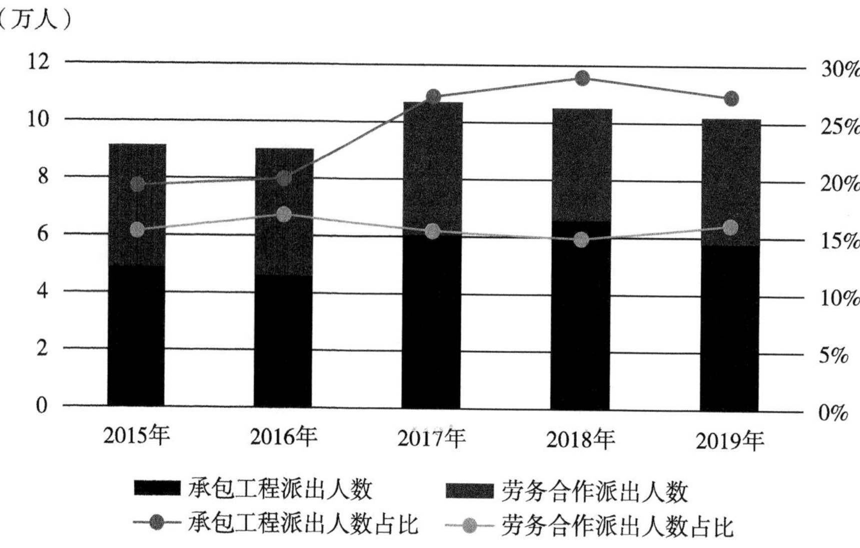

图 1－2－19　2015—2019 年中国向东盟派出经济技术合作人员情况

资料来源：中国商务年鉴。

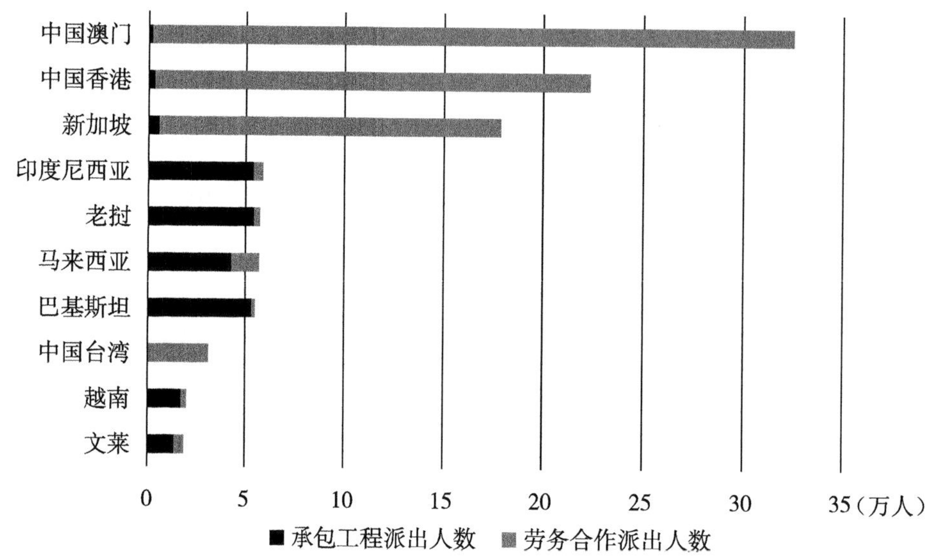

图 1－2－20　2016—2019 年中国累计向部分自贸伙伴派出人员情况

资料来源：中国商务年鉴。

（四）中国经济技术合作项目为自贸伙伴创造更多就业机会

中国在自贸伙伴的经济技术合作项目不仅改善了当地的基础设施条件，促进了工业化、现代化发展，还为当地创造了更多就业机会，有助于增加当地人民收入，提升生活水平。2019 年，中国在自贸伙伴的经济技术合作项目雇佣当地人员数量达到 23.4 万人，占中国在海外经济技术合作项目雇佣所在国人员总数的 30.1%。从具体国别或地区来看，在巴基斯坦雇佣人数最多，达到8.6万人；其次是东盟的印度尼西亚、马来西亚、老挝、柬埔寨和越南等。

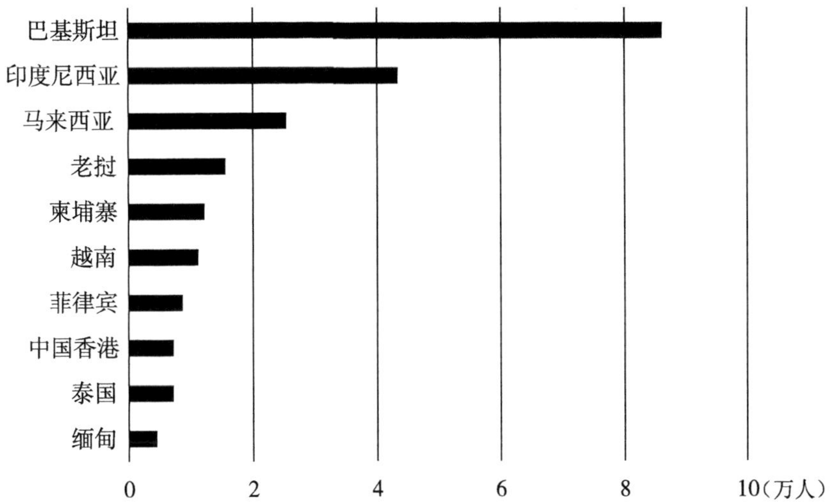

图1—2—21　2019年中国在部分自贸伙伴雇佣当地人员情况

资料来源：中国商务年鉴。

第三章 “十四五”时期中国自由贸易区建设面临的新形势*

“十四五”时期，世界仍处动荡变革期，新冠肺炎疫情影响广泛而深远，逆全球化趋势延续，单边主义、保护主义使中国自贸区建设面临更加复杂的外部环境，可能制约中国自贸区“朋友圈”扩容。与此同时，WTO多边贸易体制改革前景不容乐观，将推动包括中国在内的世界各国加速推进区域经济一体化，美欧日等发达经济体也将加快争夺国际经贸规则制订主导权，中国自贸区建设面临提质升级的迫切要求。

一、世界经济持续低迷，逆全球化思潮阻碍自由贸易发展

目前，新冠肺炎疫情仍在多国持续蔓延，其影响广泛而深远。“十四五”时期与后疫情时代重叠，全球经济或将继续维持低速增长。IMF 2020年10月发布的《世界经济展望报告》预测，2020年全球经济将萎缩约4.4%，是150年来最严重的四次衰退之一。世界银行2020年6月发布的一份报告也显示，自2020年开始的五年内，许多新兴市场经济体的表现将远远低于其潜力。因此，总体判断，“十四五”时期国际经济将继续保持弱势增长，对中国构建面向全球的自贸区网络、拓展国际经济发展空间带来更多的挑战和压力。

与此同时，后疫情时代，经济衰退将进一步加剧逆全球化趋势，很多国家保护主义与内顾倾向上升，主要经济体之间的贸易摩擦与冲突难以避免，国际竞争格局日趋复杂。美国特朗普总统坚持“美国优先”原则，在全球范围内采取单边主义、保护主义措施，对多边体制和自由贸易造成巨大冲击，即使拜登新政府上台对现有政策进行一定调整，但逆全球化思潮短期内难以完全扭转。而中国作为经济全球化的获益者，常常成为某些国家批评全球化导致发展不平衡的靶子，这也使得一些国家对与中国开展自贸协定谈判可能会产生一些抵触情绪。而且，中国作为世界第一制造业大国和第一大出口国，对很多国家的货物贸易呈顺差态势。而部分国家受逆全球化思潮影响，且受限于自身经济体量与发展水平，担心开放市场将使国内产业受到中国产品的巨大冲击，因而对与中国开展自贸协定谈判存在较大顾虑。因此，

* 本部分作者为刘艺卓、王蕊。

“十四五”时期，中国以自贸区为平台拓展外部市场空间将面临更加复杂的国际环境，自贸区“朋友圈”扩容的困难也可能进一步加大。

二、大国博弈与地缘战略竞争加剧，自贸区建设不确定性增加

美国自特朗普总统执政以来，在民粹主义思潮抬头的情况下，对华认知发生重大转变，将中国定位为“修正主义国家”，并将中国威胁置于俄罗斯之上，对华战略也进行重大调整，将中国视作其最大的竞争对手，中美博弈日趋激烈。为了遏制中国崛起，美国对华发起贸易战，并针对高科技、知识产权等领域向中国施压，还积极推动印太战略，试图联合盟友与伙伴塑造“新东方”，围堵和孤立中国，维护美国主导的国际秩序，巩固美国对世界的领导权。“十四五”时期，美国对华遏制战略不会发生根本性改变，中美大国博弈仍将持续，而且，拜登政府将更加注重改善与盟友及合作伙伴的关系，打造更广泛的战略联盟，可能会对一些国家施压，迫使其选边站队，还有一些国家可能会出于规避风险等考虑，对与中国开展自贸协定谈判持谨慎态度。

而且，中国周边国家众多、局势复杂，地缘战略竞争将对自贸区建设造成一定影响。例如，印度是中国周边最大的发展中国家，但其将中国视为地缘战略竞争的首要对手，对与中国开展自贸协定谈判持抵触态度，并最终退出 RCEP 谈判，且声称不会与中国签署任何涉及优惠关税的市场准入协定。印度将南亚及印度洋地区视为自己的势力范围，高度警惕和排斥中国的进入，可能成为“十四五”时期中国与南亚国家自贸协定谈判和实施的阻力。

三、WTO 改革前景不乐观，产业链重构促进自由贸易区建设

由于逆全球化思潮以及世界主要经济体之间的博弈错综复杂，“十四五”时期，以 WTO 为代表的多边贸易体制改革前景并不乐观。自 2001 年多哈回合谈判启动以来，由于成员间观点立场分歧较大、决策机制效率较低等原因，一直进展缓慢。尤其是美方面对欧盟等成员提出的 WTO 改革方案，以方案无法解决其关切的争端解决机制系统性问题为由持反对立场，阻碍 WTO 改革进程。与此同时，美国继续否认中国的“市场经济地位”，并单方面宣布取消中国、巴西、印度及南非等 25 个经济体享有的“发展中国家”优惠待遇，意图改变 WTO 规则。为施压 WTO 成员接受其单边改革议程，美国对上诉机构运行中某些不完善因素借题发挥，从 2017 上半年开始蓄意杯葛上诉法官正常遴选过程。① 在美国的阻挠下，WTO 争端解决机制上诉机构正式于

① 卢锋 . WTO 改革 2019 新进展（下篇）[EB/OL]. http：//nsd. pku. edu. cn/sylm/gd/500597. htm，2019－12－12.

2019 年 12 月 11 日停摆，成为多边贸易体制面临现实危机的突出标志。

“十四五”时期，为保障产业链供应链稳定、减轻新冠肺炎疫情带来的损失，以自贸协定促进贸易投资自由化和便利化成为各国的必然选择。一方面，新冠肺炎疫情全球蔓延凸显出区域经济一体化的必要性，更好实施自贸协定对促进产品和要素流动、维护产业链供应链安全稳定、减轻疫情冲击具有积极意义；另一方面，面对疫情扩散的严峻形势和世界经济遭受严重冲击的空前挑战，自贸区可成为联合抗疫的重要平台，各成员可借此加强宏观经济政策协调，开展抗疫相关经贸措施交流，有助于恢复社会和经济秩序，携手应对疫情挑战。因此，预计“十四五”时期，自贸区建设仍将蓬勃发展，是各国在多边贸易体制停滞的情况下寻求提高贸易投资自由化水平的主要形式。值得关注的是，美国推出“经济繁荣网络”计划，积极推动“去中国化”的供应链重构；日本也联合印度和澳大利亚发起“供应链弹性倡议”，旨在促进供应链的多元化与去中心化。因而，“十四五”时期，世界主要经济体“去中国化”的供应链重组计划可能在一定程度上阻碍中国自贸区建设。

四、国际经济秩序加快重塑，新议题规则制订主导权争夺激烈

近年来，自贸协定内容不断拓展，由传统的边境上议题向边境后议题延伸，越来越多的规则议题被纳入其中。世界主要发达经济体也积极推动以规则为导向的自贸协定谈判，并基于自身优势不断提高规则标准，旨在削弱中国等发展中国家的竞争力，以谋求国际经济秩序的主导权。例如，美墨加协定大幅增加了有利于美国的内容，设置普遍被认为针对性和排他性很强的“毒丸（poison pill）”条款，并引入最新的知识产权保护措施，进一步增强美国在美洲地区贸易投资规则的话语权。欧盟分别与日本、新加坡、越南、南方共同市场达成或批准贸易、投资协定，在重构自由贸易体系方面表现主动。日本在美国退出跨太平洋伙伴关系协定（TPP）的情况下主导推动达成 CPTPP，延续了 TPP 的高标准规则，涵盖国有企业、劳工、电子商务等规则条款，这被日本视为未来自贸协定的样板。

值得注意的是，在美欧日等发达经济体新商签的自贸协定中，部分条款明显针对中国现有的经济体制和市场竞争环境，如关于中国的发展中国家地位问题、国有企业竞争中性问题以及产业政策和补贴等问题。截至 2019 年年底，美欧日三方已举行六次贸易部长会议，重点关注非市场导向的政策与做法、国有企业和补贴规则、强制技术转让和知识产权保护、数字贸易与电子商务、WTO 改革等议题。① 因此，

① 刘明．对 2017 年以来美欧日三方贸易部长联合声明的分析［EB/OL］. http：//www.rmlt.com.cn/2019/0624/550286.shtml，2019—06—24.

"十四五"时期，不排除欧美日在经贸规则方面进一步合作或结盟的可能，将对中国自贸区建设形成一定挑战，并对国内深化改革提出新的要求。

五、新产业新业态不断涌现，自贸协定拓展升级要求紧迫

"十四五"时期，以数字化和信息技术为基本要素的第四次工业革命，将在全球范围内加速推进，促使全球贸易模式发生深刻变化。其中，最大的改变就是服务贸易和数字贸易正在成为全球贸易的新焦点。《2019 年世界贸易报告》显示，服务业在发达经济体的 GDP 占比从 1950 年的 40%上升到目前的 75%左右。① 在新一轮国际竞争中，欧美等发达经济体凭借自身在技术和服务领域的优势，积极抢占数字贸易制高点，并加快制订相关国际经贸规则。在 WTO 公布的涉及数字贸易的 40 多个区域贸易协定中，32 个协定将数字贸易（电子商务）单独设章，其中美国主导 13 个，欧盟主导 7 个，而且在美国主导的区域贸易协定中，数字贸易规则不仅局限在电子商务章节，也在投资、知识产权、信息技术和跨境服务贸易等章节中有所体现。② 这也对中国自贸区拓展和提质升级提出了更高要求。

目前，中国对外签署的自贸协定在服务贸易领域仍采用正面清单模式，仅在中韩第二阶段谈判中首次引入负面清单。而且，中国 2015 年以前商签的自贸协定基本不涉及新议题，大多仅作概括性和原则性规定。2015 年签署的中韩自贸协定首次就金融服务、电信、电子商务独立设章，但重大突破不多。总体而言，中国目前签署的自贸协定中关于知识产权、环境、竞争、电子商务等规则议题大多仍是在 WTO 规则基础上有所细化和提升，且内容相对宽泛，与国际高标准规则相比还存在一定差距，亟需进一步提质升级。

---

① 上海 WTO 事务咨询中心．WTO 发布 2019 年世界贸易报告［EB/OL］. https://www.ndrc.gov.cn/fggz/jjmy/dwjmjzcfx/201912/t20191220_1213895.html，2019－12－20.

② 张茉楠．全球新一轮经贸规则发展呈七大新趋势［EB/OL］. https://www.chinatimes.net.cn/article/90633.html，2019－10－08.

第四章 “十四五”时期中国自由贸易区建设的思路与建议*

进入“十四五”时期，面临新冠肺炎疫情的深远影响以及内外部环境的深刻复杂变化，中国需要加快实施自贸区提升战略，积极构建面向全球的高标准自贸区网络。

一、优化布局，积极构建面向全球的高标准自贸区网络

目前，中国虽已初步形成了以亚洲周边和“一带一路”沿线为主、覆盖五大洲的自贸区网络，并且逐步向高标准、高质量方向发展，但自贸区全球布局仍有待完善，与大体量经济体的自贸区建设仍未取得突破，在非洲的第一个自贸协定刚刚生效，对欧洲、美洲的自贸区建设也仍有很大拓展空间。从自贸区数量来看，中国在全球前十大区域贸易协定使用者的排名中位居末位，不仅远低于欧盟、欧自联、智利等经济体，与周边的新加坡、韩国、日本、越南等国相比也仍有差距。“十四五”时期，应以亚太与欧洲区域为重点，以非洲区域为补充，力争在与欧盟、日本、欧亚经济联盟、巴西等大体量经济体建立自贸区方面取得突破，进一步优化布局，积极构建面向全球的高标准自贸区网络。**亚太区域**，应在推动 RCEP 生效的基础上，加快中日韩自贸区以及中国与蒙古国、以色列、海合会、斯里兰卡、尼泊尔等自贸协定谈判，启动中国—巴西自贸区建设，积极探讨加入 CPTPP 的可行路径，促进 RCEP、CPTPP 等协定在规则领域的协调合作，推动形成更大范围的亚太自贸协定。**欧洲区域**，推动与挪威等非欧盟国家完成自贸协定谈判，加快与欧亚经济联盟等建立自贸区，尽快完成中欧投资协定谈判，在此基础上探讨与欧盟开展自贸协定磋商。**非洲区域**，推动与非洲大陆自贸区加强合作对接与经验分享，为后续建立自贸区奠定基础。

二、提质升级，加快实施自由贸易区提升战略

“十三五”期间，中国积极推动自贸协定升级，在规则标准方面得到较大提升，

---

* 本部分作者为袁波。

但与CPTPP、日欧EPA等高标准协定相比，在自由化率、规则标准的深度等方面仍有明显差距。“十四五”时期，促进经济高质量发展成为中国经济社会发展的主题，实行高水平对外开放、建设更高水平开放型经济新体制都是题中应有之义，而加快实施自贸区提升战略正是实现这些目标的有力举措。通过签署更高水平、更高标准的自贸协定和推动已实施自贸协定的持续升级，进一步提高自贸协定市场准入承诺水平，接受更高标准的国际经贸规则，正是实行高水平对外开放与建设更高水平开放型经济新体制的重要体现。在**市场准入方面**，按照利益对等原则提高货物、服务与投资承诺水平，争取按税目数和贸易额计算的自贸协定自由化率均达到97%的水平，以负面清单方式对服务贸易与投资进行实质开放，相互承诺给予投资者准入前国民待遇，采用公正公平的投资者—国家争端解决机制。在**规则方面**，按照构建高水平社会主义市场经济体制的总体要求，结合国际高标准自贸协定规则发展趋势，进一步提高知识产权、环境保护、竞争政策、政府采购、透明度、监管合作等规则标准，在电子商务、数字贸易、供应链、人工智能等新兴领域争取规则制订主动权。在**自贸协定应用方面**，与自贸伙伴加强原产地证书签署、核查等数据信息交换与共享，推动网上签发证书和电子联网核查，促进原产地证书的申领、核准和签发程序便利化，共同降低签证成本，提高自贸协定利用率。加强自贸协定推广宣介，丰富完善自贸协定服务网等平台功能，建立自贸协定文本与市场准入承诺数据库，免费发布自贸协定利用指南，建立常态化的自贸协定公益培训制度，扩大中小企业培训覆盖面，形成自贸协定应用的良好示范。

三、内外连动，推动自贸区成为内外循环互促发展的新助力

自贸协定虽是中国对外签署的协定，但在促进国内改革和经济发展方面具有独特作用，能够成为有效连通内外循环的重要平台。一是自贸协定能为中国企业参与国际经济大循环提供良好的制度性保障，有助于促进企业与自贸伙伴开展贸易投资合作、提高国际经济循环水平，还能以自贸伙伴为桥梁参与更大范围的国际大循环。二是自贸协定能为自贸伙伴提供更为优惠的待遇，帮助其更容易地进入中国市场，参与中国国内经济大循环，享受中国经济发展红利。三是通过对自贸伙伴更高水平的开放，接轨更高标准的国际经贸规则，有助于推动国内改革，打破行业垄断和地方保护，为畅通国内大循环提供助力。因此，“十四五”时期，中国需要充分发挥自贸协定联动内外循环的重要作用，积极推动高标准自贸协定谈判，提高贸易投资自由化便利化水平，加强国际经贸规则制订，为企业充分利用国际国内两个市场、两种资源，在全球进行供应链、产业链布局提供制度性保障，促进国际国内双循环协同发展。尤其是，应进一步加强自贸港、自贸试验区等国内开放平台与自贸协定的

协同联动，在自贸港、自贸试验区先行先试扩大开放、探索对接国际高标准经贸规则，形成内外资企业深度参与中国经济内循环和国际经济大循环的良好示范，同时也为中国对外商签高标准自贸协定奠定坚实基础。

四、协同多边，提升自贸区在全球经济治理中的地位作用

区域贸易协定与世贸组织多边贸易体制是各国参与全球经济治理的重要平台，中国一直坚持区域与多边相结合，在支持多边贸易体制的同时，不断加快自贸区建设，使自贸区成为多边贸易体制的重要补充。近年来，经济全球化遭遇逆流，贸易保护主义与单边主义日益盛行，以规则为基础的 WTO 步履维艰，面临现代化改革压力，但在美国的阻挠下却又难以达成共识。总体上看，进入“十四五”时期，全球经济秩序仍处于变革与重塑的关键时期，中国仍将面对一个充满高度不确定性的外部环境。即使是美国新总统上台，重新加强对 WTO 等国际机构的参与，坚持推动自由贸易，中美在全球经济治理领域的博弈仍将日益激烈。新形势下，中国需要将加快自贸区提升战略作为积极参与全球经济治理体系改革的重要举措，与推动多边贸易体制改革协同考虑，与维护国家主权、安全和发展利益等国家总体战略目标相结合，统筹谈判资源与谈判目标，协同制订谈判方案，加强经贸规则议题沟通协作，在全球经济治理方面形成合力，共同推动国际经济秩序向公平合理、有利于我的方向发展，使中国成为全球自贸区建设和国际经贸规则制订的引领者。

五、包容普惠，激发自贸区建设动力、增强合作共识

近年来，受国际贸易保护主义、民粹主义和单边主义的影响，全球化和自由贸易理念受到质疑，多边贸易体制面临存亡危机，自贸协定谈判在一些国家受到抵制，而 2020 年以来的新冠肺炎疫情又进一步加剧了这种思潮。“十四五”时期，中国在扩大对外开放、加快实施自贸区提升战略的同时，应将开放包容、普惠共赢作为自贸区建设的重点内容，不断扩大与各国的利益交汇点，激发自贸区建设的内生动力，增强合作共识。一是需要进一步探索与发展中国家尤其是经济欠发达国家自贸区建设新模式。以中国—柬埔寨自贸协定为范本，在市场开放方面给予欠发达自贸伙伴更多灵活性，在自由化率、过渡期等方面给予单方面、非对等的优惠待遇，在规则等领域更加重视数字贸易、环境、社会责任等条款，提倡绿色与可持续发展，创新经济合作等发展议题在自贸协定中的表现形式，结合两国优势潜力与发展诉求，探索能够让中小企业和民众广泛受惠的合作领域。二是重视自贸协定的收入分配效应，与自贸伙伴就此加强政策协调、信息与经验分享。加强自贸协定的实施评估，跟踪关注开放可能带来的国内发展失衡、公平公正等问题，建立完善符合国情的贸易调

整援助制度，积极通过国内产业、区域政策调整和科技创新，促进弱势产业与经济落后区域发展。同时，加强国内转移支付，在教育、医疗、就业等民生领域加大投入，为劳动者提供职业技能培训与转岗培训，特别是加强线上职业技术培训，建立免费培训平台，增强劳动者适应新一代技术革命和产业变革的能力，分好自贸协定开放收益的蛋糕，推动实现共赢、共享发展。

六、安全可控，提高自贸区风险防控与预警水平

建立高标准自贸协定、推动更高水平的对外开放，必然需要应对更加复杂的风险隐患，因此，“十四五”时期，中国需要在国际通行规则的基础上，建立完善开放风险的防范应对机制。一方面，应利用自贸协定和 WTO 框架下的贸易救济安排，与自贸伙伴加强信息沟通和技术交流，与行业协会密切配合，提高程序的透明度，探索互利共赢化解摩擦的方法，避免贸易救济的滥用，合理引导企业预期，减少不确定性对企业的影响。另一方面，也需要以经济考量为主，在符合国际通行规则的前提下，积极协助符合条件的企业或行业发起相关救济调查措施，向自贸伙伴寻求合理补偿，同时依据协定采取中止降税或提高该产品关税的措施，以减少企业的损失。此外，还需加强开放风险的综合预警和法律服务平台建设。利用大数据、区块链等新技术，建立全国性的贸易救济精准预警与服务平台，为企业提供贸易救济案件的发展动态与预警服务，促进企业、贸易救济调查局、行业组织与研究机构等多方交流。加强贸易救济法律服务平台建设，译介各国贸易救济相关的法律文件，撰写重点国家的应诉指南，开展法律援企专项行动，帮助企业提高经贸摩擦防范与应对能力。

第二篇

自由贸易协定下的双边经贸合作*

* 本部分由王蕊统稿。

第一章 中国—东盟自由贸易协定*

东盟成立于1967年，成员国包括文莱、柬埔寨、印尼、老挝、马来西亚、缅甸、菲律宾、新加坡、泰国和越南共10个国家，总面积约449万平方公里，人口6.34亿。1950—1991年，中国陆续与东盟10国建立外交关系。2003年以来，中国与东盟建立了面向和平与繁荣的战略伙伴关系，为中国—东盟自贸区建设提供了坚实的政治保障。

一、协定签署

2002年11月，中国与东盟签署《全面经济合作框架协议》，正式启动自贸区建设。2004—2009年期间，双方相继签署《货物贸易协议》《争端解决机制协议》《服务贸易协议》和《投资协议》，建立了自贸协定的基本法律框架体系。

2010年1月1日，双方基本完成货物贸易降税，宣布全面建成自贸区，此后，仍继续推进自贸协定的修改完善工作。2010年10月第13次中国—东盟领导人会议期间，双方共同签署了《〈中国—东盟全面经济合作框架协议货物贸易协议〉第二议定书》，对自贸区原产地规则项下的签证操作程序进行了更新，以进一步促进贸易便利化，提高中国—东盟自贸区的利用率。2011年11月，中国与东盟签署了《关于实施中国—东盟自贸区〈服务贸易协议〉第二批具体承诺的议定书》。相比第一批具体承诺，中国的第二批具体承诺根据加入世贸组织（WTO）的承诺，对商业服务、电信、建筑、分销、金融、旅游、交通等部门的承诺内容进行了更新和调整。同时，第二批具体承诺还进一步开放了公路客运、职业培训、娱乐文化和体育服务等服务部门。与此同时，东盟各国的第二批具体承诺涵盖的部门也明显增加，不仅在其对世贸组织承诺基础上做出更高水平的开放，许多国家的承诺还超出了世贸组织新一轮谈判出价水平。2012年12月19日，第15次东亚领导人系列会议期间，中国与东盟签署了《关于修订〈中国—东盟全面经济合作框架协议〉的第三议定书》和《关于在〈中国—东盟全面经济合作框架协议〉下〈货物贸易协议〉中纳入技术性贸易壁垒和卫生与植物卫生措施章节的议定书》。其主要内容分别是明确中国—东盟自贸区联合委员会的法律地位和职

* 本部分作者为袁波。

责范围，以及双方在技术性贸易壁垒和卫生与植物卫生措施方面的权利、义务和合作安排。上述议定书确定了中国与东盟国家之间的沟通协调机制，有助于确保自贸区各项协议的切实执行，及时磋商解决各方企业遇到的技术性贸易壁垒问题，从而为广大工商界营造更加优惠便利的经营环境，促进各国经济的共同发展。

2013 年 10 月，中国国务院总理李克强在第 16 次中国—东盟领导人会议上发出倡议，尽快启动中国—东盟自贸区升级版，打造更全面、更高质量的自贸区协定。2014 年 8 月，中国—东盟经贸部长会议正式宣布启动升级谈判。经历了一年零三个月、四轮谈判之后，2015 年 11 月 22 日，中国与东盟就自贸区升级协议达成一致，签订了《关于修订〈中国—东盟全面经济合作框架协议〉及项下部分协议的议定书》（以下简称升级《议定书》）。升级《议定书》涵盖货物贸易、服务贸易、投资、经济技术合作等领域，在原有协议的基础上进行补充和完善，实现了对协议内容的丰富和提升。2016 年 7 月 1 日升级《议定书》率先对中国和越南生效。此后东盟其他成员陆续完成国内核准程序，升级《议定书》生效范围不断扩大。2019 年 8 月 22 日，所有东盟国家均完成了国内核准程序，10 月 22 日，升级《议定书》对所有协定成员全面生效。随着升级《议定书》在东盟 10 国的全面生效，其货物贸易便利化安排与服务贸易扩大开放等自贸协定优惠政策将使更多企业从中受惠，中国—东盟自贸协定的红利进一步释放，有望促使双边经贸合作再上新台阶，为双方经济发展提供新的助力，为实现《中国—东盟战略伙伴关系 2030 年愿景》作出积极贡献。

2020 年 5 月，面临新冠肺炎疫情的冲击，双方共同发表《中国—东盟经贸部长关于抗击新冠肺炎疫情加强自贸合作的联合声明》，指出将继续共同致力于执行好中国—东盟自贸协定，将《升级议定书》全面生效实施的效用最大化，为疫情后经济复苏作出贡献。双方将探讨改善市场准入的可能性，如解决非关税贸易壁垒问题，并通过深化和扩大自贸协定框架下其他领域经济合作，如非关税措施和电子商务等，深化区域经济一体化①。8 月，第 19 次中国—东盟（10+1）经贸部长会议上，双方就中国—东盟自贸区升级《议定书》未来工作计划达成一致②。未来，双方将进一步探讨货物贸易的进一步自由化问题，讨论投资领域的升级路径，确其他互利共赢的合作领域。

---

① 《中国—东盟经贸部长关于抗击新冠肺炎疫情加强自贸合作的联合声明》[EB/OL]. http://fta.mofcom.gov.cn/article/chinadm/chinadmnews/202007/42799_1.html，2020—05—29.

② 东亚合作经贸部长系列会议取得丰硕成果 [EB/OL]. https://swt.fujian.gov.cn/xxgk/swdt/swyw/gjyw/202009/t20200916_5387604.htm，2020—09—16.

表 2—1—1 中国—东盟自由贸易区建设历程

时间	主要协议
2002 年 11 月 4 日	签署《中国—东盟全面经济合作框架协议》，2003 年 7 月 1 日生效
2004 年 11 月 29 日	签署《中国—东盟全面经济合作框架协议货物贸易协议》，2005 年 7 月 20 日生效 签署《中国—东盟全面经济合作框架协议争端解决机制协议》，2005 年 1 月 1 日生效
2007 年 1 月 14 日	签署《中国—东盟全面经济合作框架协议服务贸易协议》，2007 年 7 月 1 日生效
2009 年 8 月 15 日	签署《中国—东盟全面经济合作框架协议投资协议》，2010 年 2 月 15 日生效
2010 年 10 月 29 日	签署《中国—东盟全面经济合作框架协议货物贸易协议》第二议定书，2011 年 1 月生效
2011 年 11 月 18 日	签署《关于实施中国—东盟自由贸易区〈服务贸易协议〉第二批具体承诺的议定书》，2012 年 1 月 1 日生效
2012 年 11 月 19 日	签署《关于修订〈中国—东盟全面经济合作框架协议〉的第三议定书》，2013 年 1 月 1 日生效 签署《关于在〈中国—东盟全面经济合作框架协议〉下〈货物贸易协议〉中纳入技术性贸易壁垒和卫生与植物卫生措施章节的议定书》
2014 年 8 月	启动中国—东盟自由贸易区升级版谈判
2015 年 11 月 22 日	签署《关于修订〈中国—东盟全面经济合作框架协议〉及项下部分协议的议定书》，2019 年 10 月 22 日全面生效

资料来源：根据中国自由贸易区服务网资料整理。

二、经贸合作

中国—东盟自贸协定促使中国与东盟各国货物、服务和投资领域实现了较高水平的自由化和便利化，为双边经贸合作提供了良好的法律保障。中国—东盟自贸区建设以来，中国与东盟货物贸易规模稳步扩大，双向投资日益密切，成为中国与自贸伙伴合作的典范。

（一）货物贸易

根据自贸协定，中国与东盟各国逐步履行降低关税的承诺。2005 年 7 月 20 日起，中国对原产于东盟 6 国①的产品实施中国—东盟自贸协定优惠税率，6 国平均关税税率降为 8.1%。2007 年 1 月 1 日起，中国对原产于东盟 10 国的部分税目商品实

① 文莱、印尼、马来西亚、缅甸、新加坡、泰国。

行第二步降税。中国降低了 5 375 种税目产品的关税，占 2007 年全部税目的 70.3%，比 2006 年增加了 1 967 个 8 位税目。此次降税后，中国对东盟的平均关税下降为 5.8%。2009 年 1 月 1 日起，中国对原产于东盟 10 国的部分税目商品实施第三步降税。降税后，实施协定优惠税率的税目数约为 6 750 个，总体平均税率由 5.8%降为 1.96%。2010 年 1 月 1 日起，中国实施了第四批正常商品降税，双方 91.5%的商品实施了零关税。降税后，中国对东盟各国实施协定税率的商品税目数在 6 800 个左右，总体平均税率降至 0.1%，平均优惠幅度为 99%。与此同时，东盟各国也积极履行《货物贸易协定》，对中国实施全面降税。以泰国为例，2005 年 7 月，其对中国产品的平均税率已从 12.9%降到 10.7%，2007 年又降到 6.4%，2009 年进一步降到 2.8%，2010 年对 93%以上约 7 000 种中国产品实行零关税。到 2010 年 1 月 1 日，东盟 6 个老成员国已经对 90%以上的中国产品实行零关税，对中国平均关税从 12.8%降为 0.6%，东盟 4 个新成员国也在 2015 年实现这一目标。中国—东盟自贸协定自 2004 年 1 月 1 日开始实施并签发证书，目前已成为中国证书签发量最大的自贸协定证书。据海关总署统计，15 年来企业累计享惠进口 4 139 亿美元，税款减让 2 670 亿元；海关共签发中国—东盟自贸区原产地证书 1 152万份，涉及货值 5 164 亿美元①。根据中方统计，在 2019 年中国自东盟的进口中，享受优惠关税的进口额同比增长 9.6%，占中国享惠进口总额的 49%②。2020 年 5 月 11 日起，中国企业可自助打印输往印尼和新加坡的中国—东盟自贸协定原产地证书，这使原产地签证更加便利，降低了中国出口企业办证所需的时间和空间成本，有利于企业更好地利用中国—东盟自贸协定。同时，中国与东盟中的新加坡、印尼分别于 2019 年 11 月 1 日和 2020 年 10 月 15 日实现原产地电子联网，实时传递原产地证书和流动证明电子数据，这进一步提升了中国—东盟自贸协定原产地签证的便利化程度。今后，中国还将与泰国、越南等东盟国家共同推动原产地电子联网建设。

1. 贸易规模

中国与东盟在自贸协定框架下的关税降低乃至取消，促进了双边贸易的稳步增长。2001 年，中国与东盟双边贸易额不足 500 亿美元，2004 年已突破 1 000 亿美元大关，2007 年提前三年实现 2 000 亿美元目标。2012 年，双边贸易超过 4 000 亿美元，同比增长 10.2%。到“十二五”期末的 2015 年，虽比上一年下降 1.7%，但也

① 中国—东盟自贸协定原产地证书升级版来了［EB/OL］. http：//fta. mofcom. gov. cn/article/chinadongmeng/dongmengfguandian/201908/41317 _ 1. html，2019－08－28.

② 《中国—东盟自由贸易区全面建成十周年实施报告》［EB/OL］. http：//www. gov. cn/xinwen/2020－11/13/5561364/files/2f4b31e37f4f4550bf83205c8313f1d4. pdf，2020－11－13.

保持在 4 721.6 亿美元的较高水平，是“十一五”期末的 1.6 倍。

表 2—1—2　2001—2019 年中国与东盟贸易情况（中方统计）

单位：亿美元；%

年份	中国与东盟贸易		中国对东盟出口		中国自东盟进口		贸易差额
	金额	比重	金额	比重	金额	比重	
2001 年	416.1	8.2	183.9	7.0	232.3	9.5	−48.4
2002 年	547.7	8.8	235.7	7.2	312.0	10.6	−76.3
2003 年	782.5	9.2	309.3	7.1	473.3	11.5	−164.0
2004 年	1 058.8	9.2	429.0	7.2	629.8	11.2	−200.8
2005 年	1 303.7	9.2	553.7	7.3	750.0	11.4	−196.3
2006 年	1 608.6	9.1	713.2	7.4	895.4	11.3	−182.2
2007 年	2 025.5	9.3	941.8	7.7	1 083.7	11.3	−141.9
2008 年	2 311.1	9.0	1 141.4	8.0	1 169.7	10.3	−28.3
2009 年	2 130.1	9.6	1 063.0	8.8	1 067.1	10.6	−4.1
2010 年	2 927.8	9.8	1 382.1	8.8	1 545.7	11.1	−163.6
2011 年	3 628.5	10.0	1 700.8	8.9	1 927.7	11.1	−226.9
2012 年	4 000.9	10.3	2 042.7	10.0	1 958.2	1 958.2	10.8
2013 年	4 436.1	10.7	2 440.7	11.0	1 995.4	1 995.4	10.2
2014 年	4 803.9	11.2	2 720.7	11.6	2 083.2	2 083.2	10.6
2015 年	4 721.6	11.9	2 774.9	12.2	1 946.8	1 946.8	11.6
2016 年	4 522.1	12.3	2 559.9	12.2	1 962.2	1 962.2	12.4
2017 年	5 148.2	12.5	2 791.2	12.3	2 357.0	2 357.0	12.8
2018 年	5 878.7	12.7	3 192.4	12.8	2 686.3	12.6	506.1
2019 年	6 414.7	14	3 594.2	14.4	2 820.4	13.6	773.8

资料来源：中国海关统计。

“十三五”开局之年的 2016 年，中国与东盟的货物贸易虽仍有小幅回落，但此后的 2017 年则重新迎来了快速增长的发展态势，当年突破 5 000 亿美元大关，同比增长 13.8%。2018 年，双边贸易增势更猛，同比增长 14.1%，高出全国平均水平 1.2 个百分点。2019 年，面对国际贸易摩擦加剧和全球经济走低的外部环境，中国与东盟双边贸易仍逆势增长 9.2%，贸易额达到 6 414.7 亿美元，东盟首次超过美国成为中国第二大贸易伙伴，仅次于欧盟。其中，中国对东盟国家出口达 3 594.2 亿美元，自东盟进口 2 820.4 亿美元，同比分别增长 12.7%和 5.0%。2019 年，中国与东盟双边贸易占中国对外贸易的比重比“十二五”期末提高了 3.1 个百分点，达到 14.0%。2020 年以来，面对新冠疫情的严峻挑战，中国与东盟努力维护供应链畅通，在全球贸易下滑的情况下双边贸易仍取得正增长，1—9 月，贸易额达到 4 818.9亿美元，同比增长 5.0%，而同期中国对外贸易下降 1.8%，东盟超过欧盟成为中国第一大贸易伙伴①。

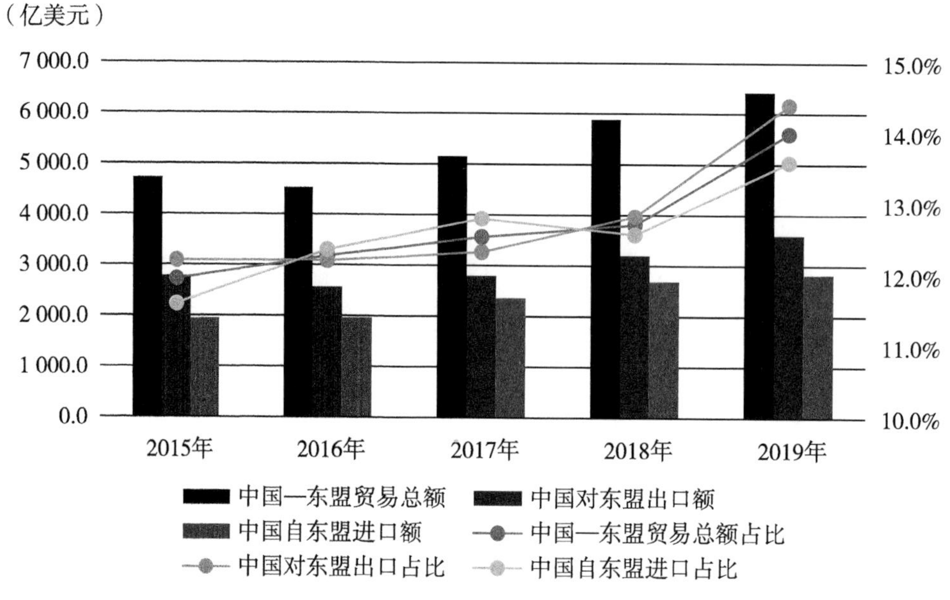

图 2—1—1　2015—2019 年中国—东盟货物贸易情况

数据来源：中国海关统计。

据东盟秘书处统计，2002 年以来，东盟与中国的贸易一直保持快速增长。到“十二五”期末的 2015 年已达到 3 635.0 亿美元，是 2002 年的 8.5 倍。“十三五”期间，东盟与中国的货物贸易年均增长 8.7%，至 2019 年已经达到 5 078.5 亿美元。其中，东盟对中国出口 2 024.5 亿美元，自中国进口 3 053.9 亿美元，年均增长率分别为 8.6%和 8.8%。2019 年，东盟与中国的双边贸易在东盟整体贸易中的比重也从 2015 年的 16.0%增加至 18.0%，提高了 2 个百分点。截至 2019 年年底，中国已连续 11 年保持东盟第一大贸易伙伴地位，并连续 9 年保持成为东盟第一大出口市场，连续 14 年保持东盟第一大进口来源地。

① 由于英国脱欧，2020 年开始，中国海关统计的中国与欧盟的贸易数据不包含与英国的贸易数据，1—9 月中国与欧盟贸易额为 4 612.1 亿美元，与英国的贸易额为 645.6 亿美元。

表 2—1—3　2001—2019 年东盟与中国贸易情况（东盟统计）

单位：亿美元；%

年份	东盟与中国贸易		东盟对中国出口		东盟自中国进口		贸易差额
	金额	比重	金额	比重	金额	比重	
2001 年	319.2	4.6	145.2	3.9	174	5.4	−28.8
2002 年	427.6	6.0	195.5	5.1	232.1	7.0	−36.6
2003 年	596.4	7.2	290.6	6.4	305.8	8.2	−15.2
2004 年	891.6	8.3	414.0	7.3	477.6	9.5	−63.7
2005 年	1 134.3	9.2	522.6	8.1	611.7	10.6	−89.1
2006 年	1 401.1	10.0	650.1	8.6	750.9	11.5	−100.8
2007 年	1 711.0	10.6	779.2	9.0	931.8	12.4	−152.6
2008 年	1 967.1	10.3	874.9	8.9	1 092.2	11.8	−217.3
2009 年	1 780.5	11.6	815.1	10.1	965.4	13.3	−150.3
2010 年	2 355.1	11.8	1 125.8	10.7	1 229.4	12.9	−103.6
2011 年	2 949.9	12.3	1 400.7	11.3	1 549.2	13.4	−148.6
2012 年	3 193.9	12.9	1 425.4	11.3	1 768.5	14.5	−343.1
2013 年	3 515.8	13.9	1 533.8	12.0	1 982.0	15.8	−448.3
2014 年	3 667.1	14.5	1 540.1	11.9	2 127.0	17.1	−586.9
2015 年	3 635.0	16.0	1 452.9	12.4	2 182.1	19.8	−729.1
2016 年	3 686.9	16.5	1 441.8	12.5	2 245.2	20.7	−803.4
2017 年	4 415.7	17.1	1 870.3	14.1	2 545.5	20.3	−675.2
2018 年	4 831.4	17.2	1 986.8	13.9	2 844.5	20.5	−857.7
2019 年	5 078.5	18.0	2 024.5	14.2	3 053.9	21.9	−1 029.4

资料来源：东盟秘书处。

2. 贸易结构

自贸区建设以来，中国对东盟出口商品由高度集中于机电产品与矿产品逐步趋向多元化，钢铁及其制品、塑料及其制品、家具、车辆等出口不断增加。2019 年，机电产品（HS84 和 HS85）仍是中国对东盟出口最多的产品，出口额共计 1 368.1 亿美元，占中国对东盟出口总额的 38.0%，较 2003 年下降了 5.8 个百分点；钢铁及其制品（HS72 和 HS73）出口合计 251.6 亿美元，占比为 7.0%，较 2003 年提高了 3.4 个百分点。矿物燃料、矿物油及其产品和沥青等（HS27）虽仍居中国对东盟出口的前十位产品，但出口占比由 2003 年的 8.3%下降至 2019 年的 5.1%。

表 2—1—4　2003 年和 2019 年中国对东盟出口前十位商品对比

单位：亿美元；%

2003 年				2019 年			
HS	名称	金额	比重	HS	名称	金额	比重
85	电机、电器、音像设备及其零附件	72.0	23.3	85	电机、电器、音像设备及其零附件	873.8	24.3
84	核反应堆，锅炉，机器，机械器具及零件	63.6	20.6	84	核反应堆，锅炉，机器，机械器具及零件	494.3	13.7
27	矿物燃料，矿物油及其产品；沥青等	25.6	8.3	27	矿物燃料，矿物油及其产品；沥青等	182.4	5.1
87	车辆及其零附件，但铁道车辆除外	8.1	2.6	39	塑料及其制品	143.9	4.0
61	针织或钩编的服装及衣着附件	8.0	2.6	72	钢铁	127.9	3.6
52	棉花	7.1	2.3	73	钢铁制品	123.7	3.4
10	谷物	6.5	2.1	94	家具、寝具等；灯具；活动房	110.3	3.1
62	非针织或非钩编的服装及衣着附件	6.0	1.9	90	光学，照相，医疗等设备及零附件	85.0	2.4
90	光学，照相，医疗等设备及零附件	5.9	1.9	87	车辆及其零附件，但铁道车辆除外	84.7	2.4
73	钢铁制品	5.6	1.8	60	针织物及钩编织物	77.0	2.1
合计		208.4	67.4	合计		2019.6	63.5

数据来源：中国海关统计。

随着自贸区的建设，中国自东盟进口商品的集中度显著下降。2019 年，前十类主要进口商品占中国自东盟进口总额的比重为 77.9%，比 2003 年下降了 10.7 个百分点。2019 年，机电产品（HS84 和 HS85）与矿物燃料（HS27）仍然是中国自东盟进口的前三大类产品，合计进口额为 1 614.2 亿美元，占中国自东盟进口总额的 57.2%，较 2003 年下降了 13.9 个百分点；塑料及其制品（HS39）自东盟进口额为 114.6 亿美元，占比为 4.1%，比 2003 年下降了 2 个百分点。光学、照相、医疗等设备及零附件（HS90）、矿砂、矿渣及矿灰（HS26）和珠宝、贵金属及制品；仿首饰；硬币等（HS71）进口比重不断扩大，2019 年，中国自东盟进口上述三类产品分别为 92.0 亿美元、73.7 亿美元和 57.3 亿美元，占比分别为 3.3%、2.6%和 2.0%，而 2003 年三类产品进口占比分别为 0.05%、0.3%和 0.1%。

表 2—1—5　2003 年和 2019 年中国自东盟进口前十位商品对比

单位：亿美元；%

2003 年				2019 年			
HS	名称	金额	比重	HS	名称	金额	比重
85	电机、电器、音像设备及其零附件	172.5	36.4	85	电机、电器、音像设备及其零附件	1 048.4	37.2
84	核反应堆，锅炉，机器，机械器具及零件	82.0	17.3	27	矿物燃料，矿物油及其产品；沥青等	316.5	11.2
27	矿物燃料，矿物油及其产品；沥青等	56.2	11.9	84	核反应堆，锅炉，机器，机械器具及零件	249.3	8.8
39	塑料及其制品	29.1	6.1	39	塑料及其制品	114.6	4.1
29	有机化学品	19.6	4.1	90	光学，照相，医疗等设备及零附件	92.0	3.3
15	动、植物油、脂、蜡；精制食用油脂	16.1	3.4	99	未列明其他商品	86.2	3.1
44	木及木制品；木炭	15.5	3.3	40	橡胶及其制品	84.2	3.0
40	橡胶及其制品	15.0	3.2	26	矿砂、矿渣及矿灰	73.7	2.6
90	光学，照相，医疗等设备及零附件	7.4	1.6	29	有机化学品	72.7	2.6
72	钢铁	5.9	1.3	71	珠宝、贵金属及制品；仿首饰；硬币	57.3	2.0
合计		419.4	88.6	合计		2194.8	77.9

数据来源：中国海关统计。

3. 国别贸易结构

2019 年，中国与越南双边货物贸易达到 1 620.0 美元，同比增长 9.6%，占同期中国与东盟货物贸易总额的 25.3%。越南继 2016 年超过马来西亚后，继续成为中国在东盟最大的贸易伙伴。马来西亚则仍然保持成为对华贸易规模最大的东盟老成员国，2019 年贸易额达 1 239.6 亿美元，同比增长 14.2%。除对文莱贸易下降 40.2%外，中国对其他东盟国家贸易均呈增长态势，尤其是柬埔寨、缅甸等东盟新成员对华贸易增速分别达到 27.7%和 22.8%。2019 年，越南、新加坡和马来西亚继续成为中国在东盟的前三大出口市场，中国对三国出口额合计为 2 047.3 亿美元，占中国对东盟出口总额的 57.0%；马来西亚、越南和泰国是中国在东盟的前三大进口来源地，中国自三国进口额合计为 1 821.2 亿美元，占中国自东盟进口总额的 64.6%。从贸易差额来看，除对马来西亚、泰国和老挝分别有 196.9 亿美元、5.6 亿美元和 4.0 亿美元的贸易逆差外，中国对其余东盟 7 国均为贸易顺差，其中对越南顺差最多，2019 年达到 337.4 亿美元，对菲律宾顺差首次超过 200 亿美元，对新加坡、印尼的顺差均超过 100 亿美元。

表 2—1—6　2019 年中国与东盟国家双边贸易发展情况

单位：亿美元；%

序号	国别	进出口		中国出口		中国进口		贸易差额
		金额	比重	金额	比重	金额	比重	
1	文莱	11.0	0.2	6.5	0.2	4.5	0.2	2.0
2	缅甸	187.0	2.9	123.1	3.4	63.9	2.3	59.3
3	柬埔寨	94.3	1.5	79.8	2.2	14.4	0.5	65.4
4	印度尼西亚	797.1	12.4	456.4	12.7	340.6	12.1	115.8
5	老挝	39.2	0.6	17.6	0.5	21.6	0.8	−4.0
6	马来西亚	1 239.6	19.3	521.3	14.5	718.3	25.5	−196.9
7	菲律宾	609.5	9.5	407.5	11.3	202.1	7.2	205.4
8	新加坡	899.4	14.0	547.3	15.2	352.2	12.5	195.1
9	泰国	917.5	14.3	455.9	12.7	461.6	16.4	−5.6
10	越南	1 620.0	25.3	978.7	27.2	641.3	22.7	337.4
	合计	6 414.7	100.0	3 594.2	100.0	2 820.4	100.0	773.8

资料来源：中国海关统计。

（二）服务贸易

近年来，中国与东盟国家服务贸易发展迅速。根据中方统计，2019 年，中国和东盟双边服务贸易额达到 657 亿美元①。

1. 金融合作

金融合作是中国与东盟合作的重要内容。目前，东盟国家在华设立了 30 多家银行机构，中资银行机构与东盟各国银行建立的代理行、境外账户行超过 150 家。中国人民银行与东盟多国签署了双边货币互换协议，与东盟国家双边开展本币互换总额度达到 6 500 亿元人民币②。截至 2019 年年末，马来西亚、新加坡、泰国、印尼、柬埔寨和菲律宾等 6 个东盟国家已将人民币纳入外汇储备。人民币跨境支付系统在东盟十国已实现全覆盖，截至 2019 年年末，东盟国家共有 71 家金融机构成为人民币跨境支付系统（CIPS）参与者，248 家东盟商业银行与中国境内 186 家商业银行

① 《中国—东盟自由贸易区全面建成十周年实施报告》［EB/OL］. http：//www. gov. cn/xinwen/2020—11/13/5561364/files/2f4b31e37f4f4550bf83205c8313f1d4. pdf，2020—11—13.

② 李国辉，徐友仁 . 央行副行长：进一步扩大中国—东盟金融双向开放［EB/OL］. http：//finance. sina. com. cn/roll/2018—09—14/doc—ihiixyeu7359515. shtml，2018—09—14.

建立了人民币结算代理行关系。2019 年，东盟国家人民币跨境收付金额合计 2.4 万亿元，同比增长 34.7%①。东盟国家的人民币合格境外机构投资者（RQFII）的总额度达到 2 000 亿元。2010 年，中国国家开发银行与东盟国家银行发起成立了中国—东盟银行联合体，并在银行联合体框架下与越南、柬埔寨、缅甸等成员国开展了授信及项目合作。中国还与东盟共同设立了区域外汇储备库、中国—东盟投资基金、中国—东盟海上合作基金等，加深了各国之间的经贸、金融领域的交流。中国—东盟投资合作基金一期已通过股权、可转债、股东贷款等形式支持 8 个东盟国家的 10 个项目，基金二期正加快推进设立②。此外，中国还与东盟开展了金融监管领域的合作。中国与 7 个东盟国家监管机构签署双边监管谅解备忘录，就市场准入、日常监管等达成共识，在防范区域性金融风险方面取得重要进步。2018 年 12 月，中国人民银行等 13 部门联合印发《广西壮族自治区建设面向东盟的金融开放门户总体方案》，提出紧紧围绕服务实体经济、防控金融风险、深化金融改革三项任务，以推动人民币面向东盟跨区域使用为重点，深化金融体制机制改革，加强与东盟的金融合作，推动广西建成面向东盟的金融开放门户。

2. 旅游合作

中国与东盟各国都拥有丰富的旅游资源，且地理相邻、交通便利，旅游领域合作一直是双方合作的重点领域。中国与东盟各国在旅游领域建立了多层次的合作机制与平台，如 10+3 旅游部长会议、大湄公河次区域旅游部长会议、澜沧江—湄公河旅游城市合作联盟等。2003 年至 2018 年，中国与东盟双向旅游人数从 387 万人次增至 5 700 多万人次③。2019 年，东盟十国来华旅游逾 2593 万人次，比上年同期增长约 2.1%④。2019 年，中国前 20 位旅游客源市场中，东盟国家有 7 个，分别为缅甸、越南、马来西亚、菲律宾、新加坡、泰国和印尼。目前，中国已成为东盟第一大客源国，东盟国家也成为中国重要的旅游客源地和旅游目的地。

3. 经济技术合作

中国—东盟自贸区建设以来，双方在承包工程和劳务合作领域也获得长足发展。尤其是 2013 年中国提出与东盟国家共建“一带一路”以来，基础设施互联互通的推

---

① 《2020 年人民币东盟国家使用情况报告》［EB/OL］. http：//dfjrjgj. gxzf. gov. cn/gzdt/yw/t6243904. shtml，2020—09—14.

② 中国—东盟：共建金融开放门户　共享金融合作未来［EB/OL］. http：//www. sohu. com/a/342694123_175647，2019—09—23.

③ 中国—东盟旅游双边往来再创新高 2018 年超过 5 700 万人次［EB/OL］. http：//baijiahao. baidu. com/s? id=1641939089306272592&wfr=spider&for=pc，2019—08—15.

④ 2019 年中国旅游经济保持增长［EB/OL］. http：//www. asean—china—center. org/travel/lvxx/2020—07/4975. html，2020—07—06.

进进一步促进了中国在东盟的承包工程和劳务合作。“十三五”期间，中国与东盟的承包工程也延续了较为稳定的增长势头。2019 年，中国企业在东盟承包工程完成营业额达到 399.3 亿美元，比“十二五”期末的 2015 年增长了 49.5%；在中国承包工程完成营业总额中的比重由 17.3%提高到 23.1%，提高了 5.8 个百分点。截至 2019 年年底，中国在东盟累计承包工程合同 4 516.9 亿美元，完成营业额 3 026.3 亿美元。其中，印尼、马来西亚、老挝、越南、新加坡和泰国是中国开展承包工程较多的 6 个市场。中国与东盟国家积极推动《东盟互联互通总体规划 2025》以及各国经济发展规划与“一带一路”倡议进行对接，在交通运输建设、房屋建筑、电力工程、信息通信等领域签署实施了一批重要合作项目，为改善东盟国家民生和基础设施条件发挥了积极作用。据 BHI（中国拟在建项目网）等网站统计，2019 年中企在东盟的工程项目主要包括泰国高铁 PPP 项目、菲律宾国际机场现代化改造工程项目、印尼卡拉扬水电站项目、柬埔寨西港燃煤电厂项目、泰国武通城市固废气化发电项目、泰国 EGAT 诗琳通大坝水面浮体光伏项目、马来西亚 150MW 电站项目、老挝色贡 2 变电站输变电项目、新加坡高架桥项目、老挝钾肥项目、马来西亚新胜大年产 70 万吨涂布白板项目、马来西亚沙捞越州沿海大道现汇项目、菲律宾通信基站项目、印尼燃煤发电项目、越南越北铜采选冶项目、印尼西爪哇省绒果尔新城项目、印尼古龙钢厂生产运营管理服务项目、越南高温超高压发电机组项目等。截至 2019 年年底，中国在东盟国家的各类劳务人员约有 20.6 万人，占中国海外劳务人员总数的 20.9%。其中，新加坡、马来西亚、印尼、老挝、越南和柬埔寨是目前中国在东盟开展劳务合作的主要国家。

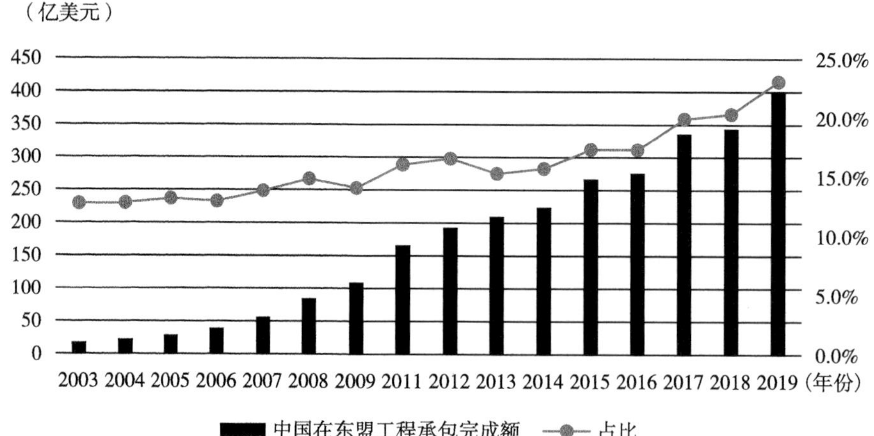

图 2—1—2　2003—2019 年中国对东盟承包工程完成营业额情况

数据来源：中国商务部。

（三）双向投资

中国与东盟 2009 年的签署《投资协定》生效，为东盟国家与中国的企业提供了更加稳定和开放的投资环境，进一步促进了双方的投资合作。2018 年，东盟首次超过英属维尔京群岛，跻身继香港之后的中国第二大对外投资目的地。2019 年，东盟首次超过欧盟，成为仅次于中国香港的中国第二大投资来源地。截至 2019 年年底，中国与东盟双向投资额累计达 2 369 亿美元。其中，东盟对华累计投资额达到 1 246 亿美元，中国对东盟投资存量达到 1 123 亿美元。

1. 东盟对华投资

东盟对华投资起步较早，2003—2006 年期间，东盟对华实际年投资额基本在 30 亿美元左右浮动，2007 年开始，东盟对华投资总体呈上升态势，2008 年突破 50 亿美元，2013 年达到 83.5 亿美元的历史最高水平，同比增长 18.1％，占当年中国吸收外资比重的 6.7％。此后东盟对华投资在调整中回落，2014 年降为 63.0 亿美元，同比下降 24.5％，至“十二五”期末的 2015 年，虽比上年增长 21.6％，也仅为 76.6 亿美元。“十三五”前两年，东盟对华投资仍不断下滑，2017 年，东盟对华投资额跌至 50.8 亿美元，同比下降 24.2％，占中国吸收外资的比重仅为 3.9％。2018 年以来，东盟对华投资逐步回升，2019 年达到 78.8 亿美元，同比增长 37.8％，占中国吸收外资的比重达到 5.7％。2020 年 1—9 月，虽然面临疫情的影响，但东盟对华实际投资金额仍然达到 54.7 亿美元，同比增长 6.6％。

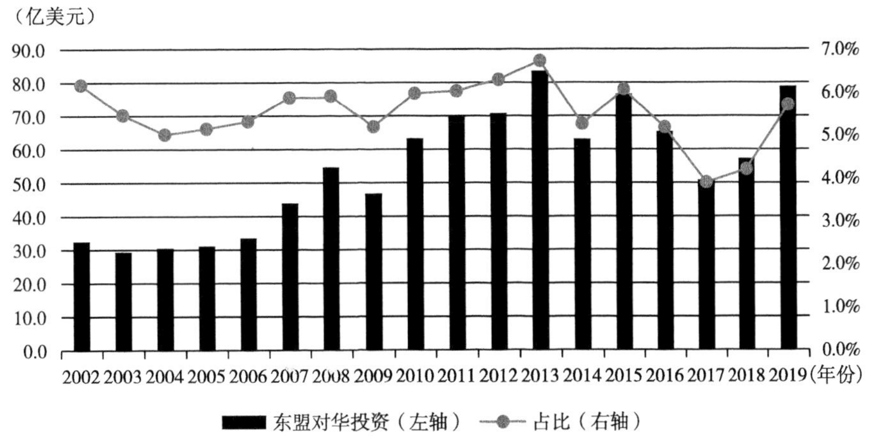

图 2—1—3　2002—2019 年东盟对华直接投资情况

数据来源：国家统计局、商务部。

新加坡一直是东盟 10 国中对华投资最多的国家。2019 年，新加坡对华实际直接投资金额为 75.9 亿美元，同比增长 45.7％，占东盟实际对华直接投资总额的 96.4％。新加坡对华投资以房地产业、交通运输、仓储和邮政业、批发和零售业、租赁和商务等服务业为主。除新加坡外，泰国、柬埔寨对华直接投资增长迅速，2019 年对华直接投资金额分别为 1.1 亿美元和 5 755 万美元，同比分别增长了 131.3%和 27.9 倍。

2. 中国对东盟投资

中国对东盟的投资起步虽晚，但 2003 以来发展速度很快，至“十二五”期末的 2015 年，中国对东盟直接投资已增至 146.0 亿美元的历史高点，比 2003 年增长了 120 多倍，平均增速 49.3%。2016 年为“十三五”的开局之年，受中国遏制房地产、酒店、影城、体育俱乐部等领域非理性境外投资影响，中国对东盟直接投资出现回调，当年对东盟直接投资流量仅为 102.8 亿美元，同比下降 29.6%。2017 年，中国对东盟直接投资流量重新回升至 141.2 亿美元，但此后两年，受国际经济环境影响，中国对东盟直接投资持续下降，2019 年仅为 130.2 亿美元，同比下降 4.9%，占中国对外直接投资的 9.5%。目前，中国共在东盟设立直接投资企业超过 5 600 多家，雇用外方员工近 50 万人，有力地促进了当地经济社会发展。

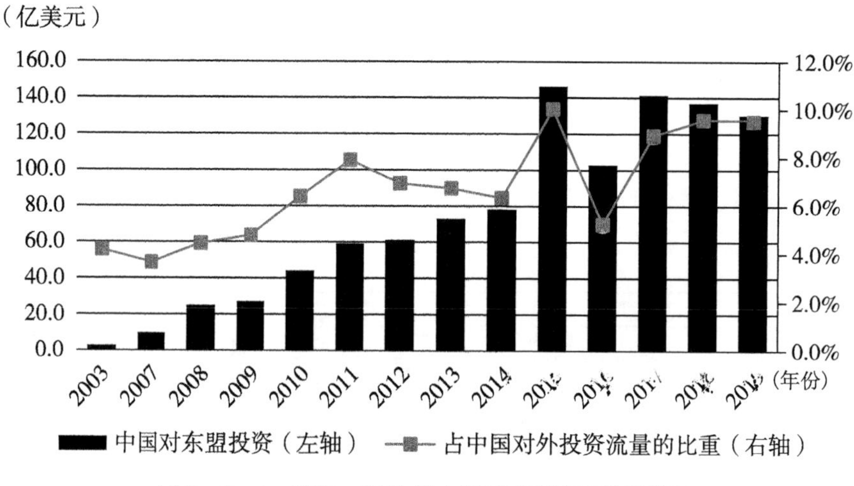

图 2—1—4 2003—2019 年中国对东盟直接投资情况

资料来源：根据历年《中国对外直接投资公报》整理。

在东盟 10 国中，新加坡投资环境最优，同时又是区域性金融和航运物流中心，因此也是中国在东盟 10 国中投资最多的国家。“十二五”期末的 2015 年，中国对新加坡投资流量一度高达 104.5 亿美元，同比增长 2.7 倍，占当年中国对东盟投资总额的 71.6%。“十三五”期间，中国对新加坡投资波动较大。2016 年投资流量仅为 31.7 亿美元，同比下降 69.7%；此后两年逐步回升，2018 年达到 64.1 亿美元；但 2019 年又回落至 48.3 亿美元，同比下降 24.7%，仅占中国对东盟投资总额的 37.1%。除对菲律宾和文莱投资较少外，中国对东盟投资较为分散，印尼、马来西亚、老挝、泰国、越南、缅甸、柬埔寨都是中国企业对外投资的重要选择。2019

年，中国对印尼、越南和泰国直接投资增长迅速，当年直接投资流量分别达到 22.2 亿美元、16.5 亿美元和 13.7 亿美元，同比分别增长 19.2%、43.2%和 86.1%。

从投资行业来看，虽然中国对东盟直接投资流量下降，但对制造业投资增长迅速，2019 年投资流量为 56.7 亿美元，同比增长 26.1%，占中国对东盟流量的 43.5%，主要流向印尼、泰国、越南、马来西亚和新加坡。同时，对电力/热力/燃气及水的生产和供应业、金融业、建筑业、科学研究和技术服务业等行业的投资也均有不同程度的增长。同期，对电力/热力/燃气及水的生产和供应业和金融业投资额分别达到 9.0 亿美元和 8.0 亿美元，同比分别增长 4.4%和 8.5%，前者主要流向越南、印尼、柬埔寨、老挝，后者则主要流向新加坡、泰国、印尼、柬埔寨等。

第二章 内地与香港关于建立更紧密经贸关系的安排*

香港全称为中华人民共和国香港特别行政区，地处中国华南地区，珠江口以东，南海沿岸，北接广东省深圳市，西接珠江，与澳门特别行政区、珠海市以及中山市隔着珠江口相望。中国香港与纽约、伦敦并称为“纽伦港”，是全球第三大金融中心，重要的国际金融、贸易、航运中心和国际创新科技中心，也是全球最自由经济体和最具竞争力城市之一。1997 年 7 月 1 日中国对香港恢复行使主权以来，内地与香港的经贸合作迅速发展。2017 年 7 月 1 日，习近平主席出席了《深化粤港澳合作 推进大湾区建设框架协议》签署仪式。2019 年 2 月 18 日，中共中央、国务院印发《粤港澳大湾区发展规划纲要》，提出要以香港、澳门、广州、深圳四大中心城市作为区域发展的核心引擎，将粤港澳大湾区建设成为与美国纽约湾区、旧金山湾区、日本东京湾区媲美的世界第四大湾区，香港迎来了新的历史性发展新机遇。

一、协定签署

2003 年，内地与香港特区政府签署了《内地与香港关于建立更紧密经贸关系的安排》，开启了“一国两制”框架下经济合作的新模式。按照协议要求，自 2004 年 1 月 1 日起，香港 273 项商品零关税进入内地市场，并在 2006 年 1 月 1 日之前，所有香港商品均享有零关税待遇；同时，内地对香港 17 个服务性行业给予放宽准入。此后，内地与香港于 2004 年至 2013 年间分别签署了十个《补充协议》，渐进式不断扩大对香港的开放领域，逐步提升贸易和投资自由化和便利化水平。随着 2013 年《补充协议》十的签署和生效，内地对香港在服务贸易领域开放措施已达 403 项。

2014 年 12 月 18 日，《内地与香港 CEPA 关于内地在广东与香港基本实现服务贸易自由化的协议》（简称《广东协议》）在香港签署，于 2015 年 3 月 1 日起正式实施。《广东协议》签署后，内地在广东率先与香港基本实现服务贸易自由化，同时为内地与香港基本实现服务贸易自由化先行先试积累经验。

2015 年 11 月 27 日，在《广东协议》先行先试经验的基础上，《内地与香港

* 本部分作者为宋志勇、赵晶。

CEPA服务贸易协议》(简称《服贸协议》)正式签署,并于2016年6月1日起正式实施。《服贸协议》是首个内地全境以准入前国民待遇加负面清单方式全面开放服务贸易领域的自贸协议,标志着内地全境与香港基本实现服务贸易自由化。随着《服贸协议》的实施,内地对香港开放服务部门达到153个,涉及世界贸易组织160个服务部门的95.6%,其中62个部门实现国民待遇,比《广东协议》增加4个部门;使用负面清单的领域,限制性措施为120项,比《广东协议》负面清单中132项限制性措施减少12项,且其中的28项限制性措施进一步放宽了准入条件;跨境服务、文化、电信等使用正面清单的领域,对香港新增开放措施分别为28项。

2017年6月28日,内地与香港《CEPA投资协议》和《CEPA经济技术合作协议》正式签署。其中,前者是内地首次以"负面清单"方式对外签署的投资协议,在非服务业投资领域,内地仅保留了26项不符措施,在船舶、飞机制造、资源能源开采、金融市场投资工具等方面采取了更加优惠的开放措施,并明确了在投资领域继续给予香港最惠待遇,这将使香港继续保持内地对外开放的最高水平。在投资保护方面,《CEPA投资协议》对投资的征收补偿、转移等给予国际高水平投资保护待遇,并且共同设计了一套符合"一国两制"原则、切合两地需要的争端解决机制,包括友好协商、投诉协调、通报及协调处理、调解、司法途径等,为两地投资者的权益救济和保障作出全面和有效的制度性安排。而《CEPA经济技术合作协议》则针对香港参与"一带一路"建设设置了专章,以支持香港参与"一带一路"建设,同时还增加了共同推进粤港澳大湾区城市群建设,支持香港参与内地自贸试验区建设等次区域经贸合作内容。

2018年12月14日,内地与香港签署了《CEPA货物贸易协议》。《CEPA货物贸易协议》梳理汇总CEPA及其系列协议中关于货物贸易的内容,结合CEPA签署15年来内地与香港经贸发展情况,参考国际和区域经济合作中关于货物贸易协议的最新进展和成果,在内地与香港货物贸易已全面实现自由化的基础上,进一步提升贸易便利化水平,为两地的货物贸易往来提供更全面的制度安排。协议重点内容包括:一是原产地规则既符合国际规则又针对香港实际需求,采用对全税则产品统一适用的总规则与仅包含部分产品的产品特定原产地规则相结合的模式,为全税则产品制定原产地标准,增加了原产地规则透明度,提高了针对性,更能"靶向"满足业界需求,有利于维持香港产业稳定健康发展。二是设立了粤港澳大湾区便利化措施专章。在对现有开放、便利化措施进行梳理汇总的基础上,结合内地与香港经济合作实际情况和发展需求,研究提出了大湾区内实施的系列便利化措施,推动粤港口岸部门监管互认、信息互换、执法互助,提升口岸通关能力和效率,促进要素高效便捷流动。

2019 年 11 月 21 日，香港特区政府与国家商务部签署内地与香港《关于修订〈CEPA 服务贸易协议〉的协议》（以下简称《协议》），同意在 CEPA 框架下进一步提升内地经济贸易服务对香港的开放水平。《协议》梳理总结了自 2015 年《CEPA 服务贸易协议》签署以来，内地在服务贸易领域的最新开放措施，结合香港业界提出的开放诉求，在金融、法律、建筑等多个领域进一步对香港扩大开放，为香港服务提供者和专业人士在内地执业创造了便利条件。同时，《协议》提出了 11 项在大湾区实施的特别开放措施，例如在旅游服务方面，优化由香港入境的外国旅游团进入珠三角地区和汕头市停留 144 小时免办签证政策、增加入境口岸、扩大停留区域，以助推大湾区建设。开放措施的形式包括就企业的设立取消或放宽股权比例、资本要求、业务范围的限制；就香港专业人士提供服务放宽资质要求；以及就香港服务输出内地市场放宽数量和其他限制。在法律服务方面，就香港与内地律师事务所设立的合伙联营，取消香港方最低出资比例限制。在建筑及相关工程服务方面，延续已到期的专业资格互认安排，包括结构工程师、规划师、建筑测量师、建筑师。检测认证方面，在内地强制性产品认证（CCC）领域，符合条件的香港检测机构可与内地指定机构开展合作进行产品检测，范围从现在在内地加工或生产、或在香港加工的 CCC 产品，扩展至在任何地区加工或生产的 CCC 产品。措施将有助香港检测机构为内地庞大的消费品市场提供优质检测服务。在电视、电影方面，内地广播电视台、视听网站和有线电视网引进香港生产的电视剧和电视动画不设数量限制；香港与内地合拍的影片，在主创人员、演员比例、内地元素上不设限制，以及取消收取两地电影合拍立项申报管理费用。在金融服务领域，支持内地保险公司在香港市场发行巨灾债券，放宽相关限制①。措施将有助香港保险和债券市场的发展。《协议》自签署之日起生效，并于 2020 年 6 月 1 日起正式实施。

表 2—2—1　内地与香港关于建立更紧密经贸关系的安排建设历程

时间	主要协议
2003 年 6 月 29 日	《内地与香港关于建立更紧密经贸关系的安排》，2003 年 6 月 29 日生效，2004 年 1 月 1 日起实施
2004 年 10 月 27 日	《内地与香港关于建立更紧密经贸关系的安排》补充协议，2004 年 10 月 27 日生效，2005 年 1 月 1 日起实施
2005 年 10 月 18 日	《内地与香港关于建立更紧密经贸关系的安排》补充协议二，2005 年 10 月 18 日生效，2006 年 1 月 1 日起实施

① 香港与内地修订 CEPA 服务贸易协议　多领域提升内地服务贸易对港开放水平［EB/OL］. http：//www.xinhuanet.com//2019—11/21/c_1125259962.htm，2019—11—21.

续 表

时间	主要协议
2006 年 6 月 27 日	《内地与香港关于建立更紧密经贸关系的安排》补充协议三，2006 年 6 月 27 日生效，2007 年 1 月 1 日起实施
2007 年 6 月 29 日	《内地与香港关于建立更紧密经贸关系的安排》补充协议四，2007 年 6 月 29 日生效，2008 年 1 月 1 日起实施
2008 年 7 月 29 日	《内地与香港关于建立更紧密经贸关系的安排》补充协议五，2008 年 7 月 29 日生效，2009 年 1 月 1 日起实施
2009 年 5 月 9 日	《内地与香港关于建立更紧密经贸关系的安排》补充协议六，2009 年 5 月 9 日生效，2010 年 1 月 1 日起实施
2010 年 5 月 27 日	《内地与香港关于建立更紧密经贸关系的安排》补充协议七，2010 年 5 月 27 日生效，2011 年 1 月 1 日起实施
2011 年 12 月 13 日	《内地与香港关于建立更紧密经贸关系的安排》补充协议八，2011 年 12 月 13 日生效，2012 年 1 月 1 日起实施
2012 年 6 月 29 日	《内地与香港关于建立更紧密经贸关系的安排》补充协议九，2012 年 6 月 29 日生效，2013 年 1 月 1 日起实施
2013 年 8 月 29 日	《内地与香港关于建立更紧密经贸关系的安排》补充协议十，2013 年 8 月 29 日生效，2014 年 1 月 1 日起实施
2014 年 12 月 18 日	《内地与香港关于建立更紧密经贸关系的安排》关于内地在广东与香港基本实现服务贸易自由化的协议，2014 年 12 月 18 日生效，2015 年 3 月 1 日起实施
2015 年 11 月 27 日	《内地与香港 CEPA 服务贸易协议》，2015 年 11 月 27 日生效，2016 年 6 月 1 日起实施
2017 年 6 月 28 日	《内地与香港关于建立更紧密经贸关系的安排》投资协议，2017 年 6 月 28 日生效，2018 年 1 月 1 日起实施
2017 年 6 月 28 日	《内地与香港关于建立更紧密经贸关系的安排》经济技术合作协议，2017 年 6 月 28 日生效
2018 年 12 月 14 日	《CEPA 货物贸易协议》，2019 年 1 月 1 日起正式实施
2019 年 11 月 21 日	《关于修订〈CEPA 服务贸易协议〉的协议》，2019 年 11 月 21 日生效，2020 年 6 月 1 日起正式实施

资料来源：根据商务部网站资料整理。

二、经贸合作

（一）货物贸易

1. 贸易规模

随着 CEPA 的建设，内地与香港的货物贸易得到长足发展。2004 年签署《补充协议》当年，据中国海关统计，内地与香港贸易额突破 1 000 亿美元，2008 年突破 2 000亿美元，2013 年达到 4 011 亿美元的历史高点，占当年内地进出口额的 9.6%。

但此后几年间，两地贸易连续下降。“十三五”期间，内地与香港贸易呈波动下降趋势，贸易额由 2016 年的 3 045.7 亿美元下降到 2019 年的 2 880.3 亿美元。2019 年比上年贸易额减少 225.3 亿美元，下降 7.3%，占全国贸易总额的 6.3%，是内地继美国和日本之后的第三大贸易伙伴。其中，内地对香港出口额为 2 789.5 亿美元，比上年下降 7.7%，内地从香港进口额为 90.9 亿美元，比上年增长 7.1%。内地在对港贸易中一直保持高额贸易顺差，“十三五”期间顺差有缩小趋势，2019 年贸易顺差降至 2 698.6 亿美元，为“十三五”期间的最低水平。受新冠肺炎疫情影响，2020 年 1—10 月，内地与香港贸易进出口总额为 2 167.1 亿美元，比上年同期减少 6.8%。其中，内地对香港出口额为 2 112.5 亿美元，比上年同期降低 6.1%，进口额为 54.6 亿美元，比上年同期减少 26.2%，下降幅度较大。

表 2—2—2 2003—2019 年内地与香港贸易情况（内地统计）

单位：亿美元；%

年份	贸易总额		内地出口		内地进口		贸易差额
	金额	比重	金额	比重	金额	比重	
2003 年	874.6	10.3	763.2	17.4	111.4	2.7	651.8
2004 年	1 129.3	9.8	1 011.3	17.0	118.0	2.1	893.2
2005 年	1 367.4	9.6	1 245.0	16.3	122.3	1.9	1 122.7
2006 年	1 662.3	9.4	1 554.3	16.0	107.9	1.4	1 446.4
2007 年	1 971.1	9.1	1 842.9	15.1	128.2	1.3	1 714.6
2008 年	2 037.2	8.0	1 907.7	13.4	129.4	1.1	1 778.3
2009 年	1 749.8	7.9	1 662.6	13.8	87.2	0.9	1 575.4
2010 年	2 306.5	7.8	2 183.8	13.8	122.7	0.9	2 061.1
2011 年	2 835.4	7.8	2 680.4	14.1	155.1	0.9	2 525.3
2012 年	3 416.1	8.8	3 236.5	15.8	179.6	1.0	3 057.0
2013 年	4 011.0	9.6	3 848.8	17.4	162.3	0.8	3 686.5
2014 年	3 761.4	8.7	3 632.2	15.5	129.2	0.7	3 503.0
2015 年	3 408.9	8.7	3 327.3	14.6	81.6	0.5	3 245.7
2016 年	3 045.7	8.3	2 877.2	13.7	168.5	1.1	2 708.7
2017 年	2 866.6	7.0	2 793.5	12.3	73.2	0.4	2 720.3
2018 年	3 105.6	6.7	3 020.7	12.1	84.9	0.4	2 935.7
2019 年	2 880.3	6.3	2 789.5	11.0	90.9	0.4	2 698.6

数据来源：中国海关统计。

从中国香港的统计来看，两地贸易也保持了大致类似的轨迹。2003—2013 年，香港与内地贸易额由 1 930.8 亿美元增长至 5 791.5 亿美元的高点，年均增长 11.6%；占香港对外贸易的比重由 41.7%提高到 50%。2014 年以来，两地贸易额呈现下降态势，但 2017 年又小幅回升至 5 545.2 亿美元，同比增长 4.6%。“十三五”期间，香港与内地贸易额整体呈上升态势。2019 年，与内地相关的进出口额为 5 606.7 亿美元，同比下降 4.8%。其中，香港对内地出口 2 960.7 亿美元，自内地进口 2 646.0 亿美元，占香港出口总额和进口总额的比重分别为 55.3%和 45.7%。香港与内地的贸易顺差 314.7 亿美元，同比下降 21.3%，为“十三五”期间最低水平。内地一直是香港最大的贸易伙伴、出口市场和进口来源地。2003 年签署 CEPA 之前，香港对内地出口占香港出口总额的比重为 41.7%，2013 年这一数字达到 59.9%的历史最高水平，2019 年虽回落至 55.3%，但仍比 2003 年提高了 13.6 个百分点。

表 2—2—3　2003—2019 年香港与内地贸易情况（香港统计）

单位：亿美元；%

年份	贸易总额		中国香港出口		中国香港进口		贸易差额
	金额	比重	金额	比重	金额	比重	
2003 年	1 930.8	41.7	955.7	41.7	975.1	41.7	−19.4
2004 年	2 287.9	42.4	1 143.9	43.0	1 144.0	41.8	0.0
2005 年	2 631.4	44.4	1 305.2	44.6	1 326.2	44.1	−21.0
2006 年	3 014.8	45.8	1 495.1	46.3	1 519.7	45.3	−24.5
2007 年	3 384.8	47.0	1 686.8	48.2	1 697.9	45.8	−11.1
2008 年	3 604.9	47.2	1 787.1	48.2	1 817.8	46.2	−30.7
2009 年	3 259.7	47.8	1 643.6	49.8	1 616.1	45.8	27.5
2010 年	4 060.6	48.2	2 103.6	52.5	1 957.0	44.3	146.5
2011 年	4 665.9	48.3	2 465.9	54.1	2 200.0	43.0	265.9
2012 年	5 313.8	50.7	2 845.0	57.7	2 468.8	44.5	376.2
2013 年	5 791.5	50.0	3 208.0	59.9	2 583.5	41.5	624.5
2014 年	5 635.2	48.4	3 004.1	57.3	2 631.0	43.8	373.1
2015 年	5 452.9	49.4	2 874.8	56.3	2 578.1	46.1	296.6
2016 年	5 300.1	49.8	2 855.4	55.3	2 444.7	44.7	410.7
2017 年	5 545.2	48.6	2 979.1	54.1	2 566.1	43.5	413.0
2018 年	5 886.9	49.2	3 143.3	55.1	2 743.6	43.7	399.7
2019 年	5 606.7	50.3	2 960.7	55.3	2 646.0	45.7	314.7

数据来源：UN Comtrade Database。

2. 贸易结构

内地对香港出口商品主要集中在机电产品、珠宝及贵金属等领域。2019 年，内地对香港出口电机、电器、音像设备及其零附件（HS85）达到 1 494.9 亿美元，占同期内地对香港出口总额的 53.6%，居于首位。核反应堆及零件（HS84）、珠宝贵金属及制品等（HS71）、光学照相医疗设备（HS90）、矿物燃料（HS27）等也是内地对香港出口的重要商品，出口额分别为 420.0 亿美元、145.2 亿美元、129.0 亿美元和 90.6 亿美元，占内地对香港出口比重分别为 15.1%、5.2%、4.6%和 3.2%。随着内地产业结构的调整升级，服装、棉花等产品对香港出口占比减少。2003 年，前十位出口商品中，纺织品占据四席，而 2019 年，仅服装位居第 8 位。

表 2—2—4　2003 年和 2019 年内地对香港出口前十位商品对比

单位：亿美元；%

2003 年				2019 年			
HS	名称	金额	比重	HS	名称	金额	比重
85	电机、电器、音像设备及其零附件	203.4	26.7	85	电机、电器、音像设备及其零附件	1 494.9	53.6
84	核反应堆，锅炉，机器，机械器具及零件	161.3	21.1	84	核反应堆，锅炉，机器，机械器具及零件	420.0	15.1
62	非针织或非钩编的服装及衣着附件	41.0	5.4	71	珠宝、贵金属及制品；仿首饰；硬币	145.2	5.2
61	针织或钩编的服装及衣着附件	39.1	5.1	90	光学，照相，医疗等设备及零附件	129.0	4.6
90	光学，照相，医疗等设备及零附件	27.5	3.6	27	矿物燃料，矿物油及其产品；沥青等	90.6	3.2
52	棉花	26.1	3.4	89	船舶及浮动结构体	48.3	1.7
95	玩具，游戏或运动用品及其零附件	19.5	2.6	39	塑料及其制品	32.5	1.2
71	珠宝、贵金属及制品；仿首饰；硬币	16.7	2.2	61	针织或钩编的服装及衣着附件	22.5	0.8
39	塑料及其制品	16.4	2.1	91	钟表及其零件	20.1	0.7
60	针织物及钩编织物	14.7	1.9	94	家具；寝具等；灯具；活动房	19.2	0.7
合计		565.8	74.1	合计		2 422.7	86.8

数据来源：中国海关统计。

随着自贸区建设，内地自香港进口的产品结构变化较大。2003 年，内地自香港进口以机电产品（HS84 和 HS85）为主，占比接近 50%；此外还有塑料及其制品（HS39）、光学设备及零附件（HS90）以及纺织品（HS50 至 HS63）等。2019 年，内地自香港进口前十位的商品合计金额 75.8 亿美元，占内地自香港进口总额的

83.4%。其中，珠宝、贵金属及制品（HS71）是内地自香港进口的第一大类产品，进口额为32.3亿美元。其次是铜及其制品（HS74），进口额为12.1亿美元。第三、四位分别是电机及其零附件（HS85）和塑料及其制品（HS39），进口额分别为10.0亿美元和7.0亿美元。上述四类产品分别占内地自香港进口的35.6%、13.3%、11.0%和7.7%。

表2—2—5　2003年和2019年内地自香港进口前十位商品对比

单位：亿美元；%

2003年				2019年			
HS	名称	金额	比重	HS	名称	金额	比重
85	电机、电器、音像设备及其零附件	44.7	40.1	71	珠宝、贵金属及制品；仿首饰；硬币	32.3	35.6
84	核反应堆，锅炉，机器，机械器具及零件	9.4	8.4	74	铜及其制品	12.1	13.3
39	塑料及其制品	7.4	6.7	85	电机、电器、音像设备及其零附件	10.0	11.0
90	光学，照相，医疗等设备及零附件	5.4	4.9	39	塑料及其制品	7.0	7.7
52	棉花	4.9	4.4	30	药品	4.3	4.8
62	非针织或非钩编的服装及衣着附件	3.3	3.0	19	谷物粉、淀粉等或乳的制品；糕饼	2.4	2.6
61	针织或钩编的服装及衣着附件	3.2	2.9	76	铝及其制品	2.1	2.3
72	钢铁	2.9	2.6	84	核反应堆，锅炉，机器，机械器具及零件	1.9	2.1
48	纸及纸板；纸浆、张及纸板制品	2.4	2.2	49	印刷品；手稿、打字稿及设计图纸	1.9	2.0
74	铜及其制品	2.4	2.2	98	特殊交易品及未分类商品	1.8	2.0
合计		86.1	77.3	合计		75.8	83.4

数据来源：中国海关统计。

(二) 服务贸易

1. 贸易规模

内地与香港签署CEPA后，渐进式推动服务贸易领域基本实现自由化，为内地香港间服务贸易发展创造了良好环境。据商务部统计，2019年内地与香港服务贸易额1 611.2亿美元，同比下降1.7%，香港是内地第一大服务贸易伙伴。其中，内地对香港出口621.8.4亿美元，自香港进口989.5亿美元。

根据香港特别行政区政府统计处数据，香港与内地的服务贸易额由2003年的

1 603.6 亿港元增至 2018 年的 5 776.7 亿港元，占香港服务贸易总额的比重也由 28.8%增至 37.8%，提高了 9.0 个百分点。其中，香港对内地服务出口由 1 022.8 亿港元增至 3 401.3 亿港元，自内地进口由 580.8 亿港元增至 2 375.4 亿港元。内地一直是香港最大的服务顺差来源地，CEPA 签署以来，顺差规模也有所扩大，2018 年为 1 025.9 亿港元，比 2003 年增加了 583.9 亿港元。目前，内地是香港最大的服务贸易伙伴，同时也是其最大的服务出口市场和服务进口来源地。截至 2018 年年底，香港工贸署签发香港服务提供者证明书 3 257 份，其中运输服务及物流服务签发证明书 1 402 份，占核发总数的 43%。

表 2—2—6　2003 年和 2018 年香港与内地服务贸易规模

单位：亿港元；%

项目	2003 年		2018 年	
	金额	占比	金额	占比
服务贸易额	1 603.6	28.8	5 776.7	37.8
香港对内地出口	1 022.8	28.8	3 401.3	40.4
香港自内地进口	580.8	28.8	2 375.4	37.9
香港对内地服务贸易差额	442.0	—	1 025.9	—

资料来源：根据香港特别行政区政府统计处数据整理。

2. 贸易结构

旅游和运输一直是香港对内地的主要服务出口领域。根据香港特别行政区政府统计处数据，CEPA 签署以来，香港对内地旅游服务出口由 2003 年的 345.3 亿港元增至 2018 年的 2 261.2 亿港元，同期在香港对内地服务出口总额的比重也由 33.8%增至 66.5%，提高了 32.7 个百分点。另据香港旅游发展局统计，2019 年内地赴港旅客为 4 377.5 万人次，同比下降 14.2%，占全球赴港旅客 78.3%。

表 2—2—7　2003 年和 2018 年香港对内地服务出口情况

单位：亿港元；%

服务类型	2003		服务类型	2018	
	金额	占比		金额	占比
运输	183.6	18.0	运输	660.1	19.4
旅游	345.3	33.8	旅游	2 261.2	66.5
保险	6.6	0.6	保险及退休金服务	50.7	1.5
金融	7.8	0.8	金融服务	126.8	3.7
商贸及其他相关服务	369.9	36.2	其他商业服务	193.3	5.7

续　表

服务类型	2003		服务类型	2018	
	金额	占比		金额	占比
其他服务	109.6	10.7	知识产权使用费	21.3	0.6
			电子通信、电脑及资讯服务	65.3	1.9
			保养及维修服务	4.4	0.1
总额	1 022.8	100.1	总额	3 401.3	100.0

资料来源：根据香港特别行政区政府统计处数据整理。

2003 年 CEPA 签署之初，香港自内地服务进口行业主要是旅游、运输和商贸服务业，相对较为集中和单一，而目前呈现多元化的趋势，在传统的行业之外，不断向制造服务、电子通信、电脑及资讯服务、金融、保险等服务领域拓展。2018 年，制造服务是香港自内地进口的第一大服务部门，当年进口额为 931.8 亿港元，占比为 39.2%。旅游服务、运输和其他商业服务等传统服务也是香港自内地进口的主要服务部门，2018 年进口额分别为 593.4 亿港元、318.7 亿港元和 355.8 亿港元，合计占比为 53.4%。

表 2—2—8　2003 年和 2018 年香港自内地服务进口情况

单位：亿港元；%

服务类型	2003		服务类型	2018	
	金额	占比		金额	占比
运输	135.0	23.2	运输	318.7	13.4
旅游	271.5	46.8	旅游	593.4	25.0
保险	4.2	0.7	保险及退休金服务	44.5	1.9
金融	2.2	0.4	金融服务	58.8	2.5
商贸及其他相关服务	81.3	14.0	其他商业服务	355.8	15.0
其他服务	86.6	14.9	知识产权使用费	8.7	0.4
			电子通信、电脑及资讯服务	50.2	2.1
			保养及维修服务	5.5	0.2
			制造服务	931.8	39.2
			个人、文化及康乐服务	2.4	0.1
总额	580.8	100.0	总额	2 375.4	100.0

资料来源：根据香港特别行政区政府统计处数据整理。

3. 经济技术合作

CEPA 签署之前，香港是内地的主要承包工程市场。2003 年以来，在很长一段时间，内地对香港承包工程完成营业额不断下降，2010 年仅为 15.9 亿美元，较 2003 年下降了 39.7%，在内地承包工程完成营业总额中比重仅为 1.7%。“十三五”期间占比逐年回升，由 2016 年的 2.7%上升为 2019 年的 3.7%。根据国家商务部统计，2019 年内地在香港新签合同金额 80.6 亿美元，完成营业额 63.7 亿美元，新签合同数 290 份。由于内地对东盟等其他市场工程承包发展迅速，对香港承包工程完成营业额在内地承包工程完成营业额中的比重日渐缩小。2019 年，内地向香港派出劳务人数 50 061 人，劳务人员实际收入总额 10.5 亿美元。

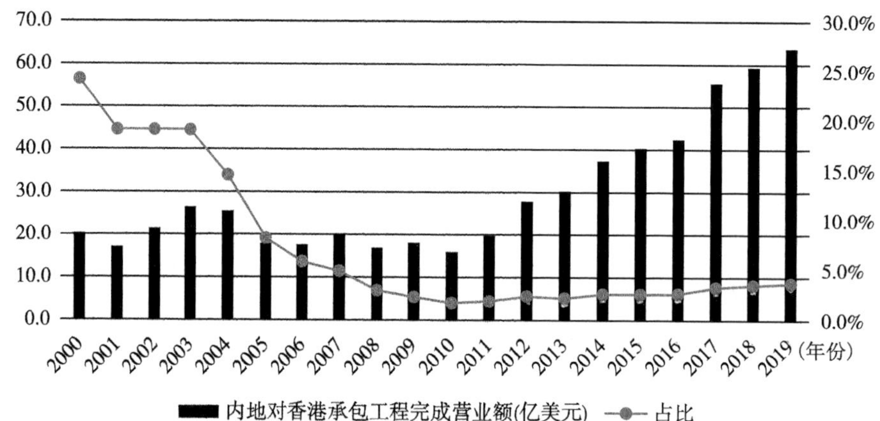

图 2—2—1　2000—2019 年内地对香港承包工程完成营业额情况

资料来源：国家统计局及商务部统计。

（三）双向投资

CEPA 签署的前几年，香港对内地投资较多，但增长速度较低，2000—2003 年，内地实际利用香港直接投资金额由 155.0 亿美元提高至 177.0 亿美元，年均增长率仅为 4.5%。随着 CEPA 的建设，香港对内地投资迅速增加，2003—2017 年，内地实际利用香港外商直接投资金额由 177.0 亿美元提高至 945.1 亿美元，年均增长率为 12.7%；其占内地实际利用外资总额的比重也由 33.1%增长到 72.1%，提高了 39 个百分点。“十三五”期间，内地实际利用香港直接投资呈波动式上涨，年均增长 5.7%。根据商务部统计，2019 年内地实际利用香港外商直接投资 963.0 亿美元，比上年增长 7.1%，占内地利用外资总额的 68.2%，与 2018 年相比上升了 1.6 个百分点。香港长期保持成为内地最大的外资来源地①，同时内地也是香港最大的对外投资目的地。

① 2018 年 1—12 月内地与香港经贸交流情况［EB/OL］. http：//tga. mofcom. gov. cn/article/sjzl/hk/201903/20190302844193. shtml，2019－02－28.

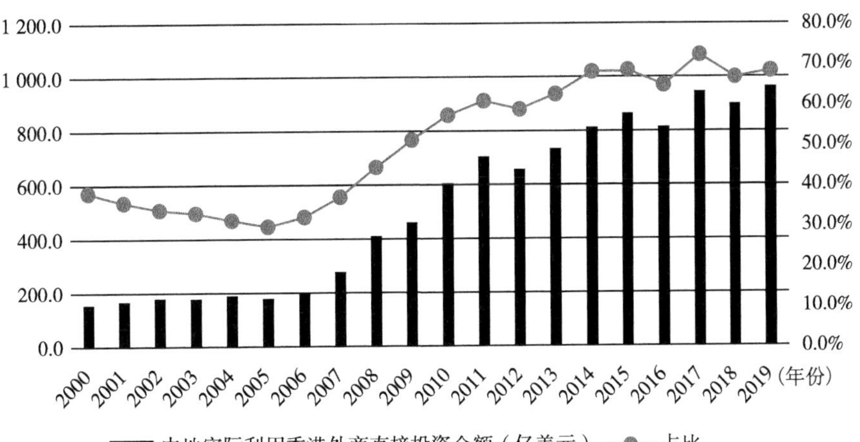

图 2—2—2　2000—2019 年内地利用香港直接投资情况

资料来源：中国国家统计局及商务部统计。

中国香港一直是中国对外直接投资的第一大目的地，尤其是自 CEPA 建设以来，内地对香港投资规模迅速扩大。2003—2016 年，内地对香港直接投资流量由 11.5 亿美元增至 1142.3 亿美元，年均增长 42.4%，在中国对外直接投资流量中的比重也由 40.2%增至 58.2%，提高了 18 个百分点，在最高的年份如 2008 年一度达到 69.1%。"十三五"期间，内地对香港直接投资额先下降后回升，但占中国对外直接投资比重基本保持上升趋势。根据商务部统计，2019 年内地对香港直接投资 905.5 亿美元，比上年增长 4.2%，占投资总额的 66.1%，比"十三五"期初的 2016 年高 7.9 个百分点。截至 2019 年年底，内地对香港直接投资存量达到 1.3 万亿美元，占投资存量总额的一半以上。

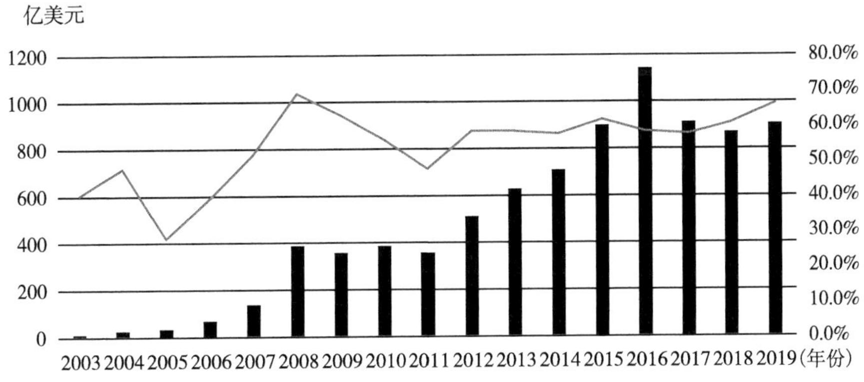

图 2—2—3　2003—2019 年内地对香港直接投资情况

数据来源：国家统计局和商务部统计。

第三章　内地与澳门关于建立更紧密经贸关系的安排*

澳门全称中华人民共和国澳门特别行政区，位于中国大陆东南沿海，地处珠江三角洲的西岸，北邻广东省珠海市，西与珠海市的湾仔和横琴对望，东与香港隔海相望，相距 60 公里，南临中国南海。澳门是世界人口密度最高的地区之一，既是国际自由港，也是世界四大赌城之一。1999 年 12 月 21 日中国对澳门恢复行使主权以来，内地与澳门的经贸合作迅速发展。2017 年 7 月 1 日，习近平主席出席《深化粤港澳合作　推进大湾区建设框架协议》签署仪式。2019 年 2 月 18 日，中共中央、国务院印发《粤港澳大湾区发展规划纲要》，提出要以香港、澳门、广州、深圳四大中心城市作为区域发展的核心引擎，将粤港澳大湾区建设成为与美国纽约湾区、旧金山湾区、日本东京湾区媲美的世界第四大湾区，澳门迎来了新的历史性发展机遇。

一、协定签署

2003 年 10 月，内地与澳门签署了《内地与澳门关于建立更紧密经贸关系的安排》，开启了“一国两制”框架下经济合作的新模式。自 2004 年 1 月 1 日起，澳门 273 项商品零关税进入内地市场，并在 2006 年之前使所有澳门商品享有零关税待遇；内地对澳门 18 个服务性行业放宽市场准入。此后，内地与澳门于 2004 年至 2013 年间分别签署了十个《补充协议》，逐步对澳门扩大开放领域，进一步提升贸易和投资自由化和便利化程度。随着 2013 年《补充协议》十的签署和生效，内地对澳门服务贸易领域累计总开放措施已达到 383 项。

2014 年 12 月 18 日，《内地与澳门 CEPA 关于内地在广东与澳门基本实现服务贸易自由化的协议》（简称《广东协议》）在澳门签署，于 2015 年 3 月 1 日起正式实施。此后，内地在广东率先与澳门基本实现服务贸易自由化，同时为内地与澳门基本实现服务贸易自由化先行先试积累经验。

2015 年 11 月 28 日，在《广东协议》先行先试经验的基础上，《内地与澳门 CEPA 服务贸易协议》（简称《服贸协议》）签署，于 2016 年 6 月 1 日起正式实施。

* 本部分作者为宋志勇、赵晶。

《服贸协议》是首个内地全境以准入前国民待遇加负面清单方式全面开放服务贸易领域的自由贸易协议，标志着内地全境与澳门基本实现服务贸易自由化。随着《服贸协议》的实施，内地对澳门开放服务部门达到 153 个，涉及世界贸易组织 160 个服务部门的 95.6%，其中 62 个部门实现国民待遇，比《广东协议》增加 4 个部门；使用负面清单的领域，限制性措施为 120 项，比《广东协议》负面清单中 132 项限制性措施减少 12 项，且其中的 28 项限制性措施进一步放宽了准入条件；跨境服务、文化、电信等使用正面清单的领域，对澳门新增开放措施 20 项。

2017 年 12 月 18 日，内地与澳门《CEPA 投资协议》和《CEPA 经济技术合作协议》正式签署。这是继香港之后内地再以负面清单方式对外签署的投资协议，在非服务业投资领域内地仅保留了 26 项不符措施，在船舶、飞机制造、资源能源开采、金融市场投资工具等方面采取了更加优惠的开放措施，并明确了在投资领域继续给予澳门最惠待遇，这将使澳门与香港一样继续保持内地对外开放的最高水平。而《CEPA 经济技术合作协议》则针对中葡商贸合作服务平台、“一带一路”建设以及次区域合作等内容设置了专章，以促进澳门经济适度多元、可持续发展，实现内地与澳门经济的全面深入融合，共同发展。

2018 年 12 月 12 日，内地与澳门签署了《CEPA（内地与澳门关于建立更紧密经贸关系的安排）货物贸易协议》，连同之前已签署的 CEPA 服务贸易协议、投资协议和经济技术合作协议，标志着提前完成了国家“十三五”规划中的 CEPA 升级目标。协议梳理和汇总了 CEPA 及其系列协议中关于货物贸易的内容，结合 CEPA 签署 15 年来内地和澳门经贸发展情况，并参考国际和区域经济合作中关于货物贸易协议的最新进展和成果，在货物贸易已全面实现自由化的基础上，进一步提升贸易便利化水平，为内地与澳门的货物贸易往来提供更全面的制度安排。协议采用对全税则产品统一适用的总规则与纳入部分产品的产品特定原产地规则相结合的模式，为 8 000 多项税则产品制定原产地标准，全面提升认定原产地标准的灵活性，促进内地与澳门的货物流通。此外，协议还设立了粤港澳大湾区便利化措施的专章，提出一系列推动货物贸易便利化的合作措施，便利大湾区内货物更加自由地流动。

2019 年 11 月 20 日，内地与澳门签署了《关于修订〈CEPA 服务贸易协议〉的协议》（以下简称《协议》）。《协议》梳理汇总了自 2015 年《CEPA 服务贸易协议》签署以来内地在服务贸易领域的最新开放措施，结合澳门业界提出的开放诉求，在金融、法律、建筑等多个领域进一步取消或降低对澳门服务提供者的准入门槛，放宽对自然人流动、跨境交付等服务贸易模式的限制措施，为澳门人士在内地执业创造了便利条件。通过修订，内地对澳门完全实现国民待遇的服务部门由 62 个增加至

69 个；商业存在模式全部实现负面清单列表，保留的限制性措施及具体条件缩减 33 项、放宽限制 33 项；跨境服务新增开放措施 26 项，修改后增加开放度 34 项。同时，为推进粤港澳大湾区建设，提出在大湾区实施的特别开放措施 11 项。

表 2—3—1　内地与澳门关于建立更紧密经贸关系的安排建设历程

时间	主要协议
2003 年 10 月 17 日	《内地与澳门关于建立更紧密经贸关系的安排》，2003 年 10 月 17 日生效，2004 年 1 月 1 日起实施
2004 年 10 月 29 日	《内地与澳门关于建立更紧密经贸关系的安排》补充协议，2004 年 10 月 29 日生效，2005 年 1 月 1 日起实施
2005 年 10 月 21 日	《内地与澳门关于建立更紧密经贸关系的安排》补充协议二，2005 年 10 月 21 日生效，2006 年 1 月 1 日起实施
2006 年 6 月 26 日	《内地与澳门关于建立更紧密经贸关系的安排》补充协议三，2006 年 6 月 26 日生效，2007 年 1 月 1 日起实施
2007 年 7 月 2 日	《内地与澳门关于建立更紧密经贸关系的安排》补充协议四，2007 年 7 月 2 日生效，2008 年 1 月 1 日起实施
2008 年 7 月 30 日	《内地与澳门关于建立更紧密经贸关系的安排》补充协议五，2008 年 7 月 30 日生效，2009 年 1 月 1 日起实施
2009 年 5 月 11 日	《内地与澳门关于建立更紧密经贸关系的安排》补充协议六，2009 年 5 月 11 日生效，2010 年 1 月 1 日起实施
2010 年 5 月 28 日	《内地与澳门关于建立更紧密经贸关系的安排》补充协议七，2010 年 5 月 28 日生效，2011 年 1 月 1 日起实施
2011 年 12 月 14 日	《内地与澳门关于建立更紧密经贸关系的安排》补充协议八，2011 年 12 月 14 日生效，2012 年 1 月 1 日起实施
2012 年 7 月 2 日	《内地与澳门关于建立更紧密经贸关系的安排》补充协议九，2012 年 7 月 2 日生效，2013 年 1 月 1 日起实施
2013 年 8 月 30 日	《内地与澳门关于建立更紧密经贸关系的安排》补充协议十，2013 年 8 月 30 日生效，2014 年 1 月 1 日起实施
2014 年 12 月 18 日	《内地与澳门关于建立更紧密经贸关系的安排》关于内地在广东与澳门基本实现服务贸易自由化的协议，2014 年 12 月 18 日生效，2015 年 3 月 1 日起实施
2015 年 11 月 28 日	《内地与澳门 CEPA 服务贸易协议》，2015 年 11 月 28 日生效，2016 年 6 月 1 日起实施
2017 年 12 月 18 日	《内地与澳门关于建立更紧密经贸关系的安排》投资协议，12 月 18 日生效，2018 年 1 月 1 日起实施
2017 年 12 月 18 日	《内地与澳门关于建立更紧密经贸关系的安排》经济技术合作协议，2017 年 12 月 18 日生效
2018 年 12 月 12 日	《CEPA（内地与澳门关于建立更紧密经贸关系的安排）货物贸易协议》，2019 年 1 月 1 日起实施
2019 年 11 月 20 日	《关于修订〈CEPA 服务贸易协议〉的协议》，2019 年 11 月 20 日生效，2020 年 6 月 1 日起正式实施。

资料来源：根据商务部网站资料整理。

二、经贸合作

（一）货物贸易

1. 贸易规模

2004 年 CEPA 签署后，内地与澳门的货物贸易一度快速增长，2007 年达到 29.2 亿美元，是 2004 年的近两倍。但此后两年贸易额一再回落，2009 年仅为 21.1 亿美元，直到 2012 年才恢复至 2007 年的水平。2012 年以来，在中国整体对外贸易下滑的大环境下，内地与澳门贸易额仍然保持较快增长态势，2015 年贸易额达到 48 亿美元的历史新高，同比增长 25.7%。但“十三五”期间，贸易额又有所回落呈下降趋势，2019 年为 31.1 亿美元，比上年下降 1.6%，其中，内地对澳门出口 30.4 亿美元，自澳门进口 0.7 亿美元。由于澳门可供出口的商品有限，内地一直保持贸易顺差，2019 年顺差额为 29.7 亿美元。受新冠肺炎疫情影响，2020 年 1—10 月，内地与澳门贸易总额为 18.4 亿美元，比上年同期减少 28.2%，其中出口额为 17.9 亿美元，下降幅度较大，比上年同期降低 28.8%，进口额为 0.5 亿美元，比上年同期减少 1.6%。

表 2－3－2　2003—2019 年内地与澳门贸易情况（内地统计）

单位：亿美元；%

年份	贸易总额		内地出口		内地进口		贸易差额
	金额	比重	金额	比重	金额	比重	
2003 年	14.7	0.17	12.8	0.29	1.9	0.045	11.0
2004 年	18.3	0.16	16.1	0.27	2.2	0.038	14.0
2005 年	18.7	0.13	16.0	0.21	2.6	0.040	13.4
2006 年	24.4	0.14	21.8	0.23	2.6	0.032	19.2
2007 年	29.2	0.13	26.4	0.22	2.8	0.029	23.6
2008 年	29.1	0.11	26.0	0.18	3.1	0.027	23.0
2009 年	21.1	0.10	18.6	0.15	2.5	0.025	16.0
2010 年	22.6	0.08	21.4	0.14	1.2	0.009	20.2
2011 年	25.1	0.07	23.5	0.12	1.6	0.009	21.9
2012 年	29.8	0.08	27.1	0.13	2.8	0.015	24.3
2013 年	35.6	0.09	31.8	0.14	3.9	0.020	27.9
2014 年	38.2	0.08	36.1	0.16	2.1	0.011	34.0
2015 年	48.0	0.12	46.1	0.15	1.8	0.011	44.3

续　表

年份	贸易总额		内地出口		内地进口		贸易差额
	金额	比重	金额	比重	金额	比重	
2016 年	32.8	0.09	31.4	0.15	1.4	0.010	30.0
2017 年	32.7	0.08	31.6	0.14	1.0	0.010	30.6
2018 年	31.6	0.07	30.9	0.12	0.6	0.003	30.3
2019 年	31.1	0.07	30.4	0.12	0.7	0.003	29.7

数据来源：中国海关统计。

中国澳门地区的统计显示出类似的轨迹，2003—2007 年，澳门与内地贸易总额由 15.4 亿美元增至 26.7 亿美元，占中国澳门对外贸易的比重由 26.5%提高到 31.0%。2008—2010 年，澳门与内地贸易总额持续下滑，2010 年仅为 18.1 亿美元，此后持续好转，2012 年突破 30 亿美元，2013 年达到 39.1 亿美元的历史高点。但 2015 年中国澳门统计与内地统计的贸易数据有较大差异，按澳门地区统计，2015 年贸易额有明显下滑，贸易额仅为 17.6 亿美元，同比减少 55%。"十三五"期间，贸易额不断回升，2019 年升至 41.8 亿美元，占澳门对外贸易总额 32.0%。其中，澳门对内地出口额为 2.0 亿美元，占澳门出口总额的 19.6%，进口额为 39.8 亿美元，占澳门进口总额的 33.1%。澳门对内地贸易逆差持续增长，到 2019 年已增至 37.8 亿美元。

表 2—3—3　2003—2019 年澳门与内地贸易情况（澳门统计）

单位：亿美元；%

年份	贸易总额		中国澳门出口		中国澳门进口		贸易差额
	金额	比重	金额	比重	金额	比重	
2003 年	15.4	26.5	3.5	13.7	11.8	36.6	−8.3
2004 年	19.4	28.0	3.9	13.9	15.4	37.7	−11.5
2005 年	20.5	29.4	3.7	14.9	16.9	37.4	−13.2
2006 年	24.4	31.3	3.8	14.8	20.6	39.3	−16.8
2007 年	26.7	31.0	3.8	14.9	22.9	37.8	−19.1
2008 年	23.6	29.9	2.5	12.3	21.1	35.9	−18.7
2009 年	15.9	27.9	1.4	14.6	14.5	30.6	−13.1
2010 年	18.1	27.9	1.0	11.4	17.1	30.5	−16.2
2011 年	24.7	28.1	0.9	10.0	23.9	30.1	−23.0
2012 年	30.1	30.1	1.1	11.0	29.0	32.3	−27.9

续 表

年份	贸易总额		中国澳门出口		中国澳门进口		贸易差额
	金额	比重	金额	比重	金额	比重	
2014 年	39.1	30.9	1.7	13.7	37.4	32.8	−35.7
2015 年	17.6	14.7	1.7	12.7	15.9	15.0	−14.2
2016 年	32.2	31.6	0.9	6.8	31.3	35.1	−30.4
2017 年	34.7	31.9	2.6	18.8	32.0	33.9	−29.4
2018 年	41.5	32.8	2.5	16.5	39.0	35.0	−36.5
2019 年	41.8	32.0	2.0	19.6	39.8	33.1	−37.8

注：2003—2016 年数据来自 UN Comtrade Database，其中缺失澳门 2013 年贸易数据。2017—2019 年数据来自澳门统计局。

数据来源：UN Comtrade Database 和澳门统计局。

2. 贸易结构

2003 年，内地对澳门出口较为单一，主要是纺织品和机电产品。随着自贸区的建设，出口商品结构趋向多样化，2019 年前十位出口商品占比为 62.3%，比 2003 年降低了 17 个百分点。主要出口商品也扩展到矿物燃料、电机产品、核反应堆及零件、钢铁制品等产品。2019 年，内地对澳门矿物燃料、矿物油及其产品（HS27）出口额 7.8 亿美元，占同期内地对澳门出口总额的 25.6%，居于首位，比 2003 年提高了 20.6 个百分点。对澳门电子设备及其零附件（HS85）出口额为 2.8 亿美元，占同期内地对澳门出口总额的 9.1%，比 2003 年提高 4.8 个百分点。核反应堆及零件（HS84）对澳门出口额为 1.3 亿美元，占比为 4.4%，与 2003 年相比地位有所提升。

表 2—3—4　2003 年和 2019 年内地对澳门出口前十位商品对比

单位：亿美元；%

2003 年				2019 年			
HS	名称	金额	比重	HS	名称	金额	比重
61	针织或钩编的服装及衣着附件	3.1	24.4	27	矿物燃料，矿物油及其产品；沥青等	7.8	25.6
62	非针织或非钩编的服装及衣着附件	2.4	18.5	85	电机、电器、音像设备及其零附件	2.8	9.1
60	针织物及钩编织物	1.0	7.5	84	核反应堆，锅炉，机器，机械器具及零件	1.3	4.4
64	鞋靴，护腿和类似品及其零件	0.8	5.9	73	钢铁制品	1.3	4.4

续 表

2003年				2019年			
HS	名称	金额	比重	HS	名称	金额	比重
84	核反应堆，锅炉，机器，机械器具及零件	0.7	5.3	90	光学、照相、医疗等设备及零附件	1.2	4.2
27	矿物燃料，矿物油及其产品；沥青等	0.6	5.0	94	家具、寝具等；灯具；活动房	1.1	4.1
85	电机、电器、音像设备及其零附件	0.6	4.3	22	饮料、酒及醋	0.8	3.6
51	羊毛等动物毛；马毛纱线及其机织物	0.4	3.3	03	鱼及其他水生无脊椎动物	0.7	2.5
52	棉花	0.4	2.8	02	肉及食用杂碎	0.7	2.3
01	活动物	0.3	2.2	68	矿物材料的制品	0.7	2.3
合计		10.2	79.3	合计		19.0	62.3

数据来源：中国海关统计。

随着自贸区的建设，内地自澳门进口的产品结构也出现较大变化。2003年，内地自澳门进口以纺织品及相关原料为主。2019年，铜及其制品（HS74）、烟草（HS24）、非针织服装及衣着附件（HS62）成为内地自澳门进口的前三位产品，当年进口额分别为0.22亿美元、0.19亿美元和0.09亿美元，占同期内地自澳门进口总额的32.1%、28.2%和14.0%，前十位进口商品合计进口额为0.62亿美元，占当年进口总额的92.7%。

表2—3—5　2003年和2019年内地自澳门进口前十位商品对比

单位：亿美元；%

2003年				2019年			
HS	名称	金额	比重	HS	名称	金额	比重
62	非针织或非钩编的服装及衣着附件	0.51	27.4	74	铜及其制品	0.22	32.1
61	针织或钩编的服装及衣着附件	0.46	24.7	24	烟草、烟草及烟草代用品的制品	0.19	28.2
60	针织物及钩编织物	0.27	14.4	62	非针织或非钩编的服装及衣着附件	0.09	14.0
52	棉花	0.17	9.1	19	谷物粉，淀粉等或乳的制品；糕饼	0.04	6.6
55	化学纤维短纤	0.07	3.6	71	珠宝、贵金属及制品；仿首饰；硬币	0.02	2.9
54	化学纤维长丝	0.05	2.8	97	艺术品、收藏品及古物	0.02	2.8

续 表

2003 年				2019 年			
HS	名称	金额	比重	HS	名称	金额	比重
51	羊毛等动物毛；马毛纱线及其机织物	0.05	2.5	29	有机化学品	0.01	2.1
85	电机、电器、音像设备及其零附件	0.03	1.8	39	塑料及其制品	0.01	1.4
39	塑料及其制品	0.03	1.8	70	玻璃及其制品	0.01	1.3
74	铜及其制品	0.03	1.6	33	精油及香膏；香料制品及化妆盥洗品	0.01	1.3
合计		1.7	89.8	合计		0.62	92.7

数据来源：中国海关统计。

（二）服务贸易

CEPA 协议签署以来，内地与澳门服务贸易有了较快发展。2018 年，内地与澳门服务贸易额 103.9 亿美元，同比增长 22.0%，其中，内地对澳门出口 25.7 亿美元，自澳门进口 78.2 亿美元，澳门是内地的第 17 大服务贸易伙伴。2019 年 11 月，澳门与内地签署《关于修订〈CEPA 服务贸易协议〉的协议》，在金融、法律、建筑等多个领域取消或者降低对澳门服务提供者在内地的准入门槛，放宽对自然人流动、跨境支付等服务贸易模式的限制措施，进一步促进人员、技术等要素高效便捷流动。

1. 旅游合作

自 2004 年 CEPA 实施开放"自由行"政策以来，内地赴澳门旅游人数迅速增加，促进了澳门经济的发展。据澳门统计，2019 年，内地旅客达到 2 792.3 万人次，同比增加 10.5%，占全年澳门入境旅客总数的 70.9%①；其中 1 307.2 万人次是以个人游方式来澳，同比上升 6.6%。目前，旅游服务在 CEPA 框架下已经对澳门全部放开，内地在旅游饭店餐饮、导游服务和旅行社设立、合资旅行社经营范围等方面对澳门服务业者实现了国民待遇，并且允许澳门独资旅行社试点经营内地居民前往香港及澳门以外的目的地（不含台湾）的团队出境游业务。

2. 会展合作

会议展览是澳门着力发展的服务产业，也是 CEPA 中内地对澳门开放较早的服务部门。据澳门统计，2019 年会展业活动数量增加，但参与人数减少，全年举办会展活动共 1 536 项；其中，会议活动 1 459 项，同比增加 117 项，与会者减少 1.4%至 29.2 万人次。

① 澳门 2019 年 12 月入境旅客［EB/OL］. http：//mo.mofcom.gov.cn/article/tjsj/zwminzu/202002/20200202938382.shtml，2020－01－21.

3. 经济技术合作

2000—2007 年，内地对澳门承包工程发展较快，完成营业额稳步增长，由 1.0 亿美元提高到 11.7 亿美元，占同期中国对外承包工程营业额的比重也由 1.2%提高到 2.9%。此后发展呈现曲折波动的态势，2010 年一度回升至 11.4 亿美元，此后逐年下降，2013 年内地对澳门承包工程完成营业额为 4.2 亿美元，仅占同期中国对外承包工程完成营业额的 0.3%，2014 年以来逐步走出低谷。“十三五”期间，内地对澳门承包工程完成营业额呈先上升后下降的趋势。2017 年完成营业额增长至 27.9 亿美元，占同期中国对外承包工作完成营业额的比重也回升至 1.7%，之后逐年下降。2019 年，内地在澳门新签承包工程合同数 80 份，合同金额 33.7 亿美元，比上年增加 254.7%，增长幅度较大，完成营业额 13.2 亿美元。当年派出劳务人数 65 815 人，劳务人员实际收入总额 15.3 亿美元，累计派出各类劳务人员 66 824人。

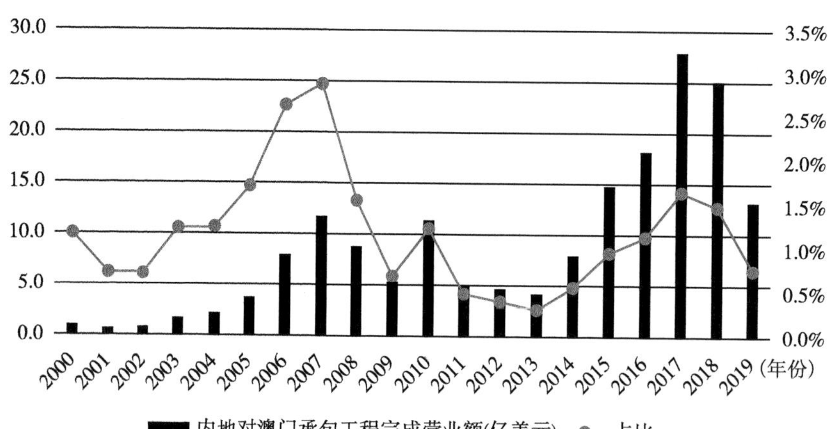

图 2—3—1　2000—2019 年内地对澳门承包工程完成营业额情况

数据来源：国家统计局和商务部统计。

（三）双向投资

CEPA 签署后，澳门对内地的投资一度呈螺旋式上升态势。2003 年，澳门对内地投资金额仅为 4.2 亿美元，2009 年达到 8.1 亿美元的高点，增长了近一倍。但 2009 年后波动起伏较大，2013 年仅为 4.6 亿美元，2015 年回升至 8.9 亿美元的新高，2017 年又回落至 6.4 亿美元。大多数年份中，澳门对内地投资占内地实际外资总额的比重都在 1%以下，2017 年仅为 0.5%。“十三五”期间，澳门对内地实际投资呈现先下降后上升趋势。根据商务部统计，2019 年，澳门对内地实际投资 17.4 亿美元，同比增长 35.6%，占内地实际利用外资总额的 1.2%，新设外商投资企业数 1 083 个。

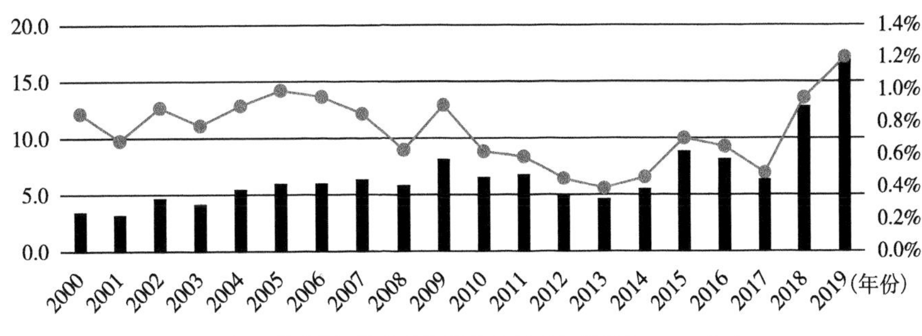

图 2—3—2　2000—2019 年内地实际利用澳门直接投资情况

数据来源：国家统计局和商务部统计。

与香港相比，内地对澳门投资较少，波动也较大。2003—2007 年期间，内地对澳门直接投资流量均在 5 000 万美元以下，有的年份甚至出现负流量。2008 年，内地对澳门直接投资一度达到 6.4 亿美元的高点，占中国对外投资流量的比重也达到 1.2%。但此后几年出现回落，2012 年仅为 1 660 万美元。2013 年以后再次回升，至 2015 年达到 10.8 亿美元的历史新高，此后又逐步回落，2016 年为 8.2 亿美元，同比减少 24%，仅占当年中国对外直接投资流量的 0.4%。“十三五”期间，内地对澳门投资并不平稳，2019 年内地对澳门直接投资为 5.9 亿美元，占当年中国对外直接投资流量的 0.4%。截至 2019 年年底，内地对澳门直接投资存量为 98.5 亿美元。

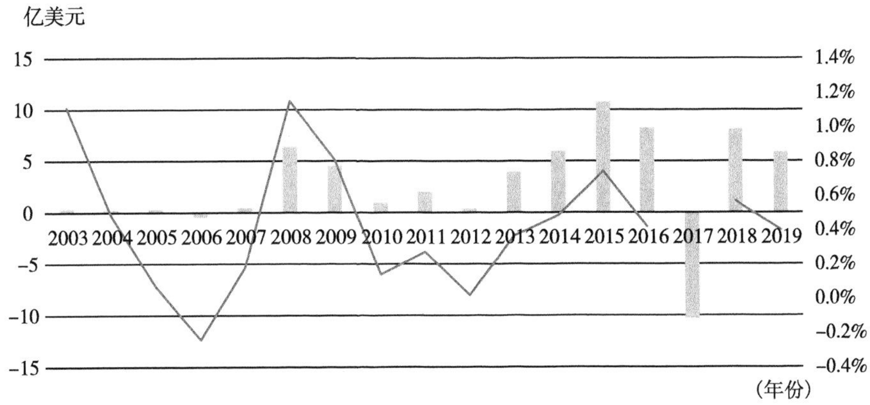

图 2—3—3　2003—2019 年内地对澳门直接投资情况

数据来源：国家统计局和商务部统计。

第四章　中国—巴基斯坦自由贸易协定*

巴基斯坦位于南亚次大陆西北部，东接印度，南濒阿拉伯海，西邻伊朗，西北与阿富汗相连，东北与中国新疆维吾尔自治区接壤。巴基斯坦与中国于 1951 年 5 月 21 日正式建交，是第一个与中国建交的伊斯兰国家。建交以来，中巴两国在和平共处五项原则的基础上发展睦邻友好与互利合作关系。2015 年 4 月，中巴两国建立全天候战略合作伙伴关系，并致力于打造中巴命运共同体，为双边自贸区建设提供了重要的政治保障。2020 年 3 月，巴基斯坦总统阿尔维在中国抗击新冠肺炎疫情的特殊时期实现对华首次访问，体现了中巴关系的牢不可破，双方将共同致力于加强中巴全天候战略合作伙伴关系，构建新时代更紧密的中巴命运共同体。

一、协定签署

中巴自贸区遵循由易到难、循序渐进原则，分领域、分阶段逐步推进。早在 2003 年 11 月 3 日，中巴两国就签署了《中华人民共和国政府与巴基斯坦伊斯兰共和国政府优惠贸易安排》，自 2004 年 1 月 1 日起参照《曼谷协定》对部分商品进行降税，涵盖中方 902 个 8 位税目（相当于 600 多个 6 位税目）的产品以及巴方 188 个 6 位税目的产品。① 2004 年 12 月 15 日，巴基斯坦正式承认中国完全市场经济地位，为两国自贸区建设以及双边经贸合作提供了有利条件。

2005 年 4 月 5 日，中巴两国签署《中华人民共和国政府与巴基斯坦伊斯兰共和国政府关于自由贸易协定早期收获计划的协议》（简称《中巴早期收获计划》），自 2006 年 1 月 1 日起在两年内分阶段取消双方共同感兴趣、互补性强的 3000 多个 8 位税目的产品关税，使两国企业和人民尽早享受自贸区的好处。2006 年 11 月 24 日，中国与巴基斯坦经过 6 轮谈判，最终签署《中华人民共和国政府与巴基斯坦伊斯兰共和国政府自由贸易协定》（简称《中巴自由贸易协定》），自 2007 年 7 月 1 日起对全部货物产品分两个阶段实施降税。第一阶段在协定生效后 5 年内，双方对占各自税目总数 85％的产品按照五种类别进行不同幅度的降税，其中，占各自税目

* 本部分作者为王蕊。

① 朱洪 . 不断深化的中国—巴基斯坦自由贸易区建设 [EB/OL]. http：//fta. mofcom. gov. cn/article/chpakistan/chpakistangfguandian/201504/21195 _ 1. html，2008－12－01.

36%的产品关税在3年内降为零；第二阶段将在对以往情况进行审评的基础上，对各自产品进一步降税，使零关税产品比例达到90%。①《中巴自由贸易协定》还对投资促进与保护、投资待遇、征收、损害补偿以及投资争端解决等事项作出规定，双方还于2008年10月15日签署《中华人民共和国政府与巴基斯坦伊斯兰共和国政府自由贸易协定补充议定书》，对巴境内"海尔—鲁巴经济区"等中巴投资区生产的货物以及双方有出口兴趣的货物，优先考虑削减或消除关税，巴方还专门给予中巴投资区12条优惠政策作为补充议定书的附件。②

两国在签署《中巴自由贸易协定》的同时，启动服务贸易协定谈判，经过5轮磋商，双方于2009年2月21日正式签署《中华人民共和国政府与巴基斯坦伊斯兰共和国政府自由贸易区服务贸易协定》(简称《中巴服务贸易协定》)。自同年10月10日起，在各自对世贸组织承诺的基础上，巴方在11个主要服务部门的102个分部门对中国服务提供者进一步开放，在外资股比方面给予中国服务提供者更加优惠的待遇，并在人员流动方面提供更加宽松和便利的条件；而中方在6个主要服务部门的28个分部门对巴基斯坦服务提供者进一步开放。③ 至此，中国—巴基斯坦自贸区进入涵盖货物贸易、服务贸易和投资等内容的全面建设实施阶段。2015年4月20日，两国签署《中华人民共和国政府和巴基斯坦伊斯兰共和国政府自由贸易区服务贸易协定银行业服务议定书》，加大银行业相互开放力度，进一步提高中巴自贸区服务贸易自由化水平。

2011年3月10日，中巴两国启动自贸协定第二阶段谈判。经过八年时间，共举行十一次会议，最终于2019年4月28日签署《中华人民共和国政府和巴基斯坦伊斯兰共和国政府关于修订〈自由贸易协定〉的议定书》(简称《议定书》)。《议定书》对原自贸协定中的货物贸易市场准入及关税减让表、原产地规则、贸易救济、投资等内容进行升级和修订，并新增海关合作章节，于2019年12月1日生效，其中，降税安排于2020年1月1日实施。中巴两国间相互实施零关税产品的税目数比例将从此前的35%逐步增加至75%。其中，中方将对45%的税目在协定生效后立即取消关税，并对30%的税目分别在5年内（税目占比15%）和10年内（税目占比15%）逐步取消关税，主要涉及棉纱、皮革、服装、水产品、坚果等产品；巴方

① 中国—巴基斯坦自由贸易区简介［EB/OL］. http：//gss. mof. gov. cn/zhuantilanmu/ziyoumaoyiqu/200806/t20080625_50719. html，2008—06—25.

② 中国—巴基斯坦签署自贸协定补充议定书［EB/OL］. http：//fta. mofcom. gov. cn/article/chpakistan/chpakistannews/201504/21194_1. html，2008—10—23.

③ 中国—巴基斯坦签署自贸区服务贸易协定［EB/OL］. http：//fta. mofcom. gov. cn/article/chpakistan/chpakistannews/201504/21200_1. html，2009—02—23.

将对45%的税目在协定生效后立即取消关税，并对30%的税目分别在7年内（税目占比15%）和15年内（税目占比15%）逐步取消关税，主要涉及机电、家具、纺织、磷肥、玻璃制品、汽车及摩托车零部件等产品。此外，双方还将对占各自税目数比例5%的其他产品实施20%的部分降税。《议定书》的签署是中巴双方落实两国领导人达成的共识，进一步丰富和充实两国全天候战略合作伙伴关系的重要举措，是发展中国家间自贸区建设的典范，也是推进“一带一路”建设和构建人类命运共同体的生动实践。

表2—4—1　中国—巴基斯坦自由贸易区建设历程

时间	主要协议
2003年11月3日	签署《中华人民共和国政府与巴基斯坦伊斯兰共和国政府优惠贸易安排》，2004年1月1日生效
2005年4月5日	签署《中华人民共和国政府与巴基斯坦伊斯兰共和国政府关于自由贸易协定早期收获计划的协议》，2006年1月1日生效 签署《中华人民共和国政府和巴基斯坦伊斯兰共和国政府关于自由贸易协定及其他贸易问题的谅解备忘录》
2006年11月24日	签署《中华人民共和国政府和巴基斯坦伊斯兰共和国政府自由贸易协定》，2007年7月1日生效
2008年10月15日	签署《中华人民共和国政府和巴基斯坦伊斯兰共和国政府自由贸易协定补充议定书》
2009年2月21日	签署《中华人民共和国政府和巴基斯坦伊斯兰共和国政府自由贸易区服务贸易协定》，2009年10月10日生效
2015年4月20日	签署《中华人民共和国政府和巴基斯坦伊斯兰共和国政府自由贸易区服务贸易协定银行业服务议定书》，2015年11月11日生效
2019年4月28日	签署《中华人民共和国政府和巴基斯坦伊斯兰共和国政府关于修订〈自由贸易协定〉的议定书》，2019年12月1日生效；降税安排2020年1月1日实施

资料来源：根据中国自由贸易区服务网资料整理。

二、经贸合作

中巴自贸区的建设和升级为两国经贸合作提供了较好的制度环境，推动了双边经贸关系的稳步发展。2019年，中国是巴基斯坦第一大贸易伙伴、第一大进口来源国、第二大出口市场和第一大投资来源国；巴基斯坦则是中国在南亚地区的第二大贸易伙伴、第一大投资目的地和第一大承包工程市场。

（一）货物贸易

1. 贸易规模

中巴自贸区启动建设以来，两国货物贸易规模总体呈增长态势，2017年以后有所下滑。根据中方统计，2006年《中巴早期收获计划》生效，双边贸易额为52.5

亿美元，2007年《中巴自由贸易协定》生效，双边贸易额增至69.4亿美元，比上年增长32.2%。此后，中巴贸易规模虽受到国际金融危机的负面影响，但很快恢复增长，到2011年突破100亿美元，到“十二五”期末的2015年已增至189.6亿美元。

表2—4—2 2005—2019年中巴贸易情况（中方统计）

单位：亿美元；%

年份	中巴贸易总额		中国对巴出口		中国自巴进口		贸易差额
	金额	比重	金额	比重	金额	比重	
2005年	42.6	0.30	34.3	0.45	8.3	0.13	25.9
2006年	52.5	0.30	42.4	0.44	10.1	0.13	32.3
2007年	69.4	0.32	58.3	0.48	11.0	0.12	47.3
2008年	70.6	0.28	60.5	0.42	10.1	0.09	50.4
2009年	67.8	0.31	55.2	0.46	12.6	0.13	42.6
2010年	86.7	0.29	69.4	0.44	17.3	0.12	52.1
2011年	105.6	0.29	84.4	0.44	21.2	0.12	63.2
2012年	124.2	0.32	92.8	0.45	31.4	0.17	61.4
2013年	142.2	0.34	110.2	0.50	32.0	0.16	78.2
2014年	160.0	0.37	132.5	0.57	27.6	0.14	104.9
2015年	189.6	0.48	164.8	0.72	24.8	0.15	140.0
2016年	191.3	0.52	172.3	0.82	19.1	0.12	153.2
2017年	200.9	0.49	182.5	0.81	18.3	0.10	164.2
2018年	190.8	0.41	169.1	0.68	21.8	0.10	147.3
2019年	179.7	0.39	161.7	0.65	18.1	0.09	143.6

数据来源：中国海关统计。

“十三五”期间，由于全球经济放缓以及巴基斯坦经济下滑，中巴贸易规模出现一定萎缩，由2016年的191.3亿美元增至2017年的200.9亿美元后，逐步降至2019年的179.7亿美元，比上年下降5.8%，大于中国外贸整体1%的降幅。中巴贸易占中国外贸总额的比重也由2016年的0.52%降至2019年的0.39%，下降了0.13个百分点，与“十二五”期末的2015年相比，下降了0.09个百分点。其中，中国对巴基斯坦出口由2016年的172.3亿美元增至2017年的182.5亿美元后，逐步下滑至2019年的161.7亿美元，比上年下降4.4%，与中国出口总额0.5%的增幅存在明显差异，占比也由2016年的0.82%降至2019年的0.65%，下降了0.17个百分点。同期，中国自巴基斯坦进口规模较小，由2016年的19.1亿美元增至

2018 年的 21.8 亿美元后，降至 2019 年的 18.1 亿美元，比上年下降 17.0%，远大于中国进口总额 2.7%的降幅，占比也由 2016 年的 0.12%降至 2019 年的 0.09%，下降了 0.03 个百分点。从贸易差额情况来看，中国对巴基斯坦存在明显的贸易顺差，但规模略有缩减，由 2016 年的 153.2 亿美元增至 2017 年的 164.2 亿美元后，逐步降至 2019 年的 143.6 亿美元。2020 年新冠肺炎疫情对全球经济造成严重冲击，中巴贸易也受到一定影响。1—9 月，双边贸易额为 120.4 亿美元，同比下降 5.2%，高于中国整体外贸降幅 3.4 个百分点。其中，中国对巴基斯坦出口额为 106.2 亿美元，同比下降 6.8%，高于中国整体出口降幅 6 个百分点；而自巴基斯坦进口额为 14.3 亿美元，在中国整体进口下降 3.1%的情况下，实现 8.8%的逆势增长。

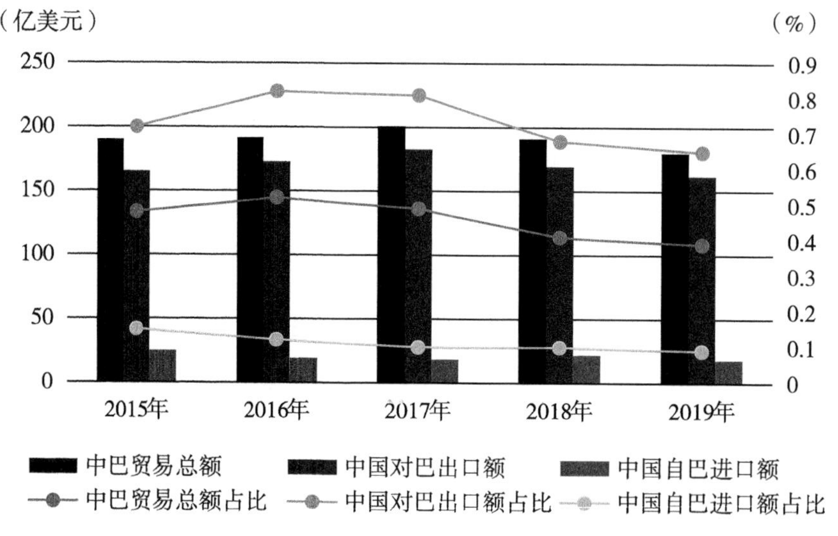

图 2—4—1　2015—2019 年中巴货物贸易情况

数据来源：中国海关统计。

巴方统计显示了与中方统计大体相同的变化趋势。巴中贸易额 2006 年为 34.2 亿美元，此后在双边自贸区的助力下呈明显增长态势，到“十二五”期末的 2015 年已增至 129.5 亿美元。“十三五”期间，巴中贸易额由 2016 年的 152.7 亿美元增至 2017 年的 168.9 亿美元后，逐步降至 2019 年的 144.4 亿美元，比上年下降 11.7%，略低于巴基斯坦外贸总额降幅 0.2 个百分点。巴中贸易额占巴基斯坦外贸总额的比重由 2016 年的 22.6%降至 2018 年的 19.5%，2019 年略升至 19.6%，比 2016 年下降了 3 个百分点，与“十二五”期末的 2015 年持平，中国继续保持巴基斯坦第一大贸易伙伴地位。其中，巴基斯坦自华进口由 2016 年的 136.8 亿美元增至 2017 年的 153.8 亿美元后，逐步降至 2019 年的 124.1 亿美元，比上年下降 14.6%，低于巴基斯坦进口总额降幅 2.2 个百分点，占比由 2016 年的 29.1%降至 2018 年的 24.2%，

2019年回升至24.8%，虽低于2016年4.3个百分点，但中国仍为巴基斯坦第一大进口来源国。巴基斯坦对华出口由2016年的15.9亿美元增至2019年的20.4亿美元，实现12.1%的较快增长，高于巴基斯坦出口总额增幅11.6个百分点，占比也由2016年的7.7%提高到2019年8.6%，提高了0.9个百分点，中国继续保持巴基斯坦第二大出口市场地位。“十三五”期间，巴基斯坦对中国贸易逆差规模超过100亿美元，但近年来呈现收缩趋势，由2016年的120.9亿美元增至2017年的138.7亿美元后，逐步缩小至2019年的103.7亿美元，但仍占到巴基斯坦贸易逆差总额的39.4%。

表2—4—3 2005—2019年巴中贸易情况（巴方统计）

单位：亿美元；%

年份	巴中贸易总额		巴基斯坦对华出口		巴基斯坦自华进口		贸易差额
	金额	比重	金额	比重	金额	比重	
2005年	27.9	6.8	4.4	2.7	23.5	9.4	−19.1
2006年	34.2	7.3	5.1	3.0	29.2	9.8	−24.1
2007年	47.8	9.5	6.1	3.4	41.6	12.8	−35.5
2008年	54.7	8.7	7.3	3.6	47.4	11.2	−40.1
2009年	47.8	9.7	10.0	5.7	37.8	12.0	−27.8
2010年	66.8	11.3	14.4	6.7	52.5	14.0	−38.1
2011年	81.5	11.8	16.8	6.6	64.7	14.8	−47.9
2012年	93.1	13.6	26.2	10.6	66.9	15.3	−40.7
2013年	92.8	13.5	26.5	10.6	66.3	15.1	−39.7
2014年	118.4	16.4	22.5	9.1	95.9	20.2	−73.4
2015年	129.5	19.6	19.3	8.8	110.2	25.0	−90.8
2016年	152.7	22.6	15.9	7.7	136.8	29.1	−120.9
2017年	168.9	21.3	15.1	6.9	153.8	26.8	−138.7
2018年	163.6	19.5	18.2	7.7	145.4	24.2	−127.3
2019年	144.4	19.6	20.4	8.6	124.1	24.8	−103.7

数据来源：根据UN Comtrade数据库计算整理。

2. 贸易结构

基于中巴两国的产业结构，中国对巴基斯坦出口商品以工业制品为主。2019年，前十位商品（HS两位码）出口额占中国对巴出口总额的67.6%，主要集中在机电产品、纺织品、化学品以及金属制品等领域。具体来看，机电产品（HS84和HS85）是中国对巴基斯坦出口最多的商品，出口额为55.5亿美元，占中国对巴出口总额的 34.3%；其中，电机、电气设备及其零件（HS85）出口额 30.6 亿美元，占 18.9%，核反应堆、锅炉、机器、机械器具及其零件（HS84）出口额 24.9 亿美元，占 15.4%。其次是纺织品（HS50 至 HS63），出口额为 37.8 亿美元，占 23.3%；其中最主要的是化学纤维长丝（HS54），出口额为 13.0 亿美元，占 8.1%，还包括棉花（HS52）、化学纤维短纤（HS55）、针织物及钩编织物（HS60）等。再次是化学品（HS28 至 HS38），出口额为 19.0 亿美元，占 11.8%；其中，最主要的是有机化学品（HS29），出口额为 8.3 亿美元，占 5.1%。同时，贱金属及其制品（HS72 至 HS83）出口额为 17.9 亿美元，占 11.1%，主要是钢铁（HS72）和钢铁制品（HS73）。此外，主要出口商品还涉及塑料及其制品（HS39）等。

表 2—4—4　2005 年和 2019 年中国对巴基斯坦出口前十位商品对比

单位：亿美元；%

2005 年				2019 年			
HS	名称	金额	比重	HS	名称	金额	比重
84	核反应堆、锅炉、机器、机械器具及其零件	6.1	17.8	85	电机、电气设备及其零件	30.6	18.9
85	电机、电气设备及其零件	5.6	16.5	84	核反应堆、锅炉、机器、机械器具及其零件	24.9	15.4
54	化学纤维长丝	2.2	6.5	54	化学纤维长丝	13.0	8.1
87	车辆及其零件、附件，但铁道及电车道车辆除外	1.3	3.6	29	有机化学品	8.3	5.1
29	有机化学品	1.1	3.2	72	钢铁	6.9	4.3
38	杂项化学产品	1.0	3.0	73	钢铁制品	6.2	3.8
40	橡胶及其制品	1.0	2.8	39	塑料及其制品	5.3	3.3
61	针织或钩编的服装及衣着附件	0.9	2.7	52	棉花	4.9	3.0
39	塑料及其制品	0.9	2.6	55	化学纤维短纤	4.8	2.9
17	糖及糖食	0.7	2.1	60	针织物及钩编织物	4.4	2.7
合计		21.5	62.8	合计		109.2	67.6
总值		34.3	100.0	总值		161.7	100.0

数据来源：中国海关统计。

同时，中国自巴基斯坦进口商品以原料性产品为主，且集中度很高。2019 年，前十位商品（HS 两位码）进口额占中国自巴进口总额的 90.8%，主要集中在金属制品、纺织品、植物产品、矿产品等领域。具体来看，贱金属及其制品（HS72 至 HS83）超过纺织品（HS50 至 HS63）成为中国自巴基斯坦进口最多的商品，进口额为5.7亿美元，占中国自巴进口总额的31.4%；其中，绝大部分是铜及其制品(HS74)，进口额5.5亿美元，占30.5%。其次是纺织品(HS50至HS63)，进口额为4.6亿美元，占25.3%；其中主要是棉花(HS52)，进口额为3.5亿美元，占19.5%，还涉及针织或钩编的服装或衣着附件(HS61)等。再次是植物产品(HS06至HS14)，进口额为2.6亿美元，占14.4%；其中绝大部分是谷物(HS10)，进口额为2.3亿美元，占13.0%。同时，矿产品(HS25至HS27)进口额为2.1亿美元，占11.4%，主要是矿砂、矿渣及矿灰(HS26)，进口额为1.6亿美元，占8.8%，还包括盐、硫磺、石料等(HS25)。此外，主要进口商品还涉及水生动物(HS03)、皮革(HS41)、饮料(HS22)、食品残渣(HS23)等。

表2—4—5 2005年和2019年中国自巴基斯坦进口前十位商品对比

单位：亿美元;%

2005年				2019年			
HS	名称	金额	比重	HS	名称	金额	比重
52	棉花	5.8	69.7	74	铜及其制品	5.5	30.5
74	铜及其制品	0.8	10.1	52	棉花	3.5	19.5
41	生皮(毛皮除外)及皮革	0.5	6.2	10	谷物	2.3	13.0
29	有机化学品	0.5	5.6	26	矿砂、矿渣及矿灰	1.6	8.8
26	矿砂、矿渣及矿灰	0.3	3.4	03	鱼、甲壳动物、软体动物及其他水生无脊椎动物	1.3	7.2
03	鱼、甲壳动物、软体动物及其他水生无脊椎动物	0.1	1.4	41	生皮(毛皮除外)及皮革	0.5	2.7
55	化学纤维短纤	0.04	0.5	61	针织或钩编的服装或衣着附件	0.5	2.6
39	塑料及其制品	0.04	0.5	25	盐；硫磺；泥土及石料；石膏料、石灰及水泥	0.5	2.6
25	盐；硫磺；泥土及石料；石膏料、石灰及水泥	0.03	0.4	22	饮料、酒及醋	0.4	2.0
23	食品工业的残渣及废料；配制的动物饲料	0.03	0.4	23	食品工业的残渣及废料；配制的饲料	0.3	1.8
合计		8.2	98.1	合计		16.4	90.8
总值		8.3	100.0	总值		18.1	100.0

数据来源：中国海关统计。

（二）服务贸易

1. 贸易规模

2009 年 10 月生效的《中巴服务贸易协定》为两国服务贸易发展创造了较好的环境。根据巴基斯坦央行数据，巴基斯坦与中国服务贸易额由 2010 财年（2009 年 7 月至 2010 年 6 月）的 4.9 亿美元增至 2019 财年（2018 年 7 月至 2019 年 6 月）的 13.6 亿美元，占巴基斯坦服务贸易总额的比重也由 4.1%上升到 9.1%，提高了 5 个百分点。其中，巴基斯坦对中国服务出口由 2010 财年的 0.4 亿美元增至 2019 财年的 1.7 亿美元，占巴基斯坦服务出口总额的比重由 0.7%提高到 3.3%，提高了 2.6 个百分点。巴基斯坦自中国服务进口由 2010 财年的 4.5 亿美元增至 2019 财年的 11.9 亿美元，占巴基斯坦服务进口总额的比重也由 6.7%升至 12.3%，提高了 5.6 个百分点。同时，巴基斯坦是服务净进口国，对中国的服务贸易也存在一定逆差，逆差规模由 2010 财年的 4.1 亿美元增至 2019 财年的 10.2 亿美元。

2020 年，新冠肺炎疫情对中巴经济及双边服务贸易造成一定影响。根据巴基斯坦央行数据，2020 财年前 11 个月（2019 年 7 月至 2020 年 5 月），巴中服务贸易额为 13.6 亿美元，占巴基斯坦服务贸易总额的 10.6%。其中，巴基斯坦对中国服务出口 1.9 亿美元，占巴基斯坦服务出口总额的 3.8%；自中国服务进口 11.7 亿美元，占巴基斯坦服务进口总额的 15.1%。同期，巴基斯坦对中国服务贸易逆差额为 9.8 亿美元。

表 2—4—6　2010、2019 和 2020 财年巴中服务贸易情况

单位：亿美元；%

项目	2010 财年		2019 财年		2020 财年前 11 个月	
	金额	占比	金额	占比	金额	占比
巴中服务贸易总额	4.9	4.1	13.6	9.1	13.6	10.6
巴基斯坦对中国出口	0.4	0.7	1.7	3.3	1.9	3.8
巴基斯坦自中国进口	4.5	6.7	11.9	12.3	11.7	15.1
巴中服务贸易差额	−4.1	—	−10.2	—	−9.8	—

注：由于巴基斯坦央行网站缺少 2020 年 6 月数据，因而 2020 财年仅有前 11 个月数据。
资料来源：根据巴基斯坦央行数据整理。

2. 贸易结构

其他商业服务是巴基斯坦对中国服务出口最主要的领域。根据巴基斯坦央行数据，巴基斯坦对中国的其他商业服务出口由 2010 财年的 1 711.6 万美元增至 2019 财年的 1.3 亿美元，占巴基斯坦对中国服务出口总额的比重由 46.1%提高到 74.5%；2020 财年前 11 个月出口额为 7 484.5 万美元，占 39.3%。巴基斯坦对中国的政府产品和服务出口由2010财年的186.7万美元增至2019财年的2 833.7万美元，占比也由5.0%提高到16.3%；2020财年前11个月出口额为3 159.0万美元，占16.6%。同时，巴基斯坦对中国的电信、计算机和信息服务出口由2010财年的568.3万美元增至2019财年的1 892.6万美元，但占比由15.3%降至10.9%；2020财年前11个月出口额为1 676.7万美元，占8.8%。此外，2020财年，巴基斯坦对中国建筑服务出现大幅增长，前11个月出口额达到5 650.0万美元，占比达到29.7%。而2010财年占比高达28.7%的运输服务出口则大幅下降，到2019财年已降至1.3%，2020财年前11月占比仅为0.8%。

表2—4—7　2010、2019和2020财年巴基斯坦对中国服务出口情况

单位：万美元；%

服务类型	2010财年		2019财年		2020财年前11个月	
	金额	占比	金额	占比	金额	占比
维护和维修服务	0.0	0.0	1.9	0.0	0.0	0.0
运输	1 062.6	28.7	226.3	1.3	149.3	0.8
旅行	0.4	0.0	85.1	0.5	102.0	0.5
建筑	14.3	0.4	76.3	0.4	5 650.0	29.7
保险和养老金服务	87.3	2.4	103.8	0.6	17.5	0.1
金融服务	77.1	2.1	—844.2	—4.9	767.6	4.0
电信、计算机和信息	568.3	15.3	1 892.6	10.9	1 676.7	8.8
知识产权使用费	0.5	0.0	11.7	0.1	4.5	0.0
其他商业服务	1 711.6	46.1	12 941.8	74.5	7 484.5	39.3
个人、文化和娱乐服务	0.0	0.0	39.6	0.2	12.9	0.1
政府产品和服务	186.7	5.0	2 833.7	16.3	3 159.0	16.6
总额	3 708.8	100.0	17 368.4	100.0	19 024.0	100.0

注：由于巴基斯坦央行网站缺少2020年6月数据，因而2020财年仅有前11个月数据。
资料来源：根据巴基斯坦央行数据整理。

其他商业服务和运输是巴基斯坦自中国服务进口的主要领域。根据巴基斯坦央行数据，巴基斯坦自中国其他商业服务进口由2010财年的1.6亿美元增至2019财年的7.0亿美元，占其自中国服务进口总额的比重也由34.6%提高到58.8%；2020财年前11个月进口额为7.2亿美元，占61.3%，成为巴基斯坦自中国服务进口最多的领域。同时，巴基斯坦自中国运输服务进口虽由2010财年的2.8亿美元增至2019财年的3.5亿美元，但其占比则由60.7%下降到29.8%；2020财年前11个月进口额为3.3亿美元，占27.8%。

表 2-4-8　2010、2019 和 2020 财年巴基斯坦自中国服务进口情况

单位：万美元；%

服务类型	2010 财年		2019 财年		2020 财年前 11 个月	
	金额	占比	金额	占比	金额	占比
运输	27 535.6	60.7	35 368.6	29.8	32 544.9	27.8
旅行	236.7	0.5	472.9	0.4	286.6	0.2
建筑	908.5	2.0	35.1	0.0	6 700.4	5.7
保险和养老金服务	1.7	0.0	3 052.3	2.6	3 227.7	2.8
金融服务	83.4	0.2	865.5	0.7	1 573.3	1.3
电信、计算机和信息	180.0	0.4	1 601.6	1.3	633.7	0.5
知识产权使用费	1.3	0.0	1.7	0.0	10.2	0.0
其他商业服务	15 665	34.6	69 807.1	58.8	71 860.8	61.3
个人、文化和娱乐服务	0.3	0.0	16.1	0.0	4.9	0.0
政府产品和服务	713.7	1.6	7 582.8	6.4	350.0	0.3
总额	45 326.2	100.0	118 803.8	100.0	117 192.3	100.0

注：由于巴基斯坦央行网站缺少 2020 年 6 月数据，因而 2020 财年仅有前 11 个月数据。
资料来源：根据巴基斯坦央行数据整理。

3. 经济技术合作

随着中巴经济走廊建设的不断推进，中巴两国的经济技术合作保持了较好的发展势头。“十三五”期间，中国与巴基斯坦的承包工程合作较为紧密。2016 年和 2017 年新签合同额均超过 100 亿美元，分别达到 115.8 亿美元和 107.5 亿美元；2018 年受巴基斯坦政府选举影响，新签承包工程合同额降至 43.2 亿美元；到 2019 年，新签合同 444 份，合同额回升至 70.6 亿美元。中国在巴基斯坦承包工程完成营业额由 2016 年的 72.7 亿美元增至 2017 年的 113.4 亿美元，随后有所下降，到 2019 年为 96.7 亿美元；占中国总体对外承包工程完成营业额的比重由 2016 年的 4.6% 增至 2018 年的 6.7%，2019 年下滑至 5.6%，但仍高于 2016 年 1 个百分点，与“十二五”期末的 2015 年相比，提高了 2.2 个百分点。同时，中国在巴基斯坦派出大量承包工程人员，由 2016 年的 11 830 人增至 2017 年的 17 493 人，此后降至 2019 年的 8 537 人，到 2019 年年末，在巴基斯坦承包工程人员达到 16 857 人。从劳务合作来看，中国派往巴基斯坦的劳务人员数量不多，但增长较快，由 2016 年的 33 人增至 2019 年的 1 002 人，年均增幅高达 212.0%，到 2019 年末，在巴劳务人员为 1 684人。此外，中国在巴基斯坦经济技术合作项目还为当地提供了更多就业机会，2019 年雇佣当地人员 86 123 人，有利于提高当地居民生活水平。

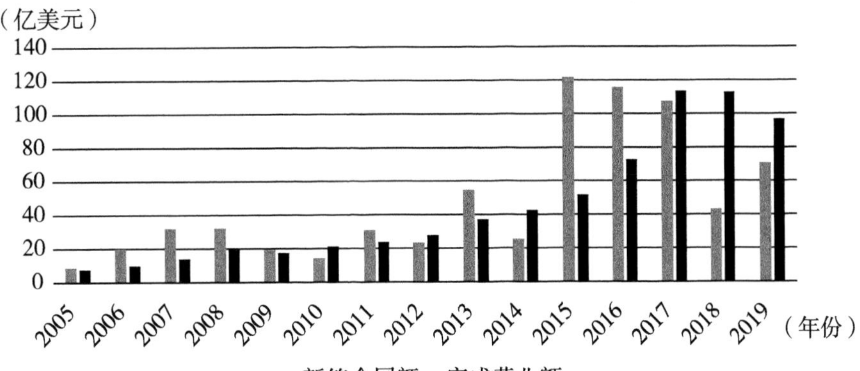

图 2—4—2　2005—2019 年中国在巴基斯坦承包工程情况

资料来源：中国商务年鉴。

（三）双向投资

1. 中国对巴基斯坦投资

近年来，巴基斯坦受全球经济放缓以及国内财政与经常账户双赤字等因素影响，经济增速大幅下滑。根据巴基斯坦央行数据，2019 财年，巴基斯坦国内生产总值（GDP）增速仅为 1.9%；2020 财年，受到新冠肺炎疫情的严重冲击，巴基斯坦 GDP 出现负增长，为－0.4%。[①] 因而除中国外，外商对巴基斯坦直接投资规模不大。根据巴央行数据，2020 财年，巴基斯坦外商直接投资净值仅为 25.6 亿美元，其中，中国对巴基斯坦直接投资净值为 8.4 亿美元，占 33.0%，仍是其第一大外资来源国。[②] 巴基斯坦投资委员会（BOI）于 2020 年 8 月发布三年期投资促进战略，计划在 2021 至 2023 财年分别实现外商直接投资 40 亿美元、45 亿美元和 50 亿美元，并启动第六次改善营商环境行动计划，将食品饮料、汽车及其零配件、信息技术与相关服务、物流和高附加值纺织品作为吸引外资的重点产业。[③]

根据中方统计，“十三五”期间，除个别年份外，中国对巴基斯坦直接投资流量较为稳定，基本在 5 亿美元以上，其中，2016 年和 2017 年投资流量分别为 6.3 亿美元和 6.8 亿美元，2019 年为 5.6 亿美元，仅 2018 年出现 2.0 亿美元的净流出；占中国对外直接投资流量的比重由 2016 年的 0.3%提高到 2017 年的 0.4%，2018 年降至负值，2019 年重新回到 0.4%。从投资存量来看，“十三五”期间，中国在巴

① State Bank of Pakistan. Gross Domestic Product of Pakistan [EB/OL]. http://www.sbp.org.pk/ecodata/GDP_table.pdf，2020－09－04.

② State Bank of Pakistan. Statistical Bulletin [EB/OL]. https://www.sbp.org.pk/reports/stat_reviews/Bulletin/2020/Aug/ExternalSector.pdf，2020－08.

③ 巴基斯坦投资委员会发布三年期投资促进战略 [EB/OL]. http://pk.mofcom.gov.cn/article/jmxw/202008/20200802997075.shtml，2020－08－28.

基斯坦直接投资存量由 2016 年的 47.6 亿美元增至 2017 年的 57.2 亿美元，此后有所收缩，截至 2019 年年底，投资存量为 48.0 亿美元；占中国对外直接投资存量的比重呈下降趋势，由 2016 年的 0.4%降至 2019 年的 0.2%。

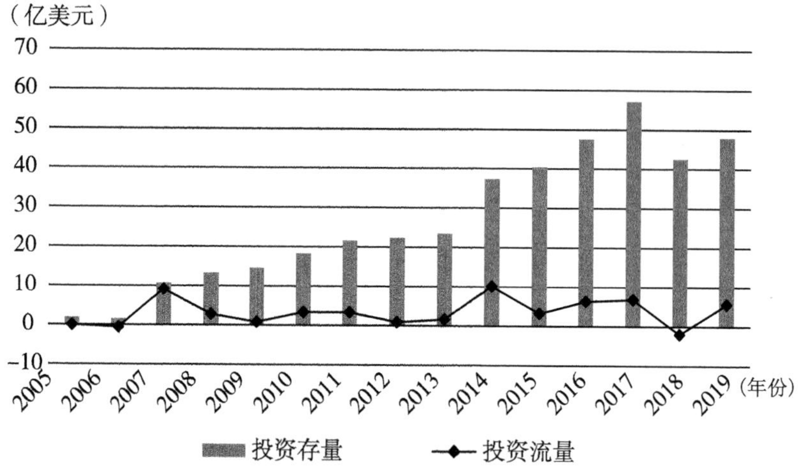

图 2—4—3　2005—2019 年中国对巴基斯坦直接投资情况

注：2019 年年末存量数据中包含对以往历史数据的调整。

资料来源：2019 年度中国对外直接投资统计公报。

2. 巴基斯坦对华投资

与中国对巴基斯坦投资相比，巴基斯坦对华投资很少，2005 年以来，绝大部分年份投资额不足 1 000 万美元，投资规模最大的 2014 年为 2 323 万美元，其次是 2013 年投资 1 805 万美元，2008 年投资 1 452 万美元。“十三五”期间，巴基斯坦对华投资由 2016 年的 65 万美元提高到 2017 年的 99 万美元，此后逐步下降，2018 年为 67 万美元，2019 年仅为 3 万美元，降幅高达 95.5%。

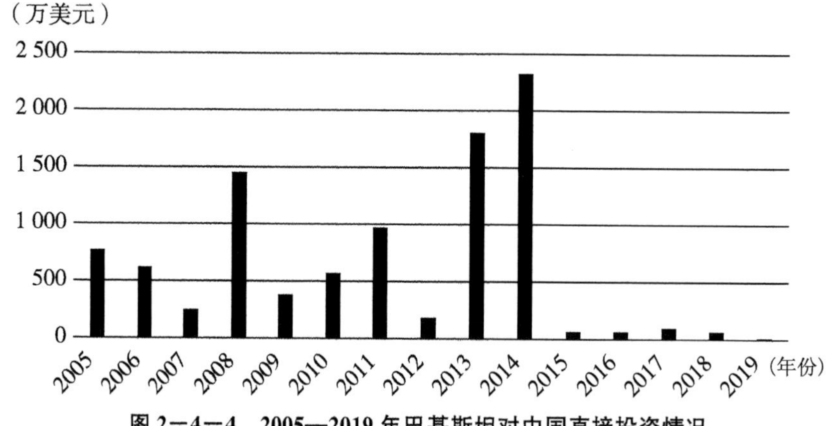

图 2—4—4　2005—2019 年巴基斯坦对中国直接投资情况

资料来源：中国统计年鉴。

第五章 中国—智利自由贸易协定*

智利位于南美洲西南部，安第斯山脉西麓，东同阿根廷为邻，北与秘鲁、玻利维亚接壤，西临太平洋，南与南极洲隔海相望，是世界上地形最狭长的国家。智利是全球最自由的经济体之一，拥有覆盖范围广阔的自由贸易协定网络。智利与中国于1970年12月15日正式建交，是第一个同中国建交的南美洲国家。中智建交以来，两国在国际多边领域保持良好合作，尤其是2006年《中国—智利自由贸易协定》生效以来，两国经贸合作不断深化。2020年，恰逢中智建交50周年，为深化经贸合作，保持贸易投资畅通，维护多边贸易体制，双方于7月共同发表了《关于加强自贸合作、抗击新冠肺炎疫情的联合声明》，并签署《关于建立贸易畅通工作组的谅解备忘录》，为进一步扩大双边贸易提供了重大机遇。

一、协定签署

智利是第一个就中国加入世贸组织与中国签署双边协议、承认中国完全市场经济地位、同中国签署双边自由贸易协定、同中国签署自贸协定升级议定书的拉美国家。中国—智利自贸协定谈判于2004年11月18日启动，双方就市场准入、原产地规则、技术贸易壁垒、卫生和植物卫生措施、贸易救济、争端解决、合作等问题等进行了5轮磋商。在双方共同推动下，两国于2005年11月18日签署《中智自由贸易协定》，并于2006年10月1日生效。根据《协定》，两国从2006年7月1日开始，全面启动货物贸易的关税减让进程，其中97%的商品税目于10年内分阶段降为零关税。① 根据《协定》，两国还将在经济、中小企业、文化、教育、科技、环保、劳动和社会保障、知识产权、投资促进、矿产、工业等领域进一步开展合作。

2006年9月，中智双方启动自由贸易区服务贸易谈判，经过六轮磋商，2008年4月13日签署《中智服务贸易协议》，并于2010年8月1日生效。根据《协定》，中国的环境、采矿、空运、计算机、管理等23个部门，以及智利的采矿、研发、工程、旅游、计算机等37个部门将向对方提高开放水平。2012年6月，中智完

---

* 本部分作者为刘艺卓。

① 商务部．中国—智利签署自由贸易协定［EB/OL］. http://fta.mofcom.gov.cn/article/chinachile/chilenews/201005/2694_1.html，2015—12—21.

成了自贸协定投资章节谈判，并于同年 9 月签署《关于投资的补充协定》，为两国之间改善企业跨国投资环境、扩大投资范围提供了更多保障，中智自贸区建设全面完工。

为进一步发掘双边经贸合作潜力，提升两国贸易自由化便利化水平，2015 年 5 月中智双方启动升级联合研究，经过三轮升级谈判后，于 2017 年 11 月签署《关于修订〈自由贸易协定〉及〈自由贸易协定关于服务贸易的补充协定〉的议定书》，这是中国继中国—东盟自贸区升级后实施的第二个自贸区升级协定，也是中国与拉美国家签署的第一个自贸区升级协定，该升级议定书已于 2019 年 3 月 1 日正式生效。

根据《升级议定书》，中方将在 3 年内对智逐步取消部分木制品关税，智方将对中方立即取消纺织服装、家电、蔗糖等产品关税，中智双方相互实施零关税的产品将达到约 98%，中智自贸区将成为迄今中国货物贸易开放水平最高的自贸区。服务贸易方面，中方在商业法律服务、娱乐服务、分销等 20 多个部门进一步开放，智方在快递、运输、建筑等 40 多个部门做出更高水平的开放承诺。此外，《议定书》还对原产地规则、经济技术合作章节进行修订和补充，并新增电子商务、竞争、环境与贸易等规则议题①。

表 2—5—1 中国—智利自由贸易区建设历程

时间	主要协议
2005 年 11 月 18 日	签署《中智自由贸易协定》，2006 年 10 月 1 日生效
2008 年 4 月 13 日	签署《中智自由贸易协定关于服务贸易的补充协定》，2010 年 8 月 1 日生效
2012 年 9 月 9 日	签署《中智自由贸易协定中关于投资的补充协定》
2015 年 5 月 25 日	签署《关于中国—智利自由贸易协定升级的谅解备忘录》
2017 年 11 月 11 日	签署《中智关于修订〈自由贸易协定〉及〈自由贸易协定关于服务贸易的补充协定〉的议定书》
2019 年 3 月 1 日	中智自贸协定升级议定书正式生效实施

资料来源：根据中国自由贸易区服务网资料整理。

二、经贸合作

随着中智自贸区建设的不断推进，两国贸易关系日益紧密。自 2012 年起，中国已超过美国成为智利第一大贸易伙伴、第一大出口目的地和第一大进口来源国。

① 中智自贸协定升级议定书今日生效［EB/OL］. http：//fta. mofcom. gov. cn/article/chiletwo/chiletwonews/201903/39904 _ 1. html，2019—03—01.

(一) 货物贸易

1. 贸易规模

随着中智自贸区建设的不断推进，双边贸易快速发展。近年来，中国稳居智利第一大贸易伙伴，智利始终保持中国新鲜水果第一大进口来源国和葡萄酒第三大进口来源国地位。据中国海关统计，除 2009 年双边贸易与上年持平，以及 2015 与 2016 年双边贸易小幅回落外，其余年份均呈现增长态势。“十三五”期间，中智双边贸易持续上升，由 2016 年 314.1 亿美元增至 2019 年的 409.4 亿美元，是 2004 年签署自贸协定前的 7.6 倍，年均增长 15%。同期，中智贸易占中国对外贸易的比重由 2004 年的 0.5%提高到 2010 年的 0.9%，此后也基本维持在这一水平上。“十三五”期间，中国对智利出口额呈波动上升趋势，从 2016 年的 128.0 亿美元增至 2018 年的 159.2 亿美元，2019 年小幅降至 147.1 亿美元，占中国出口总额的比重一直较小，维持在 0.6%左右；中国自智利进口额大幅提升，从 2016 年的 186.0 亿美元增至 262.3 亿美元，增长 41.0%，占中国进口总额的比重基本维持在 1.2%左右。中国在与智利双边贸易中一直处于贸易逆差地位，“十三五”期间，随着贸易额的增长，逆差额也在不断扩大，2019 年达 115.2 亿美元，是 2016 年的 2 倍左右。据中国海关统计，2020 年 1—9 月，中智进出口总额为 315.8 亿美元，比上年同期增长 3.7%，其中出口额 104.2 亿美元，比上年同期下降 6.8 个百分点；进口额为 211.6 亿美元，比上年同期大幅增长 9.7%。

表 2—5—2　2004—2019 年中智贸易情况（中方统计）

单位：亿美元；%

年份	贸易总额		中国出口		中国进口		贸易差额
	金额	比重	金额	比重	金额	比重	
2004 年	53.6	0.5	16.9	0.3	36.7	0.7	−19.8
2005 年	70.9	0.5	21.5	0.3	49.4	0.8	−27.9
2006 年	88.0	0.5	31.1	0.3	56.9	0.7	−25.8
2007 年	146.6	0.7	44.2	0.4	102.4	1.1	−58.2
2008 年	175.1	0.7	61.5	0.4	113.6	1.0	−52.1
2009 年	175.0	0.8	49.3	0.4	125.6	1.3	−76.3
2010 年	257.8	0.9	80.3	0.5	177.6	1.3	−97.3
2011 年	314.0	0.9	108.2	0.6	205.8	1.2	−97.5
2012 年	332.2	0.9	126.1	0.6	206.1	1.1	−80.0

续 表

年份	贸易总额		中国出口		中国进口		贸易差额
	金额	比重	金额	比重	金额	比重	
2013年	339.1	0.8	131.1	0.6	208.0	1.1	−76.9
2014年	341.5	0.8	130.2	0.6	211.3	1.1	−81.1
2015年	320.0	0.8	132.9	0.6	187.1	1.2	−54.1
2016年	314.1	0.9	128.0	0.6	186.0	1.2	−58.0
2017年	353.9	0.9	144.1	0.6	209.8	1.1	−65.7
2018年	429.2	0.9	159.2	0.6	270.0	1.3	−110.8
2019年	409.4	0.9	147.1	0.6	262.3	1.3	−115.2

数据来源：《中国统计年鉴》。

从智方统计来看，“十三五”期间，智中贸易大体呈现稳步增长态势，仅2019年略有下降，贸易额为391.3亿美元，同比下降8.6%；智中贸易在智利对外贸易中的比重基本呈上升趋势，从2016年的26.4%提升至2019年的28.1%。其中，2016—2018年，智利对中国出口额持续上涨，从172.9亿美元增至252.9亿美元，2019年下降至225.7亿美元，占智利出口总额的比重呈上升趋势，从28.5%提升至32.4%，提高了3.9个百分点；智利自中国进口额基本呈上升趋势，从2016年的141.8亿美元提升至2019年的165.6亿美元，占智利进口总额的比重基本维持在24%左右。智利在对华贸易中一直处于贸易顺差地位，“十三五”期间，顺差不断扩大，从2016年的31.1亿美元增至2019年的60.1亿美元，增长了近1倍。

表2—5—3　2004—2019年智中贸易情况（智方统计）

单位：亿美元；%

年份	贸易总额		智利出口		智利进口		贸易差额
	金额	比重	金额	比重	金额	比重	
2004年	50.6	9.5	32.1	10.4	18.5	8.3	13.7
2005年	69.3	10.1	43.9	11.4	25.4	8.5	18.5
2006年	84.2	9.3	49.3	8.8	34.9	10.0	14.5
2007年	148.3	13.7	99.5	15.1	48.8	11.4	50.7
2008年	166.5	13.2	98.5	14.2	68.0	12.0	30.6

续 表

年份	贸易总额		智利出口		智利进口		贸易差额
	金额	比重	金额	比重	金额	比重	
2009 年	166.4	18.8	115.4	23.1	51.0	13.3	64.4
2010 年	247.3	20.6	164.6	24.4	82.7	15.7	81.8
2011 年	290.3	19.8	183.5	22.7	106.8	16.1	76.7
2012 年	302.9	20.6	178.2	23.2	124.6	17.7	53.6
2013 年	329.3	22.3	191.1	25.0	138.2	19.3	52.9
2014 年	312.9	22.4	182.2	24.6	130.7	20.0	51.5
2015 年	293.2	24.6	163.7	26.4	129.5	22.7	34.3
2016 年	314.7	26.4	172.9	28.5	141.8	24.1	31.1
2017 年	343.0	25.7	187.5	27.5	155.5	23.9	32.0
2018 年	427.9	28.6	252.9	33.5	175.0	23.6	77.8
2019 年	391.3	28.1	225.7	32.4	165.6	23.8	60.1

数据来源：UN Comtrade Database。

2. 贸易结构

中国对智利出口商品主要为机电产品、纺织品、车辆及其零附件、钢铁及其制品、家具等颇有竞争力的工业制成品。机电产品（HS84 和 HS85）一直是中国对智利出口最多的产品，2019 年出口额合计 55.1 亿美元，占当年中国对智利出口总额的 33.3%，比 2016 年下降了 3.3 个百分点。服装（HS61 和 HS62）、鞋类（HS64）是中国对智利第二大出口产品，2019 年出口额合计 21.3 亿美元，占比为 12.9%，比 2016 年占比略降 0.7 个百分点。值得注意的是，2016—2019 年，中国对智利车辆及其零附件出口快速增长，从 7.1 亿美元增至 12.1 亿美元，增长了 70.4%，占中国对智利出口总额的比重从 5.0%提升至 7.3%。

表 2—5—4 2016 年和 2019 年中国对智利出口前十位商品对比

单位：亿美元；%

2016 年				2019 年			
HS	名称	金额	比重	HS	名称	金额	比重
85	电机、电气、音像设备及其零附件	2.8	13	85	电机、电气、音像设备及其零附件	34.1	20.6
62	非针织或非钩编的服装及衣着附件	2.7	12.4	84	核反应堆、锅炉、机械器具及零件	21.0	12.7
61	针织或钩编的服装及衣着附件	2.5	11.5	87	车辆及其零附件，但铁道车辆除外	12.1	7.3

续　表

2016 年				2019 年			
HS	名称	金额	比重	HS	名称	金额	比重
84	核反应堆、锅炉、机械器具及零件	2.1	9.9	62	非针织或非钩编的服装及衣着附件	11.1	6.7
64	鞋靴、护腿和类似品及其零件	1.7	8.1	61	针织或钩编的服装及衣着附件	10.2	6.2
54	化学纤维长丝	0.7	3.2	72	钢铁	8.3	5.0
87	车辆及其零附件，但铁道车辆除外	0.7	3.1	73	钢铁制品	7.4	4.4
95	玩具、游戏或运动用品及其零附件	0.6	3	64	鞋靴、护腿和类似品及其零件	6.8	4.1
73	钢铁制品	0.6	2.6	39	塑料及其制品	6.1	3.7
39	塑料及其制品	0.5	2.5	94	家具；寝具等；灯具；活动房	5.1	3.1
合计		14.9	69.3	合计		122.2	73.8

数据来源：UN Comtrade Database。

中国自智利进口商品高度集中，2016—2019 年，前十类产品进口额占中国自智利进口总额的比重始终在 95%以上，2019 年高达 98.8%。中国自智利进口的产品以铜等矿产品、水果、水产品和肉类等初级产品为主，矿砂矿渣及矿灰（HS26）、铜及其制品（HS74）分别是第一和第二大类进口产品，2019 年进口额分别达 102.7 亿美元和 66.9 亿美元，占总进口的比重分别为 45.5%和 29.6%，比 2016 年分别增长 42.1%和 5.2%。此外，中智自贸协定实施以来，中国从智利进口的农产品快速增长，2019 年食用水果及坚果（HS08）、肉及食用杂碎（HS44）、鱼及其他水生无脊椎动物（HS03）进口额分别为 19.9 亿美元、4.4 亿美元和 3.7 亿美元，比 2016 年分别增长 76.1%、109.5%和 60.9%。

表 2—5—5　2016 年和 2019 年中国自智利进口前十位商品对比

单位：亿美元；%

2016 年				2019 年			
HS	名称	金额	比重	HS	名称	金额	比重
74	铜及其制品	21.7	44	26	矿砂、矿渣及矿灰	102.7	45.5
26	矿砂、矿渣及矿灰	18.9	38.3	74	铜及其制品	66.9	29.6
47	木浆等纤维状纤维素浆；废纸及纸板	3.8	7.8	08	食用水果及坚果；甜瓜等水果的果皮	19.9	8.8
23	食品工业的残渣及废料；配制的饲料	2	4	47	木浆等纤维状纤维素浆；废纸及纸板	14.8	6.6

续 表

2016 年				2019 年			
HS	名称	金额	比重	HS	名称	金额	比重
29	有机化学品	0.6	1.3	44	木及木制品；木炭	4.4	2.0
08	食用水果及坚果；甜瓜等水果的果皮	0.6	1.2	03	鱼及其他水生无脊椎动物	3.7	1.7
28	无机化学品；贵金属等的化合物	0.6	1.2	02	肉及食用杂碎	3.5	1.5
44	木及木制品；木炭	0.4	0.7	22	饮料、酒及醋	3.3	1.5
03	鱼及其他水生无脊椎动物	0.3	0.5	28	无机化学品；贵金属等的化合物	2.8	1.2
22	饮料、酒及醋	0.1	0.3	23	食品工业的残渣及废料；配制的饲料	1.0	0.4
合计		49.1	99.3	合计		223.0	98.8

数据来源：UN Comtrade Database。

（二）服务贸易

《中智服务贸易协定》是中国同南美洲国家签订的首个服务贸易协定，对于改善双边投资环境，创造商业机会，降低交易成本，推动两国各领域全方位合作提供了新契机。根据协定，中国的计算机、管理咨询、房地产、采矿、环境、体育、空运等 23 个部门和分部门，以及智利的法律、建筑设计、工程、计算机、研发、房地产、广告、管理咨询、采矿、制造业、租赁、分销、教育、环境、旅游、体育、空运等 37 个部门和分部门在各自 WTO 承诺基础上向对方进一步开放①。2019 年 3 月实施的《服务贸易的补充协定》（修订版），在原有服务贸易补充协定的基础上，双方进一步扩大和提升了服务贸易承诺部门的数量和水平。中方在商业法律服务、娱乐服务、分销等 20 多个部门进一步开放，智方在快递、运输、建筑等 40 多个部门作出更高水平的开放承诺②。

1. 金融合作

中智自贸协定实施后，双方金融合作不断深化。2015 年 5 月 25 日，中国人民银行与智利中央银行签署了规模为 220 亿元人民币/22 000 亿智利比索的《双边本币互换协议》和《中国人民银行与智利中央银行关于人民币清算安排的谅解备忘录》，

① 中智自贸区服务贸易协定签署 相互开放服务市场 [EB/OL]. http://www.china.com.cn/news/txt/2008-04/13/content_14945091.htm，2008-04-13.

② 中智自贸协定议定书今日生效 [EB/OL]. http://news.sina.com.cn/o/2019-03-01/doc-ihsxncvf8792806.shtml，2019-03-01.

中方同意给予智方500亿元人民币合格境外机构投资者（RQFII）额度①。2016年6月，中国建设银行在智利开设第一家中资银行以及南美洲第一家人民币清算银行，服务广大中资企业和智利本土客户。2016年11月，中国建设银行与中国国家电力投资集团公司、太平洋水电智利公司签署了三方融资合作协议，进一步推升中智两国在基础设施建设领域的合作水平。2017年5月，中国证监会同智利保险监管机构签署资本市场信息交流合作谅解备忘录。与此同时，智利银行、智利信贷和投资银行在华也设有办事处。

2. 旅游服务

智利旅游资源丰富，自2015年智利提出“2016—2018智利国际旅游营销计划”以来，智利吸引了众多国际游客，旅游业蓬勃发展。2015年7月，中智便利两国人员往来签证安排正式实施。2018年11月，为推动旅游业发展、吸引更多中国游客到智利消费，智利经济、发展和旅游部与中国携程网签署了一项战略合作协议。此外，智利对持有美国、加拿大和申根签证的中国公民实行免签政策，进一步促进了两国旅游业的交流与发展。2017年以来，智利国际游客接待数量超过500万人次，其中，中国游客的年增长率一直处于领先位置②，据智方统计，2018年赴智中国游客数量为3.7万人③。

3. 承包工程

中智自贸协定实施之后，中国在智利承包工程完成营业额快速增长。2006—2011年，中国在智利承包工程完成营业额由2955万美元增至1.9亿美元，增长了5.6倍，年均增幅达45.8%。2012—2014年有所回落，但也保持在1亿美元以上的较高水平。2015年，中国在智利承包工程完成营业额再度上升至1.9亿美元的历史最高水平。“十三五”期间，中国在智利承包工程规模整体呈波动下降态势，承包工程完成营业额从2016年的1.8亿美元增至2018年的2.1亿美元，2019年又大幅降至1.4亿美元。根据中国商务部的数据，2019年中国在智利新签25份承包工程合同，合同额2.4亿美元，当年完成营业额1.4亿美元，对外承包工程派出人数33人，年末在外人数28人。

---

① 李克强总理访问智利 提升两国全方位务实合作［EB/OL］. http：//news. china. com. cn/world/2015－05/27/content _ 35671364. htm，2015－05－27.

② 滴滴在智利正式开始运营［EB/OL］. http：//tradeinservices. mofcom. gov. cn/article/lingyu/gjhdai/201906/84201. html，2019－06－05.

③ 中国与智利的关系［EB/OL］. https：//www. fmprc. gov. cn/web/gjhdq _ 676201/gj _ 676203/nmz _ 680924/1206 _ 681216/sbgx _ 681220/，2020－04.

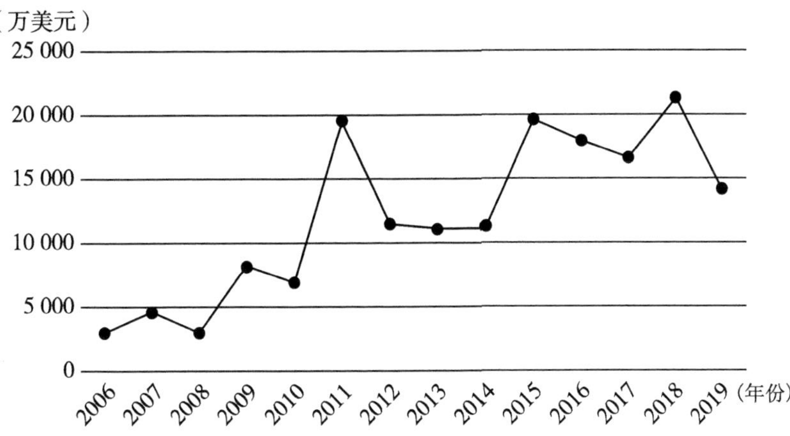

图 2-5-1　2006—2018 年中国在智利承包工程完成营业额情况

数据来源：国家统计局。

（三）双向投资

1. 智利对华投资

中智自贸协定签署以来，智利对华投资经历了较为起伏的发展过程，但总体上看，智利对华投资水平仍然较低。2004—2007 年，智利对华直接投资流量由 339 万美元提高到 719 万美元，此后又逐步回落至 2010 年的 146 万美元。2011—2013 年，受双方商议并签署《关于投资的补充协定》的影响，智利对华直接投资出现新进展，2011 年投资流量达到 1 679 万美元，2012 年和 2013 年均保持在 2 000 万美元以上。“十三五”期间，智利对华投资规模较小但波动幅度较大。中国商务部数据显示，2016—2018 年，智利对华投资从 300 万美元大幅提升到 1 279 万美元，同比增长 1.5 倍。但受世界经济整体疲软影响，2019 年，智利对华投资断崖式下降至 30 万美元。

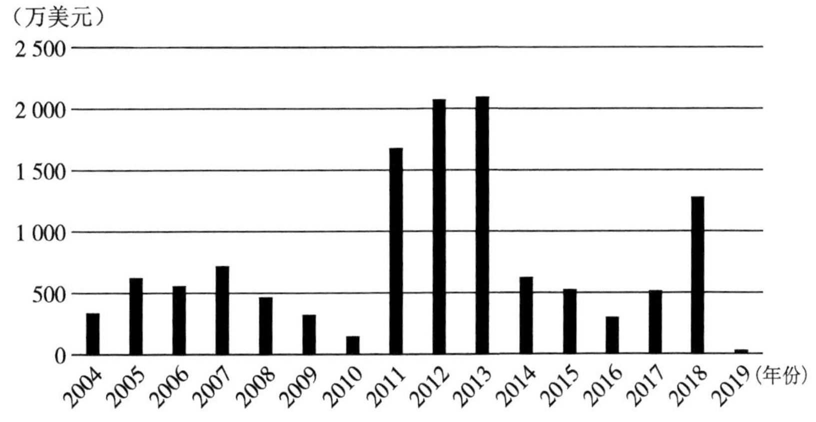

图 2-5-2　2004—2019 年智利对中国直接投资情况

数据来源：国家统计局、商务部。

2. 中国对智利投资

自贸协定实施以来，中国对智利投资总体呈上升趋势，尤其是2016年以来，增长迅速，中国成为智利最大的外资来源国和对智利公司并购投资第一大来源国①。2006年协定生效时，中国对智利投资流量为658亿美元，是上年的3.7倍，此后受国际金融危机影响，2008年中国对智利投资仅为93万美元。2009年开始，中国对智利投资有了新的发展，2010年为3 371万美元，一度达到历史最高水平，此后几年内大多保持在1 000万美元以上的水平。2015年，中国对智利投资下降至685万美元，同比减少58%。"十三五"期间，中国对智利投资呈波动上升状态，2016—2019年投资流量年均增长40.8%。2019年，中国对智利直接投资达6.1亿美元，是2016年的2.8倍。

近年来，中国对智利投资领域不断拓宽，主要集中在能源、矿产、食品工业、银行业和消费服务业。其中，中国在智利从事矿产资源勘探开发的企业数量增长较快，投资额不断增加，截至2019年8月，中国在智利能源领域的投资已超过25亿美元，主要来自中国国家电投（通过太平洋水电公司）、南方电网和三峡集团②。中国企业在葡萄酒生产和水果种植等农业领域也对智利进行了较大规模的投资，张裕集团控股收购魔狮公司是中国在智利的第二大投资项目。此外，2019年6月，中国一站式移动交通平台滴滴出行在智利运营，目前平台注册司机超过12万人，圣地亚哥超过一半的出租车司机已注册。

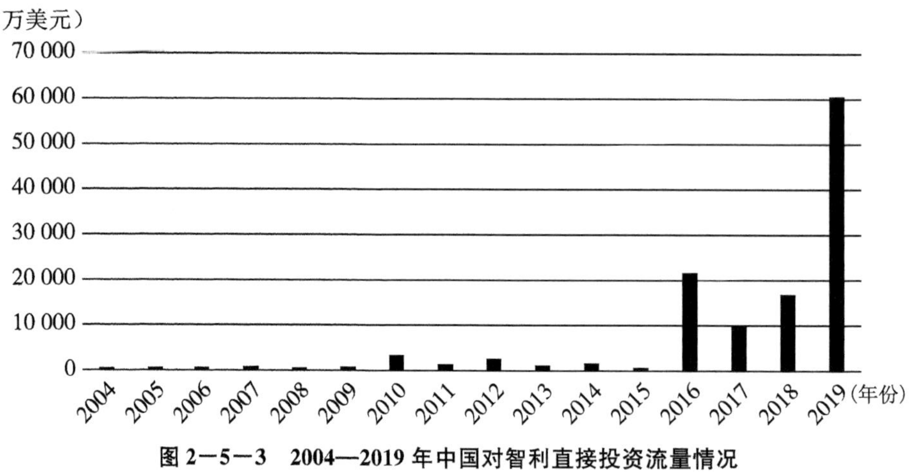

图2—5—3　2004—2019年中国对智利直接投资流量情况

注：2017年中国对智利投资数据为非金融类直接投资。

① 2018年中国成为对智利公司并购投资第一大来源国［EB/OL］. http：//www.mofcom.gov.cn/article/i/jyjl/l/201812/20181202819316.shtml，2018—12—24.

② 中国对智利能源领域投资超过25亿美元［EB/OL］. http：//www.mofcom.gov.cn/article/i/jyjl/l/201908/20190802893067.shtml，2019—08—23.

第六章　中国—新西兰自由贸易协定*

新西兰位于太平洋西南部，毗邻澳大利亚，是南半球重要的海洋节点。中新自1972年12月22日正式建交以来，双边经贸关系一直稳定、健康发展。新西兰是首个与中国达成双边自贸协定、首个同中国举行自贸协定升级谈判和首个同中国签署加强“一带一路”倡议合作的安排备忘录的发达国家。2018年10月，新西兰继墨西哥、日本和新加坡后第四个批准生效CPTPP，CPTPP已于2018年12月30日生效。

一、协定签署

早在1997年8月，新西兰在西方国家中率先与中国就中国加入世贸组织双边市场准入问题达成协议。2004年4月14日，新西兰政府正式承认中国完全市场经济地位，成为第一个给予中国市场经济待遇的发达国家，为深化双边经贸合作提供了有利条件。

2004年5月28日，中国与新西兰签署《中新贸易与经济合作框架》，双方决定开展双边自贸协定可行性研究；同年11月，两国自贸协定谈判正式启动。经过15轮磋商，2008年4月7日，中国与新西兰正式签署《中新自由贸易协定》，并于2008年10月1日生效。协定实施后，在货物贸易方面，新方承诺将在2016年1月1日前取消全部自华进口产品关税，其中63.8%的产品从《中新自由贸易协定》生效时起即实现“零关税”；中方承诺将在2019年1月1日前取消97.2%自新西兰进口产品关税，其中24.3%的产品从《中新自由贸易协定》生效时起即实现“零关税”。对于没有立即实现“零关税”的产品，将在承诺的时间内逐步降低关税，直至调整为“零关税”。在协定生效五年之际，中国自新进口的商品96.7%以上已经实现了零关税，中国对新西兰工业品的平均税率降到0.3%，相对于最惠国税率平均优惠幅度达到97%。[①] 2010年11月，两国完成了中国—新西兰自贸区第一次联合审议报告，对自贸区实施情况进行回顾。此后，中新两国在积极推进自贸区的同

---

* 本部分作者为潘怡辰。

① 2013年10月商务部例行新闻会关于中国新西兰自贸区的问答节选［EB/OL］. http://fta.mofcom.gov.cn/article/chinanewzealand/newzealandnews/201509/28679_1.html，2013－10－17.

时，不断加强卫生与植物卫生领域合作。2012 年 10 月 17 日，两国签署《关于中国从新西兰输入雏鸡及种蛋检疫和卫生要求议定书》，中国允许从新西兰进口种禽种蛋。

2015 年 3 月 25 日，中新自贸区联委会第六次会议同意启动自贸区升级谈判联合评估机制。2016 年 11 月 20 日，中新在 APEC 领导人会议期间，宣布启动中国—新西兰自贸协定升级谈判。2019 年 11 月 14 日，在历经六轮谈判后，双方宣布正式结束自由贸易协定升级谈判。升级谈判对原有的海关程序与合作、原产地规则及技术性贸易壁垒等章节进行了进一步升级，新增了电子商务、环境与贸易、竞争政策和政府采购等章节，双方还在服务贸易和货物贸易市场准入、自然人移动和投资等方面作出新的承诺①，力求推动中新自贸协定向现代化、高水平、高质量发展。2020 年 9 月 23 日，中新召开第 30 届中国—新西兰经贸联委会，会上双方一致同意，在疫情背景下共同深挖和培育服务贸易和数字经济的新增长点，深化“一带一路”框架内合作，推动自贸协定升级进程，保持贸易开放和供应链产业链畅通，营造良好投资环境，扩大农业等领域合作②。

表 2—6—1 中国—新西兰自由贸易区建设历程

时间	主要协议
2004 年 4 月 14 日	新西兰正式承认中国完全市场经济地位
2004 年 5 月 28 日	签署《中国—新西兰贸易与经济合作框架》，启动自由贸易协定的可行性研究
2008 年 4 月 4 日	签署《中国—新西兰自由贸易协定》，2008 年 10 月 1 日生效
2012 年 10 月 17 日	签署《关于中国从新西兰输入雏鸡及种蛋检疫和卫生要求议定书》
2015 年 3 月 25 日	启动中国—新西兰自由贸易区升级谈判联合评估机制
2016 年 11 月 20 日	启动中国—新西兰自由贸易协定升级谈判
2019 年 11 月 4 日	结束中国—新西兰自由贸易协定升级谈判

资料来源：根据中国自由贸易区服务网资料整理。

二、经贸合作

中新自贸协定是中国对外签署的第一个涵盖货物贸易、服务贸易、投资等多个

① 中国与新西兰宣布结束自由贸易协定升级谈判［EB/OL］. http：//fta. mofcom. gov. cn/article/chinanewzealand/newzealandnews/201911/41739 _ 1. html，2019—11—04.

② 商务部副部长兼国际贸易谈判副代表王受文与新方共同主持召开第 30 届中国—新西兰经贸联委会［EB/OL］. http：//fta. mofcom. gov. cn/article/chinanewzealand/newzealandnews/202009/43159 _ 1. html，2020—09—27.

领域的自贸协定。两国贸易额自2008年以来年均增幅15%以上，中国连续多年保持新西兰第一大货物贸易伙伴、第一大进口来源地和第一大出口市场地位。近年来，随着双边自贸区建设不断深化，中新贸易持续升温，于2014年提前实现了双边贸易额达到200亿新西兰元的目标，并继续制定实施了双边贸易额于2020年达到300亿新西兰元的目标。

（一）货物贸易

1. 贸易规模

货物贸易是中新自贸协定的重点领域，而其中又以关税削减为焦点。中新自贸协定促进了货物贸易往来，使双方获益颇多。根据中国海关统计，中新贸易总额不断上涨，在自贸协定生效前的2007年，中新贸易总额为37.0亿美元，到2014年贸易总额达峰值142.4亿美元，随后几年稍有回落。

进入“十三五”时期，全球经济呈放缓趋势，但中新货物贸易仍稳步发展，由2016年的119.1亿美元增至2019年的182.0亿美元，年均增速达15.2%，2019年与2016年相比增加了23.9%。中新贸易占中国外贸总额的比重也由2016年的0.3%增至2019年的0.4%，与“十二五”期末的2015年相比，上升了0.1个百分点。其中，中国对新西兰出口由2016年的47.7亿美元增至2019年的57.1亿美元，增长19.7%，占比也由0.1%升至0.3%，增长了0.2个百分点。同期，随着中国扩大进口和促进贸易平衡发展的一系列举措相继实施，中国自新西兰进口规模大幅扩大，由2016年的71.4亿美元增至2019年的125.0亿美元，增加75.0%，占比保持在0.5%左右。从贸易差额情况来看，中国对新西兰的贸易逆差不断扩大，由2016年的23.7亿美元增至2019年的67.9亿美元。

2020年，在疫情冲击下，中新双边贸易仍保持坚韧的发展态势。1—9月，两国贸易额为134.0亿美元，同比增长25.0%，中国自新西兰进口额92.0亿美元，同比增长40.9%；中国对新西兰出口贸易额42.1亿美元，与上年同期保持相当水平。

表2-6-2　2007—2019年中新贸易情况（中方统计）

单位：亿美元；%

年份	贸易总额		中国出口		中国进口		贸易差额
	金额	比重	金额	比重	金额	比重	
2007年	37.0	0.17	21.6	0.10	15.4	0.16	6.2
2008年	44.0	0.17	25.1	0.10	18.9	0.17	6.2
2009年	45.6	0.21	20.9	0.09	24.8	0.25	−3.9

续 表

年份	贸易总额		中国出口		中国进口		贸易差额
	金额	比重	金额	比重	金额	比重	
2010 年	65.3	0.22	27.6	0.09	37.6	0.27	−10.0
2011 年	87.2	0.24	37.4	0.10	49.8	0.29	−12.4
2012 年	96.7	0.25	38.6	0.10	58.1	0.32	−19.5
2013 年	123.8	0.30	41.3	0.10	82.5	0.42	−41.2
2014 年	142.4	0.33	47.4	0.11	95.1	0.49	−47.7
2015 年	115.0	0.29	49.2	0.12	65.8	0.39	−16.6
2016 年	119.1	0.32	47.7	0.13	71.4	0.45	−23.7
2017 年	144.8	0.35	51.0	0.23	93.8	0.51	−42.8
2018 年	168.8	0.37	58.0	0.23	110.8	0.52	−52.8
2019 年	182.0	0.40	57.1	0.28	125.0	0.50	−67.9

数据来源：中国海关统计。

根据新方统计，新中贸易总额占新西兰贸易的比重从 2007 年的 9.6%逐年提升至 2019 年的 23.9%，贸易总额扩大至协定生效前的 3.5 倍，中新自贸协定使得中国在新西兰对外贸易中占据越来越大的份额，中国市场对新西兰变得更加重要。同期，新西兰对中国的进出口总体呈增长态势，对华逆差不断缩小，特别是 2013 年和 2014 年，新西兰对中国首次出现 12.5 亿美元和 11.2 亿美元的贸易顺差。2015 年，新西兰对中国再次出现贸易逆差，为 11.1 亿美元，主要是由于对中国出口降幅较大。2017 年起，新西兰对华贸易差额再度转正，至 2019 年顺差扩大至 25.0 亿美元。

此外，新西兰统计局发布的数据显示，受新冠肺炎疫情的影响，2020 年 2 月至 6 月新西兰对华出口同比下降 5%，自中国进口下降 3%，特别是新西兰出口中国的龙虾产业遭遇疫情冲击。但考虑到疫情对全球贸易造成的严重拖累，新方认为中新双方的贸易降幅并不显著，在疫情下继续保持稳定发展。例如，中国对乳制品等与健康和营养相关的产品仍有旺盛需求，且两国电子商务合作将成为后疫情时代的重点合作领域，这些都反映出两国贸易较大的互补性和发展潜力①。

① 专访新西兰驻华大使傅恩莱：中新贸易在疫情下保持稳定 电子商务是未来合作重点［EB/OL］. http：//www.21jingji.com/2020/7－18/yMMDEzNzlfMTU3NjcyMQ.html，2020－07－18.

表 2-6-3　2007—2019 年新中贸易情况（新方统计）

单位：亿美元；%

年份	贸易总额		新西兰出口		新西兰进口		贸易差额
	金额	比重	金额	比重	金额	比重	
2007 年	55.6	9.62	14.4	5.34	41.2	13.35	−26.8
2008 年	63.8	9.82	18.1	5.91	45.7	13.28	−27.6
2009 年	61.4	12.16	22.8	9.14	38.6	15.08	−15.8
2010 年	82.4	13.29	34.3	10.93	48.1	15.72	−13.8
2011 年	104.4	13.96	46.5	12.34	57.9	15.60	−11.4
2012 年	118.1	15.63	55.6	14.89	62.5	16.34	−6.9
2013 年	149.9	18.95	81.2	20.60	68.7	17.32	12.5
2014 年	158.0	18.43	84.6	19.95	73.4	16.94	11.2
2015 年	131.9	18.60	60.4	17.58	71.5	19.56	−11.1
2016 年	138.3	19.73	65.9	19.46	72.4	19.98	−6.5
2017 年	163.1	20.79	85.5	22.36	77.5	19.29	8.0
2018 年	182.9	21.89	96.5	24.23	86.4	19.76	10.1
2019 年	195.8	23.94	110.4	27.92	85.4	20.21	25.0

数据来源：UN Comtrade Database。

2. 贸易结构

从新西兰从中国进口的商品结构看，2019 年和 2007 年相比，机电产品和纺织品及家具仍是新西兰自中国进口的重要商品，货物种类与结构变化不大。2019 年，新西兰从中国进口最多的是机电产品，具体包括电机、电气、音像设备及其零附件（HS85）和核反应堆、锅炉、机械器具及零件（HS84），进口额分别从 2007 年的 7.5 亿美元和 7.3 亿美元上升至 2019 年的 16.5 亿美元和 15.0 亿美元，两项商品占新西兰从中国进口比重均稳定在约 36% 的水平。同时，新西兰进口中国服装（HS61 和 HS62）和家具（HS94）基本稳定在进口商品的三至六位，总额从 2007 年的 8.6 亿美元上升至 13.3 亿美元。新西兰从中国进口塑料制品（HS39）从 2007 年的第九位上升至 2017 年的第六位，自 2018 年起上升并保持在第四位，贸易额为 4.3 亿美元，约占新西兰从中国进口总额的 5.0%。

表 2—6—4　2007 年和 2019 年新西兰从中国进口前十位商品对比

单位：亿美元；%

2007 年				2019 年			
HS	名称	金额	比重	HS	名称	金额	比重
85	电机、电气、音像设备及其零附件	7.5	18.2	85	电机、电气、音像设备及其零附件	16.5	19.3
84	核反应堆、锅炉、机械器具及零件	7.3	17.8	84	核反应堆、锅炉、机械器具及零件	15.0	17.6
61	针织或钩编的服装及衣着附件	3.4	8.3	94	家具；寝具等；灯具；活动房	5.6	6.6
62	非针织或非钩编的服装及衣着附件	3.0	7.3	39	塑料及其制品	4.3	5.0
94	家具；寝具等；灯具；活动房	2.2	5.4	61	针织或钩编的服装及衣着附件	3.9	4.6
95	玩具、游戏或运动用品及其零附件	1.7	4.2	62	非针织或非钩编的服装及衣着附件	3.8	4.4
73	钢铁制品	1.5	3.6	73	钢铁制品	3.8	4.4
64	鞋靴、护腿和类似品及其零件	1.4	3.4	95	玩具、游戏或运动用品及其零附件	2.7	3.2
39	塑料及其制品	1.3	3.1	87	车辆及其零附件，但铁道车辆除外	2.5	2.9
63	其他纺织制品；成套物品；旧纺织品	1.0	2.4	48	纸及纸板；纸浆、纸或纸板制品	1.6	1.9
合计		30.4	73.7	合计		59.7	69.9

数据来源：UN Comtrade Database。

从新西兰对中国出口前十位的商品结构看，2019 年新西兰对中国出口的前十大类产品的集中度进一步提高，占新西兰对中国出口总量的 92.0%，而 2007 年，这一比例为 77.1%。新西兰对华出口第一大类始终为乳制品（HS04），出口额从 2007 年的 2.9 亿美元、占新西兰对中国出口额的 20.0%，上升到 2019 年的 35.2 亿美元、占比 31.9%。2019 年，新西兰对华出口第二大类产品为肉及食用杂碎（HS02），出口额 22.2 亿美元，占总出口的 20.1%，分别较 2018 年上涨 8.4 亿美元和 5.8 个百分点，是 2007 年出口额 0.5 亿美元的 44.4 倍。此外，新西兰是针叶树木材出口世界第一大国，中国也是新西兰木材出口的主要市场。尽管与 2018 年相比，2019 年新西兰出口木材（HS44）从第二大类产品下滑至第三大类，但 2019 年对华木材出口仍占 17.5%的较高份额，出口额达 19.3 亿美元，较 2007 年增长了 10

倍以上。2020年3月起，新西兰对华出口奇异果等水果的市场不断扩大，在一定程度上抵消了木材出口的下降对新西兰出口的影响①。特别是中新自贸协定升级后，中国缩短新鲜海鲜等易腐产品的通关时间至6小时，这极大促进了新西兰对华出口高价值鲜活产品。

表2—6—5　2007年和2019年新西兰对中国出口前十位商品对比

单位：亿美元；%

2007年				2019年			
HS	名称	金额	比重	HS	名称	金额	比重
04	乳；蛋；蜂蜜；其他食用动物产品	2.9	20.0	04	乳；蛋；蜂蜜；其他食用动物产品	35.2	31.9
44	木及木制品；木炭	1.7	12.0	02	肉及食用杂碎	22.2	20.1
47	木浆等纤维状纤维素浆；废纸及纸板	1.6	11.0	44	木及木制品；木炭	19.3	17.5
51	羊毛等动物毛；马毛纱线及其机织物	1.3	8.9	19	谷物粉、淀粉等或乳的制品；糕饼	5.2	4.7
41	生皮（毛皮除外）及皮革	0.8	5.5	99	特殊交易品及未分类商品	5.1	4.6
03	鱼及其他水生无脊椎动物	0.7	4.7	08	食用水果及坚果；甜瓜等水果的果皮	4.8	4.3
15	动、植物油、脂、蜡；精制食用油脂	0.6	4.5	03	鱼及其他水生无脊椎动物	4.6	4.1
19	谷物粉、淀粉等或乳的制品；糕饼	0.6	4.4	47	木浆等纤维状纤维素浆；废纸及纸板	2.0	1.8
05	其他动物产品	0.6	4.2	51	羊毛等动物毛；马毛纱线及其机织物	1.7	1.5
02	肉及食用杂碎	0.5	3.6	35	蛋白类物质；改性淀粉；胶；酶	1.6	1.4
合计		11.1	77.1	合计		101.6	92.0

数据来源：UN Comtrade Database。

（二）服务贸易

1. 贸易规模

中新服务贸易规模不断扩大，在新西兰服务贸易中的地位不断上升。根据新西

① 奇异果给新西兰三月出口带来金色光芒［EB/OL］. http：//nz. mofcom. gov. cn/article/zxhz/hzjj/202004/20200402960711. shtml，2020—04—30.

兰国家统计局数据，2019 年，中国是新西兰第五大服务贸易进口来源地和第四大出口目的地。新西兰与中国服务贸易额由 2013 年的 19.6 亿新西兰元增至 2019 年的 41.8 亿新西兰元，占新西兰服务贸易总额的比重也由 6.2%上升到 8.7%。其中，新西兰对中国服务出口由 15.2 亿新西兰元增至 33.8 亿新西兰元，占新西兰服务出口总额的比重由 9.3%提高到 13.0%；新西兰自中国服务进口由 4.4 亿新西兰元增至 8.0 亿新西兰元，占新西兰服务进口总额的比重由 2.8%提高到 3.7%。新西兰对华服务贸易顺差不断增长，2019 年顺差差额达 25.7 亿新西兰元，与 2013 年相比翻了一番多。

表 2—6—6　2013 年和 2019 年新西兰与中国服务贸易规模

单位：亿新西兰元；%

项目	2013 年		2019 年	
	金额	占比	金额	占比
新西兰对中国出口	15.2	9.3	33.8	13.0
新西兰自中国进口	4.4	2.8	8.0	3.7
中新服务贸易额	19.6	6.2	41.8	8.7

资料来源：根据新西兰国家统计局数据整理。

2. 贸易结构

新西兰对中国服务出口主要集中在旅游服务领域，主要是教育旅游和个人旅游为主，中国是新西兰第一大留学生来源国和第二大游客来源国。根据新西兰国家统计局的数据，2019 年，新西兰对中国旅游服务出口约为 30.4 亿新西兰元，比 2013 年翻了一番多，占其对中国服务出口总额的 89.9%。同年，新西兰对中国运输服务出口达 2.3 亿新西兰元，占 6.8%，同比 2013 年增长近一倍，长期保持对华服务贸易出口的第二位。

表 2—6—7　2013 年和 2019 年新西兰对中国服务出口情况

单位：百万新西兰元；%

服务类型	2013 年		2019 年	
	金额	占比	金额	占比
旅游服务	1 247.5	82.1	3 038.0	89.9
其中：商务旅游服务	54.8	3.6	126.0	3.7
教育旅游服务	515.1	33.9	1 308.0	38.7
其他个人旅游	677.5	44.6	1 604.0	47.5
运输服务	118.4	7.8	230.0	6.8

续 表

服务类型	2013 年		2019 年	
	金额	占比	金额	占比
其他商业服务	25.2	1.7	27.0	0.8
总额	1 520.0	100	3 378.0	100

资料来源：根据新西兰国家统计局数据整理。

新西兰自中国服务进口同样主要集中在旅游服务领域，以个人旅游为主。根据新西兰国家统计局数据，2019 年，新西兰自中国旅游服务进口约 3.2 亿新西兰元，较 2013 年增长 88.0%，占其自中国服务进口总额的 39.4%。运输领域自中国服务进口额为 2.6 亿新西兰元，占 32.1%，高于 2013 年 11.4 个百分点，继续保持在新西兰自中国服务贸易进口的第二位。中新自贸协定的升级协定中，新西兰对中国颁发特殊签证的各职业比重进行了优化调整，按实际情况和中国劳务市场的需求增加了导游、普通话助教等职业的签证比重，进一步深化了两国的人员往来和劳务合作。

表 2—6—8 2013 年和 2019 年新西兰自中国服务进口情况

单位：百万新西兰元；%

服务类型	2013 年		2019 年	
	金额	占比	金额	占比
旅游服务	168.6	38.3	317.0	39.4
其中：商务旅游服务	34.4	7.8	59.0	7.3
教育旅游服务	8.9	2.0	26.0	3.2
其他个人旅游	125.3	28.5	231.0	28.7
运输服务	91.2	20.7	258.0	32.1
其他商业服务	133.2	30.3	175.0	21.8
总额	440	100	804.0	100

资料来源：根据新西兰国家统计局数据整理。

3. 经济技术合作

新西兰是中国在南半球重要的海外经济技术合作市场，近年来双方经济技术合作保持了较好的发展势头。“十三五”期间，中国对新西兰承包工程呈现出波动上升趋势。中国国家统计局数据显示，2016 年中国对新西兰承包工程完成营业额为 2.1 亿美元，2017 年降至 1.6 亿美元，2018 年又恢复至 2.0 亿美元水平，2019 年进一步增长至 2.5 亿美元，与“十二五”期末的 2015 年相比，增加了 1.1 倍。2019 年，中国对新西兰新签合同 14 份，新签合同额 3.2 亿美元，派出人数 124 人，年末在新劳务人员为 1072 人。根据中国商务年鉴，截至 2019 年年底，中国企业在新承包工程业务累计签订合同额 23.0 亿美元，累计完成营业额 14.5 亿美元。

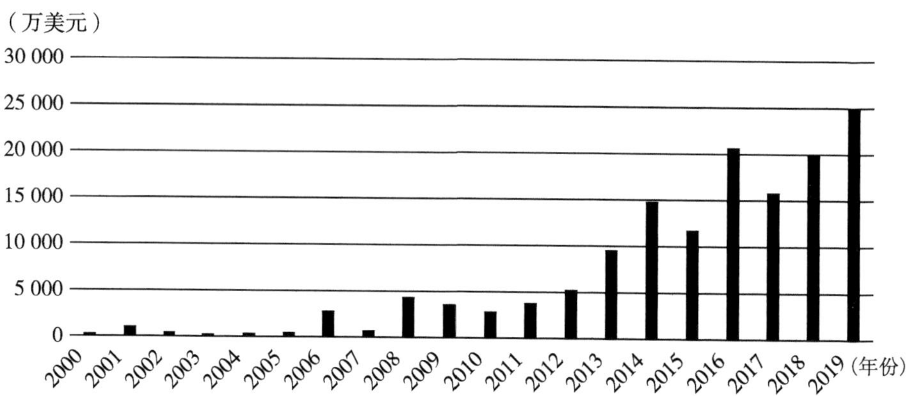

图 2—6—1　2000—2019 年中国对新西兰承包工程完成营业额情况

数据来源：国家统计局。

三、双向投资

1. 新西兰对华投资

新西兰对华投资波动起伏较大。2003 年新西兰对中国的直接投资流量为 801 万美元，随后呈波动下滑趋势，直至 2011 年，新西兰对华直接投资流量攀升至 1 679 万美元，2012 年上涨至 2 075 万美元。在经历了三年的投资低潮后，“十三五”期间，新西兰对华投资呈现出波动上涨态势，2016 年新西兰对华投资回暖，攀升至 3 182万美元，在 2017 年稍有回落后，2018 年进一步升至 3 326 万美元，2019 年新

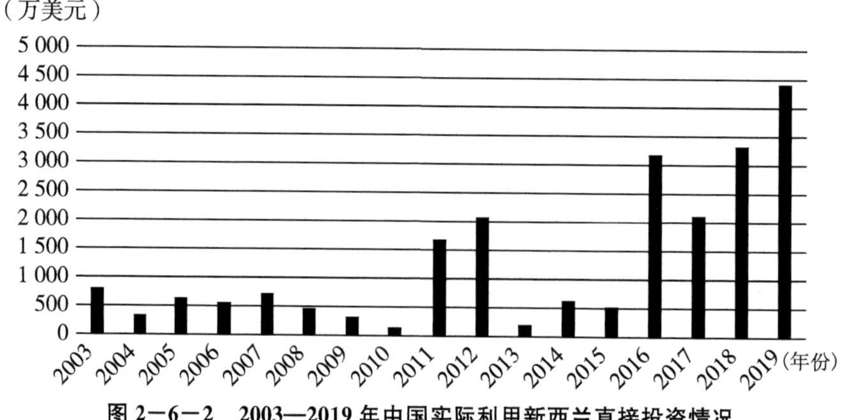

图 2—6—2　2003—2019 年中国实际利用新西兰直接投资情况

数据来源：国家统计局。

西兰在华设立企业 103 家，对华投资升至峰值 4 405 万美元，2016—2019 年年均增速达 11.5%。根据中国商务年鉴，截至 2019 年年底，新西兰累计在华投资设立企业 2 161 家，累计投资额 15.1 亿美元，主要分布在农林、轻工、纺织、冶金、食品加工、医药和计算机等领域。

2. 中国对新西兰投资

中新自贸协定签署前的 2006 年，中国对新西兰直接投资为 349 万美元，2007 年涉及投资撤回等因素，中国对新西兰直接投资流量表现为净流出 160 万美元。自贸协定签署后，自 2008 年起，尤其是 2011 年以后，中国对新西兰投资稳步增长。“十三五”初期的 2016 年，对新投资达历史峰值 9.1 亿美元。自 2017 年起，中国对新投资开始大幅回落，从 6.0 亿美元下降至 2018 年的 2.6 亿美元，进一步降至 2019 年的 1 140万美元，占中国对外投资的比重从 2016 年的 0.46%下降至 2019 年的 0.01%。

从存量投资角度看，2006 年中国对新西兰的直接投资存量为 0.5 亿美元，占中国对世界投资总额的 0.07%，截至“十三五”初期的 2016 年，这一比重增长至 0.15%，累计投资达 21.0 亿美元。据统计，截至 2019 年，中国对新西兰直接投资 24.6 亿美元[①]，主要分布于农业、畜牧业、食品加工和金融等。总体来说，中国对新西兰直接投资占中国对外投资的比重基本稳定，且逐年增长，2007 年中国对新西兰投资存量占总存量的 0.04%，随着两国经贸合作的深化，2019 年这一比例达到 0.11%。随着中国对新西兰的投资范围逐渐扩大，投资项目更加多元化，涉及医疗健康、财富管理、农场、酒店等，中国对新投资未来仍有较大增长空间。

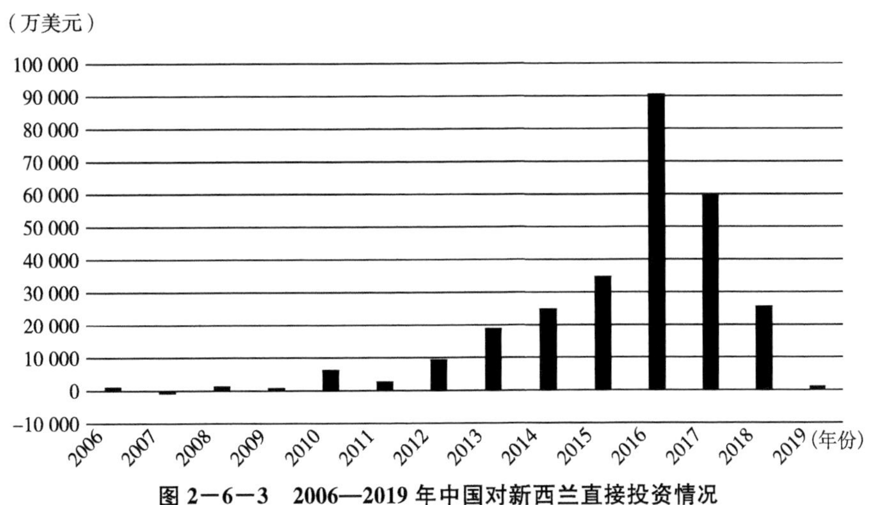

图 2—6—3 2006—2019 年中国对新西兰直接投资情况

数据来源：国家统计局、商务部。

---

① 数据来自《2019 年度中国对外直接投资统计公报》。

第七章　中国—新加坡自由贸易协定*

新加坡位于马来半岛南端、马六甲海峡出入口，北隔柔佛海峡与马来西亚相邻，南隔新加坡海峡与印尼相望。新加坡立足东盟，注重发展与亚洲国家特别是中国、日本、韩国、印度等重要国家的合作关系。中新两国于 1990 年 10 月 3 日建立外交关系。自建交以来，两国高层来往频繁，双边经贸合作发展迅速，人才交流、科技文化、旅游环保等领域的交流不断深入①。2015 年 11 月，中新宣布建立"与时俱进的全方位合作伙伴关系"。2017 年 5 月，中新签署《关于共同推进"一带一路"建设的谅解备忘录》。此外，中新共同推进的陆海新通道已成为贯通中国西部地区与东南亚地区的物流与贸易大通道，5 年来通道提升了西部地区货物"南下"的出海效率，也为东盟国家货物找到了更为便捷的"北上"通道，成为西部地区实现与东盟及其他国家区域联动和国际合作、有机衔接"一带一路"的复合型对外开放通道。

（一）协定签署

中新自贸区以中国—东盟自贸区发展为基础，率先签署了产品范围更大、开放程度更高的双边自贸协定。中国与新加坡自贸协定谈判于 2006 年 8 月启动，历经 8 轮谈判，最终率先于 2008 年 10 月成功签署了《中新自由贸易协定》。这是中国在亚洲签署的首份综合性自贸协定，涵盖货物贸易、服务贸易、人员流动、海关程序等诸多领域。根据协定，新方承诺将在 2009 年 1 月 1 日协定生效之后取消全部自华进口产品关税；中方承诺将在 2010 年 1 月 1 日前对 97.1%的自新进口产品实现零关税。双方还在医疗、教育、会计等服务贸易领域作出了高于世贸组织的承诺。

自中新自贸协定生效之后，中国与新加坡在经贸领域的合作也取得了突出成效。2011 年 7 月 27 日中国—新加坡第八次双边合作联委会期间，中新签署了《关于修改〈中华人民共和国政府和新加坡共和国政府自由贸易协定〉的议定书》。《议定书》对中新自贸协定中的原产地规则做出了修订，并将双方各自在中国—东盟自贸区《服务贸易协议》第二批具体承诺纳入《中新自由贸易协定》，以进一步提高中新自贸区的自由化水平。

---

* 本部分作者为潘怡辰。

① 新加坡国家概况［EB/OL］. https：//www. fmprc. gov. cn/web/gjhdq _ 676201/gj _ 676203/yz _ 676205/1206 _ 677076/1206x0 _ 677078/，2018－07.

2015年11月，中新宣布启动自贸协定升级谈判。2018年内，中新两国就自贸协定升级谈判进行了七轮谈判，最终于2018年11月12日签署了《自由贸易协定升级议定书》①。在升级议定书中，双方对原中新自由贸易协定的原产地规则、海关程序与贸易便利化、贸易救济、服务贸易、投资、经济合作等6个领域进行升级，还新增电子商务、竞争政策和环境等3个领域。根据双方约定，升级议定书于2019年10月16日生效，涉及的原产地规则调整将于2020年1月1日起实施②。

2020年12月8日，在新冠肺炎疫情冲击全球经济与RCEP正式签署的背景下，中新双方宣布启动中新自贸协定升级后续谈判，提出将借鉴RCEP模式，采取负面清单方式开展服务和投资自由化后续谈判，进一步提升两国贸易和投资的自由化便利化水平，共同应对全球挑战，促进经济增长③。

表2—7—1　中国—新加坡自由贸易区建设历程

时间	主要协议
2006年8月25日	中新两国正式宣布启动自由贸易区谈判
2008年10月23日	签署《中新自由贸易协定》，2009年1月1日生效 签署《中新关于双边劳务合作的谅解备忘录》
2011年7月27日	签署《关于修改〈中华人民共和国政府和新加坡共和国政府自由贸易协定〉的议定书》，2011年10月24日生效
2012年7月6日	签署在中国—新加坡自由贸易协定项下进一步开放银行业的换文
2015年11月6日	签署《关于同意启动中国—新加坡自由贸易协定升级谈判的换函》，启动升级谈判
2019年10月16日	《中华人民共和国政府与新加坡共和国政府关于升级〈自由贸易协定〉的议定书》生效，涉及的原产地规则调整将于2020年1月1日起实施
2020年12月8日	宣布启动中新自贸协定升级后续谈判，将基于负面清单模式开展自贸协定项下服务和投资自由化相关后续谈判

资料来源：根据中国自由贸易区服务网资料整理。

（二）经贸合作

据新方统计，中新自贸协定签署以来，中国已成为新加坡第一大货物贸易伙伴（2013年起）、第二大服务贸易伙伴（2014年起）和第一大对外投资目的国（2007年起）。据中方统计，新加坡成为中国第一大外资来源国（2013年起）、第三大外派

① 中国与新加坡签署《自由贸易协定升级议定书》[EB/OL]. http://fta.mofcom.gov.cn/article/singaporetwo/singaporetwonews/201811/39341_1.html，2018—12—12.

② 中国与新加坡自由贸易协定升级议定书生效 [EB/OL]. http://fta.mofcom.gov.cn/article/singaporetwo/singaporetwonews/201910/41639_1.html，2019—10—16.

③ 中国和新加坡启动双边自贸协定升级后续谈判 [EB/OL]. http://fta.mofcom.gov.cn/article/zhengwugk/202012/43957_1.html，2020—12—08.

劳务市场（2013 年起）和第二大对外直接投资目的国（2015 年起）。同时，以单个国家和地区计，新加坡在中国全球货物贸易和服务贸易伙伴中也均排在第十名左右，中新货物贸易额已超过中国与英国、俄罗斯、印度、巴西等国的贸易额。2017 年，中新深化“一带一路”框架下合作，提出要建设好互联互通、金融支撑、三方合作三大平台，继续推进苏州工业园区、天津生态城和中新（重庆）战略性互联互通示范项目等三大政府间合作项目，以及广州知识城、吉林食品区、川新创新科技园等合作项目，为双边关系和区域合作注入新活力，实现互利共赢、共同发展。

专栏 2—7—1　国际陆海贸易新通道建设

国际陆海贸易新通道（简称“陆海新通道”）原名中新互联互通南向通道，始于 2015 年 11 月 7 月中国与新加坡签署的政府间合作协议，即中新（重庆）战略性互联互通示范项目。这是一条有机衔接“一带一路”各国、促进“五通”建设的新通道。陆海新通道利用铁海联运、公路、航空等运输方式，以重庆为运营中心，以广西北部湾港、海南洋浦港、广东湛江港等区域港口为关键交通枢纽，涵盖云南、贵州、四川、甘肃、青海、新疆、陕西等西部省份，最终通达新加坡等东盟国家。陆海新通道能极大地提升西部地区货物“南下”的出海效率，为东盟国家货物找到了更为便捷的“北上”通道，还可向北与重庆、兰州、新疆等地的中欧班列连接，通达中亚和欧洲地区，是西部地区实现与东盟及其他国家区域联动和国际合作、有机衔接“一带一路”的复合型对外开放通道，对深化“一带一路”建设、推动西部地区对外开放具有重要意义。

目前，陆海新通道已形成多种互为补充的物流组织方式。一是“渝黔桂新”铁海联运，经广西钦州港海运至新加坡等东盟各港口。二是跨境公路运输，分别从东线、中线、西线至越南、老挝、缅甸、泰国、马来西亚、新加坡等地。三是国际铁路联运，利用西南地区铁路网络，通过广西凭祥、云南磨憨等沿边口岸，与中国和东盟国家正合作建设的泛亚铁路网络衔接。四是跨境航空运输，即通过重庆、南宁、成都等地往返泰国、新加坡等东南亚的直航班机，运输鲜花、生鲜食品等特色产品。

2020 年，在新冠肺炎疫情影响下，陆海新通道成为传统贸易通道的优良替代，在东盟和中国西部之间的医疗物资和食物运输方面发挥了重要的保障作用。据统计，2020 年 1—9 月，广西北部湾港口吞吐量逆势上扬，货物和集装箱吞吐量增长 20%和 35%左右。作为通道的运营中心，截至 2020 年 8 月，重庆已发出中欧班列（渝新欧）累计开行超过 5 842 班，运输货值超过 2 350 亿元，居全国中欧班列之首；陆海新通道铁海联运班列累计开行 2 238 列，目的地覆盖六大洲 88 个国家 213 个港口①。

1. 货物贸易

（1）贸易规模

中国对新加坡贸易占中国贸易总额的比重长期稳定在 2%左右。2009 年 1 月起，中新自贸协定生效，但受国际金融危机影响，当年双边贸易额不涨反跌，从 2008 年的 523.9 亿美元降至 476.9 亿美元，下降了 9.9%。自 2010 年起，中新双边贸易稳步提升。“十三五”期间，双边贸易额快速增长，从 2016 年的 705.3 亿美元增至 2019 年的 901.0 亿美元，四年内增长了 27.8%。其中，中国对新加坡出口从 2016 年的 445.1 亿美元增至 2019 年的 548.8 亿美元，占中国对外出口比重从 2.1%上涨至 2.7%。中国自新加坡进口从 2016 年的 260.1 亿美元增至 2019 年的 352.2 亿美元，占中国进口的比重从 2016 年的 1.6%升至 2017 年的 1.9%后，随着中国进口的扩大，自新加坡进口比重有所下降，到 2019 年降至 1.4%。中国对新加坡长期保持贸易顺差，除 2010 和 2011 年顺差在 100 亿美元以下外，其余年份均在 100 亿美元以上，2015 年出现峰值 271.3 亿美元，随后缓慢回落至 2017 年的 108 亿美元，到 2019 年顺差扩大至 196.6 亿美元。

中新贸易在新冠肺炎疫情下仍保持较好的韧性。2020 年 1—9 月，中新贸易额为 642.7 亿美元，较上年同期增长 15.7%，其中，中国对新出口 405.9 亿美元，较上年同期增长 7.4%，中国自新进口 236.8 亿美元，较上年同期增长 33.2%。

表 2—7—2　2008—2019 年中新贸易情况（中方统计）

单位：亿美元；%

年份	贸易总额		中国出口		中国进口		贸易差额
	金额	比重	金额	比重	金额	比重	
2008 年	523.9	2.0	323.3	2.3	200.6	1.8	122.6
2009 年	476.9	2.2	300.5	2.5	176.4	1.8	124.1
2010 年	569.2	1.9	323.3	2.0	245.8	1.8	77.5
2011 年	630.6	1.7	353.0	1.9	277.6	1.6	75.4

① 国际陆海贸易新通道建设五年：贯通南北　舞动东西［EB/OL］. https：//www.chinanews.com/cj/2020/10－15/9313965.shtml，2020－10－15.

续 表

年份	贸易总额		中国出口		中国进口		贸易差额
	金额	比重	金额	比重	金额	比重	
2012 年	687.5	1.8	403.2	2.0	284.3	1.6	118.9
2013 年	754.7	1.8	456.1	2.1	298.6	1.5	157.5
2014 年	792.4	1.8	487.1	2.1	305.3	1.6	181.7
2015 年	791.7	2.0	531.5	2.3	260.2	1.6	271.3
2016 年	705.3	1.9	445.1	2.1	260.1	1.6	185.0
2017 年	792.4	1.9	450.2	2.0	342.2	1.9	108.0
2018 年	834.6	1.8	498.2	2.0	336.4	1.6	161.8
2019 年	901.0	2.0	548.8	2.7	352.2	1.4	196.6

数据来源：UN Comtrade Database。

从新方统计看，除 2009 年受国际金融危机冲击外，自 2015 年起，新中贸易出现缓慢下滑趋势，主要是新加坡对华出口降幅较大。但从贸易比重来看，对华贸易占新加坡贸易总额的比重从签署自贸协定前的 9.9%提升至 2019 年的 13.4%，中国市场对新加坡的重要程度不断提升。从贸易差额角度看，新加坡对华贸易从签署自贸协定前的 26.0 亿美元的逆差，逐渐转变为顺差并不断增加，至 2017 年，新加坡对华贸易顺差达峰值 87 亿美元，随后逐渐下滑至 2018 年的 7.6 亿美元，2019 年进一步上升至 25.9 亿美元。

表 2—7—3　2008—2019 年新中贸易情况（新方统计）

单位：亿美元；%

年份	贸易总额		新加坡出口		新加坡进口		贸易差额
	金额	比重	金额	比重	金额	比重	
2008 年	648.1	9.9	311.0	9.2	337.0	10.5	−26.0
2009 年	522.8	10.1	263.2	9.8	259.6	10.6	3.6
2010 年	700.6	10.6	363.8	10.3	336.7	10.8	27.1
2011 年	806.9	10.4	426.8	10.4	380.0	10.4	46.8
2012 年	831.9	10.5	439.7	10.8	392.1	10.3	47.6
2013 年	920.6	11.7	483.7	11.8	436.9	11.7	46.7
2014 年	958.5	12.4	514.7	12.6	443.8	12.1	71.0
2015 年	898.2	14.0	477.1	13.8	421.1	14.2	56.0
2016 年	832.7	13.6	428.6	13.0	404.1	14.3	24.4

续 表

年份	贸易总额		新加坡出口		新加坡进口		贸易差额
	金额	比重	金额	比重	金额	比重	
2017 年	993.8	14.2	540.4	14.5	453.4	13.8	87.0
2018 年	1 000.3	12.8	504.0	12.2	496.3	13.4	7.6
2019 年	1 006.5	13.4	516.2	13.2	490.3	13.7	25.9

数据来源：UN Comtrade Database。

(2) 贸易结构

中国对新加坡出口商品主要集中在机电、船舶、矿物燃料、钢铁及其制品等产品。与2008年相比，签署自贸协定后，2019年电气设备和机械器具等机电产品（HS85、HS84）出口金额为299.6亿美元，占出口贸易比重从2008年的50.2%增长至61.1%。签署自贸协定后，矿物燃料、矿物油及其产品、沥青等产品（HS27）对新加坡出口常年保持在前五位置，2019年出口金额达到73.1亿美元，是2008年的4倍多。2019年，中国对新光学、照相、医疗等设备及零附件（HS90）出口额位列第五位，达到11.5亿美元，是2008年的2倍多。此外，中国对新加坡出口服装类产品（HS61）总额逐年下降，近年来已跌出出口前十位商品名类，这也从一个侧面反应了中国制造业出口产品从劳动力密集型逐渐转向技术密集型，制造业技术水平含量不断提升。

表 2—7—4　2008 年和 2018 年中国对新加坡出口前十位商品对比

单位：亿美元；%

2008 年				2019 年			
HS	名称	金额	比重	HS	名称	金额	比重
85	电机、电气、音像设备及其零附件	102.7	31.8	85	电机、电气、音像设备及其零附件	194.4	39.6
84	核反应堆、锅炉、机械器具及零件	59.6	18.4	84	核反应堆、锅炉、机械器具及零件	105.3	21.5
89	船舶及浮动结构体	39.4	12.2	27	矿物燃料、矿物油及其产品；沥青等	73.1	14.9
27	矿物燃料、矿物油及其产品；沥青等	16.9	5.2	90	光学、照相、医疗等设备及零附件	11.5	2.3
72	钢铁	13.9	4.3	29	有机化学品	8.9	1.8
73	钢铁制品	10.5	3.3	73	钢铁制品	8.4	1.7
61	针织或钩编的服装及衣着附件	10.4	3.2	39	塑料及其制品	7.5	1.5
29	有机化学品	5.5	1.7	72	钢铁	5.4	1.1

续 表

2008年				2019年			
HS	名称	金额	比重	HS	名称	金额	比重
90	光学、照相、医疗等设备及零附件	5.3	1.6	94	家具；寝具等；灯具；活动房	4.3	0.9
86	铁道车辆；轨道装置；信号设备	4.2	1.3	88	航空器、航天器及其零件	4.2	0.9
合计		268.4	83	合计		422.9	86.2

数据来源：中国海关统计。

中国自新加坡进口以机电产品、塑料、矿物燃料、化学产品等为主。2008年以来，机电产品（HS85、HS84）始终是中国自新加坡进口的最主要产品，2019年进口额共计224.6亿美元，占43.5%，但比2008年下降了9.8个百分点。塑料制品（HS39）是新加坡对华出口第二大类产品，2019年对华出口额为55.4亿美元，占比为10.7%。珠宝、贵金属等物品（HS71）2019年进口额达52.4亿美元，位列第三，占总贸易额的比重为10.2%。矿物燃料（HS27）继续保持在贸易额前五的商品种类中，但比重不断下降，2017年所占比重为11.2%，至2019年该比重进一步下降至7.7%。

表2—7—5 2008年和2019年中国自新加坡进口前十位商品对比

单位：亿美元；%

2008年				2019年			
HS	名称	金额	比重	HS	名称	金额	比重
85	电机、电气、音像设备及其零附件	64.4	32.1	85	电机、电气、音像设备及其零附件	159.1	30.8
27	矿物燃料、矿物油及其产品；沥青等	42.4	21.2	84	核反应堆、锅炉、机械器具及零件	65.5	12.7
84	核反应堆、锅炉、机械器具及零件	37.7	18.8	39	塑料及其制品	55.4	10.7
39	塑料及其制品	21	10.4	71	珠宝、贵金属及制品；仿首饰；硬币	52.4	10.2
29	有机化学品	10.5	5.2	27	矿物燃料、矿物油及其产品；沥青等	39.6	7.7
90	光学、照相、医疗等设备及零附件	5	2.5	90	光学、照相、医疗等设备及零附件	31.2	6.0
38	杂项化学产品	4	2	29	有机化学品	29.7	5.7
19	谷物粉、淀粉等或乳的制品；糕饼	1.8	0.9	33	精油及香膏；香料制品及化妆盥洗品	18.9	3.7
73	钢铁制品	1.7	0.8	38	杂项化学产品	11.7	2.3

续 表

2008年				2019年			
HS	名称	金额	比重	HS	名称	金额	比重
98	特殊交易品及未分类商品	1.6	0.8	88	航空器、航天器及其零件	7.0	1.4
合计		190.1	94.7	合计		470.4	91.1

数据来源：UN Comtrade Database。

2. 服务贸易

(1) 贸易规模

中新自贸协定涵盖了货物贸易、服务贸易、人员流动、海关程序等诸多领域，协定的签署为相互降低准入门槛，扩大市场开放和发展服务贸易创造了良好环境。新加坡国家统计局数据显示，相比于协定生效前的2008年，新加坡与中国服务贸易额由102.1亿新加坡元增至2018年的210.3亿新加坡元，占新加坡服务贸易总额的比重从3.9%上升至6.5%。其中，新加坡对中国服务出口由58.4亿新加坡元增至210.3亿新加坡元，增长了2.6倍，占新加坡服务出口总额的比重由4.6%提高到7.7%。新加坡自中国服务进口由41.4亿新加坡元增至143.1亿新加坡元，增长了2.5倍，占新加坡服务进口总额的比重由3.2%提高到5.3%。新加坡对中国的服务贸易继续保持一定的顺差，随着双边服务贸易规模的扩大，顺差略有扩大，从2008年自贸协定签署前的17.0亿新加坡元上涨至67.2亿新加坡元。

表2—7—6 2008和2018年新加坡与中国服务贸易规模

单位：亿新加坡元;%

项目	2008年		2018年	
	金额	占比	金额	占比
新加坡对中国出口	58.4	4.6	210.3	7.7
新加坡自中国进口	41.4	3.2	143.1	5.3
中新服务贸易额	99.8	3.9	353.4	6.5

资料来源：根据新加坡国家统计局资料整理。

(2) 贸易结构

新加坡对中国服务出口主要集中在运输服务领域。根据新加坡国家统计局数据，2018年新加坡对中国运输服务出口为118.1亿新加坡元，占其对中国服务出口总额的56.1%。同时，新加坡对中国金融服务在自贸协定签署后飞速增长，从2008年的2.3亿新加坡元增长到2018年的1 733.7亿新加坡元，占新加坡对中国服务贸易出口占比从4.0%上涨至8.2%。

表 2—7—7　2008 和 2018 年新加坡对中国服务出口情况

单位：百万新加坡元；%

服务类型	2008 年		2018 年	
	金额	占比	金额	占比
维修服务	427.8	7.3	581.4	2.8
运输服务	3 588.5	61.5	11 807.6	56.1
保险服务	178.6	3.1	908.5	4.3
建设服务	188.7	3.2	274.1	1.3
金融服务	231.2	4.0	1733.7	8.2
电信、计算机和信息服务	225.1	3.9	537.8	2.6
知识产权使用费	245.7	4.2	664.4	3.2
个人、文化和休闲服务	17.6	0.3	43.6	0.2
贸易相关服务	50.7	0.9	651	3.1
商业管理服务	254.3	4.4	791.7	3.8
其他服务	431.1	7.4	3 018.5	14.4
总额	5 839.2	100	21 029.7	100

资料来源：根据新加坡国家统计局资料整理。

新加坡自中国服务进口同样集中在运输服务领域。根据新加坡国家统计局数据，2018 年新加坡自中国运输服务进口 60.8 亿新加坡元，占其自中国服务进口总额的 42.5%。商业管理服务和贸易相关服务位居第二、三位，进口额分别为 14.8 亿新加坡元和 9.3 亿新加坡元，合计占新加坡自中国服务进口总额的 24.1%。

表 2—7—8　2008 和 2018 年新加坡自中国服务进口情况

单位：百万新加坡元；%

服务类型	2008 年		2018 年	
	金额	占比	金额	占比
维修服务	36.6	0.9	52.1	0.4
运输服务	1 839.8	44.4	6 076	42.5
保险服务	97.2	2.3	379	2.6
建设服务	13.2	0.3	46.8	0.3
金融服务	19.1	0.5	174.4	1.2
电信、计算机和信息服务	234.8	5.7	746.5	5.2
知识产权使用费	3.4	0.1	65.5	0.5

续 表

服务类型	2008 年		2018 年	
	金额	占比	金额	占比
个人、文化和休闲服务	27.6	0.7	45.5	0.3
贸易相关服务	611.7	14.8	1 464.5	10.2
商业管理服务	385.7	9.3	1 551.9	10.8
其他服务	874.2	21.1	2 230.6	15.6
总额	4 143.2	100	14 313.3	100

资料来源：根据新加坡国家统计局资料整理。

(3) 经济技术合作

新加坡是中国劳务输出的主要国家，中国企业在新承包工程业务基数较大。2002 年以前，中国在新加坡承包工程完成营业额就已经达到 6.5 亿美元，占当年中国对亚洲承包工程完成营业额的 10%以上，随后该比重逐年下降至 5%左右。中国新加坡签署自贸协定前，中国对新加坡承包工程完成营业额在 8 亿美元左右，随着自贸协定的签署，中国对新承包工程大幅扩张，至 2019 年，中国对新加坡承包工程完成营业额达 35.5 亿美元，但由于中国对亚洲其他国家承包工程的不断扩张，中国对新承包工程完成营业额约占亚洲国家总额的比重下滑至 3.6%。

在"十三五"初期，2016 年中国对新加坡承包工程完成营业额为 37.6 亿美元，相较于协定签署时 2008 年的 13.2 亿美元，增长了 1.8 倍。"十三五"期间，中国对新承包工程呈现波动下滑的趋势，对新承包工程完成营业额下降至 2017 年的 34.4 亿美元，并于 2018 年进一步下降至 25.8 亿美元，2019 年中国对新承包工程完成额

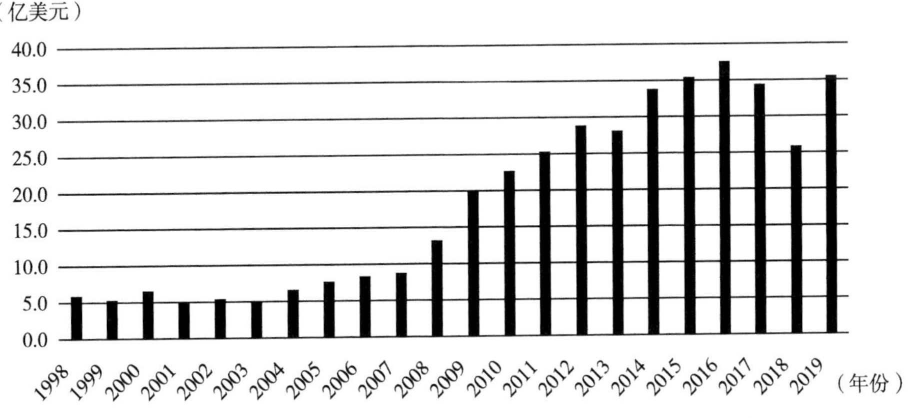

图 2—7—1 1998—2019 年中国对新加坡承包工程完成营业额

数据来源：国家统计局、《中国统计年鉴》。

回升到35.5亿美元，较2018年呈上升回暖趋势，基本恢复到“十三五”初期水平。同时，2019年中国与新加坡新签合同103份，新签合同额50.6亿美元。中国向新加坡派出大量承包工程人员，新加坡是仅次于日本的中国外派劳务人员第二大目的地国，截至2019年年底，在新劳务人员超过9.9万人。

3. 双向投资

（1）新加坡对华直接投资

新加坡是中国仅次于中国香港的外资来源地，长期保持对华高额投资，尤其是中新自贸协定签署之后，新加坡对华投资水平进一步提升。2003—2006年，新加坡对华年直接投资额维持在20亿美元水平。随着中新自贸协定谈判的开始，自2007年起，除2009年受国际金融危机冲击外，新加坡对华投资各年均呈现稳定较快增长。2007年，新加坡对华投资首次超过30亿美元，2010年进一步突破50亿美元，2013年达到峰值72.3亿美元，占中国同期吸引外商直接投资的6.1%。2014年新加坡对华直接投资下滑至58.3亿美元，随后回升至2015年的69.0亿美元。“十三五”期间，新加坡对华直接投资呈现出波动上涨态势，由2016年的60.5亿美元下滑至2017年的48.3亿美元后，逐步升至2019年的75.9亿美元，较2016年增长了25.5%，年均增幅为8.2%。

新加坡淡马锡控股截至2020年3月底的财年年度报告显示，淡马锡在中国和新加坡投资组合占比分别为29%和24%，其在中国的投资比重首次超过新加坡，中国也成为仅次于美国的淡马锡第二大投资目的国。淡马锡提出，在疫情暴发的大环境下，数字经济及其商业模式的演变使得淡马锡对中国市场的关注度日益提高，特别是中国消费市场的崛起会带来巨大商机，淡马锡主要对华投资项目包括快手科技、

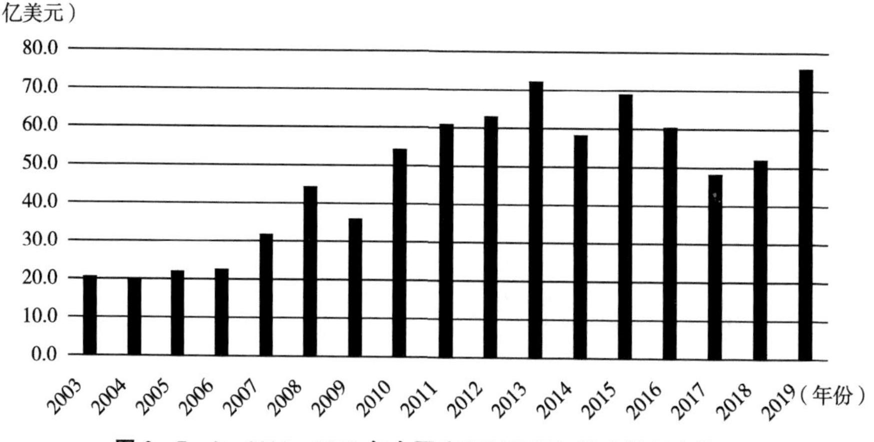

图2—7—2　2003—2019年中国实际利用新加坡直接投资情况

数据来源：国家统计局，《2019年度中国对外直接投资统计公报》。

京沪高速铁路和眼科医药平台公司欧康维视等。但该公司仍旧会谨慎观察包括中美在内的所有地缘政治风险，采用对华、对美等主要国家分散投资的策略，以对冲难以预计的潜在风险①。

（2）中国对新加坡投资

签署中新自贸协定前，中国对新加坡投资不超过 5 亿美元。随着 2008 年中新自贸协定的签署，中国对新加坡直接投资大幅增长。2008 年中国对新加坡直接投资流量达到 15.5 亿美元，是 2007 年的 3.9 倍。2011 年，中国对新加坡直接投资流量首次超过 30 亿美元，经过几年的缓慢下滑后，随着中国对外投资“走出去”步伐的加快，2015 年中国对新加坡投资猛增至峰值 104.5 亿美元，占当年中国对外直接投资流量的 7.2%。“十三五”期间，受国内对外投资政策和方向调整的影响，中国对新加坡投资现先增后降态势。2016 年，受中国遏制房地产、酒店、影城、俱乐部等领域的非理性境外投资的影响，中国对外投资大幅下滑，当年中国对新投资 31.7 亿美元，同比下降约 70%。2017—2018 年，随着对外投资逐渐理性化发展，中国对新投资回暖至 64.1 亿美元。而 2019 年，受国际经贸形势影响，中国对新投资下滑至 48.3 亿美元，同比下降 24.7%。中国对新投资占对外投资的比重也从 2016 年的 1.6%上涨至 2018 年的 4.5%，又进一步回落至 2019 年的 3.5%。中国商务部数据显示，2019 年中国对新加坡投资占东盟投资流量的 37.1%，中国对新投资主要投向批发和零售业、租赁和商务服务业、制造业、金融业等。截至 2019 年年底，中国在新加坡的投资存量为 526.4 亿美元，占同期中国对东盟直接投资存量的 47.9%。

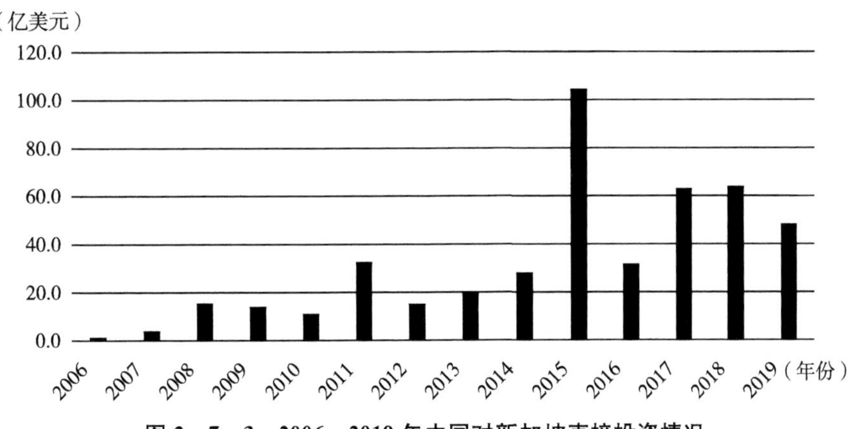

图 2—7—3 2006—2019 年中国对新加坡直接投资情况

数据来源：国家统计局，《2019 年度中国对外直接投资统计公报》。

---

① 淡马锡 2020 财年净投资额达 60 亿新元 新投资美国占比最大 其次是中国和新加坡[EB/OL]. http://www.mofcom.gov.cn/article/i/jyjl/j/202009/20200902999860.shtml，2020—09—09.

第八章　中国—秘鲁自由贸易协定*

秘鲁位于南美洲西部，北邻厄瓜多尔、哥伦比亚，东界巴西，南接智利，东南与玻利维亚毗连，西濒太平洋。1971 年 11 月 2 日，中国和秘鲁正式建立外交关系。建交以来，双边关系长期稳定健康发展，经贸合作不断扩大，文化、科技、教育、旅游等领域的交流日益增多。2008 年 11 月，中秘建立战略伙伴关系；2013 年 4 月，两国关系提升为全面战略伙伴关系。①

一、协定签署

秘鲁是拉美经济发展最快的国家之一，是中国在拉美最重要的贸易伙伴之一，也是共建“一带一路”的重要合作伙伴。近年来，中秘两国在贸易投资、基础设施、通信与发展创新等方面的合作不断深化，中秘关系已发展成为拉美地区战略联盟的典范。

2007 年 9 月，中秘两国领导人在 APEC 非正式会议期间共同宣布启动两国自贸协定谈判。2008 年 11 月，历经八轮谈判和一次工作会议后，两国成功结束谈判。2009 年 4 月中国与秘鲁正式签署《中秘自由贸易协定》，约定在 2010 年 3 月协定正式生效。根据协定，在货物贸易方面，中秘双方将对各自 90%以上的产品分阶段实施零关税。其中，中国的轻工、电子、家电、机械、汽车、化工、蔬菜、水果等众多产品和秘鲁的鱼粉、矿产品、水果、鱼类等产品都从降税安排中获益。在服务贸易方面，双方将在各自对世贸组织承诺的基础上，相互进一步开放服务部门。秘鲁在包括研发、租赁、技术测试和分析、农业、采矿、快递、导游等 90 个部门进一步对中国开放，中国在采矿、管理咨询、研发、翻译和口译、体育、旅游等 16 个部门进一步对秘鲁开放。在投资方面，双方相互给予对方投资者及其投资以准入后国民待遇、最惠国待遇和公平公正待遇，鼓励双向投资并为其提供便利等。与此同时，双方还在知识产权、贸易救济、原产地规则、海关程序、技术性贸易壁垒、卫生和植物卫生措施等众多领域达成广泛共识。

2016 年 11 月，两国签署《中华人民共和国商务部和秘鲁共和国外贸旅游部关

---

* 本部分作者为朱思翘。

① 秘鲁国家概况 [EB/OL]. https：//www. fmprc. gov. cn/web/gjhdq _ 676201/gj _ 676203/nmz _ 680924/1206 _ 680998/1206x0 _ 681000/，2018—06.

于中国—秘鲁自由贸易协定升级的谅解备忘录》，宣布启动双边自贸协定升级联合研究。中秘自贸协定升级有利于进一步促进双边贸易投资自由化和便利化，优化自贸协定带来的利益，为两国经贸关系注入新活力。

2018年11月，双方宣布启动升级谈判，并一致同意加快谈判进程，力争早日结束。随后，中秘两国先后启动三轮协定升级谈判，双方就服务贸易、投资、海关程序与贸易便利化、原产地规则、卫生与植物卫生措施、知识产权、电子商务、竞争政策和全球供应链等议题展开全面深入磋商，谈判取得积极进展。升级谈判深入挖掘中秘自贸协定给两国带来的潜在利益，拓展两国经济增长和互利共赢合作新空间，进一步充实和丰富了中秘全面战略伙伴关系的内涵。

表2—8—1　中国—秘鲁自由贸易区建设历程

时间	主要协议
2007年9月7日	启动中秘自由贸易区谈判
2008年11月19日	结束中秘自由贸易区谈判
2009年4月28日	签署《中秘自由贸易协定》，2010年3月1日生效
2016年11月21日	签署《关于中国—秘鲁自由贸易协定升级的谅解备忘录》
2018年11月	双方宣布启动升级谈判
2019年4月1—4日	中秘自贸协定升级第一轮谈判
2019年6月17—19日	中秘自贸协定升级第二轮谈判
2019年8月23日	中秘自贸协定升级第三轮谈判

资料来源：根据中国自由贸易区服务网资料整理。

二、经贸合作

中秘自贸协定覆盖领域广、开放水平高，是中国与拉美国家达成的第一个综合性自贸协定。协定实施10年来，中国出口秘鲁的轻工、电子、家电、机械、汽车、化工、蔬菜、水果等众多产品从降税安排中获益。中国已连续多年成为秘鲁的第一大贸易伙伴、第一大出口市场和第一大进口来源地，秘鲁也成为中国在拉美地区的第四大贸易伙伴和和第二大投资对象国。

（一）货物贸易

1. 贸易规模

中秘自贸协定签署以来，两国货物贸易稳定增长。据中国海关统计，2009—2015年，中秘双边贸易由62.7亿美元增至145.6亿美元，年均增长15.1%，占中国对外贸易的比重也由0.3%升至0.4%。其中，中国对秘鲁出口由21.0亿美元提高到63.5亿美元，自秘鲁进口由41.7亿美元提高到82.1亿美元，年均增长率分别达到 20.3%和 12.0%。“十三五”期间，两国贸易实现较快增长，贸易总额由 2016 年的 154.8 亿美元上升至 2019 年的 237.2 亿美元，占比从 0.4%上升至 0.5%，其中，中国向秘鲁出口额从 59.9 亿美元上升至 85.1 亿美元，占比维持在 0.3%左右；中国自秘鲁进口额从 94.9 亿美元上升至 152.1 亿美元，占比从 0.6%上升至 0.7%。同时，中国对秘鲁贸易逆差逐渐扩大，由 2016 年的 35.0 亿美元扩大到 2019 年的 67.0 亿美元。2020 年的新冠肺炎疫情对两国贸易影响不大，1—9 月，中秘贸易总额为 157.9 亿美元，占比维持在 0.5%。其中，中国向秘鲁出口额为 58.8 亿美元，占比维持在 0.3%；自秘鲁进口额为 99.1 亿美元，占比维持在 0.7%；中国对秘鲁贸易逆差为 40.3 亿美元。

表 2—8—2　2009—2019 年中秘贸易情况（中方统计）

单位：亿美元；%

年份	贸易总额		中国出口		中国进口		贸易差额
	金额	比重	金额	比重	金额	比重	
2009 年	62.7	0.3	21.0	0.2	41.7	0.4	−20.7
2010 年	96.7	0.3	35.5	0.2	61.2	0.4	−25.6
2011 年	125.2	0.3	46.6	0.2	78.7	0.5	−32.1
2012 年	138.1	0.4	53.3	0.3	84.8	0.5	−31.4
2013 年	146.7	0.4	61.9	0.3	84.9	0.4	−23.0
2014 年	143.6	0.4	61.0	0.3	82.6	0.4	−21.6
2015 年	145.6	0.4	63.5	0.3	82.1	0.4	−18.5
2016 年	154.8	0.4	59.9	0.3	94.9	0.6	−35.0
2017 年	201.5	0.5	69.6	0.3	131.9	0.7	−62.4
2018 年	231.1	0.5	80.7	0.3	150.4	0.7	−69.7
2019 年	237.2	0.5	85.1	0.3	152.1	0.7	−67.0

数据来源：中国海关统计。

根据秘方统计，自贸区建设以来，秘中贸易长期保持稳定增长。双边贸易额由 2009 年 73.2 亿美元稳步增至 2019 年的 238.2 亿美元，占秘鲁对外贸易的比重也由 15.1%提高到 26.9%。其中，秘鲁对中国出口从 40.6 亿美元升至 135.5 亿美元，占比提升至 26.9%；对中国进口从 32.6 亿美元升至 102.7 亿美元，占比提升至 29.4%。2009 年，中国为秘鲁第二大贸易伙伴，2011 年和 2012 年，中国超过美国成为秘鲁第一大贸易伙伴，2013 年受金融矿产品价格下降影响，秘鲁对中国出口下降，中国跌回第二大贸易伙伴。2019 年，中国是秘鲁第一大贸易伙伴、第一大出口市场和第一大进口来源国，秘鲁是中国在拉美第二大投资目的地国和第四大贸易伙伴。

表 2—8—3　2009—2019 年秘中贸易情况（秘方统计）

单位：亿美元；%

年份	贸易总额		秘鲁出口		秘鲁进口		贸易差额
	金额	比重	金额	比重	金额	比重	
2009 年	73.2	15.1	40.6	15.3	32.6	14.9	7.9
2010 年	105.4	16.2	54.2	15.5	51.2	17.0	3.1
2011 年	133.3	15.9	69.6	15.2	63.7	16.8	5.9
2012 年	156.0	17.7	77.8	17.1	78.2	18.4	−0.4
2013 年	157.3	18.4	73.4	17.5	83.9	19.2	−10.5
2014 年	159.3	19.7	70.3	18.3	89.0	21.0	−18.7
2015 年	160.1	22.4	73.9	22.0	86.2	22.7	−12.3
2016 年	167.3	23.2	84.8	23.5	82.4	22.8	2.4
2017 年	204.9	24.4	116.3	26.3	88.6	22.3	27.7
2018 年	233.0	25.6	132.4	27.6	100.6	23.3	31.8
2019 年	238.2	26.9	135.5	29.4	102.7	24.2	32.8

数据来源：UN Comtrade Database。

2. 贸易结构

秘鲁对中国出口产品高度集中，主要是矿产品以及农林渔产品等初级品。2019 年，秘鲁对中国前十大出口产品出口额合计占同期秘鲁对中国出口总额的 99.3%，略高于 2009 年 0.2 个百分点。2019 年，秘鲁对中国出口前三位的商品是矿砂（HS26）、食品工业残渣（HS23）、铜及其制品（HS74）。其中，秘鲁对中国出口矿砂（HS26）达 118.6 亿美元，占比达 78.0%，较 2009 年上升 13 个百分点；对中国出口食品工业的残渣及废料（HS23）11.4 亿美元，占比为 7.5%，较 2009 年下降 9.2 个百分点；对中国出口铜及其制品（HS74）10.7 亿美元，占比为 7.0%，较 2009 年下降 1.5 个百分点。

表 2—8—4　2009 年和 2019 年秘鲁对中国出口前十位商品对比

单位：亿美元；%

2009 年				2019 年			
HS	名称	金额	比重	HS	名称	金额	比重
26	矿砂、矿渣及矿灰	26.4	65.0	26	矿砂、矿渣及矿灰	118.6	78.0
23	食品工业的残渣及废料；配制的饲料	6.8	16.7	23	食品工业的残渣及废料；配制的饲料	11.4	7.5
74	铜及其制品	3.4	8.5	74	铜及其制品	10.7	7.0

续 表

2009年				2019年			
HS	名称	金额	比重	HS	名称	金额	比重
27	矿物燃料，矿物油及其产品；沥青等	1.9	4.6	08	食用水果及坚果；甜瓜等水果的果皮	3.1	2.0
44	木及木制品；木炭	0.7	1.7	27	矿物燃料，矿物油及其产品；沥青等	3.0	2.0
16	肉、鱼及其他水生无脊椎动物的制品	0.3	0.8	03	鱼类、甲壳类、软体动物和其他水生无脊椎动物	1.9	1.2
15	动、植物油、脂、蜡；精制食用油脂	0.3	0.8	16	肉及其他水生无脊椎动物的制品	1.1	0.8
03	鱼及其他水生无脊椎动物	0.2	0.4	15	动、植物油、脂、蜡；精制食用油脂	0.5	0.3
51	羊毛等动物毛；马毛纱线及其机织物	0.1	0.4	44	木及木制品；木炭	0.4	0.3
39	塑料及其制品	0.1	0.3	12	种子和含油果；谷物，种子和各种水果；工业或医疗工厂；稻草和饲料	0.3	0.2
合计		40.2	99.1	合计		151.0	99.3

数据来源：UN Comtrade Database。

秘鲁自中国进口以机电产品、车辆及其零附件、钢铁及其制品、塑料产品等为主。机电产品（HS84和HS85）是秘鲁从中国进口最多的商品。2019年，秘鲁从中国进口电机、电器、音像设备及其零附件（HS85）12.9亿美元，占同期秘鲁从中国进口总额的15.2%，比自贸区建设前的2009年下降了8.4个百分点；核反应堆、锅炉、机械器具及零件（HS84）位居自中国进口商品的第二位，进口金额为9.8亿美元，占11.5%；车辆及其零附件（HS87）继续保持秘鲁自中国进口商品的第三位，进口额为7.0亿美元，占8.2%；钢铁（HS72）自中国进口增长较快，进口额为5.5亿美元，占比较2009年提高4.1个百分点。

表2—8—5　2009年和2019年秘鲁自中国进口前十位商品对比

单位：亿美元；%

2009年				2019年			
HS	名称	金额	比重	HS	名称	金额	比重
85	电机、电气、音像设备及其零附件	7.7	23.6	85	电机、电器、音像设备及其零附件	12.9	15.2
84	核反应堆、锅炉、机械器具及零件	6.7	20.5	84	核反应堆、锅炉、机械器具及零件	9.8	11.5
87	车辆及其零附件，但铁道车辆除外	2.8	8.6	87	车辆及其零附件，但铁道车辆除外	7.0	8.2

续 表

2009 年				2019 年			
HS	名称	金额	比重	HS	名称	金额	比重
73	钢铁制品	1.5	4.6	72	钢铁	5.5	6.4
62	非针织或非钩编的服装及衣着附件	1.0	3.0	73	钢铁制品	4.8	5.7
64	鞋类	0.9	2.8	95	玩具，游戏或运动用品及其零附件	4.7	5.6
95	玩具，游戏或运动用品及其零附件	0.9	2.7	39	塑料及其制品	4.4	5.2
39	塑料及其制品	0.9	2.6	94	家具；寝具、褥垫、弹簧床垫、软坐垫及类似的填充制品；未列名灯具及照明装置；发光标志、发光铭牌及类似品；活动房屋	2.5	3.0
29	有机化学品	0.8	2.3	64	鞋类	2.0	2.4
72	钢铁	0.7	2.3	69	陶瓷产品	2.0	2.4
合计		23.8	73.1	合计		55.8	65.5

数据来源：UN Comtrade Database。

（二）服务贸易

1. 金融合作

随着秘鲁对其金融体系进行不断改革，金融业发展环境日益优化，金融企业运营稳定，中方企业在秘金融领域的投资日益增加。中国工商银行（秘鲁）有限公司于 2013 年 11 月获得秘鲁银监局（SBS）颁发的全功能银行牌照，成为首家获准进入秘鲁市场的中资银行和亚洲银行，并于 2014 年 2 月正式对外营业。2016 年 12 月，中国银行在秘鲁利马开设拉美地区的第四家分支机构。此外，中国银行在秘鲁设立了代表处，国家开发银行在秘鲁有常驻工作组。未来，在秘中资金融企业将进一步提升对秘鲁能矿、农业、通信、制造等领域的投资服务能力，搭建中秘企业合作新平台，为两国企业提供信息咨询、客户撮合、业务推介等服务，为秘鲁企业和在秘中资企业提供有力的金融支持。

2. 旅游服务

旅游业已经成为继采矿业和农业外的秘鲁第三大外汇来源。受新冠疫情影响，2020 年秘鲁接待的国际游客人数将倒退至 2004 年水平①，中秘旅游遭受较大冲击，

① “疫”常艰难　秘鲁 2020 年入境旅游业或倒退至 2004 年水平［EB/OL］. https：//www.sohu.com/a/406041998_123753?_trans_=000014_bdss_dkwcdz12zn，2020－07－06.

此前，中秘旅游一直保持稳定增长。2017 年，中国赴秘游客在 3 万人次左右，在秘鲁旅游市场占据重要地位。① 据秘鲁出口暨观光推广局统计，2018 年第一季度，到访秘鲁的中国游客增长迅速，同比增长 40%。② 秘鲁外贸旅游部指出，2019 年 1—5 月，抵秘外国游客数量为 82.4 万人次，同比增长 2.4%，虽然秘鲁周边国家仍为游客主要来源，但是亚洲和中美洲国家的游客量增长也较为明显，中国游客人数虽少（前五个月为 1.8 万人次），但对于秘鲁旅游业来说，中国仍是最具潜力的市场之一。③ 未来，随着中秘两国联系更加紧密，赴秘旅游的中国游客数量还将进一步增加。

3. 承包工程

“十三五”期间，中国企业在秘鲁承包工程进展较为稳定，发展势头较好，特别是 2018 年出现大幅增长。2004 年前，中国在秘鲁承包工程完成营业额在 1 500 万美元左右。2004 年，中国在秘鲁承包工程完成营业额提升至 9 286 万美元，以后也一直在 5 000 万美元以上。2009 年中秘自贸协定签署之后，中国在秘鲁承包工程再上新台阶，2009 年为 1.9 亿美元，2012 年突破 3 亿美元，2015 年达到 6.3 亿美元，占中国在拉丁美洲承包工程完成营业额的 3.8%。“十三五”期间，中国在秘鲁承包工程完成营业额逐年上升，由 2016 年的 5.7 亿美元升至 2019 年的 11.1 亿美元。

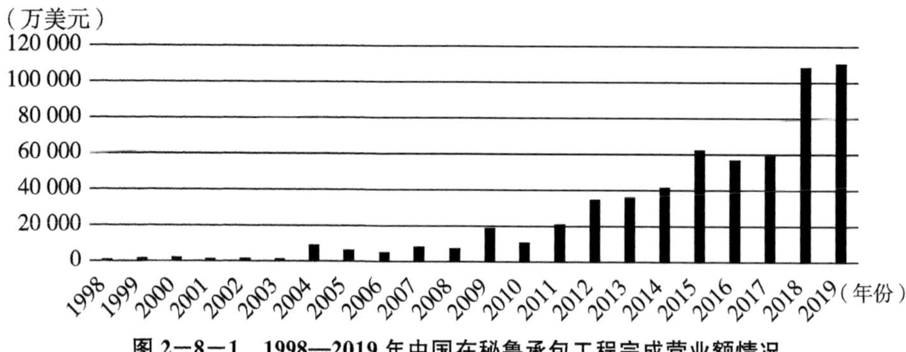

图 2—8—1　1998—2019 年中国在秘鲁承包工程完成营业额情况

数据来源：中国商务年鉴。

（三）双向投资

1. 秘鲁对华投资

秘鲁对华投资经历了波动增长后趋于平缓发展。2008 年以前，秘鲁对华投资波动

① 中国国际贸易促进委员会．旅游业成秘鲁第三大外汇产业［EB/OL］. http：//www. ccpit. org/Contents/Channel _ 3929/2017/1215/931837/content _ 931837. htm，2017—12—15.

② 顾雯丽．中国赴秘鲁游客净增 40%［EB/OL］. https：//www. imsilkroad. com/news/p/106007. html，2018—08—10.

③ 今年前五个月赴秘旅游人数持续走高［EB/OL］. http：//pe. mofcom. gov. cn/article/jmxw/201907/20190702880395. shtml，2019—07—10.

幅度较大，其中2004年和2007年曾达到445万美元和527万美元，但2003年与2006年对华投资为90万美元和73万美元。2009年中秘签署自贸协定后，秘鲁对华投资进一步缩减，"十三五"前最高的年份如2011年也仅有87万美元，2014年和2015年新增投资额从39万美元下滑至28万美元。"十三五"期间，秘鲁对华投资相对较少，中国商务部数据显示，2016年秘鲁对华新增投资仅为1万美元，2017年和2018年秘鲁对华均无新增投资，2019年秘鲁对华投资增至120万美元，但投资规模仍相对较小。

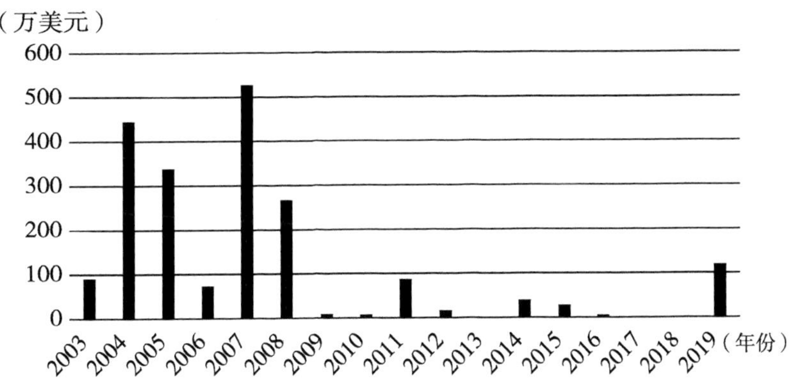

图2—8—2　2003—2019年秘鲁对华直接投资情况

数据来源：中国统计年鉴。

2. 中国对秘鲁投资

2009年中秘签署自贸协定之后，中国企业对秘鲁投资不断拓展，但起伏较大。2009—2011年，中国对秘鲁投资流量从5 849万美元上升至2.1亿美元。此后，2012年和2015年，中国对秘鲁投资出现两次净流出。"十三五"期间，中国对秘鲁投资波动增长，从2016年的6 737万美元上升至2019年的3.5亿美元，达到近年最高值。中国对秘鲁投资领域主要涉及能源、矿产、金融、建筑业、贸易等项目。

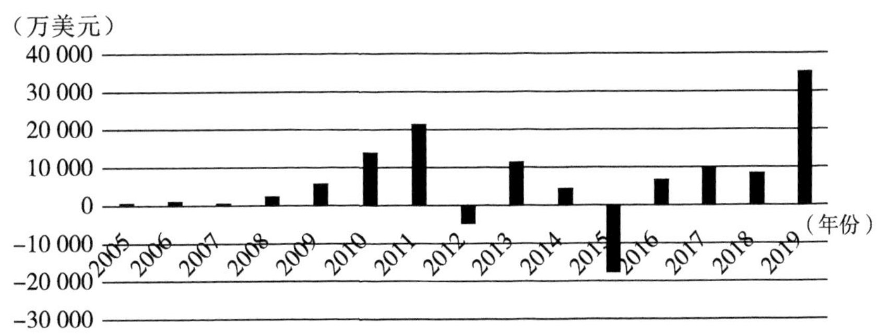

图2—8—3　2005—2019年中国对秘鲁直接投资流量情况

数据来源：中国商务年鉴。

第九章　中国—哥斯达黎加自由贸易协定*

哥斯达黎加位于中美洲南部，东临加勒比海，西濒太平洋，北接尼加拉瓜，东南与巴拿马毗连，海岸线长 1 200 公里，国土面积约 5.1 万平方公里。哥经济发展水平在中美洲名列前茅，属于中等收入国家。2007 年 6 月，中国与哥斯达黎加正式建立外交关系，同年 10 月，两国签署促进和保护投资协定。2010 年两国签署自贸协定。2015 年两国建立平等互信、合作共赢的战略伙伴关系。

一、协定签署

2007 年 10 月，哥斯达黎加总统阿里亚斯访华期间，两国签署了《中哥关于开展双边自由贸易协定联合可行性研究的谅解备忘录》。2008 年 1 月，双方启动联合研究以来，同年 7 月双方顺利完成可行性研究报告。2008 年 11 月 17 日，两国签署了《关于启动中哥自由贸易协定谈判的谅解备忘录》。

2009 年 1 月，中国—哥斯达黎加自贸协定谈判正式启动，在 13 个月内共进行了六轮谈判，最终达成一致。完成了各自的国内审批程序后，2010 年 4 月，中哥两国在北京签署了自贸协定。该协定涵盖领域广泛，开放水平高，是中国与中美洲国家签署的第一个涵盖货物贸易、服务贸易、知识产权、贸易救济等领域的一揽子自贸协定。2011 年 8 月 1 日，中哥自贸协定正式生效。目前，双方正按协定要求，稳步推进货物贸易领域的降税安排，到 2026 年，两国将分别实现 96.7%和 91%的贸易商品的零关税。

表 2—9—1　中国—哥斯达黎加自由贸易区发展历程

时间	主要协议
2007 年 10 月	签署《中哥关于开展双边自由贸易协定联合可行性研究的谅解备忘录》
2008 年 1 月—7 月	完成中哥自贸区联合可行性研究
2009 年 1 月 19 日—2010 年 2 月 10 日	完成中哥自贸区谈判
2010 年 4 月 8 日	签署《中国—哥斯达黎加自贸协定》
2011 年 8 月 1 日	中国—哥斯达黎加自贸协定正式生效

资料来源：根据商务部网站资料整理。

* 本部分作者为朱思翘。

二、经贸合作

2011年中哥自贸协定生效以来，哥斯达黎加的电子、机电等工业制成品及猪肉、咖啡、乳制品、香蕉等农产品陆续输华，中国优质的工业制成品成为更多哥斯达黎加民众的选择。“十三五”期间，双边贸易额稳中有升，贸易结构持续改善，中国连续多年稳居哥斯达黎加第二大贸易国，两国在服务与投资领域的合作也不断发展。

（一）货物贸易

1. 贸易规模

2010年，中国与哥斯达黎加达成自贸协定。2010—2012年，两国贸易快速增长，由37.9亿美元增至61.7亿美元，增长62.8%。2012年以后，自贸协定带来的贸易增长效果减弱，到2015年，双边贸易额回落至21.6亿美元，同比减少59.2%。“十三五”期间，中哥两国贸易额增长放缓，由2016年的21.9亿美元增至2018年的24.4亿美元，2019年受全球经济持续下行影响，中哥贸易额为22.5亿美元，同比下降7.8%，出现“十三五”期间首次负增长。中哥贸易额相对较小，占中国对外贸易的比重由2016年的0.06%降至2019年的0.05%。同期，中国对哥斯达黎加出口从2016年的14.9亿美元上升至2019年的15.2亿美元，进口从2016年的7亿美元上升至2019年的7.2亿美元。从贸易差额来看，2010—2014年，中国对哥斯达黎加为贸易逆差状态，2014年逆差额为30.8亿美元；但从2015年开始，中国对哥贸易转为顺差状态，且顺差小幅扩大。“十三五”期间，中国对哥斯达黎加贸易顺差由2016年的7.9亿美元上升至2019年的8亿美元。2020年，受新冠肺炎疫情影响，各国贸易额均有所下降，但中哥贸易相对稳定，受疫情影响较小。2020年1—9月，中哥贸易额为15.9亿美元，其中，出口额为11.1亿美元，进口额为4.8亿美元，贸易顺差为6.3亿美元。

表2-9-2 2010—2019年中哥贸易情况（中方统计）

单位：亿美元;%

年份	贸易总额		中国出口		中国进口		贸易差额
	金额	比重	金额	比重	金额	比重	
2010年	37.9	0.13	6.9	0.04	31.1	0.22	−24.2
2011年	47.3	0.13	8.8	0.05	38.4	0.22	−29.6
2012年	61.7	0.16	9.0	0.04	52.7	0.29	−43.7
2013年	56.8	0.14	9.3	0.04	47.6	0.24	−38.3

续 表

年份	贸易总额		中国出口		中国进口		贸易差额
	金额	比重	金额	比重	金额	比重	
2014 年	53.0	0.12	11.1	0.05	41.9	0.21	−30.8
2015 年	21.6	0.05	13.3	0.06	8.3	0.05	5.0
2016 年	21.9	0.06	14.9	0.07	7.0	0.040	7.9
2017 年	22.9	0.06	15.0	0.07	7.9	0.040	7.1
2018 年	24.4	0.05	16.6	0.07	7.8	0.037	8.8
2019 年	22.5	0.05	15.2	0.06	7.2	0.03	8.0

资料来源：根据中国海关统计数据整理。

据哥方统计，2010 年以来，哥中贸易增长势头良好，2013 年达到 21.3 亿美元，同比增长 33.5%。2014 年以后，哥中贸易一度下滑，但“十三五”期间又进入平稳增长，2018 年贸易额达 24.7 亿美元，2019 年略有下降，贸易额达 22.5 亿美元。哥中贸易在哥对外贸易中的比重稳步上升，由 2010 年的 5.5%提高到 2019 年的 8.2%。哥方统计显示，哥斯达黎加对中国长期存在贸易逆差，2018 年逆差额达 53.1 亿美元，2019 年贸易逆差下降至 20.0 亿美元。

表 2—9—3　2010—2019 年哥中贸易情况（哥方统计）

单位：亿美元；%

年份	贸易总额		哥斯达黎加对华出口		哥斯达黎加自华进口		贸易差额
	金额	比重	金额	比重	金额	比重	
2010 年	12.6	5.5	2.7	3	9.9	7.1	−7.2
2011 年	17.4	6.1	2.1	2.1	15.3	8.4	−13.2
2012 年	17.8	6	3.3	2.9	14.5	7.8	−11.2
2013 年	21.3	7.2	3.8	3.3	17.5	9.6	−13.7
2014 年	20.6	7.2	3.4	3	17.2	9.8	−13.8
2015 年	20.3	8.1	0.8	0.8	19.5	12.6	−18.7
2016 年	21.3	8.4	0.5	0.5	20.8	13.6	−20.3
2017 年	22.6	8.2	1.2	1.1	21.4	13.1	−20.2
2018 年	24.7	8.9	2.0	1.2	22.7	20.2	−53.1
2019 年	22.5	8.2	1.2	1.1	21.2	13.2	−20.0

资料来源：根据 UN Comtrade 数据库和 International Trade Centre 数据整理。

2. 贸易结构

中国对哥斯达黎加出口商品较为多样化。“十三五”期间，中国对哥斯达黎加出口商品贸易结构变化较小，主要是机电、钢铁、车辆、塑料制品、家具等商品。2019 年，中国对哥斯达黎加出口前十类商品占比达到 67.3%，比 2010 年提高了 13.9 个百分点，出口商品集中度进一步提高。其中，中国对哥斯达黎加出口电机、电器、音像设备及其零附件（HS85）3.1 亿美元，占比达到 20.5%，比 2010 年提高了 5.0 个百分点；出口核反应堆、锅炉、机器、机械器具及零件（HS84）1.4 亿美元，占比 9.5%，比 2010 年提高了 2.6 个百分点；钢铁（HS72）出口达 1.3 亿美元，占比 8.5%，比 2010 年提高了 5.5 个百分点。

表 2—9—4　2010 年和 2019 年中国对哥斯达黎加出口前十位商品对比

单位：亿美元；%

2010 年				2019 年			
HS	名称	金额	比重	HS	名称	金额	比重
85	电机、电器、音像设备及其零附件	1.1	15.5	85	电机、电器、音像设备及其零附件	3.1	20.5
84	核反应堆，锅炉，机器，机械器具及零件	0.5	6.9	84	核反应堆，锅炉，机器，机械器具及零件	1.4	9.5
87	车辆及其零附件，但铁道车辆除外	0.3	5.0	72	钢铁	1.3	8.5
39	塑料及其制品	0.2	3.1	87	车辆及其零附件，但铁道车辆除外	0.9	6.2
29	有机化学品	0.3	4.2	39	塑料及其制品	0.8	5.0
94	家具、寝具等；灯具；活动房	0.2	3.0	94	家具、寝具等；灯具；活动房	0.7	4.9
73	钢铁制品	0.3	3.9	73	钢铁制品	0.5	3.5
72	钢铁	0.2	3.0	40	橡胶及其制品	0.5	3.3
90	光学，照相，医疗等设备及零附件	0.4	6.0	29	有机化学品	0.5	3.2
40	橡胶及其制品	0.2	2.8	95	玩具，游戏和体育用品；及其零件和配件	0.4	2.8
合计		3.7	53.4	合计		10.2	67.3

资料来源：根据中国海关统计数据整理。

中国自哥进口产品集中度很高，2019 年前十类商品占比虽与 2010 年相比下降 2.0 个百分点，但仍达到 97.9%。光学、照相、医疗等设备及零附件（HS90）是中国自哥进口最多的产品，2019 年进口额为 4.0 亿美元，占比达到 56.1%，比 2010 年上升了 56.0 个百分点。电机、电气设备及其零件（HS85）是中国自哥进口的第二大类产品，2019 年进口额为 1.9 亿美元，占比为 26.0%，比 2010 年下降了 72.6 个百分点。自贸区建设以来，由于农产品关税不断降低，中国自哥进口了许多农产品，如糖、肉类、水果及其制品等。2019 年，中国自哥进口肉及食用杂碎（HS02）和食用水果及坚果（HS08）分别为 0.5 亿美元和 0.1 亿美元，占比分别为 7.3% 和 1.6%。

表 2—9—5 2010 年和 2019 年中国自哥斯达黎加进口前十位商品对比

单位：亿美元；%

2010 年				2019 年			
HS	名称	金额	比重	HS	名称	金额	比重
85	电机、电气设备及其零件	30.64	98.63	90	光学，照相，医疗等设备及零附件	4.0	56.1
41	生皮（毛皮除外）及皮革	0.15	0.47	85	电机、电气设备及其零件	1.9	26.0
20	蔬菜，水果等或植物其他部分的制品	0.07	0.21	02	肉及食用杂碎	0.5	7.3
39	塑料及其制品	0.04	0.13	59	浸渍，涂覆，覆盖或拉伸织物；纺织材料技术用品	0.1	2.0
08	食用水果及坚果；甜瓜等水果的果皮	0.04	0.12	08	食用水果及坚果；甜瓜等水果的果皮	0.1	1.6
84	核反应堆，锅炉，机器，机械器具及零件	0.03	0.11	44	木及木制品；木炭	0.1	1.5
06	活植物；茎、根；插花、蔟叶	0.02	0.07	20	蔬菜，水果等或植物其他部分的制品	0.1	1.3
90	光学，照相，医疗等设备及零附件	0.02	0.07	39	塑料及其制品	0.1	0.9
76	铝及其制品	0.02	0.06	74	铜及其制品	0.1	0.8
44	木及木制品；木炭	0.02	0.05	41	生皮（毛皮除外）及皮革	0.04	0.5
合计		31.0	99.9	合计		7.1	97.9

资料来源：根据中国海关统计数据整理。

（二）服务贸易

由于哥斯达黎加经济体量较小，产业结构较为单一，“十三五”期间，中国与哥斯达黎加的服务贸易发展仍然处于起步阶段，以承包工程合作为主。

1. 旅游合作

哥斯达黎加旅游资源丰富，旅游业发达，而中国是世界第二大游客输出国。2007 年，中国批准哥斯达黎加成为中国公民组团出境旅游目的地。2008 年 1 月，两国旅游部门签署《关于中国旅游团队赴哥斯达黎加旅游实施方案的谅解备忘录》。中哥自贸协定签署后，随着国内居民对哥斯达黎加更加了解，中国赴哥旅游人数也在不断增长。2009 年，前往哥斯达黎加的中国游客数量仅为 3346 人，而 2014 年增加到 7 395 人①。2016 年上半年，赴哥中国游客共 6 440 人，同比增长 47%②。

2. 金融合作

中国进出口银行与哥斯达黎加银行签署了合作协议，共同提升两国贸易、投资和经济合作能力，突出机械产品、电子产品、新技术产品、能源和原材料的贸易，并推动两国在各自境内以及第三国的基础设施和能源项目的投资。中国国家开发银行分别于 2008 年和 2011 年同哥斯达黎加银行签署了《开发性金融合作协议》和《4000 万美元授信贷款协议》，双方合作顺利。此外，中国国家开发银行在巴拿马设有中心工作组兼管在哥斯达黎加的国际合作业务。中国银行巴拿马分行也在积极开展对哥业务。

3. 经济技术合作

由于建交时间较晚，2009 年之前，中国在哥斯达黎加几乎没有承包工程业务。随着自贸区的建设，中国与哥斯达黎加的经贸往来日益密切，承包工程合作也不断向前发展。“十三五”期间，中国在哥斯达黎加承包工程完成营业额由 2016 年的 7 575万美元上升至 2019 年的 1.4 亿美元，增长 84.6%。中国在哥新签大型承包工程项目包括东方电气集团国际合作有限公司承包哥斯达黎加卡普琳水电站机电设备

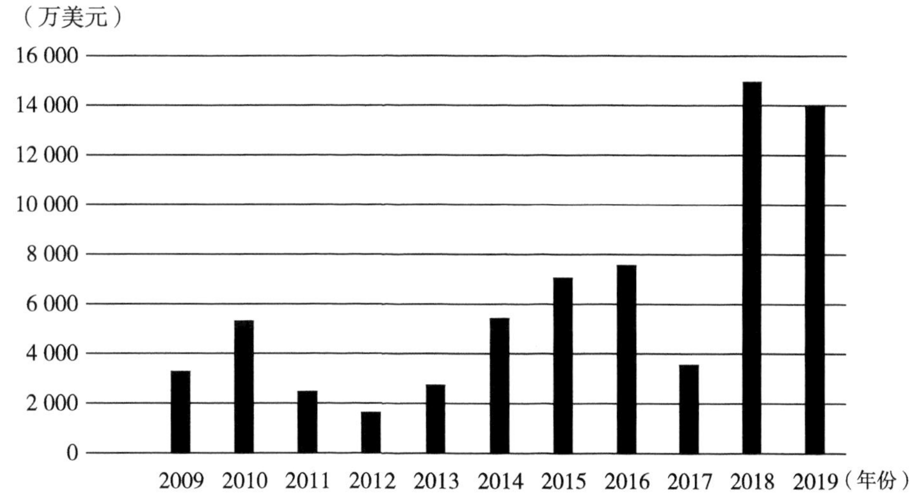

图 2—9—1 2009—2019 年中国在哥斯达黎加承包工程完成营业额情况

数据来源：国家统计局和商务部统计。

① 2015 年上半年中国赴哥斯达黎加旅游人数同比增长 21.6%［EB/OL］. http://cr.mofcom.gov.cn/article/jmxw/201509/20150901118846.shtml，2015—09—22.

② 赴哥斯达黎加旅游的中国游客增加［EB/OL］. http://cr.mofcom.gov.cn/article/jmxw/201608/20160801374100.shtml，2016—08—05.

供货安装项目；中铁四局集团有限公司承建援哥斯达黎加城市供水项目；中国能源建设集团广东省电力设计研究院有限公司承包哥斯达黎加埃雷迪亚（HEREDIS）TIC 改造项目等。2018 年，中车四方股份公司获得哥斯达黎加轨道车辆采购订单，向哥出口内燃动车组，用于装备圣何塞大都会区域通勤铁路，这是中国轨道交通装备首次登陆哥斯达黎加，进一步助推了中哥经贸合作。

（三）双向投资

中国企业对哥斯达黎加投资不多，2010 年之前，几乎没有在该国投资。2010 年直接投资流量为 8 万美元，2011 年 1 万美元，直到 2013 年才突破个位数，达到 117 万美元。2015 年，中国对哥直接投资流量达到 384 万美元的高点。“十三五”期间，中国对哥斯达黎加投资流量由 2016 年的 136 万美元增至 2018 年的 1 521 万美元，创历史新高，2019 年降至 679 万美元，同比下降 55.4%。中国企业对当地的投资带动了居民就业，仅华为公司一家企业，就已累计雇佣哥籍员工 600 余人。

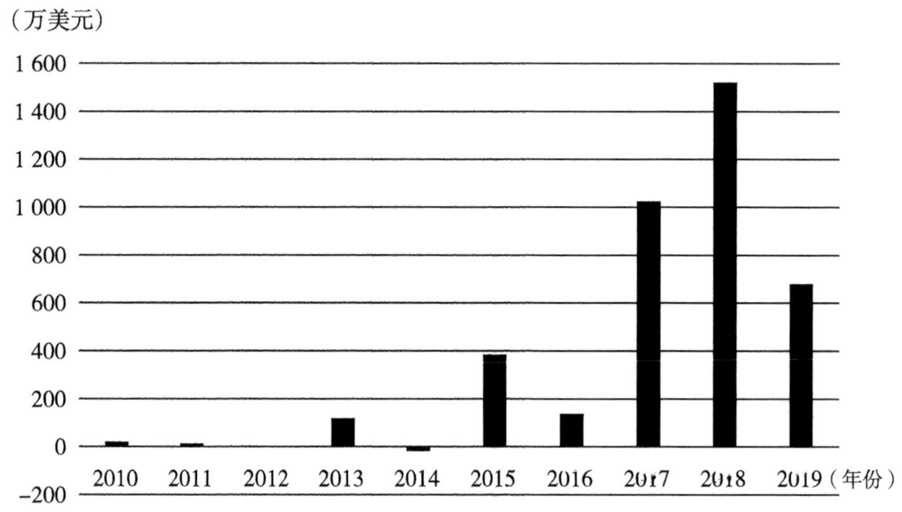

图 2—9—2　2010—2019 年中国对哥斯达黎加直接投资流量情况

数据来源：国家统计局和商务部统计。

哥斯达黎加对华直接投资金额很少，中哥自贸协定的签署没有对这一领域产生实质性影响。2009 年之前，仅 2004—2006 年哥对华有直接投资，最高的年份流量仅为 60 万美元；2010 和 2011 年，分别有 10 万美元和 22 万美元的投资。2012 年以后，哥斯达黎加对华没有新增投资。

第十章 海峡两岸经济合作框架协议*

台湾地区位于中国大陆东南沿海的大陆架上，东临太平洋，东北邻琉球群岛，南界巴士海峡与菲律宾群岛相对，西隔台湾海峡与福建省相望，总面积约3.6万平方公里。1992年达成“九二共识”以来，两岸经贸合作获得长足发展。2002年中国台湾以“台湾、澎湖、金门及马祖个别关税领域”名义加入世贸组织。

一、协定签署

2010年，大陆与台湾签署《海峡两岸经济合作框架协议》(2011年1月生效)，正式开启了两岸建设自贸区的进程。2012年8月，双方签署《海峡两岸投资保护和促进协议》(2013年1月31日生效）和《海峡两岸海关合作协议》。2013年6月再次签署《海峡两岸服务贸易协议》，但目前仍未生效。

海峡两岸经济合作框架协议的正式谈判始于2010年1月，经过两岸有关方面3次正式磋商和多次业务沟通，同年6月，大陆海协会会长陈云林与台湾海基会董事长江丙坤在重庆正式签署了《海峡两岸经济合作框架协议》(ECFA)。ECFA包括序言、5章16条及5个附件，其最大的特色就是着眼于两岸经济发展的需要，结合两岸产业互补现实，达成了一个规模大、覆盖面广的涵盖货物贸易和服务贸易领域的早期收获计划。2011年1月1日，ECFA的货物贸易、服务贸易早期收获计划全面实施。同期，正式成立的两岸经济合作委员会于2011年2月和11月分别召开了两次例会，就ECFA后续单项协议的商谈进展、货物和服务贸易早期收获计划的实施等事项进行了磋商。

2012年8月9日，《海峡两岸投资保护和促进协议》(简称《投保协议》）和《海峡两岸海关合作协议》在台北正式签署，并于2013年2月1日正式生效。《投保协议》在具备投资协议一般内容的同时，又充分体现了两岸特色，其针对投资者经第三地投资、人身保护、投资者与所在地一方的争端解决等问题，作出了符合两岸特色的灵活处理和适当安排。

2013年6月，两岸签署《海峡两岸服务贸易协议》。协议规定了两岸服务贸易的基本原则、双方的权利义务，未来合作发展方向及相关工作机制等内容。协议明

* 本部分作者为袁波。

确了两岸服务市场开放清单，在早期收获基础上更大范围地降低市场准入门槛，为两岸服务业合作提供更多优惠和便利的市场开放措施。其中，大陆对台开放共 80 条，台湾对大陆开放共 64 条，双方市场开放涉及商业、通信、建筑、分销、环境、健康和社会、旅游、娱乐文化和体育、运输、金融等行业。但由于台湾方面未能完成相关域内程序，目前服务贸易协议仍未生效。

2018 年 2 月 28 日，国务院台办等 29 部门发布了《关于促进两岸经济文化交流合作的若干措施》，涵盖了产业、财税、用地、金融、就业、教育、文化、医疗等多个领域共 31 条具体措施（以下简称“31 条措施”），对台商扩大服务与投资领域开放，加快给予台商和台湾同胞与大陆企业和居民同等待遇。截至目前，大陆已经有 102 个地方结合当地实际出台了落实“31 条措施”的具体实施意见，其中包括 28 个省、自治区、直辖市，12 个副省级城市，57 个地级市，1 个市辖区和 4 个县级地方。

2019 年 11 月 4 日，国务院台办等 20 个有关部门出台了《关于进一步促进两岸经济文化交流合作的若干措施》（以下简称“26 条措施”）。“26 条措施”与“31 条措施”一脉相承，继续率先同台湾同胞分享大陆发展机遇，为台湾同胞台湾企业提供更多同等待遇。其中，涉及为台湾企业提供同等待遇的措施 13 条，包括台资企业同等参与重大技术装备、5G、循环经济、民航、主题公园、新型金融组织等投资建设，同等享受融资、贸易救济、出口信用保险、进出口便利、标准制订等政策，支持两岸青年就业创业基地示范点建设等；涉及为台湾同胞提供同等待遇的措施 13 条，包括为台湾同胞在领事保护、农业合作、交通出行、通信资费、购房资格、文化体育、职称评审、分类招考等方面提供更多便利和支持。该措施将进一步帮助台资企业加快科技创新，降低综合成本，抢抓发展机遇，实现更好发展，并继续为台湾同胞在学习、工作、生活等方面打造更好环境，提供更优条件，促进融合发展，保护合法权益。①

表 2—10—1　海峡两岸经济合作框架协议发展历程

时间	主要协议
2010 年 6 月 29 日	《海峡两岸经济合作框架协议》，2010 年 9 月 12 日生效
2012 年 8 月 9 日	《海峡两岸投资保护和促进协议》和《海峡两岸海关合作协议》，2013 年 2 月 1 日生效
2013 年 6 月 21 日	《海峡两岸服务贸易协议》，未生效

资料来源：根据商务部网站资料整理。

① 国务院台办、国家发展改革委出台《关于进一步促进两岸经济文化交流合作的若干措施》[EB/OL]. http：//www.gwytb.gov.cn/wyly/201911/t20191104_12214930.htm，2019—11—04.

二、经贸合作

(一) 货物贸易

1. 贸易规模

2010 年，大陆与台湾签署《海峡两岸经济合作框架协议》，协议明确了双方在货物贸易领域开展早期收获计划。根据协定，2011 年 1 月 1 日起，台湾对原产于大陆的 268 个 8 位数税号项下产品实施降税。同时，从 2011 年 1 月 1 日起，大陆对原产于台湾的 557 个 8 位数税号的产品实施降税。由于降税涉及产品数量有限，不足全部海关税目的 10%，因此反映到整体贸易上效应不明显。2010—2014 年，大陆与台湾贸易额由 1 452.9 亿美元增至 1 985.9 亿美元，年均增长 8.1%。“十二五”期末的 2015 年，两岸贸易虽同比下滑 4.6%，但也保持在 1 894.9 亿美元的较高水平，比“十一五”期末的 2010 年增长了 30.4%。同期，大陆对台湾一直保持较大金额的贸易逆差，2015 年达到 994.8 亿美元，比 2010 年增长了 15.7%。

表 2—10—2　2010—2019 年大陆与台湾贸易情况（大陆统计）

单位：亿美元;%

年份	贸易总额		大陆出口		大陆进口		贸易差额
	金额	比重	金额	比重	金额	比重	
2010 年	1 452.9	4.9	296.4	1.9	1 156.5	8.3	−860.0
2011 年	1 599.6	4.4	350.7	1.8	1 249.0	7.2	−898.3
2012 年	1 689.6	4.4	367.7	1.8	1 321.9	7.3	−954.3
2013 年	1 971.6	4.7	406.5	1.8	1 565.1	8.0	−1 158.6
2014 年	1 985.9	4.6	462.8	2.0	1 523.1	7.8	−1 060.3
2015 年	1 894.9	4.9	450.0	2.0	1 444.9	9.0	−994.8
2016 年	1 795.9	4.9	403.7	1.9	1 392.2	8.8	−988.5
2017 年	1 993.8	4.9	439.9	1.9	1 553.9	8.4	−1 114.0
2018 年	2 262.4	4.9	486.5	2.0	1 776.0	8.3	−1 289.5
2019 年	2 280.8	5.0	550.8	2.2	1 730.0	8.3	−1 179.2

数据来源：中国海关统计。

“十三五”时期，两岸贸易除在开局之年的 2016 年小幅下降外，其余年份均保持了逐步回升的增长态势。2019 年，两岸贸易额达到 2 280.8 亿美元，同比增长 0.8%，占当年大陆对外贸易总额的比重为 5.0%。2020 年 1—9 月，虽然受到疫情以及台湾对大陆交流合作限制等不利因素影响，但两岸贸易额仍然达到 1 853.8 亿美元，同比增长 12.4%；其中大陆对台出口 430.5 亿美元，自台进口 1 423.3 亿美元，同比分别增长 8.2%和 13.7%。目前，台湾是大陆第七大贸易伙伴和第四大进口来源地①。

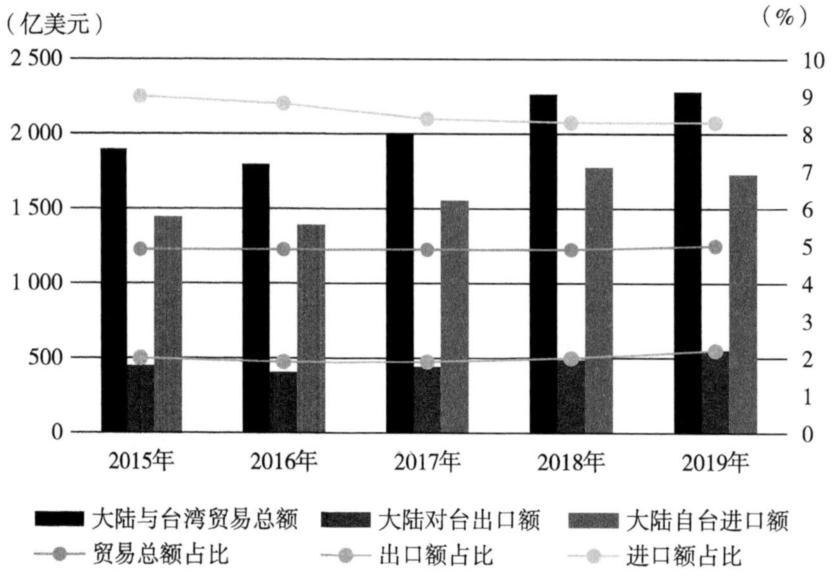

图 2—10—1　2015—2019 年大陆与台湾货物贸易情况

数据来源：中国海关统计。

台湾统计也显示，ECFA 生效以来，台湾与大陆贸易发展较为稳定。“十二五”期间，两岸贸易绝大多数年份在 1 100 亿～1 200 亿美元左右浮动，2015 年为 1 112.6亿美元，占台湾对外贸易总额的比重为 22.6%。“十三五”期间，两岸贸易总体呈现较为明显的增长态势，贸易额由 2016 年的 1 112.5 亿美元增加到 2019 年的 1 493.2 亿美元，占台湾对外贸易总额的比重由 22.8%上升至 24.3%，提高了 1.5 个百分点。同期，台湾对大陆的贸易顺差由 231.9 亿美元提高至 344.5 亿美元，增长了 48.6%。2019 年，大陆是台湾最大的贸易伙伴和顺差来源地，同时也是第一大出口市场和第一大进口来源地。

表 2—10—3　2010—2019 年台湾与大陆贸易情况（台湾统计）

单位：亿美元；%

年份	贸易总额		台湾出口		台湾进口		贸易差额
	金额	比重	金额	比重	金额	比重	
2010 年	1 085.9	21.1	726.4	27.7	359.5	14.3	366.9
2011 年	1 216.2	21.2	781.8	26.8	434.5	15.5	347.3

① 2019 年大陆与台湾经贸交流概况［EB/OL］. http：//tga. mofcom. gov. cn/article/sjzl/taiwan/202007/20200702980875. shtml，2020—04—06.

续 表

年份	贸易总额		台湾出口		台湾进口		贸易差额
	金额	比重	金额	比重	金额	比重	
2012 年	1 168.5	21.1	759.9	26.7	408.6	15.1	351.2
2013 年	1 194.6	21.5	770.1	26.8	424.5	15.8	345.5
2014 年	1 252.2	22.0	772.7	26.1	479.6	17.6	293.1
2015 年	1 112.6	22.6	671.3	25.4	441.3	19.4	230.0
2016 年	1 112.5	22.8	672.2	26.2	440.3	19.1	231.9
2017 年	1 310.0	23.8	808.6	27.7	501.4	19.4	307.2
2018 年	1 418.7	23.9	880.9	28.6	537.9	18.8	343.0
2019 年	1 493.2	24.3	918.9	27.9	574.3	20.1	344.5

数据来源：2010—2018 年数据来自 UN Comtrade Database，2019 年数据来自 ITC。

与此同时，早期收获计划也给大陆与台湾的进出口企业带来了实惠。据中国商务部统计，截至 2020 年 6 月底，ECFA 项下累计享惠进口 6 602.2 亿元（约合 1 004.1亿美元），关税减让 426.1 亿元（约合 64.8 亿美元）；累计享惠出口 5 317.9 亿新台币（约合 176.8 亿美元），关税减让 209.6 亿新台币（约合 6.7 亿美元）①。

2. 贸易结构

大陆对台湾出口商品以机电产品、光学设备及零附件、塑料及其制品、有机化学品、车辆及其零附件、服装、钢铁等为主。2019 年，大陆对台湾机电产品（HS84 和 HS85）出口额 323.9 亿美元，占当年大陆对台湾出口总额的 58.8%，比 2010 年提高了 9.7 个百分点。光学设备及零附件（HS90）和塑料及其制品（HS39）也是大陆对台湾出口的重要产品，2019 年出口额分别为 20 亿美元和 16.4 亿美元，合计占比达到 6.6%。

表 2—10—4　2010 年和 2019 年大陆对台湾出口前十位商品对比

单位：亿美元；%

2010 年				2019 年			
HS	名称	金额	比重	HS	名称	金额	比重
85	电机、电器、音像设备及其零附件	102.0	34.4	85	电机、电器、音像设备及其零附件	241.7	43.9
84	核反应堆，锅炉，机器，机械器具及零件	43.6	14.7	84	核反应堆，锅炉，机器，机械器具及零件	82.2	14.9

① ECFA 早期收获执行情况（截至 2020 年 6 月）[EB/OL]. http：//tga.mofcom.gov.cn/article/sjzl/ecfa/202009/20200903004801.shtml，2020—09—25.

续 表

2010年				2019年			
HS	名称	金额	比重	HS	名称	金额	比重
90	光学，照相，医疗等设备及零附件	20.0	6.8	90	光学，照相，医疗等设备及零附件	20.0	3.6
38	杂项化学产品	15.0	5.1	39	塑料及其制品	16.4	3.0
29	有机化学品	12.0	4.1	29	有机化学品	13.4	2.4
72	钢铁	11.4	3.8	87	车辆及其零附件，但铁道车辆除外	11.1	2.0
39	塑料及其制品	6.9	2.3	61	针织或钩编的服装及衣着附件	10.3	1.9
27	矿物燃料，矿物油及其产品；沥青等	6.2	2.1	72	钢铁	9.6	1.8
87	车辆及其零附件，但铁道车辆除外	6.1	2.1	74	铜及其制品	9.1	1.7
28	无机化学品；贵金属等的化合物	5.7	1.9	94	家具、寝具等；灯具；活动房	9.0	1.6
合计		228.9	77.2	合计		422.8	76.8

数据来源：中国海关统计。

大陆自台湾进口商品也较为集中，主要是机电产品、光学设备及零附件、塑料及其制品、有机化学品、铜及其制品、玻璃及其制品等。2019年，前十位商品进口占同期大陆自台湾进口比重达到94.7%。机电产品（HS84和HS85）是大陆自台湾进口的第一大类产品，2019年进口额达到1 295.7亿美元，占比为75.0%，比2010年提高了20.7个百分点。光学设备及零附件（HS90）和塑料及其制品（HS39）虽然继续保持成为第二、三大类进口商品，但占比持续下滑，2019年分别为8.1%和4.8%，分别下降了9.4和4.2个百分点。

表2-10-5　2010年和2019年大陆自台湾进口前十位商品对比

单位：亿美元；%

2010年				2019年			
HS	名称	金额	比重	HS	名称	金额	比重
85	电机、电器、音像设备及其零附件	508.4	44.0	85	电机、电器、音像设备及其零附件	1135.7	65.7
90	光学，照相，医疗等设备及零附件	202.7	17.5	84	核反应堆，锅炉，机器，机械器具及零件	160.0	9.3
39	塑料及其制品	103.6	9.0	90	光学，照相，医疗等设备及零附件	139.7	8.1
84	核反应堆，锅炉，机器，机械器具及零件	88.7	7.7	39	塑料及其制品	82.9	4.8

续 表

2010年				2019年			
HS	名称	金额	比重	HS	名称	金额	比重
29	有机化学品	77.3	6.7	29	有机化学品	50.5	2.9
72	钢铁	25.3	2.2	74	铜及其制品	23.0	1.3
74	铜及其制品	25.2	2.2	70	玻璃及其制品	14.3	0.8
38	杂项化学产品	12.7	1.1	72	钢铁	11.6	0.7
54	化学纤维长丝	11.6	1.0	38	杂项化学产品	11.4	0.7
70	玻璃及其制品	11.3	1.0	54	化学纤维长丝	6.8	0.4
合计		1 066.7	92.2	合计		1 636.0	94.7

数据来源：中国海关统计。

（二）服务贸易

ECFA协议早期收获优惠政策实施以来，两岸服务贸易不断发展。大陆方面，截至2020年6月底，共有56家台湾金融企业和1474家台湾非金融企业利用早期收获优惠政策在大陆提供服务，并核准引进41部台湾电影片。台湾方面，截至2020年6月底，共有3家大陆金融企业和312家大陆非金融企业利用早期收获优惠政策在台湾提供服务，并核准引进100部大陆电影片①。

1. 总体情况

据中国商务部统计，2018年大陆与台湾服务贸易额176.1亿美元，同比下降8.0%，台湾是大陆第10大服务贸易伙伴。其中，大陆对台服务出口54.0亿美元，同比下降21.0%；自台服务进口122.1亿美元，同比下降0.8%。从服务类别上看，对台服务出口以旅游业、加工服务业、其他商业服务为主，出口金额分别占对台出口总额的23.3%、19.3%和17.6%；自台服务进口以运输业、旅游业、其他商业服务为主，进口金额分别占自台进口总额的46.5%、30.5%和11.0%。运输业是大陆对台服务贸易逆差最大的行业，贸易差额达47.7亿美元。2018年，两岸人员往来906万人次，其中台胞来大陆614万人次，同比增长4.6%，再创历史新高。

2. 金融合作

虽然ECFA服务贸易协议一直没有生效，但在早期收获计划下，大陆扩大对台湾金融业开放，两岸金融合作仍取得一定进展。截至2018年6月底，共有53家台湾金融企业和3家大陆金融企业（中国银行、中国交通银行和中国建设银行）相互

① ECFA早期收获执行情况（截至2020年6月）[EB/OL]. http://tga.mofcom.gov.cn/article/sjzl/ecfa/202009/20200903004801.shtml，2020—09—25.

在对方提供服务。2018 年 2 月，大陆专门出台了《关于促进两岸经济文化交流合作的若干措施》，在对台金融业开放方面提出若干开放措施。一是允许台湾金融机构、商家与中国银联及大陆非银行支付机构依法合规开展合作，为台湾民众提供小额支付服务；二是允许台湾征信机构与大陆征信机构开展合作，为两岸民众和企业提供征信服务；三是允许台资银行与大陆同业协作，通过银团贷款等方式为实体经济提供金融服务；四是在台湾已获取相应资格的台湾同胞在大陆申请证券、期货、基金从业资格时，只需通过大陆法律法规考试，无需参加专业知识考试。2019 年 12 月，国务院台湾事务办公室与中国进出口银行签署《促进两岸融合发展金融合作协议》（以下简称《协议》），强调将加强协调配合，发挥进出口银行政策性金融专长，建立涉台项目绿色通道机制，共同推动台资企业在大陆经营发展、陆资企业赴台投资及两岸企业联合“走出去”开展业务。《协议》将重点支持台资企业投资高新技术创新、研发中心建设，开展现代农业产业化经营、农业技术创新与推广，为中小台资企业转型升级提供融资支持；持续推动海峡两岸产业合作区等涉台园区建设，探讨成立支持台资企业项目发展的投资基金和担保公司，引导更多社会资金参与；协调促成两岸企业联合“走出去”，共同拓展市场，树立中华民族品牌①。

3. 旅游合作

ECFA 生效以来，大陆积极开放居民赴台旅游，大陆赴台旅游人数在 2015 年一度达到 418.4 万人次的高峰，占当年赴台旅游总人数的 40.2%，但此后逐步回落。2019 年，大陆赴台旅游人数仅 271.4 万人次，占当年赴台旅游总人数的 22.9%。鉴于当前两岸关系，2019 年 8 月 1 日起，海峡两岸旅游交流协会暂停了 47 个城市大陆居民赴台个人游试点。加上 2020 年以来的疫情影响，大陆赴台旅游人数跌至低谷。

表 2—10—6　2014—2019 年大陆赴台旅游人数

单位：万人次；%

项目	2014 年	2015 年	2016 年	2017 年	2018 年	2019 年
来台旅游人数	991.0	1 044.0	1 069.0	1 074.0	1 106.7	1 186.4
其中：中国大陆	398.7	418.4	351.2	273.3	269.6	271.4
占比	40.2	40.1	32.8	25.4	24.4	22.9

数据来源：中国统计年鉴。

4. 经济技术合作

2000 年以来，大陆对台湾承包工程发展起伏较大。2000—2006 年增长较快，

① 国台办与进出口银行签署合作协议　促进两岸融合发展［EB/OL］. http：//www.gwytb.gov.cn/wyly/201912/t20191220_12226942.htm，2019—12—20.

2006年大陆对台湾承包工程完成营业额达到1.8亿美元，此后的几年一直处于回落状态，直至2010年才有起色，当年承包工程完成营业额为1.7亿美元。ECFA协议签署后的几年内，大陆对台湾承包工程总体上仍呈波动式下降的态势，至“十二五”期末的2015年，大陆对台湾承包工程完成营业额仅为3 945万美元，不足2010年的1/4。“十三五”期间，大陆对台湾承包工程虽仍有较大波动，但与“十二五”期间相比存在明显进展。2016年完成营业额达到1.2亿美元，同比增长约两倍，但仅占当年中国对外承包工程完成营业额的0.07%。2017—2018年则连续下降，两年对外承包工程完成营业额分别为4 061万美元和2 997万美元，同比分别下降65.9%和26.2%。2019年再度回复至1.0亿美元，同比增长2.4倍。

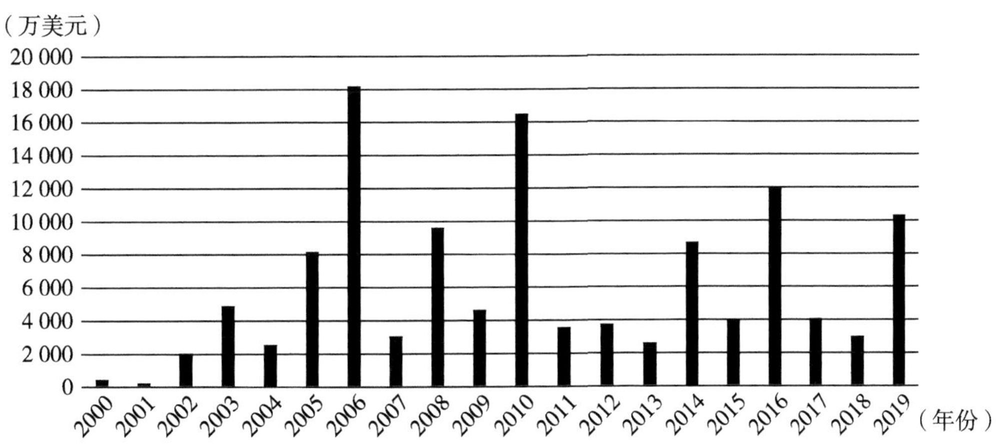

图2—10—2 2000—2019年大陆对台湾承包工程完成营业额情况

数据来源：国家统计局和商务部统计。

（三）双向投资

2000年以来，台湾对大陆投资经历了多次起伏与波动。2002年，台湾对大陆投资流量达到39.7亿美元的高点，此后逐步回落，2007年降为17.7亿美元。2008年以后，台湾对大陆投资在波动中不断向前发展，2012年达到28.5亿美元，此后逐年减少，至“十二五”期末的2015年回落至15.4亿美元。“十三五”开局的2016年，台湾对大陆投资重新回到19.6亿美元的较高水平，此后的2017年至2018年持续回落，2018年仅为13.9亿美元，同比下降21.5%。2019年又回升至15.9亿美元，同比增长14.2%；当年大陆共批准台商投资项目5 252个，同比增长6.9%。如果加上台商经第三地的转投资，2019年，大陆实际使用台商投资项目5 252个，同比增长6.9%，实际使用台资金额39.1亿美元，同比下降22.3%。同期，台湾在大陆投资在大陆实际利用的外商直接投资总额中的比重不断下滑，由2002年的7.5%下降至2019年的1.1%，降低了6.4个百分点。截至2019年年底，大陆累计批准台资项目 112 442 个，占比 11.2%，实际使用台资 694.1 亿美元。按实际使用外资统计，台资占中国累计实际吸收境外投资总额的 3.3%①。如果加上台商经第三地的转投资，大陆累计实际使用台资约 1 300 多亿美元。

2019 年，台湾在大陆投资规模最大的领域为制造业，当年新设企业数为 715 个，实际投入金额为 12.5 亿美元，分别占台湾在大陆投资企业总数和投入总额的 13.6%和 78.6%。此外，批发和零售业、科学研究和技术服务业、租赁和商务服务业、金融业也是投资金额较多的行业，当年实际投入金额分别为 9 954 万美元、6 209 万美元、4 657 万美元和 3 530 万美元，占比分别为 6.3%、3.9%、2.9%和 2.2%。

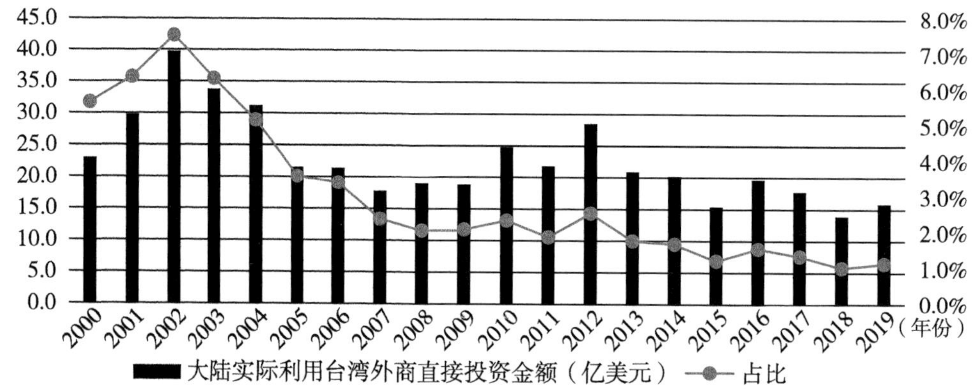

图 2—10—3 2000—2019 年台湾对大陆直接投资情况

数据来源：国家统计局和商务部统计。

与台湾对大陆投资的金额对比，大陆对台湾投资则非常少。2010 年之前投资流量仅为几万美元。2010 年 ECFA 的建设，带动了大陆对台湾投资的增长。大陆对台湾直接投资流量由 2010 年的 1 735 万美元增长至“十二五”期末的 2.7 亿美元，年均增长 72.8%。此后的“十三五”期间，大陆对台湾直接投资几次起落，一直处于剧烈的波动之中。2016 年大陆对台湾直接投资骤减至 1 175 万美元；2017 年再大幅回升至 2.3 亿美元，但 2018 年又回落到 6 933 万美元，2019 年再回升至 1.1 亿美元。据商务部统计，自台 2009 年 6 月 30 日开放陆资入岛起计算，截至 2019 年年底，经商务部批准，大陆共有 498 家非金融企业赴台设立了公司或代表机构，备案金额 27.3 亿美元，领域涵盖批发零售、通信、餐饮、塑胶制品、旅游等多个行业②。

① 2019 年大陆与台湾经贸交流概况［EB/OL］. http：//tga. mofcom. gov. cn/article/sjzl/taiwan/202007/20200702980875. shtml，2020—04—06.

② 2019 年大陆与台湾经贸交流概况［EB/OL］. http：//tga. mofcom. gov. cn/article/sjzl/taiwan/202007/20200702980875. shtml，2020—04—06.

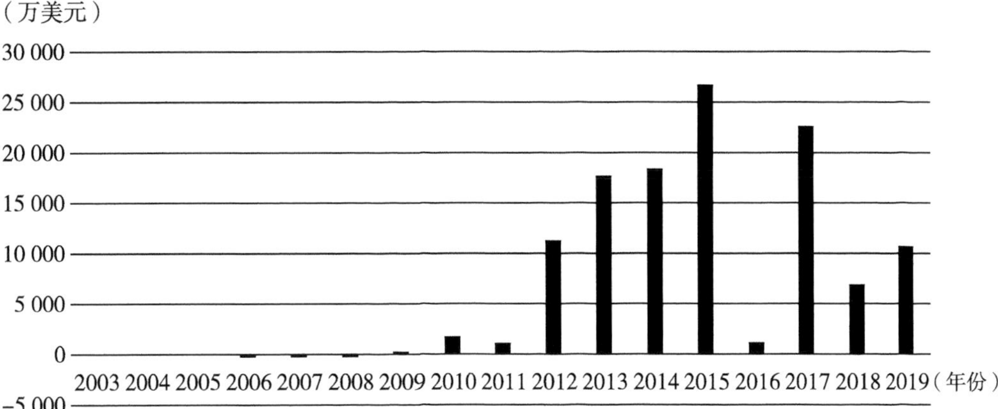

图 2－10－4　2003—2019 年大陆对台湾直接投资情况

数据来源：国家统计局和商务部统计。

第十一章　中国—冰岛自由贸易协定*

冰岛位于北大西洋中部，靠近北极圈，是欧洲仅次于英国的第二大岛国，属于发达国家。冰岛与中国于1971年12月8日正式建交，双边关系稳步发展，政治互信不断增强，为两国经贸合作奠定了坚实基础。

一、协定签署

中国—冰岛自贸区是中国与欧洲国家建立的第一个自贸区。2005年5月1日，中冰两国签署了《关于加强经济与贸易合作的谅解备忘录》，冰岛在欧洲发达国家中率先承认中国完全市场经济地位，双方决定启动中冰自贸区可行性研究。2006年12月4日，中冰签署《关于启动中冰自由贸易协定谈判的议定书》，正式启动了自贸区谈判。之后，两国进行了四轮谈判，2009年，因冰岛提出加入欧盟申请，双方谈判中止。2012年4月，中冰两国重启自贸区谈判，并于2013年1月结束实质性谈判。2013年4月15日，两国正式签署《中冰自由贸易协定》，成为中国与欧洲国家签署的第一个自贸协定。2014年1月29日，冰岛议会通过决议授权冰岛政府批准《中冰自由贸易协定》；5月20日，中冰两国互换了《中冰自由贸易协定》的生效照会，协定于2014年7月1日正式生效。2018年9月18—19日，中国—冰岛自贸区联委会第三次会议召开，双方就协定实施中货物、服务、投资、海关合作、经济技术合作领域关注的问题进行了深入探讨，同意进一步加强在自贸区框架下的合作。

《中冰自由贸易协定》是涵盖内容较为全面的一揽子协定，共包括12章，即一般条款、货物贸易（包括关税减让、贸易救济、卫生与植物卫生措施、技术性贸易壁垒等内容）、原产地规则、海关手续与贸易便利化、竞争、知识产权、服务贸易、投资、合作、机制条款、争端解决、最终条款，还包含中冰关税减税表、产品特定原产地规则、中冰具体承诺减让表、自然人移动等9个附件。根据协定规定，双方最终实现零关税的产品，按税目数衡量均接近96%，按贸易量衡量均接近100%。其中，冰岛自协定生效之日起，对从中国进口的所有工业品和水产品实施零关税，占中国向冰岛出口总额的99.8%；中国对从冰岛进口的7 830个税号产品实施零关

* 本部分作者为赵晶。

税，占中方自冰进口总额的81.6%，其中包括冰岛盛产的水产品。[①] 中冰自贸区不仅有利于进一步拓展双边经贸关系，作为中国与欧洲国家开展自贸区建设的突破口，对于深化中欧经贸合作也具有重要的示范意义。

表2-11-1 中国—冰岛自由贸易区建设历程

时间	主要协议
2005年5月1日	签署《关于加强经济与贸易合作的谅解备忘录》
2006年12月4日	签署《关于启动中冰自由贸易协定谈判的议定书》
2013年4月15日	签署《中冰自由贸易协定》
2014年1月29日	冰岛议会通过《中冰自由贸易协定》
2014年5月20日	中冰两国互换《中冰自由贸易协定》生效照会
2014年7月1日	《中冰自由贸易协定》生效

资料来源：根据中国自由贸易区服务网资料整理。

二、经贸合作

中冰自贸区的建立为两国经贸合作建立了制度性安排，有利于优化双边贸易投资环境，推动经贸合作持续健康发展，为中冰关系的长远发展注入新的活力。

(一) 货物贸易

1. 贸易规模

由于冰岛的经济体量较小，中冰两国的双边贸易规模始终不大，2012年以前一直不足2亿美元，签署《中冰自由贸易协定》的2013年，双边贸易额达到2.2亿美元，比上年增长21.2%。此后，中冰贸易额有所下滑，2014年回落至2.0亿美元，之后虽有小幅回升，但贸易总额始终与2013年的贸易水平差别不大。“十三五”期间，中冰双边贸易额波动较大，由2016年2.3亿美元提高到2018年的4.2亿美元，2019年明显回落，降至2.6亿美元，比上年降低38.9%。其中，中国对冰岛出口在2016年之后大体呈下降趋势，2018年大幅增至2.6亿美元后，2019年又回落至1.1亿美元；而同期中国自冰岛进口则始终呈上升态势，到2018年达到1.7亿美元，2019年虽有所下降但仍达到1.4亿美元，高于2017年之前水平。中国对冰岛的贸易顺差在2016年达到0.4亿美元，虽在2017年曾实现贸易平衡，但2018年贸易顺差再次达到0.9亿美元，超过历年贸易顺差水平，同时2019年出现逆转，首次实现贸易逆差0.3亿美元。此外，2020年在新冠肺炎疫情的冲击下，双边贸易额下降程

① 《中华人民共和国政府和冰岛政府自由贸易协定》在北京签署［EB/OL］. http://fta.mofcom.gov.cn/article/chinaiceland/chinaiclandnews/201304/11995_1.html，2013-04-16.

度较大，根据中国海关统计，1—9月，中冰进出口贸易总额1.5亿美元，比上年同期下降17.0%，其中出口额0.8亿美元，同比下降15.4%，进口额0.7亿美元，同比下降18.7%。

表2—11—2　2013—2019年中冰双边贸易情况（中方统计）

单位：亿美元；%

年份	中冰贸易总额		中国对冰出口		中国自冰进口		贸易差额
	金额	增幅	金额	增幅	金额	增幅	
2013年	2.2	21.2	1.5	54.7	0.8	−14.6	0.7
2014年	2.0	−8.5	1.4	−2.0	0.6	−21.1	0.8
2015年	1.9	−6.4	1.3	−13.2	0.7	10.0	0.6
2016年	2.3	19.6	1.3	7.3	0.9	42.9	0.4
2017年	2.2	−3.1	1.1	−17.0	1.1	16.6	0.0
2018年	4.2	89.9	2.6	128.6	1.7	50.6	0.9
2019年	2.6	−38.9	1.1	−57.7	1.4	−17.6	−0.3

资料来源：根据中国海关统计整理。

由于统计口径不同，冰岛对于冰中贸易的数据与中方统计存在较大差异。根据冰方统计，自协定生效以来，冰中贸易呈明显的增长态势，由2014年的4.4亿美元增至2018年的7.6亿美元，2019年降至6.2亿美元，占冰岛对外贸易总额的比重也由2014年的4.2%提高到2018年的6.0%，2019年降至5.3%，但中国仍是冰岛在亚洲最大的贸易伙伴。其中，冰岛对华出口由0.4亿美元增至1.3亿美元，占冰岛出口总额的比重由0.8%提高到2.5%，整体呈上升趋势。2019年，中国是冰岛第9大出口目的地。冰岛自华进口额由4.0亿美元增至4.9亿美元，占冰岛进口总额的比重于2019年有所回落，与2014年所占比重相同仍为7.4%，中国成为冰岛第4大进口来源地以及亚洲第一大进口来源国。冰岛对华长期存在贸易逆差，中国是冰岛第二大贸易逆差来源国，2014年逆差为3.6亿美元，随后有所减少，2018年比上年增加35.6%达到4.7亿美元后，2019年贸易逆差显著降低，回落至2014年水平。

表2—11—3　2013—2019年冰中贸易情况（冰方统计）

单位：亿美元；%

年份	冰中贸易总额		冰岛对华出口		冰岛自华进口		贸易差额
	金额	比重	金额	比重	金额	比重	
2013年	4.5	4.5	0.6	1.2	3.9	7.8	−3.4
2014年	4.4	4.2	0.4	0.8	4.0	7.4	−3.6

续 表

年份	冰中贸易总额		冰岛对华出口		冰岛自华进口		贸易差额
	金额	比重	金额	比重	金额	比重	
2015 年	4.9	4.9	0.7	1.5	4.1	7.8	−3.4
2016 年	5.1	5.0	0.9	2.0	4.2	7.4	−3.3
2017 年	5.8	4.9	1.0	2.1	4.8	6.9	−3.9
2018 年	7.6	6.0	1.4	2.6	6.2	8.6	−4.7
2019 年	6.2	5.3	1.3	2.5	4.9	7.4	−3.6

资料来源：根据 UN Comtrade 数据库计算整理。

2. 贸易结构

从冰岛对华出口商品结构来看，2019 年与协定生效前的 2013 年相比存在一定差异，但未发生根本性改变，仍集中在水产品领域。鱼类等产品（HS03）出口占据绝对优势，2019 年出口额达到 1.0 亿美元，占冰岛对华出口的 80.1%，与 2013 年相比变化不大；铝及制品（HS76）出口额达到 1 567.9 万美元，占 12.1%，进入前十并成为冰岛对华第二大出口商品；而油脂类产品（HS15）出口规模有所缩减，占比也降至 4.2%，低于 2013 年 6.6 个百分点；此外，出口商品较多的还有光学设备（HS90）、其他动物产品（HS05）等。

表 2—11—4　2013 年和 2019 年冰岛对中国出口前十位商品对比

单位：万美元;%

2013 年				2019 年			
HS	名称	金额	比重	HS	名称	金额	比重
03	鱼、甲壳动物、软体动物及其他水生无脊椎动物	4 616.4	80.4	03	鱼、甲壳动物、软体动物及其他水生无脊椎动物	10 403.1	80.1
15	动、植物油、脂及其分解产品；精制的食用油脂；动、植物蜡	619.3	10.8	76	铝及其制品	1 567.9	12.1
84	核反应堆、锅炉、机械器具及零件	253.1	4.4	15	动、植物油、脂及其分解产品；精制的食用油脂；动、植物蜡	539.3	4.2
90	光学、照相、医疗等设备及零附件	60.2	1.0	90	光学、照相、医疗等设备及零附件	106.8	0.8
16	肉、鱼、甲壳动物、软体动物及其他水生无脊椎动物的制品	27.9	0.5	05	其他动物产品	102.4	0.8

续 表

2013 年				2019 年			
HS	名称	金额	比重	HS	名称	金额	比重
27	矿物燃料、矿物油及其蒸馏产品；沥青物质；矿物蜡	27.5	0.5	85	电机、电气、音像设备及其零附件	46.4	0.4
41	生皮（毛皮除外）及皮革	26.5	0.5	33	精油及香膏；香料制品及化妆盥洗品	40.9	0.3
38	杂项化学产品	19.7	0.3	84	核反应堆、锅炉、机械器具及零件	36.7	0.3
02	肉及食用杂碎	17.7	0.3	16	肉、鱼、甲壳动物、软体动物及其他水生无脊椎动物的制品	34.5	0.3
21	杂项食品	15.0	0.3	51	羊毛等动物毛；马毛纱线及其机织物	23.9	0.2
合计		5 683.3	98.9	合计		12 901.9	99.4
总值		5 745.0	100.0	总值		12 981.4	100.0

数据来源：根据 UN Comtrade 数据库计算整理。

从冰岛自华进口商品结构来看，2019 年与协定生效前的 2013 年相比变化不大，仍以机电产品为主。2019 年，机电产品（HS84 和 HS85）进口额达到 2.1 亿美元，占冰岛自华进口的 43.0%，比 2013 年下降 12.2 个百分点，主要是电机、电气等产品进口下降较多；其次是家具、玩具等（HS94、HS95），进口额为 5 849.6 万美元，占比 12.0%，比 2013 年上升 4.7 个百分点；此外，无机化学品（HS28）占比也有所提高，比 2013 年上升 4.2 个百分点。钢铁制品（HS73）、车辆及附件（HS87）也跻身十大进口商品之列。

表 2—11—5　2013 年和 2019 年冰岛自中国进口前十位商品对比

单位：万美元；%

2013 年				2019 年			
HS	名称	金额	比重	HS	名称	金额	比重
85	电机、电气、音像设备及其零附件	14 718.4	37.5	85	电机、电气、音像设备及其零附件	12 312.3	25.4
84	核反应堆、锅炉、机械器具及零件	6 919.9	17.7	84	核反应堆、锅炉、机械器具及零件	8 568.5	17.6
62	非针织或非钩编的服装及衣着附件	2 563.0	6.5	94	家具；寝具等；灯具；活动房	4 136.6	8.5
61	针织或钩编的服装及衣着附件	1 783.2	4.5	62	非针织或非钩编的服装及衣着附件	3 051.9	6.3

续 表

2013 年				2019 年			
HS	名称	金额	比重	HS	名称	金额	比重
94	家具；寝具等；灯具；活动房	1 662.2	4.2	28	无机化学品；贵金属等的化合物	3 035.9	6.3
95	玩具、游戏或运动用品及其零附件	1 207.3	3.1	61	针织或钩编的服装及衣着附件	2 099.7	4.3
64	鞋靴、护腿和类似品及其零件	1 021.8	2.6	95	玩具、游戏或运动用品及其零附件	1 713.0	3.5
28	无机化学品；贵金属等的化合物	813.0	2.1	73	钢铁制品	1 304.6	2.7
39	塑料及其制品	768.3	2.0	39	塑料及其制品	1 122.5	2.3
90	光学、照相、医疗等设备及零附件	606.5	1.5	87	车辆及其零附件，但铁道车辆除外	1 035.6	2.1
合计		32 063.7	81.8	合计		38 380.7	79.0
总值		39 196.9	100.0	总值		48 566.4	100.0

数据来源：根据 UN Comtrade 数据库计算整理。

（二）服务贸易

1. 总体规模

中冰自贸协定生效以来，两国服务贸易总体呈上升态势。根据冰岛统计局的数据，中冰服务贸易额从 2014 年的 64.9 亿冰岛克朗增至 2019 年的 133.5 亿冰岛克朗，占冰岛服务贸易总额的比重也从 0.8%提高到 1.2%。其中，冰岛对华始终存在贸易顺差且有扩大趋势，出口额由 40.5 亿冰岛克朗增至 116.8 亿冰岛克朗，占比由 0.8%提高到 1.7%；而进口额则由 24.5 亿冰岛克朗降至 2018 年的 11.9 亿冰岛克朗后，2019 年增至 16.7 亿冰岛克朗，占比也由 0.7%降至 0.3%后增至 0.4%。冰岛对华服务出口增长较快，而进口呈先下降后回升态势。同时，冰岛对华服务贸易顺差快速增加，由 2014 年的 16.0 亿冰岛克朗提高到 2019 年的 100.1 亿冰岛克朗，呈持续扩大趋势。

表 2—11—6　2013—2019 年冰岛与中国服务贸易情况

单位：亿冰岛克朗；%

年份	贸易总额		冰岛对华出口		冰岛自华进口		贸易差额
	金额	占比	金额	占比	金额	占比	
2013 年	70.1	0.8	30.2	0.6	39.9	1.2	−9.7
2014 年	64.9	0.8	40.5	0.8	24.5	0.7	16.0
2015 年	99.0	1.0	76.5	1.3	22.5	0.6	54.0

续 表

年份	贸易总额		冰岛对华出口		冰岛自华进口		贸易差额
	金额	占比	金额	占比	金额	占比	
2016 年	110.0	1.1	86.4	1.3	23.7	0.6	62.7
2017 年	108.4	1.0	90.8	1.3	17.6	0.4	73.2
2018 年	121.2	1.0	109.3	1.5	11.9	0.3	97.4
2019 年	133.5	1.2	116.8	1.7	16.7	0.4	100.1

资料来源：冰岛统计局。

2. 贸易结构

从冰岛对华服务出口结构来看，旅行始终占据绝对优势。2019 年，冰岛对华旅行出口 97.5 亿冰岛克朗，占冰岛对华服务出口总额的 83.6%，比 2013 年提高 20.5 个百分点，充分反映出中冰自贸协定生效对冰岛旅游业产生的积极作用，还带动了与旅行相关的运输出口增长，2019 年达到 11.1 亿冰岛克朗，是 2013 年的 3 倍，占冰岛对华服务出口的 9.5%。同时，个人、文化和娱乐服务增长显著，2019 年已增至 0.6 亿冰岛克朗，是 2013 年的 17 倍，占比由 2013 年的 0.1%提升至 0.5%。此外，其他商业服务出口和占比与 2013 年相比均有所下降。

表 2—11—7　2013 年和 2019 年冰岛对中国服务出口情况

单位：百万冰岛克朗；%

主要服务类型	2013 年		2019 年	
	金额	占比	金额	占比
维护和维修服务	32.2	1.1	—	—
运输	373.7	12.4	1 106.0	9.5
旅行	1 906.4	63.1	9 750.6	83.6
知识产权使用费	28.6	0.9	0.2	0.0
电信、计算机和信息	314.0	10.4	391.9	3.4
其他商业服务	193.6	6.4	102.9	0.9
个人、文化和娱乐服务	3.3	0.1	56.2	0.5
政府产品和服务	166.9	5.5	258.0	2.2
总额	3 018.9	100.0	11 665.8	100.0

资料来源：冰岛统计局。

从冰岛自华服务进口结构来看，目前主要集中在旅行、其他商业服务、电信、计算机和信息领域。2019 年，旅行服务进口额为 4.4 亿冰岛克朗，居于首位，占比达到33.5%，比2013年提高17.6个百分点。冰岛自华其他商业服务进口额为3.8亿冰岛克朗，占冰岛自华服务进口的28.6%，比2013年下降了49.5个百分点，下降程度较大。而电信、计算机和信息进口增加至3.4亿冰岛克朗，占比达到25.6%，比2013年提高25.5个百分点，增长显著。此外，运输、个人、文化和娱乐服务的金额及占比均有提高。

表2—11—8 2013年和2019年冰岛自中国服务进口情况

单位：百万冰岛克朗；%

主要服务类型	2013年		2019年	
	金额	占比	金额	占比
维护和维修服务	49.6	1.2	—	—
运输	93.7	2.4	105.2	8.0
旅行	635.6	15.9	442.9	33.5
知识产权使用费	0.5	0.0	0.0	0.0
电信、计算机和信息	4.4	0.1	338.6	25.6
其他商业服务	3 114.4	78.1	378.7	28.6
个人、文化和娱乐服务	0.0	0.0	4.6	0.3
政府产品和服务	86.8	2.2	52.6	4.0
总额	3 986.9	100.0	1 322.6	100.0

资料来源：冰岛统计局。

3. 旅游合作

冰岛旅游资源十分丰富，旅游业是目前冰岛第一大出口产业。早在2004年4月，中冰两国就签署《中国旅游团队赴冰岛旅游签证及相关事宜的谅解备忘录》，为扩大中国游客赴冰岛旅游提供便利。受WOW航空公司破产和冰航集团波音737 MAX飞机停飞事件影响，2019年访问冰岛的外国游客人数不到200万，是2016年以来的最低水平，但中国访冰游客数量仍同比增长11%，高达9.9万人。①。同时中国游客在冰停留时间较长，且与其他国家游客相比，购物消费意愿较强，预计未来几年，中国访冰游客人数将继续增加，双方旅游合作潜力仍待释放。②

4. 经济技术合作

中国在冰岛的经济技术合作规模较小，“十三五”期间仅在2017年有承包工程

① 2019年访冰游客人数下降，但中国访冰游客数量继续保持两位数增长［EB/OL］. http://is.mofcom.gov.cn/article/jmxw/202001/20200102930142.shtml，2020—01—14.

② 2020年预计有13万中国游客访冰［EB/OL］. http://is.mofcom.gov.cn/article/jmxw/202001/20200102932818.shtml，2020—01—22.

合作，整体合作情况不佳，未实现较大突破。从技术引进来看，截至 2018 年年底，中国自冰岛引进技术和设备项目 4 个，总金额约 745 万美元。从承包工程来看，截至 2018 年年底，中国企业累计签订在冰岛承包工程合同金额 6 012 万美元。2010 年以前，中国在冰岛承包工程完成营业额基本在 500 万美元上下，2010 年和 2011 年分别达到 1 410 万美元和 1 684 万美元，而 2013 年至 2016 年，中国在冰岛均无承包工程。根据中国商务部的数据，2017 年新签并完成 1 个承包工程项目，合同金额和完成营业额均为 1 704 万美元，2018、2019 年无对外承包工程。从劳务合作来看，2019 年无派出人员，年末在冰总人数为 12 人。

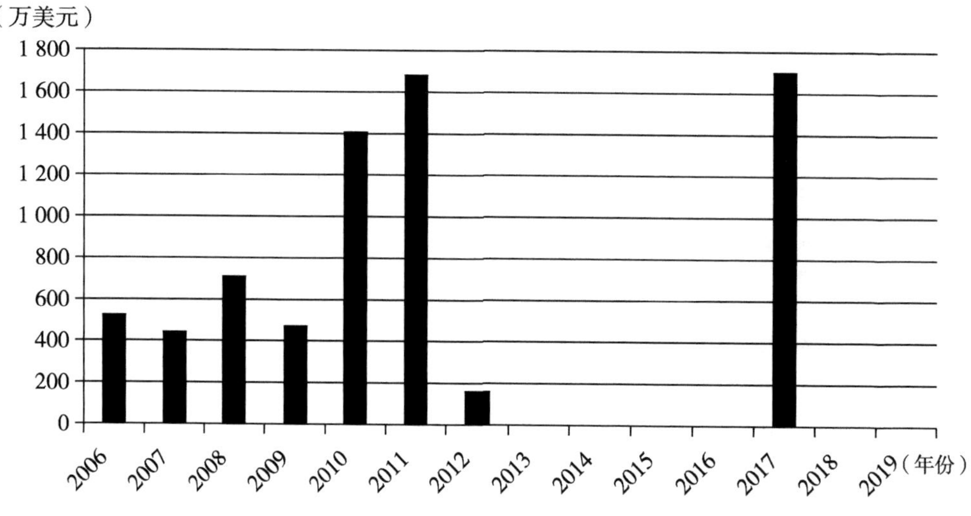

图 2—11—1　2006—2019 年中国在冰岛承包工程情况

资料来源：中国商务年鉴、中国商务部、中国统计年鉴。

（三）双向投资

近年来，中冰投资合作领域涉及地热开发利用、油气勘探、电信、航运、造船、医药和节能环保等领域。“十三五”期间，中冰双向投资尚未实现较大突破，仅 2017、2018 年有投资往来。截至 2018 年年底，中方共批准冰岛来华投资项目 33 个[①]，主要涉及地热能开发、制药、食品加工设备、假肢矫形康复器材、塑料、游戏软件、物流等领域。中国对冰岛直接投资规模较小，投资存量截至 2018 年年底为 1 473 万美元，主要涉及可再生能源、硅铁、电解铝、通信等领域，其中 2018 年中国对冰岛直接投资 73 万美元，2019 年中国对冰岛无直接投资。

① 中冰经贸关系［EB/OL］. http：//tradeinservices. mofcom. gov. cn/article/tongji/guoji/201905/82215. html，2019—05—05.

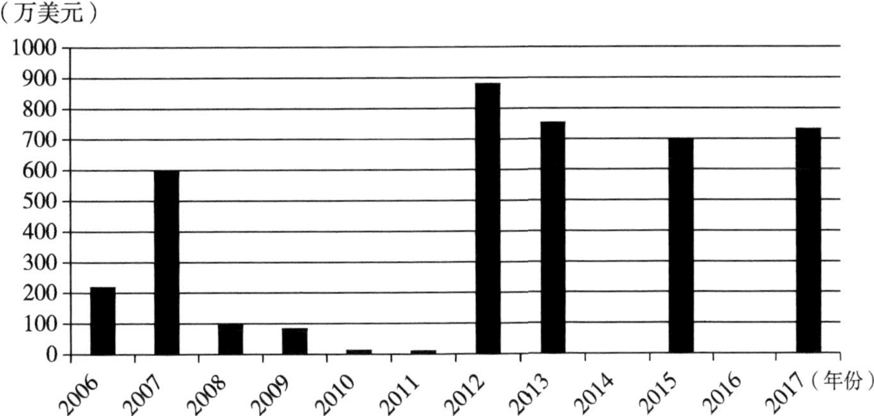

图 2—11—2　2006—2017 年中国实际利用冰岛投资情况

注：2018—2019 年冰岛没有新增对华投资。

资料来源：中国商务年鉴、中国商务部。

第十二章　中国—瑞士自由贸易协定*

瑞士位于欧洲中部内陆，被德国、奥地利、列支敦士登、意大利和法国环抱，被称为“欧洲的心脏”，是永久中立国，也是欧洲重要的非欧盟国家。瑞士经济高度发达，是世界上最富裕的国家之一。1950 年 9 月 14 日，瑞士与中国正式建立外交关系，政治互信不断加深。2016 年 4 月 8 日，在瑞士联邦主席约翰·施奈德一阿曼访华期间，两国发表联合声明，开创性地建立了创新战略伙伴关系，使两国的友好关系以及各领域合作得到全面加强。

一、协定签署

中国—瑞士自由贸易区是中国与欧洲大陆国家建立的第一个自贸区。早在 2007 年 7 月 8 日，中瑞两国就签署《中国商务部与瑞士经济部联合声明》，瑞士正式承认中国完全市场经济地位，为中瑞经贸关系的全面发展营造了公平环境，瑞士也成为继冰岛、俄罗斯等国家之后，第三个承认中国完全市场经济地位的欧洲国家。①

2009 年 1 月，中国与瑞士就启动中瑞自贸区联合可行性研究达成一致，并于同年 11 月 30 日正式宣布启动联合研究，经过两次产业交流研讨会和三次可研会议，双方对经贸关系、货物贸易、服务贸易、知识产权、贸易自由化影响等领域进行重点研究，研究结论总体积极，双方于 2010 年 8 月 13 日结束自贸协定联合可行性研究。2011 年 1 月 28 日，两国启动自贸协定谈判，经过九轮谈判，于 2013 年 5 月 24 日就实质性问题达成一致，结束自贸协定谈判。在完成各自国内批准程序后，中瑞两国于 2013 年 7 月 6 日正式签署《中瑞自由贸易协定》，涵盖货物贸易、服务贸易、投资、知识产权、环境等众多领域，成为中国与欧洲大陆国家签署的第一个综合性自贸协定。2014 年 3 月，瑞士联邦议会联邦院通过《中瑞自由贸易协定》，4 月 29 日，双方互换了《中瑞自由贸易协定》的生效照会，这一协定于 2014 年 7 月 1 日正式生效，开启了中瑞经贸合作的新纪元。根据协定规定，瑞士参与降税的产品比例为 99.99%，仅有 254 项产品作为例外不予降税，其中对中国 99.7%的出口产品立

---

* 本部分作者为赵晶。

① 丁蕊．瑞士承认中国完全市场经济地位［EB/OL］. http：//money.163.com/07/0710/02/3J0N2M2D002524SJ.html，2007－07－10.

即实施零关税；中国参与降税的产品比例为96.5%，有457项产品作为例外不予降税，其中对瑞士84.2%的出口最终实施零关税。中瑞自贸区是中国与全球经济前20强国家建立的第一个双边自贸区，具有一定辐射和示范作用，有利于进一步密切中国与其他欧洲国家的经贸合作，带动中欧经贸关系加快发展。

2017年1月16日，中瑞两国宣布启动中瑞自贸协定升级联合研究，共同探讨提升和丰富协定内容的可能性。2017年5月18—19日，双方举行中瑞自贸区升级联合研究第一次会议暨产业研讨会，就可能升级的领域进行广泛交流。中瑞自贸区的升级将为进一步提升两国经贸合作水平提供助力，并推动双边关系迈上新台阶。2018年3月27日，中国—瑞士自贸协定升级联合研究第二次会议在北京举行。双方就可能纳入升级的领域、联合研究报告内容以及下一步工作安排等问题进行了深入磋商，进一步挖掘双边经贸合作潜力。

表2—12—1 中国—瑞士自由贸易区建设历程

时间	主要协议
2009年11月30日	启动中瑞自由贸易区联合可行性研究
2010年8月13日	签署《关于结束中瑞自由贸易协定联合可行性研究的谅解备忘录》
2011年1月28日	签署《关于启动中瑞自由贸易协定谈判的谅解备忘录》
2013年5月24日	签署《关于结束中瑞自由贸易协定谈判的谅解备忘录》
2013年7月6日	签署《中瑞自由贸易协定》
2014年4月29日	互换《中瑞自由贸易协定》生效照会
2014年7月1日	《中瑞自由贸易协定》生效
2017年1月16日	签署《关于中瑞自由贸易协定升级的谅解备忘录》

资料来源：根据中国自由贸易区服务网资料整理。

二、经贸合作

近年来，中瑞经贸关系实现高质量、多层次和宽领域发展，特别是中瑞自贸协定的有效实施为两国合作创造了更多机遇。中瑞自贸协定是高质量、内涵丰富、互利共赢的协定，自生效以来，为双边经贸合作创造了良好的制度环境，有利于两国经贸关系的稳定发展。目前，中国是瑞士在亚洲最大的贸易伙伴，也是仅次于欧盟和美国的第三大贸易伙伴；同时，中国是瑞士重要的投资来源国，也是瑞士在亚洲的重要投资国。中瑞自贸协定为两国企业和金融等领域提供了便利平台和重要发展机遇。

(一) 货物贸易

根据中瑞自贸协定的降税安排，瑞士自协定生效之日起对6958项产品立即实施零关税，对619项产品实施10%到50%的部分降税；其中，工业品全部立即实施零关税，农产品中 962 项产品立即实施零关税，403 项产品实施部分降税。中国自协定生效之日起对 1 803 项产品立即实施零关税，对 5 495 项产品经 5 年、10 年或更长时间实施零关税，对 168 项产品经 10 年过渡期降税 60%。

1. 贸易规模

中瑞两国根据协定安排逐步降低关税，但受到世界经济形势影响，中国与瑞士双边贸易规模并未实现预期增长。根据中方统计，2013 年《中瑞自由贸易协定》签署当年，双边贸易额飙升至 595.3 亿美元，比上年增长 126.3%，占中国对外贸易总额的比重也达到 1.4%。但“十三五”期间，中瑞双边贸易呈波动下降态势，由 2016 年 430.5 亿美元变动至 2019 年的 318.1 亿美元，占中国对外贸易总额的比重由 1.2%降至 0.7%，均为 2013 年来最低水平。其中，中国对瑞士出口规模较小但保持良好的增长势头，2018 年对瑞出口总量突破 40 亿美元后，2019 年进一步增至 45.5 亿美元，比上年增长 13.2%，但占中国出口总额比重变化不大，始终不足 0.2%。中国自瑞士进口规模较大但与贸易总额变化趋势趋同，呈波动式下降态势，有 2016 年的 398.9 亿美元降至 2019 年的 272.6 亿美元，占中国进口总额的比重也由 2.5%降至 1.3%，为历年最低水平。从贸易差额情况来看，中国对瑞士存在较大逆差，2016 年逆差规模高达 367.3 亿美元，此后，随着中国自瑞士进口额的变动，贸易逆差规模处于波动状态，2019 年变动至 227.1 亿美元，贸易逆差降至历史最低水平。在当前新冠肺炎疫情的影响下，中瑞双边贸易额下降明显。根据中国海关统计，2020 年 1—9 月，中瑞进出口总额为 167.9 亿美元，比上年同期下降 25.2%，其中出口额 37.7 亿美元，比上年同期上升 14.0%，实现逆势增长；进口额为 130.2 亿美元，比上年同期下降 32.0%，下降幅度较大。

表 2—12—2　2013—2019 年中瑞双边贸易情况（中方统计）

单位：亿美元；%

年份	中瑞贸易总额		中国对瑞出口		中国自瑞进口		贸易差额
	金额	比重	金额	比重	金额	比重	
2013 年	595.3	1.4	35.1	0.16	560.2	2.9	−525.1
2014 年	434.9	1.0	31.1	0.13	403.8	2.1	−372.7
2015 年	444.1	1.1	32.0	0.14	412.1	2.5	−380.1
2016 年	430.5	1.2	31.6	0.15	398.9	2.5	−367.3
2017 年	360.5	0.9	31.6	0.14	328.9	1.8	−297.3
2018 年	425.4	0.9	40.2	0.16	385.2	1.8	−345.0
2019 年	318.1	0.7	45.5	0.18	272.6	1.3	−227.1

数据来源：根据中国海关统计整理。

而根据瑞方统计，2013—2019年，中国和瑞士双边贸易额及占瑞士对外贸易总额比重整体呈波动状态。协定签署当年双边贸易额达到333.2亿美元，占瑞对外贸易总额的4.9%。其中，“十三五”期间，双边贸易发展并不平稳，2018年增长幅度较大，贸易额达到450.8亿美元，占比达到7.6%，均创下历史新高，但2019年回落至366.7亿美元，占瑞士对外贸易总额比重降至6.2%。其中，瑞士对华出口额较大，中国是瑞士第三大出口市场，趋势与总体贸易发展一致，2016年出口额为273.3亿美元，占瑞对外出口总额的9.0%，2018年突破300亿美元增至历史最高水平，2019年回落至215.4亿美元，比上年降低28.9%；而瑞士自华进口额上升态势明显，2017—2019年连续三年增长，2019年瑞士自华进口额高达151.3亿美元，实现较大突破，占瑞士进口总额的5.5%，创下新高。瑞士在对华贸易中基本保持顺差地位，2019年由于出口下降明显，贸易顺差规模降至64.1亿美元。

表2—12—3 2013—2019年瑞中双边贸易情况（瑞方统计）

单位：亿美元；%

年份	瑞中贸易总额		瑞士对华出口		瑞士自华进口		贸易差额
	金额	比重	金额	比重	金额	比重	
2013年	333.2	4.9	209.9	5.9	123.3	3.8	86.5
2014年	316.9	5.4	184.1	5.9	132.8	4.8	51.2
2015年	332.5	6.1	202.9	7.0	129.6	5.1	73.3
2016年	399.1	7.0	273.3	9.0	125.8	4.7	147.6
2017年	378.0	6.7	244.9	8.2	133.1	5.0	111.9
2018年	450.8	7.6	303.0	9.8	147.9	5.3	155.1
2019年	366.7	6.2	215.4	6.9	151.3	5.5	64.1

数据来源：根据UN Comtrade数据库整理。

2. 贸易结构

从中国对瑞士出口商品结构来看，2019年与自贸协定生效前的2013年相比未发生显著变化。第一，机电产品（HS84和HS85）仍是中国对瑞士出口最多的商品，2019年出口额为17.3亿美元，占中国对瑞出口总额的38.0%，高于2013年7个百分点；第二，有机化学品（HS29）和钟表及其零件（HS91）的出口占比有所增长，占比合计达到16.8%，高于2013年4.8个百分点；第三，铁道车辆及相关设备（HS86）跻身前十位，出口额为2.0亿美元，占比为4.5%，居于第六；第四，纺织服装（HS61和HS62）以及光学、照相、医疗设备（HS90）等产品的出口占比下降显著，尤其是纺织服装出口额降至2.2亿美元，低于2013年1.5亿美元，占比也降至5.0%，低于2013年5.5个百分点；第五，鞋靴饰等产品（HS64）

跌出对瑞出口前十位之列。

表 2—12—4 2013 年和 2019 年中国对瑞士出口前十位商品对比

单位：亿美元；%

2013 年				2019 年			
HS	名称	金额	比重	HS	名称	金额	比重
85	电机、电气、音像设备及其零附件	6.3	17.9	84	核反应堆、锅炉、机械器具及零件	9.8	21.5
84	核反应堆、锅炉、机械器具及零件	4.6	13.1	85	电机、电气、音像设备及其零附件	7.5	16.5
64	鞋靴、护腿和类似品及其零件	4.0	11.4	29	有机化学品	5.5	12.2
29	有机化学品	3.4	9.7	71	珠宝、贵金属及制品；仿首饰；硬币	2.7	5.9
61	针织或钩编的服装及衣着附件	2.0	5.7	91	钟表及其零件	2.1	4.6
71	珠宝、贵金属及制品；仿首饰；硬币	1.8	5.1	86	铁道车辆；轨道装置；信号设备	2.0	4.5
62	非针织或非钩编的服装及衣着附件	1.7	4.8	90	光学、照相、医疗等设备及零附件	1.6	3.5
90	光学、照相、医疗等设备及零附件	1.6	4.6	61	针织或钩编的服装及衣着附件	1.1	2.5
94	家具；寝具等；灯具；活动房	0.9	2.6	62	非针织或非钩编的服装及衣着附件	1.1	2.5
91	钟表及其零件	0.8	2.3	94	家具；寝具等；灯具；活动房	1.0	2.1
合计		27.1	77.2	合计		34.5	75.9
总值		35.1	100.0	总值		45.4	100.0

数据来源：根据 UN Comtrade、中国海关数据库整理。

从中国自瑞士进口商品结构来看，产品集中度非常高，2019 年主要进口商品类别与 2013 年相比差别不大。其中，珠宝首饰类产品（HS71）进口额居于首位，达到 157.4 亿美元，占中国自瑞进口总额的比重达到 57.8%，高于 2013 年近 57 个百分点，成为中瑞贸易的主要产品；机电产品（HS84 和 HS85）进口额为 33.2 亿美元，占中国自瑞进口总额的 12.2%，高于 2013 年 6.1 个百分点；钟表及其零件（HS91）、药品（HS30）地位进一步提升，分别为第二、第四大进口商品。其中，钟表及其零件（HS91）进口额为 20.8 亿美元，占比为 4.9%，高于 2013 年 1.7 个百分点，药品（HS30）进口额和占比与 2013 年相比均有显著提升，进口额比 2013 年增加 6.1 亿美元，占比提高 4.3 个百分点；光学和医疗设备（HS90）、有机化学品（HS29）、塑料（HS39）等占比也均高于 2013 年的水平；此外，精油和香料制品（HS33）等产品跻身进口前十位商品之列，钢铁制品（HS73）退出前十位进口商品。

表 2—12—5　2013 年和 2019 年中国自瑞士进口前十位商品对比

单位：亿美元；%

2013 年				2019 年			
HS	名称	金额	比重	HS	名称	金额	比重
99	未分类产品	463.1	82.7	71	珠宝、贵金属及制品；仿首饰；硬币	157.4	57.8
84	核反应堆、锅炉、机械器具及零件	21.1	3.8	91	钟表及其零件	23.2	8.5
91	钟表及其零件	18.0	3.2	84	核反应堆、锅炉、机械器具及零件	21.9	8.0
85	电机、电气、音像设备及其零附件	12.9	2.3	30	药品	17.2	6.3
90	光学、照相、医疗等设备及零附件	12.2	2.2	90	光学、照相、医疗等设备及零附件	16.8	6.2
30	药品	11.1	2.0	85	电机、电气、音像设备及其零附件	11.3	4.2
29	有机化学品	5.9	1.1	29	有机化学品	4.6	1.7
71	珠宝、贵金属及制品；仿首饰；硬币	5.6	1.0	98	特殊交易品及未分类商品	2.9	1.1
39	塑料及其制品	1.9	0.3	33	精油及香膏；香料制品及化妆盥洗品	2.8	1.0
73	钢铁制品	1.1	0.2	39	塑料及其制品	2.6	1.0
合计		553.8	98.9	合计		260.8	95.7
总值		560.2	100.0	总值		272.6	100.0

数据来源：根据 UN Comtrade、中国海关数据库整理。

（二）服务贸易

服务业是瑞士的优势产业，也是中国着重发展的产业，随着《中瑞自贸协定》的签署和生效，两国服务领域开放水平不断提高，合作力度也不断增强。

1. 金融合作

金融是中瑞两国服务领域合作的重点。2013 年 5 月，中瑞两国签署《中国人民银行与瑞士联邦财政部金融对话谅解备忘录》，宣布建立中瑞金融对话机制。目前，瑞士银行有限公司、瑞士信贷银行股份有限公司、瑞士苏黎世州银行、欧洲金融银行集团瑞士有限公司、汇丰私人银行（瑞士）有限公司、瑞士银行盈丰银行股份有限公司等 6 家银行和丰泰保险公司、苏黎世保险公司和瑞士再保险公司等 3 家保险公司在华共设立 8 家代表处和 5 家营业性分支机构，其中瑞士信贷第一波士顿银行和丰泰保险公司已分别在上海开设分行。

中瑞两国在货币市场、资本市场积极开展金融合作。2014 年 7 月，中国人民银行与瑞士国家银行签署了规模为 1 500 亿元人民币/210 亿瑞士法郎的双边本币互换协议，并于 2017 年续签。2015 年 1 月，双方签署《中国人民银行与瑞士国家银行合作备忘录》，就在瑞士建立人民币清算安排有关事宜达成一致，并同意将人民币合格境外机构投资者（RQFII）试点地区扩大到瑞士，投资额度为 500 亿元人民币；同年 11 月，中国人民银行宣布在银行间外汇市场开展人民币与瑞郎直接交易，瑞郎成为第 7 个可直接与人民币进行交易的主要货币。此外，中国建设银行苏黎世分行已于 2016 年 1 月正式挂牌营业，并被人民银行授权担任瑞士人民币业务清算行；中国工商银行苏黎世分行也已取得瑞士银行业牌照并于 2018 年开业；2018 年 1 月中国香港金管局与瑞士当局以及两地业界代表签署 3 份谅解备忘录，加强双方在金融市场发展、金融科技及推广私人财富管理方面的合作。2019 年 4 月，上海证券交易所与瑞士 SIX 证券交易所续签谅解备忘录，巩固并加深双方自 2015 年开始的合作；同年 4 月 26 日，双方正式推出建设银行与冯托贝尔银行共同研发的瑞士市场首个“一带一路”主题的权益类票据金融产品，这是欧洲金融市场“一带一路”主题的重大金融创新，也是中瑞金融合作的最新成果。2020 年 8 月，商业科技云服务平台金融壹账通与瑞士再保险集团签署合作协议，双方将共同开发基于人工智能和高级数据分析的数字端到端解决方案，用于欧洲市场的汽车理赔服务。

2. 旅游合作

旅游是中瑞两国主要的合作领域之一。中国国家旅游局在瑞士苏黎世、瑞士国家旅游局在北京互设有办事处，2004 年两国签署《中瑞旅游目的地实施谅解备忘录》，瑞士正式成为中国公民出境旅游目的地，赴瑞旅游人数不断增长。2015 年中国赴瑞游客人数达到了创纪录的 136 万人次，中国已成为瑞士第四大客源国，瑞士是最受中国游客喜欢的欧洲目的地之一。据瑞方统计，2019 年中国大陆公民赴瑞士旅游人数为 100.9 万人次，同比下降 1.7%。

中瑞两国还借 2022 年中国举办冬奥会契机，在冰雪旅游、山地旅游、冬季运动等方面加强合作。2017 年，瑞士受邀成为国际冬季运动（北京）博览会主宾国，瑞士滑雪协会与中国滑雪协会签署推广雪上运动合作谅解备忘录，北京市延庆区与瑞士格劳宾登州圣莫里茨市签署友好交流备忘录，瑞士国家旅游局与飞猪签署合作项目协议等。同时，中国成功申办 2022 年冬季奥运会也为区域合作提供契机，达沃斯正在与河北崇礼商谈合作开展冬季运动教练培训、旅游推广等活动。据文化和旅游部数据中心统计，2019 年，瑞士来华游客 7.1 万人次，同比下降 4.7%。同年，河北省文化和旅游厅与瑞士日内瓦旅游和会展基金会签署了战略合作协议，“河北文化旅游推广中心”在瑞士正式设立，双方当地企业签署战略合作协议及意向书。中国是最早受新冠肺炎疫情影响的国家，早在2020年1月，瑞士国家旅游局第一时间就表达了对中国的友好和支持，并针对中国游客提出了有效实用的信息和实际解决方案，如开创性地为无法按期回国的在瑞中国游客提供延长签证服务等。

3. 经济技术合作

中国在瑞士的经济技术合作项目不多，承包工程规模不大，除2015年承包工程完成营业额超过1亿美元外，其他年份均在2 000万美元以下。“十三五”期间，中瑞经济技术合作规模稳步增长，2016—2019年承包工程完成营业额年均增长94.8%。根据中国商务部的数据，2019年中国在瑞士新签5份承包工程合同，合同额5 919万美元，当年完成营业额1 884万美元，对外承包工程派出人数66人；同期，劳务合作派出人数为440人，年末在外人数812人。从服务外包来看，2019年承接外包合同数1206份，协议金额21.4亿美元，比上年下降14.7%。瑞士是中国在欧洲重要的技术引进来源国，2019年中国共批准自瑞士技术引进合同87项，金额11.8亿美元，涉及电气、机械制造、房地产和医药等领域。

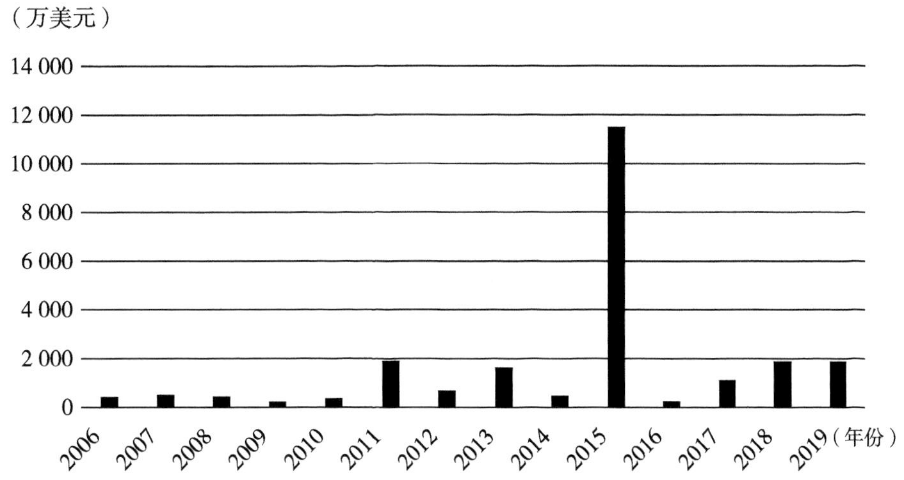

图2－12－1　2006—2019年中国在瑞士承包工程完成营业额情况

资料来源：中国商务年鉴、商务部。

（三）双向投资

瑞士是对华投资的先行者。瑞士迅达集团作为全球最大的电梯和自动扶梯生产商之一，1980年在华设立了当时中国第一家中外合资工业企业。[①] 雀巢、诺华、罗

① 瑞士对华投资先行者：期待习近平访瑞开启两国巨大商机［EB/OL］. http://www.chinanews.com/gn/2017/01－14/8124044.shtml，2017－01－14.

氏等瑞士大型跨国企业相继来华布点，瑞士银行（投资银行）和裕利公司（药品分销）是中国服务业对外开放过程中首批进入中国市场的外国企业。“十三五”期间，瑞士对华投资整体呈上升趋势，2016—2019 年年均增长 5.6%。2019 年瑞士对华投资 6.4 亿美元，是“十二五”期末 2015 年的近三倍。瑞士对华投资主要集中在化工化纤、食品加工、电器工具、医疗用品、汽车配件、建筑材料、纺织服装和贸易等领域，投资区域主要在沿海城市和经济特区。① 2020 年 9 月雀巢正式对外宣布最新一轮在华投资举措，在哈尔滨双城增资 4 亿元。② 在英国完成脱欧前，瑞士是欧洲对华投资最多的非欧盟国家。

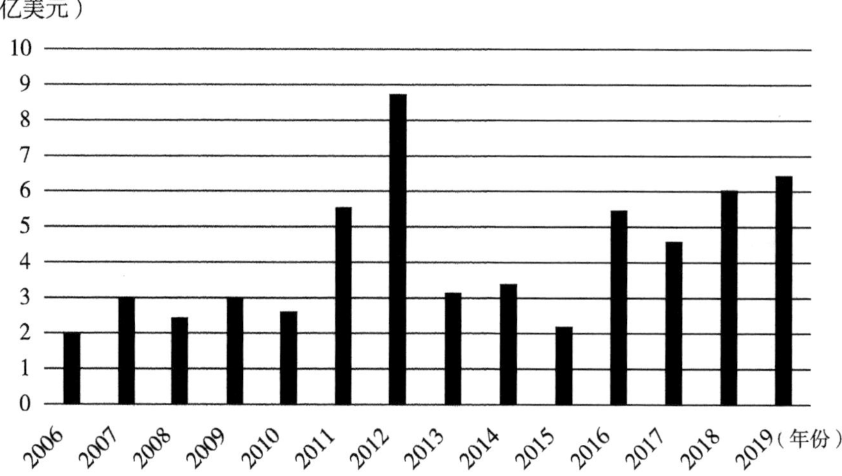

图 2—12—2　2006—2019 年瑞士对华直接投资情况

资料来源：中国统计年鉴、商务部。

近年来，中国对瑞士投资不断增加，瑞士已成为中国企业对欧洲投资的重要目的地。2013 年，中国对瑞士投资流量突破 1 亿美元，达到 1.3 亿美元。“十三五”期间，中国对瑞直接投资流量波动较大，由 2016 年的 0.7 亿美元急速攀升至 2017 年的 75.1 亿美元后，2018 年出现 32.1 亿美元的净流出，2019 年投资流量回到 6.8 亿美元，是“十二五”期末 2015 年的近三倍。截至 2019 年年底，中国在瑞士投资存量为 56.6 亿美元。中国企业不断扩大“走出去”步伐，加大对瑞士企业的并购。例如，2011 年中国海淀集团收购了瑞士拥有悠久历史的腕表制造商——绮年华，又在 2013 年买下瑞士豪华腕表品牌——昆仑表；2015 年，海航集团以 27.3 亿瑞士法

① 中国同瑞士的关系［EB/OL］. http：//www. fmprc. gov. cn/web/gjhdq _ 676201/gj _ 676203/oz _ 678770/1206 _ 679618/sbgx _ 679622/t7359. shtml，2019—04.

② 黑龙江获雀巢增资，农业环境全面升级［EB/OL］. http：//ch. mofcom. gov. cn/article/jmxw/202009/20200903002313. shtml，2020—09—18.

郎全资收购了瑞士国际空港服务有限公司，2016 年，以 15 亿美元收购了全球第二大航空餐配公司——瑞士佳美集团，还收购了集机身、发动机、航材服务和航空技术培训为一体的瑞士航空技术公司 80%的股权。① 同年，中国化工以 437 亿瑞郎收购农化巨头先正达，这是中国企业至今为止进行的最大收购项目②。

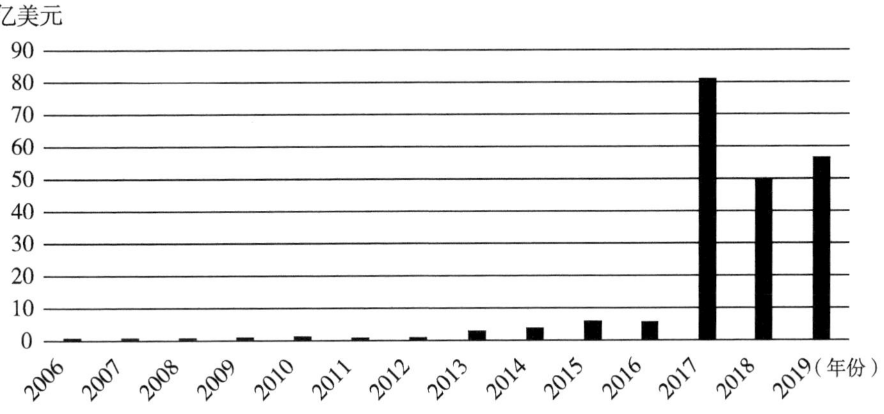

图 2－12－3 2006—2019 年中国对瑞士直接投资存量情况

资料来源：中国商务年鉴、商务部。

① 瑞士：中国对外投资新大陆［EB/OL］. http：//www. ce. cn/xwzx/gnsz/gdxw/201701/15/t20170115_19605332. shtml，2019－04.

② 瑞士政府不对中国企业的收购活动进行限制［EB/OL］. http：//www. sohu. com/a/295122532_120051440，2019－02－15.

第十三章　中国—韩国自由贸易协定*

韩国位于东亚朝鲜半岛南部，东、南、西三面环海，西濒临黄海，东南临朝鲜海峡，东临日本海，北与朝鲜相邻，从地缘政治与经济发展的角度来看，韩国是中国的重要周边国家。1992年8月，中韩两国正式建立外交关系，随后，双边关系取得了迅猛发展。1998年11月，韩国总统金大中访华，中韩两国宣布建立面向21世纪的中韩合作伙伴关系；2003年7月，两国进一步建立全面合作伙伴关系；2008年5月，两国宣布建立战略合作伙伴关系。2014年7月，中国国家主席习近平访韩，两国宣布将努力成为实现共同发展的伙伴、致力地区和平的伙伴、携手振兴亚洲的伙伴、促进世界繁荣的伙伴。2017年12月，韩国总统文在寅访华，双方就推动中韩关系改善发展、加强在朝鲜半岛等国际地区问题上的沟通合作深入交换意见，达成多项重要共识。

一、协定签署

早在2004年，中韩双方即宣布启动中韩自贸区民间可行性研究。2006年11月，中韩两国启动了政府主导的官产学联合研究。2007年，中韩举行了自贸区官产学联合研究第一次会议。2010年5月，中韩两国在进行了五次联合研究会议后，宣布结束中韩自贸区官产学联合研究，为中韩两国自贸区协定的启动奠定了良好基础。2012年5月2日，两国发布启动中国—韩国自贸协定的部长声明，中韩两国部长宣布正式启动自贸区谈判。从2012年5月至2014年11月，中韩两国经历了14轮艰难谈判，2014年11月，两国共同确认结束实质性谈判。

历经十余年的联合研究与磋商谈判，中韩两国于2015年6月1日签署《中华人民共和国政府和大韩民国政府自由贸易协定》（以下简称《中韩自贸协定》），双方在货物贸易、服务贸易、投资、经济合作等领域均取得了积极成果。2015年12月19日，中国海关总署发布《关于中华人民共和国政府和大韩民国政府自由贸易协定实施相关事宜的公告》（公告2015年第63号）称，经国务院批准，《中华人民共和国政府和大韩民国政府自由贸易协定》自2015年12月20日起正式实施并第一次降税，韩国产业通商资源部也于2015年12月18日公布《韩中自贸协定》正式生效。《中韩自贸协定》是东北亚地区第一个自贸协定，是当时中国对外签署的覆盖领域最

* 本部分作者为张雪妍。

广、开放水平最高、涉及国别贸易额最大的自贸协定。就中韩自贸协定关于降税的具体安排而言，中韩自贸区建成后，韩国 92％的产品将对中国实现零关税，覆盖自中国进口额的 91％；中国 91％的产品也将对韩国实现零关税，覆盖自韩国进口额的 85％。中国在多领域均首次为韩国开了先河，如在自贸协定中第一次纳入电子商务章节。在服务贸易方面，中国首次承诺将以准入前国民待遇和负面清单的模式进行下一阶段谈判，同时，首次将金融和电信单独设章纳入协议。另外，中国首次以附件形式列明特定领域的合作内容，为第二阶段的磋商谈判打下基础。截至 2020 年 8 月，双方已 6 次削减关税，零关税贸易额覆盖率已达 55％以上①，优惠关税利用率持续提升，在贸易、投资、规则、经济合作领域均取得一定成效，进一步加强了中韩产业链的融合，使两国经贸关系得到深化。

2017 年 12 月 14 日，中国国家主席习近平和韩国总统文在寅在举行年内第三次元首会晤后，共同见证了签署《启动中韩自由贸易协定（FTA）第二阶段谈判谅解备忘录》。2018 年 3 月，中韩两国在首尔正式启动了中韩自贸协定第二阶段的首轮谈判，这是中国首次使用负面清单方式进行服务贸易和投资谈判的自由贸易协定谈判。随后，两国稳步推动谈判，截至 2020 年 11 月，两国共举办了 8 轮谈判②，取得了一定成果。

表 2－13－1　中国—韩国自由贸易区建设历程

时间	主要协议
2006 年 11 月	启动中韩自由贸易区官产学联合研究
2010 年 5 月 28 日	结束中韩自由贸易区官产学联合研究
2012 年 5 月 2 日	发表《启动中国—韩国自由贸易协定谈判的联合部长声明》
2014 年 11 月 10 日	签署《关于结束中国—韩国自由贸易协定谈判的会议纪要》
2015 年 6 月 1 日	签署《中韩自由贸易协定》，2015 年 12 月 20 日生效
2017 年 12 月 14 日	签署《启动中韩自由贸易协定第二阶段谈判谅解备忘录》
2018 年 3 月 22 日	举行中韩自贸协定第二阶段首轮谈判
2020 年 7 月 20 日	举行中韩自贸区协定第二阶段第 8 轮谈判

资料来源：根据中国自由贸易区服务网资料整理。

2020 年新冠肺炎疫情发生后，中韩经贸联委会第 24 次会议 8 月在山东青岛举

① 自贸协定深化中韩贸易投资合作　协定实施以来双方已进行六次关税削减[EB/OL]. http://fta.mofcom.gov.cn/article/chinakorea/koreagfguandian/202008/42981_1.html，2020－08－19.

② 中韩 FTA 二阶段第八轮谈判今起举行［EB/OL］. http://fta.mofcom.gov.cn/article/chinakorea/koreagfguandian/202007/42740_1.html，2020－07－12.

行，两国就常态化疫情防控下推动中韩经贸关系发展及有关区域和多边经贸合作议题深入交换意见，达成广泛共识；双方承诺加强双边合作顶层设计，积极推进中韩自贸协定第二阶段谈判。

二、经贸合作

中韩自贸区的建成，直接提升了两国货物贸易、服务贸易自由化、便利化水平，加大了双方相互投资力度，促进了两国在各领域的经济合作，增进了两国的人员流动与相互交流，为共同市场的进一步形成、产业链的全面融合，提供了制度保障。目前，中国是韩国第一大贸易伙伴、第一大出口市场和第一大进口来源国，韩国是中国第三大贸易伙伴国。

（一）货物贸易

1. 贸易规模

据中国海关统计，“十二五”期间，中韩贸易总体持续小规模增长，经贸关系基本趋于稳定。到 2015 年，中韩贸易总额为 2 759.0 亿美元，占中国总体贸易额的 7.0%。“十三五”期间，中韩两国贸易规模呈现先升后降趋势，由 2016 年的 2 524.3亿美元增至 2018 年的 3 134.3 亿美元，2019 年出现下滑，降至 2 845.8 亿美元，占中国对外贸易总额的比重整体呈下降趋势，由 6.8%降至 6.2%。其中，中国对韩国出口呈上升趋势，由 2016 年的 935.4 亿美元增至 2019 年的 1 110.0 亿美元，占比由 4.5%略降至 4.4%；中国自韩进口由 2016 年的 1 589.0 亿美元增至 2018 年的 2 046.4 亿美元后，2019 年降至 1 735.8 亿美元，占比则由 10.0%降至 8.4%。中国对韩国呈现贸易逆差状态，2019 年逆差额有所减少，为 625.8 亿美元。2020 年，蔓延全球的新冠肺炎疫情对中韩贸易产生一定不利影响，1—9 月，中韩贸易额为 2 072.1 亿美元，比上年同期下降 1.5%；其中，中国对韩出口 807.3 亿美元，同比下降 1.2%，自韩进口 1 264.8 亿美元，同比下降 1.7%；贸易逆差为 457.5 亿美元。

表 2－13－2　2012—2019 年中韩货物贸易总体情况（中方统计）

单位：亿美元；%

年份	进出口总额		中国出口		中国进口		贸易差额
	总额	比重	金额	比重	金额	比重	
2012 年	2 563.3	6.6	876.8	4.3	1 686.5	9.3	－809.7
2013 年	2 742.5	6.6	911.8	5.0	1 830.7	9.4	－918.2
2014 年	2 904.9	6.8	1 003.4	4.3	1 901.5	9.7	－898.1
2015 年	2 759.0	7.0	1 013.8	4.5	1 745.2	10.4	－731.4

续　表

年份	进出口总额		中国出口		中国进口		贸易差额
	总额	比重	金额	比重	金额	比重	
2016 年	2 524.3	6.8	935.4	4.5	1 589.0	10.0	−653.6
2017 年	2 802.6	6.8	1 027.5	4.5	1 775.0	9.6	−747.5
2018 年	3 134.3	6.7	1 087.9	4.3	2 046.4	8.2	−958.7
2019 年	2 845.8	6.2	1 110.0	4.4	1 735.8	8.4	−625.8

数据来源：根据中国海关数据统计整理①。

据韩国海关统计，“十二五”时期，韩中货物贸易总额基本维持在 2 200 亿美元左右。到 2015 年，两国贸易额为 2 273.8 亿美元，占韩国贸易总额的 23.6%。“十三五”期间，双边贸易有所增长，由 2016 年的 2 113.9 亿美元增至 2018 年的 2 686.6亿美元后，降至 2019 年的 2 434.3 亿美元，占比基本维持在 23%左右。其中，韩国对华出口由 2016 年的 1 244.3 亿美元增至 2018 年的 1 621.6 亿美元后，降至 2019 年的 1 362.0 亿美元，占比由 25.1%升至 26.8%后，2019 年降回 2016 年水平；韩国自华进口由 2016 年的 889.6 亿美元增至 2019 年的 1 072.3 亿美元，而占比则由 21.4%降至 2018 年的 19.9%后，2019 年又升至 21.3%。韩国对华贸易顺差也呈现先升后降趋势，到 2019 年降至 289.7 亿美元。

表 2—13—3　2012—2019 年韩中货物贸易总体情况（韩方统计）

单位：亿美元；%

年份	进出口总额		韩国出口		韩国进口		贸易差额
	金额	比重	金额	比重	金额	比重	
2012	2 151.1	20.1	1 343.3	24.5	807.8	15.6	535.5
2013	2 289.2	23.6	1 458.7	26.0	830.5	20.7	628.2
2014	2 354.0	21.4	1 453.3	24.5	900.5	17.1	552.8
2015	2 273.8	23.6	1 371.4	26.0	902.4	20.7	469.0
2016	2 113.9	23.4	1 244.3	25.1	889.6	21.4	374.7
2017	2 399.7	22.8	1 421.2	25.8	978.6	20.5	442.6
2018	2 686.6	23.6	1 621.6	26.8	1 064.8	19.9	556.8
2019	2 434.3	23.3	1 362.0	25.1	1 072.3	21.3	289.7

数据来源：韩国海关。

① 2019 年 12 月进出口商品国别总值表［EB/OL］. http：//www.customs.gov.cn/customs/302249/302274/302277/302276/2851396/index.html，2020—01—23.

2. 贸易结构

中国对韩国最主要的出口商品是机电产品，占中国对韩出口总额的四成以上，其次是贱金属及其制品、化学工业及其相关工业产品，合计约占出口额的20%，产品较为集中。2019年，中国对韩国前十位出口商品总额为786.8亿美元，占中国对韩国出口额的70.9%。其中，主要出口商品为电机、电器、音像设备及其零附件（HS85）与核反应堆、锅炉、机械器具类零件（HS84），出口额为510.6亿美元，占46.0%。其次是钢铁及其制品（HS72和HS73）、光学设备（HS90）、无机和有机化学品（HS28和HS29）等。与中韩自贸协定生效前的2014年相比总体变化不大，无机化学品、塑料及其制品等产品占比有所提升，针织或钩编的服装及衣着附件占比有所下降。

表2—13—4　2014年和2019年中国对韩国出口前十位商品对比

单位：亿美元；%

2014年				2019年			
HS	名称	金额	比重	HS	名称	金额	比重
85	电机、电气、音像设备及其零附件	369.7	36.8	85	电机、电气、音像设备及其零附件	376.7	33.9
84	核反应堆、锅炉、机械器具及零件	90.7	9.0	84	核反应堆、锅炉、机械器具及零件	133.9	12.1
72	钢铁	83.4	8.3	72	钢铁	51.4	4.6
90	光学、照相、医疗等设备及零附件	41.1	4.1	90	光学、照相、医疗等设备及零附件	41.0	3.7
73	钢铁制品	28.2	2.8	28	无机化学品；贵金属等化合物	36.9	3.3
29	有机化学品	25.1	2.5	29	有机化学品	32.5	2.9
61	针织或钩边的服装及衣着附件	24.6	2.5	73	钢铁制品	30.3	2.7
62	非针织或非钩编的服装及衣着附件	23.5	2.4	94	家具；寝具等；灯具；活动房	29.0	2.6
27	矿物燃料、矿物油及产品；沥青等	21.2	2.1	39	塑料及其制品	28.8	2.6
94	家具；寝具等；灯具；活动房	19.5	1.9	61	针织或钩编的服装及衣着附件	26.3	2.4
合计		727	72.4	合计		786.8	70.9
总值		1 003	100.0	总值		1 110.0	100.0

数据来源：根据中国海关统计整理。

中国自韩国进口商品也主要集中在机电产品领域，约占自韩国进口总额的60%；其次是化工产品，约占12%。2019年，中国自韩国前十位进口商品总额为1 571.8亿美元，占自韩国进口额的90.6%。其中，最主要商品为电机、电气、音像设备及其零附件（HS85），占 45.7%；其次为核反应堆、锅炉、机械器具及其零件（HS84）与光学、照相、医疗等设备及零附件（HS90），占比分别为 12.4%和 7.5%。与中韩自贸协定生效前的 2014 年相比总体变化不大，光学设备、珠宝贵金属以及车辆及其零部件等产品占比均有所下降，但精油及化妆品占比有所提升。中国自韩国进口化妆品等日用化工品大幅提升，主要得益于中韩自贸协定在日用化工品方面的优惠政策，例如，牙膏等口腔清洁用品在 10 年内取消目前 10%的关税，洗发沐浴产品和护肤品也在 5 年内部分降税 20%～35%左右。

表 2—13—5　2014 年和 2019 年中国自韩国进口前十位商品对比

单位：亿美元；%

2014 年				2019 年			
HS	名称	金额	比重	HS	名称	金额	比重
85	电机、电气、音像设备及其零附件	766	40.2	85	电机、电气、音像设备及其零附件	792.6	45.7
90	光学、照相、医疗等设备及零附件	223	11.7	84	核反应堆、锅炉、机械器具及零件	214.6	12.4
84	核反应堆、锅炉、机械器具及零件	175	9.2	90	光学、照相、医疗等设备及零附件	130.0	7.5
29	有机化学品	139	7.3	29	有机化学品	115.4	6.7
39	塑料及其制品	124	6.5	39	塑料及其制品	109.7	6.3
71	珠宝、贵金属及其制品	104	5.5	27	矿物燃料、矿物油及其产品；沥青等	99.3	5.7
27	矿物燃料、矿物油及其产品；沥青等	95	5.0	33	精油及香膏；香料制品及化妆盥洗品	33.0	1.9
87	车辆及其零附件，但铁道车辆除外	57	3.0	72	钢铁	32.9	1.8
72	钢铁	43	2.3	74	铜及其制品	23.1	1.3
74	铜及其制品	20	1.1	70	玻璃及其制品	21.2	1.2
合计		1 746	91.8	合计		1 571.8	90.6
总值		1 901.5	100.0	总值		1 735.8	100.0

数据来源：根据中国海关统计整理。

（二）服务贸易

1. 贸易规模

据韩方统计，“十二五”期末的 2015 年，韩国服务贸易总额为 2 096.2 亿美元，其中，韩中服务贸易额为 359.3 亿美元，占 17.4%。韩国对华服务贸易出口为 208.2 亿美元，占 21.4%，对华服务贸易进口为 151.1 亿美元，占 13.5%。“十三五”期间，韩中服务贸易总额基本稳定，韩国对华服务贸易出口总体略有下降，对华服务贸易进口呈持续增长趋势。2016 年，韩中服务贸易额为 359.7 亿美元，占韩国服务贸易总额的 17.4%；2017 年降至 321.2 亿美元，占 14.9%。2018 年，韩中服务贸易提高到 361.9 亿美元，占 15.9%；其中，韩对华服务出口 187.4 亿美元，增长 20.3%，占 18.9%；韩对华服务进口 174.5 亿美元，增长 5.6%，占 13.5%。

表 2—13—6　2015—2018 年韩国对中国服务贸易总体情况

单位：亿美元；%

年份	韩中服务贸易总额	占比	韩国对中国出口	占比	韩国对中国进口	占比
2015	359.3	17.1	208.2	21.4	151.1	13.5
2016	359.7	17.4	205.4	21.7	154.3	13.8
2017	321.2	14.9	156.0	17.4	165.2	13.1
2018	361.9	15.9	187.4	18.9	174.5	13.5

数据来源：国际贸易中心（*International Trade Centre*，ITC）。

2. 经济技术合作

韩国在中国对外承包工程中所占比例不大。2009 年，中国对韩国承包工程完成营业额为 6.1 亿美元，随后大幅降低。“十二五”期间，中国对韩承包工程完成营业额在 2 亿～4 亿美元上下浮动，基本处于稳定状态。“十三五”期间，中国企业在韩国承包工程完成营业额有所提升，由 2016 年的 3.3 亿美元增至 2018 年的 4.0 亿美元后快速攀升。2019 年，中国对韩承包工程新签合同 27 份，新签合同额 8.3 亿美元，完成营业额 13.4 亿美元，比上年增长 2 倍多，占比 0.8%。当年承包工程派出人数 46 人，年末在外人数 100 人。同时，中国对韩派出各类劳务人员 1 947 名，年末在外人数 9 706 人。

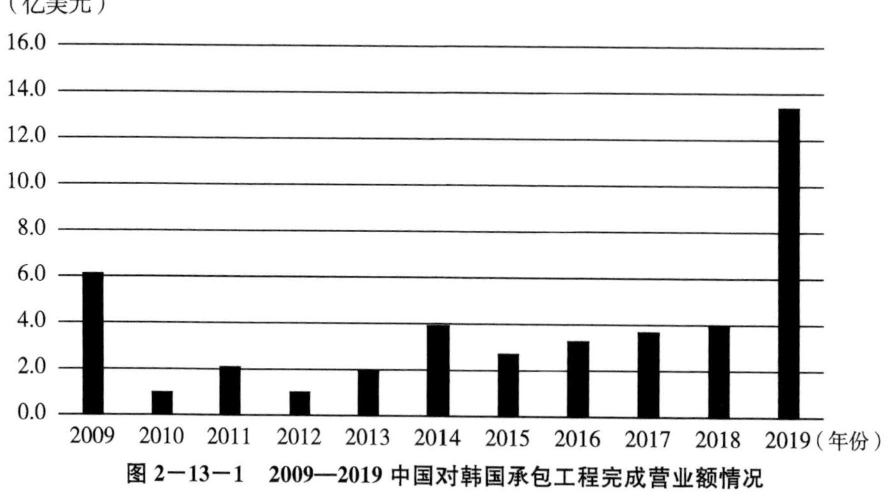

图 2—13—1　2009—2019 中国对韩国承包工程完成营业额情况

资料来源：国家统计局、《中国统计年鉴 2020》。

（三）双向投资

1. 韩国对华投资

“十二五”期间，韩国对华投资增长趋势明显。2011—2013 年，韩国对华投资基本维持在 30 亿美元左右。2014 年和 2015 年，韩对华投资显著提升，投资额升至 40 亿美元左右。《中韩自贸协定》生效后，韩国企业加快了进入中国市场的步伐，“十三五”期间，韩国对华投资总体呈增长态势。2016 年，中国实际利用韩国投资达 47.5 亿美元，同比增长 17.8%，占中国实际利用外商直接投资的 3.8%。2017 年，韩国对华投资下降至 36.7 亿美元，之后很快扭转局势，对华投资持续增长。根据《中国统计年鉴 2020》的数据，2019 年，韩国对华投资 2 108 个项目，比上年增长 12.0%，中国利用韩资总额为 55.4 亿美元，增加 18.6%，占 4.0%。根据中国商务年鉴，截至 2019 年，韩国累积对华投资项目 67375 个，实际投资额 825.7 亿美元，韩国是中国第二大外资来源国，中国也是韩国第二大投资对象国。

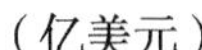

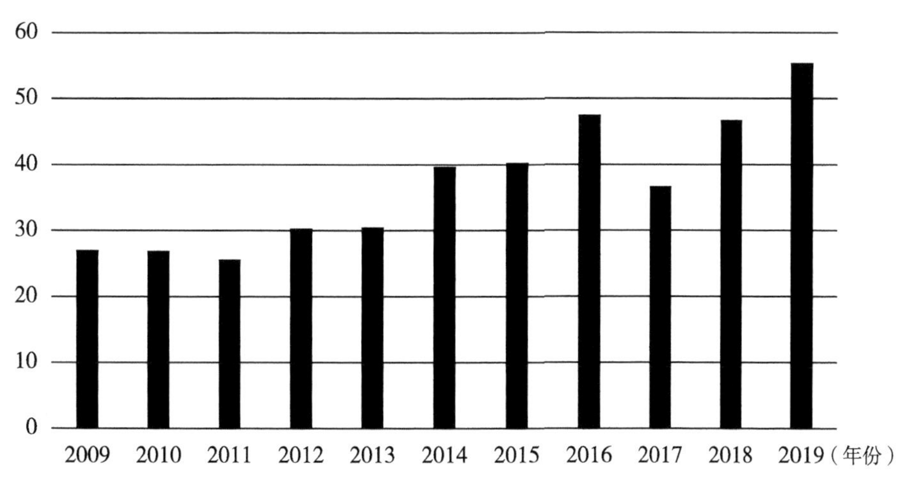

图 2—13—2 2008—2019 年韩国对华直接投资情况

资料来源：国家统计局。

2. 中国对韩投资

受世界经济、韩国经济形势以及中韩政治关系等因素影响，中国对韩投资波动较大。“十二五”期间，中国对韩投资主要集中在房地产领域，投资范围较为局限。《中韩自贸协定》增设了知识产权保护、贸易救济等 11 个专门委员会，以解决企业可能发生的纠纷和对行政执法的质疑，为创造公平、透明、稳定的贸易环境奠定了基础、提供了保障。“十三五”期间，随着中国企业“新投资”时代的开启，对外投资总体规模大幅提升。中国对韩投资也有了整体性改变，涉及金融、保险、电子商务等服务类投资逐渐增多。2016 年，中国对韩直接投资流量达到 11.5 亿美元，随后有所回落。到 2019 年，中国对韩直接投资降至 5.6 亿美元，占中国对外投资总额的 0.4%。截至 2019 年年末，中国对韩国直接投资存量 66.7 亿美元，占比为 0.3%。

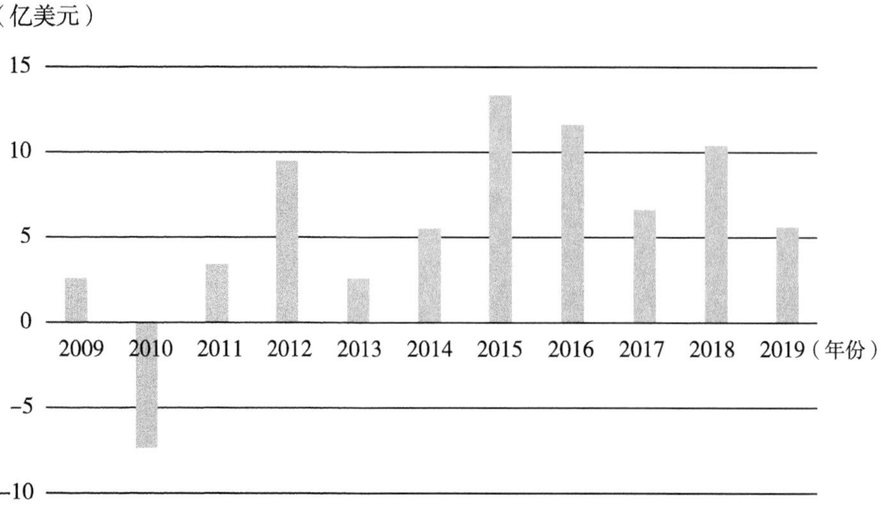

图 2—13—3　2009—2019 年中国对韩直接投资流量情况

资料来源：《2019 年度中国对外直接投资统计公报》。

（四）地方经济合作

为促进中韩经济社会发展、产业链融合，两国在自贸协定中加入经济合作章节，设立经济合作委员会，监督经济合作规划落地，涉及农渔合作、工业合作、政府采购以及其他领域的合作。其中，地方经济合作、中韩产业园成为中韩自贸协定的特色和亮点，为中韩第二阶段的服务贸易与投资谈判进行先行先试。2020 年 8 月，在中韩经贸联委会第 24 次会议中，双方表示将继续推动地方经济合作，共建中韩产业园，打造地方合作新高地，支持中国有关省市创新方式、拓宽领域，深入推动与韩国经贸合作取得更多务实成果。

1. 中韩经济合作、国际合作示范区

在中韩自贸协定地方合作章节中，双方将威海和仁川自由经济区（IFEZ）作为实施合作项目的示范区，并商定在协定谈判结束后，由威海和仁川市政府商谈具体事宜。自贸协定签署后，中韩自贸区地方经济合作论坛持续举行，双方各自设立展示馆，推介龙头企业产品和服务平台。截至 2020 年 11 月，两地区已签署"'四港联动'打造东北亚物流中心"八方合作协议，地方经济合作联合委员会已顺利召开三次会议，在知识产权、通关贸易、交通物流、文化旅游、医疗卫生、体育、科技教育、经贸合作等领域均达成一定共识。

2020年4月，国务院发布《关于中韩（长春）国际合作示范区总体方案的批复》发布，原则同意《中韩（长春）国际合作示范区总体方案》；6月，中韩（长春）国际合作示范区正式揭牌成立。示范区核心区占地210平方公里，主导产业为信息技术产业、高端装备和智能制造、医药医疗和健康服务业等，旨在推动中韩两国产业链协同合作，贸易投资便利化发展。中韩两国通过地方合作，推动了中韩地方合作机制的标准化和制度化，不仅提升了商品流通和服务业便利化水平，还促进了中韩经济合作体制机制创新。

2. 中韩产业园

在中韩自贸协定中韩产业园相关章节中，双方同意在指定产业园的设立、运营和发展方面加强合作，包括知识分享、信息交换和投资促进。同时，双方致力于推动指定产业园内企业的相互投资。协定生效后，中国开始了中韩产业园规划与建设，2017年12月，国务院批复了在江苏省盐城市设立中韩（盐城）产业园，在山东省烟台市设立中韩（烟台）产业园，在广东省惠州市设立中韩（惠州）产业园。通过中韩产业园建设，两国建立了一系列合作机制和模式，促进了产业链的融合、创新与升级。

表2—13—7 中韩产业园进展情况

园区	重点领域	当前进展
中韩（烟台）产业园	新一代信息技术、医药健康、新能源汽车、研发制造、高端服务、高端装备、新材料	2017年12月11日，国务院正式批复设立中韩（烟台）产业园。 2019年上半年产业园新签有进超低温冷链物流等对韩合作项目10个，落地项目9个，其中，与韩科院共同设立中韩科技孵化合作基地已在开发区正式揭牌。 2020年7月，举办中韩（烟台）产业园线上推介暨重点项目签约仪式，共签约7个外资项目，总投资7 000万美元，合同外资3 200万美元。
中韩（盐城）产业园	重点发展五大合作产业：汽车产业、电子信息产业、新能源装备产业、临港产业、现代服务业	2016年6月23日，中韩盐城产业园发展基金正式运行。 2018年10月《中韩盐城产业园建设实施方案》正式获批。 截至2020年11月已有韩国动力电池、润阳光伏电池三期等项目入驻园区。
中韩（惠州）产业园	重点发展电子信息产业、石油化工产业、战略性新兴产业、现代服务业	2017年12月11日，国务院正式批复设立中韩（惠州）产业园。 2018年3月，成立中韩惠州产业园建设工作指导小组。 2019年4月，惠州市发布《中韩（惠州）产业园核心组团空间发展总体规划》。

资料来源：商务部中韩产业园网站、各产业园官方网站及媒体报道。

第十四章　中国—澳大利亚自由贸易协定*

澳大利亚位于南太平洋和印度洋之间，由澳大利亚大陆、塔斯马尼亚岛等岛屿和海外领土组成，四面环海，是世界上唯一国土覆盖一整个大陆的国家。澳大利亚资源丰富，被称为“骑在羊背上的国家”和“坐在矿车上的国家”，也是世界最发达的国家之一。1972 年 12 月 21 日，中国与澳大利亚正式建交，双边关系发展顺利。1999 年 9 月，双方建立中澳面向 21 世纪的长期稳定、健康发展的全面合作关系。2006 年 4 月，中澳领导人就发展两国 21 世纪互利共赢的全面合作关系达成共识。2013 年 4 月，中澳两国建立了战略合作伙伴关系，2014 年 11 月，两国领导人将中澳关系提升为全面战略伙伴关系，为两国自由贸易区建设和双边经贸关系发展奠定了良好基础。

一、协定签署

中国—澳大利亚自由贸易区是中国与西方主要发达国家建立的首个高水平自由贸易区。早在 2003 年 10 月，中澳两国就签署了《中国和澳大利亚贸易与经济框架》，决定开展自由贸易区可行性联合研究。2005 年 3 月，双方完成联合研究，并于同年 4 月，签署《关于承认中国完全市场经济地位和启动中华人民共和国与澳大利亚自由贸易协定谈判的谅解备忘录》，正式启动了自由贸易区谈判。2005 至 2008 年，两国举行了 13 轮谈判，但难点问题未能取得突破，随后谈判陷入停滞，直至 2010 年才恢复谈判。此后，双方又经历了 8 轮谈判，才最终就全部内容达成一致，并于 2014 年 11 月 17 日签署《关于实质性结束中澳自由贸易协定谈判的意向声明》。2015 年 6 月 17 日，两国正式签署《中澳自由贸易协定》，并于同年 12 月 20 日正式生效。

《中澳自由贸易协定》是中国首次与经济总量较大的主要发达经济体谈判达成自由贸易协定，也是中国与其他国家迄今已商签的贸易投资自由化整体水平最高的自由贸易协定之一。在货物贸易领域，澳大利亚自由化水平达到 100%，中国自由化水平也达到 97%；在服务贸易领域，澳大利亚是世界上首个对中国以负面清单方式作出服务贸易承诺的国家，而且双方商定以负面清单方式启动并尽快完成下一轮服

* 本部分作者为张雪妍。

务贸易谈判。在《中澳自由贸易协定》框架下，双方还签署了《投资便利化安排谅解备忘录》和《假日工作签证安排谅解备忘录》，旨在对中国赴澳投资企业的相关人员给予一定的签证便利化安排，并向中国 18 至 30 岁的年轻人提供每年 5 000 个进入澳大利亚旅游并进行短期工作的机会，同时也同意将按照准入前国民待遇加负面清单的模式与澳方进行谈判，进一步提升投资自由化和便利化水平。

2017 年 10 月 25 日至 27 日，两国就《中澳自由贸易协定》服务贸易章节、投资章节以及《关于投资便利化安排的谅解备忘录》进行第一次审议，并举行了服务、金融服务、投资和自然人移动委员会会议。2019 年 1 月 1 日，双方根据协定实施了第五次关税减让，澳输华零关税产品总数高达 5418 种，其中包括葡萄酒、海鲜、蜂蜜、樱桃、活牛等。

中国—澳大利亚自由贸易区的建立为两国经贸关系确立了更加开放、便利和规范的制度安排，有助于深度挖掘两国合作潜力，推动两国经济向持久和深入方向发展，为充实两国全面战略伙伴关系发展提供重要内容。同时，中澳同为亚太地区大国和全球重要经济体，建立自由贸易区有利于务实推进亚太地区经济一体化进程，促进亚太地区各经济体的深度融合和共同发展，并为亚太自由贸易区进程提供坚实的踏板。

表 2—14—1　中国—澳大利亚自由贸易区建设历程

时间	主要协议及事件
2003 年 10 月	签署《中国和澳大利亚贸易与经济框架》，启动中澳自由贸易区可行性联合研究
2005 年 3 月	完成中澳自由贸易区可行性联合研究
2005 年 4 月	签署《关于承认中国完全市场经济地位和启动中华人民共和国与澳大利亚自由贸易协定谈判的谅解备忘录》
2014 年 11 月 17 日	签署《关于实质性结束中澳自由贸易协定谈判的意向声明》
2015 年 6 月 17 日	签署《中澳自由贸易协定》《投资便利化安排谅解备忘录》和《假日工作签证安排谅解备忘录》
2015 年 12 月 20 日	《中澳自由贸易协定》生效
2017 年 3 月 24 日	签署《中华人民共和国政府与澳大利亚政府关于审议中国—澳大利亚自由贸易协定有关内容的意向声明》

资料来源：根据中国自由贸易区服务网资料整理。

二、经贸合作

中澳自贸协定是全面、高质量、利益平衡的协定，也是中国目前签署的整体贸易投资自由化水平最高的自贸协定之一，为两国经贸合作建立了更加开放、便利和规范的制度安排，有利于促进双边经贸关系的全面、深入发展，并为两国经济发展提供了强劲动力。

（一）货物贸易

1. 贸易规模

“十二五”期间，受国际市场不景气以及中国对外贸易下滑的影响，中澳双边贸易规模出现萎缩，到 2015 年，双边贸易额降至 1 139.6 亿美元。“十三五”期间，中澳两国贸易规模呈持续增长态势，由 2016 年的 1 079.5 亿美元增至 2019 年的 1 696.4亿美元，占中国对外贸易总额的比重也由 2.9%提高到 3.7%。其中，中国对澳大利亚稳步持续增长，由 2016 年的 372.9 亿美元增至 2019 年的 482.1 亿美元，占比由 1.8%略升至 1.9%；自澳进口增长较快，由 706.7 亿美元增至 1 214.3 亿美元，占比由 4.5%提高到 5.8%。中国在对澳贸易中长期处于逆差地位。“十三五”期间，逆差规模由 2016 年的 333.8 亿美元升至 2019 年的 732.2 亿美元。2020 年，中澳贸易受到新冠肺炎疫情的冲击有所下滑，1—9 月，双边贸易额为 1 226.1 亿美元，比上年同期下降 3.6%；其中，中国对澳出口 369.1 亿美元，逆势增长 6.8%，自澳进口 857.0 亿美元，同比下降 7.4%。

表 2—14—2　2014—2019 年中澳双边贸易情况（中方统计）

单位：亿美元；%

年份	中澳贸易总额		中国对澳出口		中国自澳进口		贸易差额
	金额	比重	金额	比重	金额	比重	
2014 年	1 367.8	3.2	391.5	1.7	976.3	5.0	−584.8
2015 年	1 139.6	2.9	403.2	1.8	736.4	4.4	−333.2
2016 年	1 079.5	2.9	372.9	1.8	706.7	4.5	−333.8
2017 年	1 362.6	3.3	414.4	1.8	948.2	5.2	−533.8
2018 年	1 527.9	3.3	473.4	1.9	1 054.5	4.9	−473.4
2019 年	1 696.4	3.7	482.1	1.9	1 214.3	5.8	−732.2

数据来源：中国海关统计。

中国在澳大利亚对外贸易中占据十分重要的地位，是其第一大货物贸易伙伴、第一大出口目的地和第一大进口来源地。“十三五”期间，澳中贸易额呈明显上升趋势，由 2016 年的 1 042.3 亿美元增至 2019 年的 1 599.5 亿美元，占澳大利亚对外贸易总额的比重由 27.5%提高到 32.0%。其中，澳大利亚对华出口增长较快，由 2016 年的 599.9 亿美元增至 2019 年的 1 030.0 亿美元，占比由 31.6%提高到 38.7%；自华进口增长较缓，由 442.4 亿美元增至 569.5 亿美元，占比由 23.4%提高到 25.7%。“十三五”期间，澳大利亚对华贸易顺差持续增长，由 2016 年的

157.5亿美元增至2019年的460.5亿美元。

表2—14—3 2014—2019年澳中双边贸易情况（澳方统计）

单位：亿美元;%

年份	澳中贸易总额		澳对华出口		澳自华进口		贸易差额
	金额	比重	金额	比重	金额	比重	
2014年	1 282.7	27.4	814.1	33.9	468.5	20.6	345.6
2015年	1 073.1	27.7	610.1	32.5	462.9	23.1	147.2
2016年	1 042.3	27.5	599.9	31.6	442.4	23.4	157.5
2017年	1 180.7	25.7	681.0	29.6	499.7	21.9	181.2
2018年	1 431.3	29.6	876.1	34.1	555.2	24.4	320.9
2019年	1 599.5	32.0	1 030.0	38.7	569.5	25.7	460.5

数据来源：根据UN Comtrade数据库整理。

2. 贸易结构

从中国对澳大利亚出口商品结构来看，2019年与自贸协定生效前的2014年相比变化不大，前十位出口商品占比达到70.5%，集中度较高。2019年，机电产品（HS84和HS85）仍是中国对澳出口最多的商品，出口额达到173.1亿美元，占中国对澳出口总额的36.0%。其次是家具类产品（HS94），出口额33.2亿美元，占6.9%。再次是矿物燃料（HS27），出口额26.0亿美元，占5.4%。此外，主要出口商品还包括塑料及其制品、钢铁制品、服装、玩具、车辆及零附件等。

表2—14—4 2014年和2019年中国对澳大利亚出口前十位商品对比

单位：亿美元;%

2014年				2019年			
HS	名称	金额	比重	HS	名称	金额	比重
84	核反应堆、锅炉、机械器具及零件	76.1	19.4	85	电机、电气、音像设备及其零附件	90.5	18.8
85	电机、电气、音像设备及其零附件	58.1	14.8	84	核反应堆、锅炉、机械器具及零件	82.5	17.1
94	家具；寝具等；灯具；活动房	29.2	7.4	94	家具；寝具等；灯具；活动房	33.2	6.9
61	针织或钩编的服装及衣着附件	20.8	5.3	27	矿物燃料、矿物油及其产品	26.0	5.4
73	钢铁制品	20.1	5.1	39	塑料及其制品	22.3	4.6
62	非针织或非钩编的服装及衣着附件	18.6	4.8	73	钢铁制品	21.0	4.4

续 表

2014 年				2019 年			
HS	名称	金额	比重	HS	名称	金额	比重
39	塑料及其制品	15.9	4.1	61	针织或钩编的服装及衣着附件	18.1	3.8
87	车辆及其零附件，但铁道车辆除外	9.7	2.5	62	非针织或非钩编的服装及衣着附件	17.6	3.7
95	玩具、游戏或运动用品及其零附件	9.2	2.4	95	玩具、游戏或运动用品及其零附件	14.5	3.0
63	其他纺织制品；成套物品；旧纺织品	8.0	2.0	87	车辆及其零附件，但铁道车辆除外	14.0	2.9
合计		265.7	67.9	合计		339.7	70.5
总值		391.5	100.0	总值		482.1	100.0

数据来源：中国海关统计。

从中国自澳大利亚进口商品结构来看，2019 年与自贸协定生效前的 2014 年相比，主要进口商品变化较大，但集中度依然较高。首先，矿产品（HS25—27）仍是中国自澳进口最多的产品，2019 年矿产品进口额达到 947.4 亿美元，占中国自澳进口总额的 78.1%。其中，矿砂、矿渣及矿灰（HS26）进口额为 693.3 亿美元，占中国自澳进口额的 57.1%，比 2014 年下降 4.7 个百分点。矿物燃料（HS27）进口额为 242.6 亿美元，占 20.0%，比 2014 年提高 7.8 个百分点。其次，珠宝、贵金属等产品（HS71）成为中国自澳进口的主要产品，2019 年进口额达到 75.9 亿美元，占中国自澳进口总额的 6.3%。第三，肉及食用杂碎（HS02）、羊毛等动物毛（HS51）等产品进口占比略有提高，而铜及其制品（HS74）进口占比则有所下降。此外，木及木制品（HS44）、盐和硫磺等（HS25）、药品（HS30）、饮料和酒等（HS22）跻身中国自澳进口前十位商品之列。

表 2—14—5　2014 年和 2019 年中国自澳大利亚进口前十位商品对比

单位：亿美元；%

2014 年				2019 年			
HS	名称	金额	比重	HS	名称	金额	比重
26	矿砂、矿渣及矿灰	602.9	61.8	26	矿砂、矿渣及矿灰	693.3	57.1
27	矿物燃料、矿物油及其产品；沥青等	119.1	12.2	27	矿物燃料、矿物油及其产品；沥青等	242.6	20.0
99	未分类产品	79.5	8.1	71	珠宝、贵金属及制品；仿首饰；硬币	75.9	6.3
74	铜及其制品	32.3	3.3	02	肉及食用杂碎	25.8	2.1

续 表

2014 年				2019 年			
HS	名称	金额	比重	HS	名称	金额	比重
10	谷物	17.3	1.8	51	羊毛等动物毛；马毛纱线及其机织物	17.8	1.5
51	羊毛等动物毛；马毛纱线及其机织物	15.3	1.6	44	木及木制品；木炭	14.1	1.2
28	无机化学品；贵金属等的化合物	12.0	1.2	25	盐；硫磺；土及石料；石灰及水泥等	11.5	1.0
52	棉花	10.8	1.1	74	铜及其制品	10.6	0.9
02	肉及食用杂碎	10.6	1.1	30	药品	9.3	0.8
41	生皮（毛皮除外）及皮革	8.8	0.9	22	饮料、酒及醋	9.1	0.7
合计		908.5	93.1	合计		1 110.0	91.4
总值		976.3	100.0	总值		1 214.3	100.0

数据来源：中国海关统计。

（二）服务贸易

1. 贸易规模

《中澳自贸协定》在世贸组织《服务贸易总协定》的基础上，进一步扩大了服务贸易市场开放，为双边服务贸易发展提供了较好的政策环境。根据澳大利亚的统计，近年来，澳中服务贸易规模不断扩大，到 2014—2015 财年，澳中服务贸易总额为 120.9 亿澳元，其中澳大利亚对华出口 96.7 亿澳元，进口 24.2 亿澳元。“十三五”期间，澳中服务贸易总额持续增长，由 2015—2016 财年的 152.6 亿澳元增至 2018—2019 财年的 219.7 亿澳元，占澳大利亚服务贸易的比重也提高到 11.1%，中国成为澳大利亚第二大贸易伙伴①。其中，澳大利亚对华出口由 125.0 亿澳元增至 184.1 亿澳元，占比提高到 19.0%；澳大利亚自中国进口由 27.6 亿澳元增至 34.9 亿澳元，占比升至 3.4%。中国成为澳大利亚第一大服务贸易出口国和第八大服务贸易进口国②。

---

① 第一大贸易伙伴为美国，2018—19 财年澳美贸易总额为 276.7 亿澳元。《澳大利亚服务贸易报告 2018—2019》[EB/OL]. https://www.dfat.gov.au/about-us/publications/Pages/trade-in-services-australia.

② 如按国家和地区排名，中国排在第 9 位，中国香港排在第 8 位。《澳大利亚服务贸易报告 2018—2019》[EB/OL]. https://www.dfat.gov.au/about-us/publications/Pages/trade-in-services-australia.

表 2－14－6　2014—2015 财年至 2018—2019 财年澳大利亚对中国服务贸易情况

单位：亿澳元

年份	澳中服务贸易总额	澳大利亚对中国出口	澳大利亚自中国进口
2014—2015 财年	120.9	96.7	24.2
2015—2016 财年	152.6	125.0	27.6
2016—2017 财年	172.2	144.6	27.6
2017—2018 财年	203.5	170.9	32.6
2018—2019 财年	219.7	184.8	34.9

资料来源：根据《澳大利亚服务贸易报告 2018—2019》数据整理。

2. 贸易结构

澳大利亚对华服务出口的集中度很高，主要是在旅行服务领域。2018—2019 财年，澳大利亚对华旅行服务出口额达到 166.8 亿澳元，占澳大利亚对华服务出口的 88.4%，与 2014—2015 财年持平。其中，大部分是与教育相关的个人旅行，出口额达到 121.0 亿澳元，占澳对华服务出口的 65.5%，占比高于 2014—2015 财年 8.2 个百分点。同时，澳大利亚对华金融服务出口额为 6.8 亿澳元，占 3.2%，是 2014—2015 财年的两倍多；运输服务出口 6.3 亿澳元，占 4.6%，略高于 2014—2015 财年 0.1 个百分点。

表 2－14－7　2014—2015 财年和 2018—2019 财年澳大利亚对中国服务出口情况

单位：百万澳元；%

服务类型	2014—2015 财年		2018—2019 财年	
	金额	占比	金额	占比
维护和维修服务	0	0.0	0	0.0
运输服务	440	4.5	628	4.6
旅游服务	8 545	88.4	16 684	88.4
商务	391	4.0	337	1.8
个人	8 154	84.3	16 347	88.4
教育相关	5 548	57.3	12 095	65.5
个人旅游	2 606	27.0	4 253	23
建筑服务	0	0.0	0	0.0
保险和养老金服务	42	0.4	58	0.4
金融服务	311	3.2	683	3.2
知识产权使用费	11	0.1	13	0.1

续 表

服务类型	2014—2015 财年		2018—2019 财年	
	金额	占比	金额	占比
电信、计算机和信息服务	36	0.4	78	0.4
其他商业服务	143	1.4	126	1.5
个人、文化和娱乐服务	68	0.7	118	0.7
政府产品和服务	73	0.8	92	0.7
总额	9 669	100.0	18 480	100.0

资料来源：根据《澳大利亚服务贸易报告 2018—2019》数据整理。

澳大利亚自华服务进口也主要集中在旅行服务领域，2018—2019 财年进口额为 19.6 亿澳元，占澳自华服务进口的 56.1%，高于 2014—2015 财年 6.8 亿澳元；其中，个人旅行服务进口 16.9 亿澳元，以旅游等服务为主，占 48.5%。其次，澳大利亚自华服务进口较多的是运输服务，进口额为 7.7 亿澳元，占 22.0%，比 2014—2015 财年降低 1.4 个百分点。再次是其他商业服务进口，金额为 4.3 亿澳元，占 12.3%，比 2014—2015 财年降低 0.6 个百分点。

表 2－14－8 2014—2015 财年和 2018—2019 财年澳大利亚自中国服务进口情况

单位：百万澳元；%

服务类型	2014—2015 财年		2018—2019 财年	
	金额	占比	金额	占比
维护和维修服务	17	0.7	43	1.2
运输服务	566	23.4	769	22
旅行服务	1 278	52.9	1 960	56.1
商务	331	13.7	266	7.6
个人	947	39.2	1 694	48.5
教育相关	20	0.8	49	1.4
个人旅游	927	38.4	1 645	47.1
建筑服务	0	0.0	0	0.0
保险和养老金服务	39	16.1	40	1.1
金融服务	87	36	75	2.1
知识产权使用费	4	0.2	1	0.02
电信、计算机和信息服务	24	1.0	57	1.6
其他商业服务	330	13.7	430	12.3

续 表

服务类型	2014—2015 财年		2018—2019 财年	
	金额	占比	金额	占比
个人、文化和娱乐服务	4	0.2	10	0.3
政府产品和服务	67	2.8	106	3.0
总额	2 415	100.0	3 491	100.0

资料来源：根据《澳大利亚服务贸易报告 2018—2019》数据整理。

3. 经济技术合作

澳大利亚是中国在大洋洲最主要的承包工程市场，2009 年以后，中国企业在当地完成年营业额基本在 10 亿美元上下。“十二五”期间，中国企业在澳承包工程完成营业额维持在 10 亿～15 亿美元之间，总体稳定。“十三五”期间，随着中澳自贸协定的生效实施，中国企业不断开拓澳大利亚承包工程市场，如墨尔本地铁、澳大利亚电信、威拉拉矿山建设等，中国企业在澳承包工程营业额大幅提升。2016 年，中国在澳大利亚承包工程完成营业额达到 29.3 亿美元，比上年增长 142.0%；2017—2018 年，进一步升至 30 亿美元以上。2019 年，中国企业在澳新签承包工程合同 97 份，合同额 54.2 亿美元，完成营业额 39.2 亿美元，比协定生效前的 2014 年增加近三倍；承包工程派出人员 107 人，年末在外人数 173 人。截至 2019 年年底，中国企业在澳大利亚承包工程累计合同额 382.8 亿美元，完成营业额 232.1 亿美元。同时，通过劳务合同派出劳务人员 239 人，年末在外人数 1 352 人。截至 2019 年年底，中国向澳大利亚派出各类劳务人员 9 758 人。

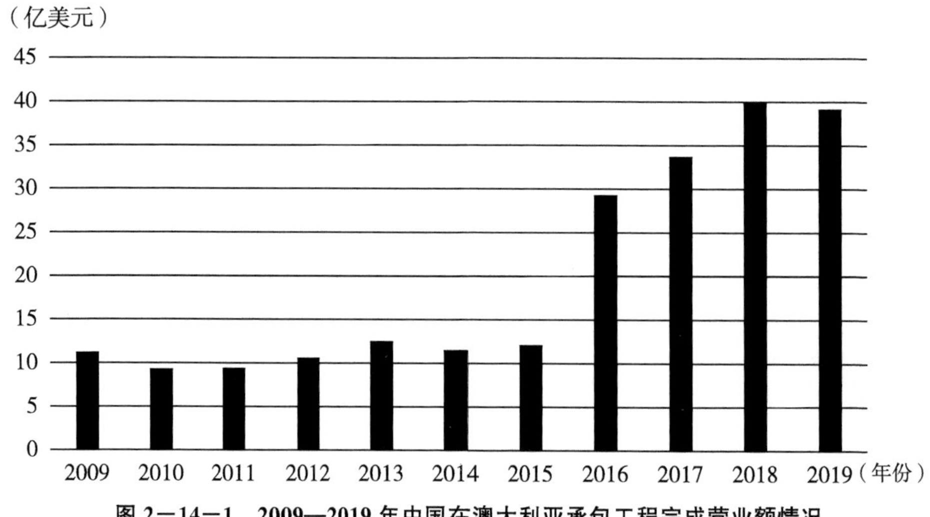

图 2—14—1　2009—2019 年中国在澳大利亚承包工程完成营业额情况

资料来源：中国统计年鉴。

（三）双向投资

1. 澳大利亚对华投资

“十三五”期间，澳大利亚对华投资总体呈增长趋势，由2016年的2.6亿美元增至2019年的4.3亿美元，达到了十年以来最高投资额，占中国实际利用外资的比重由0.2%提高到0.3%。截至2019年年底，澳大利亚在华已设立企业12 684家，投资金额93.5亿美元，投资领域主要涉及建筑、物流、高端制造、环境管理、食品加工、信息技术、电信、广告和设计，以及法律、银行、保险、教育、旅游等。

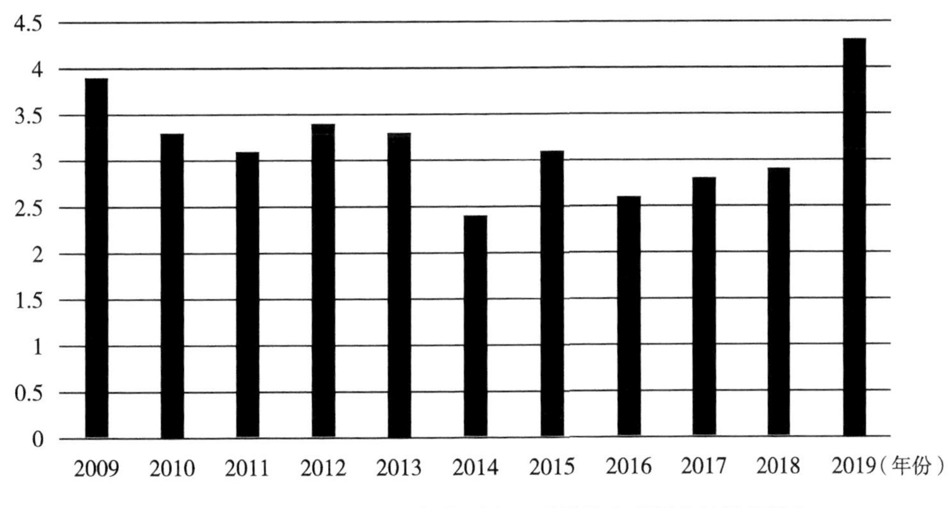

图2—14—2 2009—2019年中国实际利用澳大利亚直接投资情况

资料来源：中国统计年鉴。

2. 中国对澳大利亚投资

“十三五”期间，中国对澳大利亚投资流量有所下降，由2016—2017年的40亿美元左右降至2018—2019年的20亿美元左右。其中，2017年，中国对澳大利亚投资达到有史以来最高点42.4亿美元。2019年，中国对澳大利亚直接投资总额为20.9亿美元，占流量总额的1.5%，在中国对外投资流量国家（地区）排名中，澳大利亚排在第七位①，为中国第五大对外投资国。从行业看，投资最多的是采矿业，为7.8亿美元，占37.4%；其次是租赁和商务服务业以及金融业，分别占20.1%和18.8%。截至2019年年末，中国对澳大利亚的投资存量为380.7亿美元，占中国对外直接投资存量总额的1.7%，澳大利亚在中国对外投资存量国家（地区）排名中

① 其中前六位为中国香港、英属维尔京群岛、新加坡、荷兰、美国、印尼。

位居第六位①，主要投资领域涉及矿产资源开发、房地产、运输、贸易、农业、制造业、信息通信等。中国在澳大利亚共设立 1 000 家境外企业，雇佣外方员工 2 万余人，总体来看近半数投资流量流向采矿业，为 193.6 亿美元，占 50.9%；其次是金融业以及租赁和商务服务业，分别占 11.0%和 10.3%。

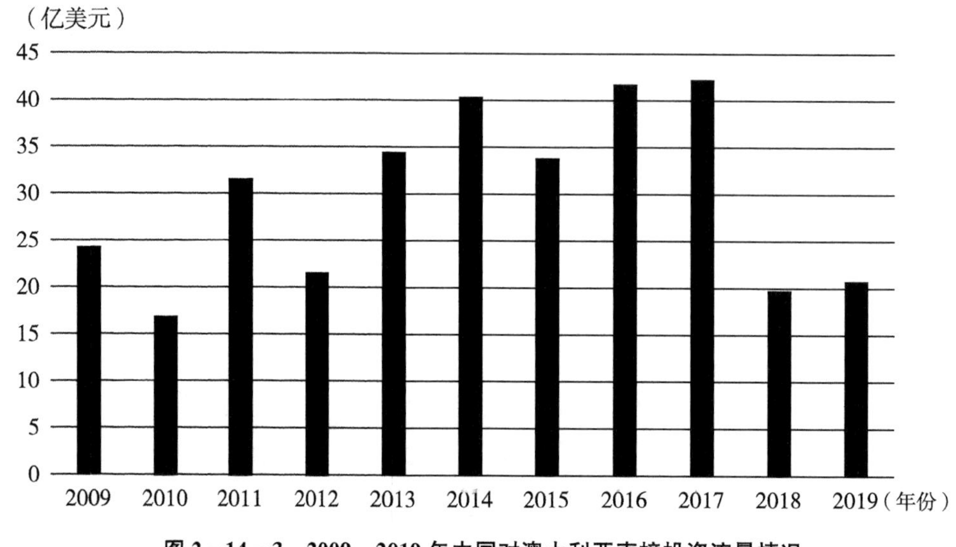

图 2—14—3　2009—2019 年中国对澳大利亚直接投资流量情况

资料来源：《2019 年度中国对外直接投资统计公报》。

① 其中前五位为中国香港、开曼群岛、英属维尔京群岛、美国、新加坡。

第十五章　中国—格鲁吉亚自由贸易协定*

格鲁吉亚位于南高加索中西部，地处欧亚交界，北接俄罗斯，东南和南部分别与阿塞拜疆和亚美尼亚相邻，西南与土耳其接壤，西邻黑海。1991 年 4 月 9 日，格鲁吉亚正式从苏联独立，1992 年 6 月 9 日与中国建交。建交以来，中格保持了良好的双边关系，彼此照顾对方核心利益，尊重对方领土、主权完整。2004 年 9 月 22 日，格鲁吉亚正式宣布承认中国完全市场经济地位，双方经济交往日益紧密，经贸合作不断增强。格鲁吉亚法律和营商环境较好，据世界银行《2020 年营商环境报告》，格鲁吉亚营商环境世界排名第 7 位。

一、协定签署

中国—格鲁吉亚自贸区是中国与欧亚地区国家建立的第一个自贸区，也是“一带一路”倡议提出后中国启动并建成的第一个自贸区。2015 年 3 月 9 日，中格两国签署《关于启动中国—格鲁吉亚自由贸易协定谈判可行性研究的联合声明》和《关于加强共建“丝绸之路经济带”合作的备忘录》，商定尽快启动中格自贸协定谈判可行性研究，共同推动“丝绸之路经济带”建设。2015 年 12 月 10 日，中格签署《关于启动中格自由贸易协定谈判的谅解备忘录》，正式启动中格自贸协定谈判。自 2016 年 2 月起，经过三轮正式谈判和三次非正式磋商，两国于 2016 年 10 月 5 日签署《关于实质性结束中国—格鲁吉亚自由贸易协定谈判的谅解备忘录》。2017 年 5 月 13 日，两国正式签署《中格自由贸易协定》，涵盖货物贸易、服务贸易、原产地规则、海关程序和贸易便利化、卫生与植物卫生措施、技术性贸易壁垒、贸易救济、知识产权和合作领域等共 17 个章节。2017 年 12 月 2 日，双方在履行完各自国内法律程序后，以外交渠道相互通知对方，2018 年 1 月 1 日，《中格自由贸易协定》正式生效。

在关税减让方面，格鲁吉亚对中国 96.5％的产品立即实施零关税，覆盖格自中国进口总额的 99.6％；中国对格 93.9％的产品实施零关税，覆盖中国自格进口总额的 93.8％，其中 90.9％的产品（42.7％的进口额）立即实施零关税，其余 3％的产品（51.1％的进口额）5 年内逐步降为零关税。在原产地规则方面，中格双方使用

* 本部分作者为石新波。

了区域价值成分40%的总规则和简短的产品特定原产地规则相结合的灵活方式，仅针对中方重点关注的部分农产品设定了相对严格的标准，对双方希望促进出口但难以满足区域价值成分标准的货物，还根据产业实际情况灵活设置了税则归类改、选择标准或加工工序等标准。在服务贸易方面，中格双方在自贸协定服务贸易章节就市场准入、国民待遇、最惠国待遇等主要义务作出规定，并设有金融服务、自然人移动、运输及相关服务、中医药合作等附件。在服务贸易具体承诺减让表中，双方均以正面清单方式开放服务部门，格鲁吉亚在市场准入方面作出高水平承诺，给予中国的优惠待遇与其在《格鲁吉亚—欧盟联系国协定》中给予欧盟的待遇相当，中国也满足了格鲁吉亚在海运、旅游等服务部门的重点要价。

格鲁吉亚地处“一带一路”重要节点，是中国在欧亚地区的重要经贸伙伴。中国—格鲁吉亚自贸区的建立使两国经贸关系翻开新的一页，有利于全面提升两国务实合作水平，对于扎实推进“一带一路”建设、实现共同发展与繁荣具有重要意义，同时也开启了中国与欧亚地区国家的贸易投资自由化进程，对中国与该地区其他国家的自贸区建设发挥了积极的示范作用。

表 2—15—1　中国—格鲁吉亚自由贸易区建设历程

时间	主要协议及事件
2015年3月9日	签署《关于启动中国—格鲁吉亚自由贸易协定谈判可行性研究的联合声明》
2015年12月10日	签署《关于启动中格自由贸易协定谈判的谅解备忘录》
2016年10月5日	签署《关于实质性结束中国—格鲁吉亚自由贸易协定谈判的谅解备忘录》
2017年5月13日	签署《中格自由贸易协定》，2018年1月1日生效

资料来源：根据中国自由贸易区服务网资料整理。

二、经贸合作

格鲁吉亚是中国在欧亚地区的重要经贸伙伴，也是目前欧亚地区唯一与欧盟和中国均签署并实施自贸协定的国家。2018年中格自贸协定正式生效以来，双边经贸关系更加紧密，合作水平也明显提升。

（一）货物贸易

1. 贸易规模

“十三五”期间，中国与格鲁吉亚双边贸易规模不大，且以中国对格出口为主。中格自贸协定签署前的2016年，双边贸易额为8.0亿美元，协定签署当年贸易额达到9.8亿美元，同比增长23.0%。2018年协定生效，双边贸易额进一步增至11.5亿美元，同比增长17.3%。2019年，中格贸易持续保持快速增长，达到14.8亿美元，增幅 28.9%。其中，中国对格鲁吉亚出口为 14.0 亿美元，增长 27.9%，连续 3 年实现 20%以上的增长；中国自格鲁吉亚进口由 2018 年的 5 389.7 万美元增至 2019 年的 8 104.5 万美元，增幅高达 50.4%。“十三五”期间，中国对格鲁吉亚贸易顺差规模呈扩大趋势，由 2016 年的 6.9 亿美元增至 2019 年的 13.2 亿美元。2020 年 1—9 月，新冠肺炎疫情对中格贸易造成一定冲击，双边贸易额为 10.0 亿美元，同比下降 3.4%；其中，中国对格出口 9.5 亿美元，同比下降 2.3%，自格进口 0.6 亿美元，同比下降 18.4%。

表 2—15—2　2014—2018 年中格双边贸易情况（中方统计）

单位：亿美元；%

年份	中格贸易总额		中国对格出口		中国自格进口		贸易差额
	金额	增幅	金额	增幅	金额	增幅	
2014 年	9.6	4.9	9.1	5.4	0.5	−2.5	8.6
2015 年	8.1	−15.5	7.7	−15.4	0.4	−17.6	7.2
2016 年	8.0	−1.7	7.5	−3.0	0.5	22.3	6.9
2017 年	9.8	23.0	9.2	22.8	0.7	26.3	8.5
2018 年	11.5	17.3	11.0	20.1	0.5	−20.3	10.5
2019 年	14.8	28.9	14.0	27.9	0.8	50.4	13.2

数据来源：中国海关统计。

从格方统计来看，2017 年中格签署自贸协定，双边贸易额为 9.4 亿美元，占格贸易总额的 8.8%；其中，格鲁吉亚对华出口 2.1 亿美元，占格出口总额的 7.6%，自华进口 7.3 亿美元，占格进口总额的 9.2%。2018 年，中格自贸协定如期生效，两国贸易额增至 10.3 亿美元，同比增长 8.3%。2019 年，中格贸易继续保持增长态势，双边贸易额达 10.8 亿美元，同比增长 4.8%。其中，格鲁吉亚对华出口 2.2 亿美元，同比增长 12.7%，格自华进口 8.6 亿美元，同比增长 3.0%。同时，格鲁吉亚对外贸易总体呈现逆差，2019 年对华逆差额为 6.4 亿美元，与上年基本持平。

表 2—15—3　2014—2018 年格中双边贸易情况（格方统计）

单位：亿美元；%

年份	格中贸易总额		格对华出口		格自华进口		贸易差额
	金额	增幅	金额	增幅	金额	增幅	
2014 年	8.2	7.2	0.9	3.2	7.3	8.5	−6.4
2015 年	7.1	7.2	1.3	5.7	5.9	7.6	−4.6
2016 年	7.2	7.7	1.7	8.0	5.5	7.6	−3.8

续 表

年份	格中贸易总额		格对华出口		格自华进口		贸易差额
	金额	增幅	金额	增幅	金额	增幅	
2017 年	9.4	8.8	2.1	7.6	7.3	9.2	−5.3
2018 年	10.3	8.3	2.0	5.9	8.3	9.1	−6.4
2019 年	10.8	4.8	2.2	12.7	8.6	3.0	−6.4

数据来源：根据 UN Comtrade 数据库整理。

2. 贸易结构

中国对格鲁吉亚出口商品以机电产品（第十六类）为主。2019 年，中国对格机电产品出口额为 3.8 亿美元，占中国对格出口总额的 26.9%。其次是贱金属及其制品（第十五类），出口额为 2.2 亿美元，占 16.0%。再次是车辆和航空器等运输设备（第十七类）、杂项制品（第二十类）和塑料和橡胶等产品（第七类），出口额分别为 1.6 亿美元、1.4 亿美元和 1.2 亿美元，占比分别为 11.6%、9.8%和 8.8%。此外，主要出口商品还涉及纺织品、石料、化学品、鞋帽以及木制品等。

表 2—15—4　2019 年中国对格鲁吉亚出口前十类商品

单位：万美元；%

类	名称	金额	比重
第十六类	机器、机械器具、电气设备及其零件；录音机及放声机、电视图像、声音的录制和重放设备及其零件、附件	37 599.8	26.9
第十五类	贱金属及其制品	22 414.8	16.0
第十七类	车辆、航空器、船舶及有关运输设备	16 187.2	11.6
第二十类	杂项制品	13 775.0	9.8
第七类	塑料及其制品；橡胶及其制品	12 256.0	8.8
第十一类	纺织原料及纺织制品	9 992.1	7.1
第十三类	石料、石膏、水泥、石棉、云母及类似材料的制品；陶瓷产品；玻璃及其制品	6 684.3	4.8
第六类	化学工业及其相关工业的产品	6 298.6	4.5
第十二类	鞋、帽、伞、杖、鞭及其零件；已加工的羽毛及其制品；人造花；人发制品	3 047.3	2.2
第十类	木浆及其他纤维状纤维素浆；回收（废碎）纸或纸板；纸、纸板及其制品	2 562.7	1.8
合计		130 817.8	93.5
总值		139 875.7	100.0

数据来源：根据国研网中国海关数据库整理。

中国自格鲁吉亚进口商品较为集中。进口规模最大的商品是化学工业及其相关工业的产品（第六类），2019 年进口额为 3 807.9 万美元，占中国自格进口总额的 47.0%。中国自格鲁吉亚进口的第二大类商品是食品饮料（第四类），进口额为 2 038.0万美元，占 25.2%。第三大类是贱金属（第十五类），进口额为 879.4 万美元，占 10.9%。此外，主要进口商品还涉及纺织品、植物产品等。

表 2－15－5　2019 年中国自格鲁吉亚进口前五类商品

单位：万美元;%

类	名称	金额	比重
第六类	化学工业及其相关工业的产品	3 807.9	47.0
第四类	食品；饮料、酒及醋；烟草、烟草及烟草代用品的制品	2 038.0	25.2
第十五类	贱金属及其制品	879.4	10.9
第十一类	纺织原料及纺织制品	634.9	7.8
第二类	植物产品	629.4	7.8
合计		7 989.6	98.6
总值		8 100.4	100.0

数据来源：根据国研网中国海关数据库整理。

（二）经济技术合作

“十三五”期间，中国企业不断开拓格鲁吉亚承包工程市场，取得积极成果。2016 年，中国企业在格鲁吉亚完成承包工程营业额 1.1 亿美元，到 2017 年攀升至 3.9 亿美元，同比增长 255.7%。2018 年，完成承包工程营业额 2.8 亿美元，回落

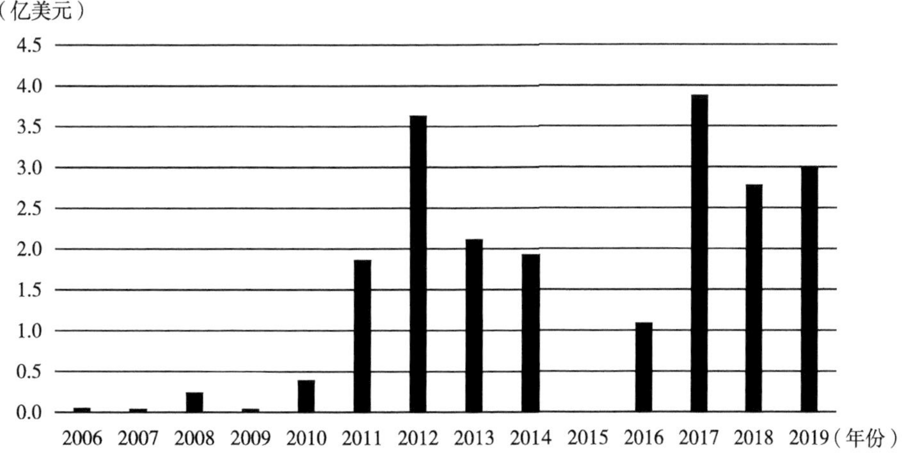

图 2－15－1　2006—2019 年中国在格鲁吉亚承包工程完成营业额情况

资料来源：中国商务年鉴。

28.2%。2019 年，中国企业在格鲁吉亚新签承包工程合同 11 份，新签合同额 5.0 亿美元，完成营业额 3.0 亿美元，累计派出各类劳务人员 793 人，年末在格鲁吉亚劳务人员 1 768 人。中国企业在格新签大型承包工程项目主要是 E60 南北高速建设项目 F1 标段、F4 标段和 E70 南北高速建设项目隧道段项目、公路段项目等。

（三）直接投资

格鲁吉亚宏观经济环境相对稳定，营商环境总体较好。2012—2014 年，中国对格鲁吉亚直接投资呈现快速攀升之势，由 6 874 万美元增至 2.2 亿美元，达到峰值，之后回落至 2015 年的 4 398 万美元。“十三五”期间，中格自贸协定生效为中国企业赴格投资兴业创造更好条件。中国对格鲁吉亚直接投资流量由 2016 年的 2 077 万美元增至 2018 年的 8 023 万美元，2019 年回落至 5 690 万美元。截至 2019 年年末，中国在格直接投资存量达到 6.7 亿美元。新疆华凌集团是格鲁吉亚最大外资企业，2007 年以来，新疆华凌集团相继在格鲁吉亚第二大城市库塔依西市投资建设了森林采伐及木材产品加工、石材矿开采及加工、华凌免税工业园区项目，在格鲁吉亚首都第比利斯市投资建设了华凌国际经济特区、收购巴塞斯银行等，为当地创造了近 4 000 个就业岗位，截至 2019 年，连续举办八届“格鲁吉亚中国新疆出口商品展洽会”。①

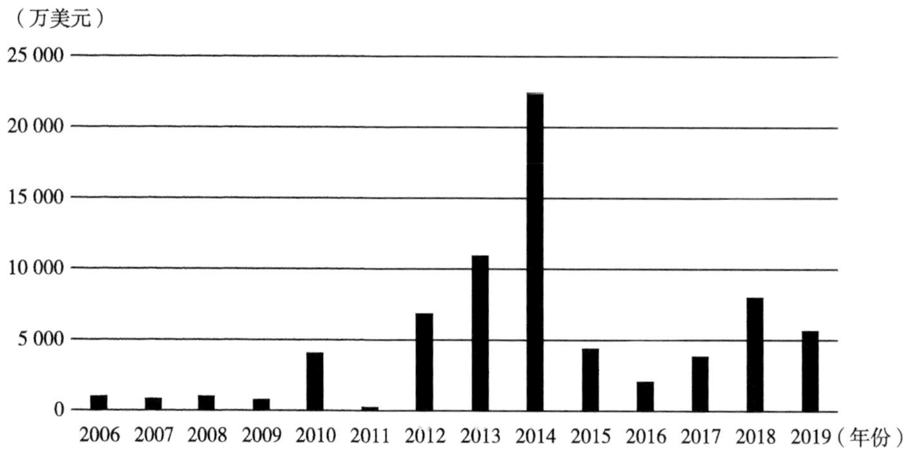

图 2－15－2　2006—2019 年中国对格鲁吉亚直接投资情况

资料来源：中国商务年鉴。

① 企业“走出去”必须树立“互利共赢、和合为美”的理念［EB/OL］. http：//www.rmzxb.com.cn/c/2020－06－03/2588235.shtml，2020－06－03.

第十六章 中国—马尔代夫自由贸易协定*

马尔代夫位于南亚，是印度洋上的群岛国家，也是世界上最大的珊瑚岛国。1972年10月14日，中国与马尔代夫正式建交，双边关系始终稳定发展。2014年9月，中国国家主席习近平首次访问马尔代夫，两国宣布建立面向未来的全面友好合作伙伴关系，2017年，双方签署自贸协定。自贸协定正式生效实施后，将为两国经贸合作的深入推进和经济发展搭建广阔平台。

一、协定签署

在2014年12月举行的中马首次经贸联委会上，双方就探讨商签自由贸易协定达成初步共识。2015年2月，两国启动中马自由贸易协定联合可行性研究，并于当年6月完成。2015年9月8日，双方共同签署《关于启动中马自由贸易协定谈判的谅解备忘录》并于当年12月正式启动谈判。经过五轮谈判和一次部长级磋商，两国于2017年9月16日签署《关于结束中国—马尔代夫自由贸易协定谈判的谅解备忘录》。此后，双方于2017年11月上旬共同完成了协定法律文本的核对工作，并于11月底就协定最终文本达成一致。2017年12月7日，双方正式签署《中马自由贸易协定》。

中马自由贸易协定涵盖货物贸易、服务贸易、投资、经济技术合作、原产地规则、海关程序与贸易便利化、贸易救济、技术性贸易壁垒和卫生与植物卫生措施等内容。自由贸易区的建立能为双方贸易投资自由化和便利化提供坚实的制度保障，有助于双方深化务实合作，巩固和加强两国面向未来的全面友好合作伙伴关系，具有里程碑意义。

其中，货物贸易方面，协定实现了较高的自由化水平，双方承诺的零关税产品税目数和贸易额比例均超过95%。中方最终对占税目数95.4%的产品实施零关税，覆盖自马进口额的96.4%。其中，占税目数91.1%的产品将在协定生效后立即取消关税，另有4.3%的产品将在5年内逐步取消关税。具体产品方面，中国将对税目数95.8%的工业品和93.6%的农水产品取消关税，其中包含马尔代夫重点关注的绝大部分鱼和水产品。马方最终对占税目数95.6%的产品实施零关税，覆盖自华进口额的95.1%。其中，占税目数70.3%的产品将在协定生效后立即取消关税，另有20.3%和5%的产品将分别在5年和8年内逐步取消关税。具体产品方面，马尔代

* 本部分作者为刘艺卓。

夫将对占税目数 97.3%的工业品取消关税，同时，对花卉、蔬菜、加工鱼产品等中国具有优势的农水产品取消关税。

表 2—16—1　中国—马尔代夫自由贸易区建设历程

时间	主要协议及事件
2015 年 2 月	启动中马自由贸易协定联合可行性研究
2015 年 6 月	完成中马自由贸易协定联合可行性研究
2015 年 9 月 8 日	签署《关于启动中马自由贸易协定谈判的谅解备忘录》
2017 年 9 月 16 日	签署《关于结束中马自由贸易协定谈判的谅解备忘录》
2017 年 12 月 7 日	签署《中马自由贸易协定》

资料来源：根据中国自由贸易区服务网资料整理。

二、经贸合作

中马两国达成了一揽子的自贸协定，为双方贸易投资自由化和便利化提供了坚实的制度保障。未来，自贸协定的实施将大力促进两国多领域经贸往来，加速两国旅游、航空、建筑等多行业合作。

（一）货物贸易

1. 贸易规模

中马双边贸易规模相对较小，且以中国对马尔代夫出口为主，中国自马进口较少。2014 年，双边贸易额首次突破 1 亿美元，2015 年达到 1.7 亿美元。“十三五”期间，中马双边贸易规模一直较小，且呈波动上升态势，由 2016 年 3.2 亿美元增至 2019 年的 3.8 亿美元，但占中国贸易总额的比重一直不足 1%。其中，中国对马尔代夫出口 3.5 亿美元，增长 8.5%；自马进口 3371 万美元，是 2016 年的 141.6 倍。中国在对马尔代夫贸易中一直处于顺差地位，“十三五”期间，顺差额持续波动，2019 年达 3.1 亿美元。2020 年的新冠肺炎疫情给中马贸易带来较大冲击，1—9 月，中马进出口总额为 2.0 亿美元，比上年同期大幅下降 26.1%；其中，中国出口 2.0 亿美元，比上年同期下降 16.8%；进口 229.4 万美元，比上年同期大幅下降 93.2%。

表 2—16—2　2013—2019 年中马双边贸易情况（中方统计）

单位：万美元；%

年份	中马贸易总额		中国对马出口		中国自马进口		贸易差额
	金额	增幅	金额	增幅	金额	增幅	
2013 年	9 783.2	27.6	9 741.4	27.4	41.8	125.0	9 699.6
2014 年	10 437.1	6.7	10 399.0	6.8	38.0	−9.0	10 361.0

续 表

年份	中马贸易总额		中国对马出口		中国自马进口		贸易差额
	金额	增幅	金额	增幅	金额	增幅	
2015年	17 282.5	65.6	17 264.8	66.0	17.7	−53.4	17 247.1
2016年	32 094.1	85.7	32 070.2	85.8	23.8	34.5	32 046.4
2017年	29 624.7	−7.7	29 562.6	−7.8	62.1	160.2	29 511.7
2018年	39 728.5	34.1	39 625.2	34	103.3	66.5	39 521.9
2019年	38 170.0	−3.9	34 799.0	−12.2	3 371.0	3 163.3	31 428.0

数据来源：中国海关统计。

2. 贸易结构

中国对马尔代夫出口商品结构比较稳定，2019年，前十位商品（HS两位码）出口额占中国对马出口总额的76.5%，主要集中在机电产品、贱金属及其制品、杂项制品等领域。其中，中国对马尔代夫出口最多的是家具寝具等产品（HS94），出口额为4 643.2万美元，占中国对马出口总额的13.6%；其次是核反应堆、锅炉、机械器具及零件（HS84）和电机、电气、音像设备及其零附件（HS85），占比分别为13.3%和12.6%；再次是钢铁制品（HS73），占比为11.7%。此外，还涉及塑料及其制品、陶瓷制品、铝及其制品等。

表2—16—3 2016年和2019年中国对马尔代夫出口前十位商品对比

单位：万美元；%

2016年				2019年			
HS	名称	金额	比重	HS	名称	金额	比重
89	铜及其制品	5 769.5	18.0	94	家具；寝具等；灯具；活动房	4 643.2	13.6
84	核反应堆、锅炉、机械器具及零件	3 897.1	12.2	84	核反应堆、锅炉、机械器具及零件	4 559.0	13.3
73	钢铁制品	3 650.2	11.4	85	电机、电气、音像设备及其零附件	4 294.8	12.6
85	电机、电气、音像设备及其零附件	3 271.6	10.2	73	钢铁制品	4 005.9	11.7
94	家具；寝具等；灯具；活动房	2 908.9	9.1	39	塑料及其制品	2 120.3	6.2
72	钢铁	1 462.7	4.6	69	陶瓷制品	1 689.4	4.9
39	塑料及其制品	1 320.9	4.1	76	铝及其制品	1 584.6	4.6
69	陶瓷制品	1 151.0	3.6	72	钢铁	1 242.9	3.6

续 表

2016 年				2019 年			
HS	名称	金额	比重	HS	名称	金额	比重
87	车辆；铁路或有轨电车轨道车辆及其零部件除外	863.2	2.7	44	木及木制品；木炭	1 050.2	3.1
44	木及木制品；木炭	808.5	2.5	68	石头、灰泥、水泥、石棉、或类似材料	977.1	2.9
合计		25 103.6	78.3	合计		26 167.3	76.5

数据来源：UN Comtrade Database。

中国自马尔代夫进口规模很小，而集中度非常高。2019 年，中国自马尔代夫矿物燃料、矿物油及其蒸馏产品（HS27）进口额为 3 365.6 万美元，占到中国自马进口总额的 99.8%。中国自马电机、电气、音像设备及其零附件（HS85）进口额为 2.5 万美元，占 0.1%。而 2016 年进口占比高达 81.9%的水产品（HS03），2019 年进口额仅为 1.2 万美元，占比不足 0.1%。

表 2—16—4　2016 年和 2019 年中国自马尔代夫进口前十位商品对比

单位：美元；%

2016 年				2019 年			
HS	名称	金额	比重	HS	名称	金额	比重
03	水产品	195 237	81.9	27	矿物燃料、矿物油及其蒸馏产品	33 656 091	99.8
88	航空器、航天器及其部件	10 859	4.6	85	电机、电气、音像设备及其零附件	25 127	0.1
85	电机和设备及其零件	7 190	3.0	03	水产品	12 052	0.0
99	未按种类指定的商品	7 053	3.0	99	未按种类指定的商品	9 032	0.0
61	服装和服装配件	4 010	1.7	49	印刷品	3 878	0.0
16	肉制品	3 936	1.7	46	草编织品	3 417	0.0
25	盐；硫磺；泥土、石头、水泥	2 510	1.1	62	非针织服装	1 712	0.0
84	核反应堆、锅炉、机械和机械设备及其零件	2 362	1.0	96	杂项制品	1 546	0.0
49	印刷品	2 215	0.9	61	服装和服装配件	830	0.0
42	皮革制品	1 185	0.5	21	食用制剂	571	0.0
合计		236 557	99.2	合计		33 714 256	99.9

数据来源：UN Comtrade Database。

(二) 服务贸易

中马双方在服务贸易领域作出的承诺高于 WTO《服务贸易总协定》。其中，中方在商业服务、建筑、旅游和公路运输等服务部门也对马方作出高于其在 WTO 框架下的承诺；马方承诺的服务部门数量从其在世贸组织框架下承诺的 5 个增加至 86 个，并在商业服务、速递服务、电信、建筑、分销、环境、金融、医疗（含中医）、交通等中方关注的领域均作出具有商业意义的承诺。其中，金融服务方面，马尔代夫承诺未来给予其他自贸伙伴的优惠待遇将无条件给予中国；自然人移动方面，承诺给予中方商务访问者、服务销售人员和合同服务提供者多次入境签证，有效期最长 270 天；给予中方公司内部流动人员停留期限最长为 1 年的工作签证。

值得关注的是，马尔代夫拥有丰富的旅游资源，自贸区建设将为助推两国旅游合作带来重大机遇。根据自贸协定，马尔代夫旅行社和旅游经营者可以在上海自贸试验区、天津自贸试验区和北京市设立合资公司并可在全国各地设立分公司，经营中国公民出境游业务；中国服务投资者可以在马尔代夫设立酒店、饭店、酒吧、咖啡厅等各类提供住宿和餐饮服务的商业机构，向马尔代夫本地人和全世界游客提供上述服务，并享有与本地服务供应商同等待遇。近年来，中国赴马尔代夫的游客每年保持在 30 万人左右，始终是马最大的海外游客来源地。据马尔代夫旅游局统计，2018 年，中国客源数量为 28.3 万人次，占其游客总量的 19.1%。

马尔代夫是最早与中国签署“21 世纪海上丝绸之路谅解备忘录”的国家之一。随着“一带一路”建设的不断推进，“十三五”期间，两国在道路、住房、桥梁、机场、电站、酒店等基础设施领域全面开展合作，中国对马尔代夫承包工程规模不断

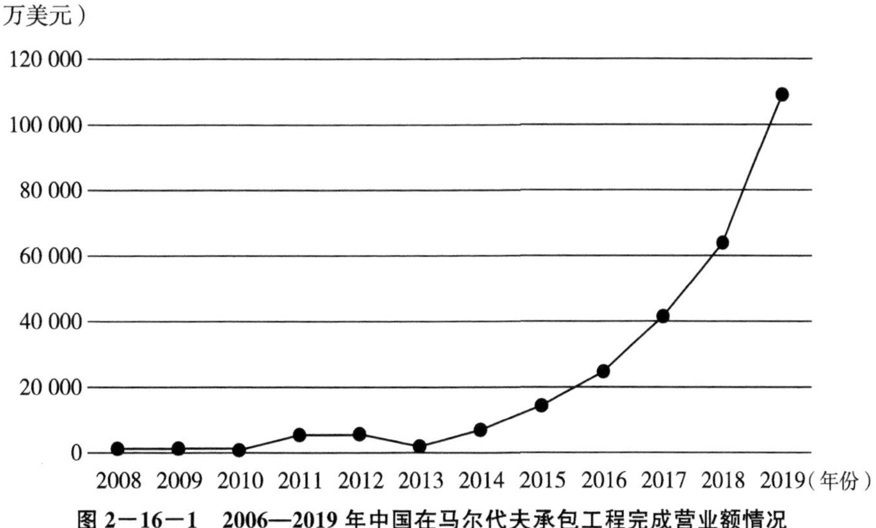

图 2—16—1　2006—2019 年中国在马尔代夫承包工程完成营业额情况

资料来源：中国商务年鉴。

扩大。2016—2019 年，中国企业在马尔代夫承包工程完成营业额由 2.5 亿美元快速攀升至 10.9 亿美元，翻了两番多。中方在马尔代夫建设工程主要集中在旅游配套项目上，主要包括中冶国际马尔代夫 3 000 套住房项目、马尔代夫 IRUFEN 岛屿度假酒店项目、娜萨杜拉酒店和公寓综合体项目、马尔代夫胡鲁马累 7 000 套保障性住房项目、中马友谊大桥项目、马尔代夫机场项目等。

（三）直接投资

在中马自贸协定的投资章节中，双方对投资保护、公平竞争、市场准入及争端解决等作出了广泛规定，并纳入了征收补偿、最低待遇标准、转移等条款。根据协定，双方将相互给予对方投资者高水平的投资保护，相互给予准入后阶段的国民待遇和最惠国待遇。此外，协定设置了金融审慎措施、根本安全、保密信息等例外条款以保护政府管理外资的政策空间，并纳入了全面的投资者与国家间争端解决机制，为双方投资者提供充分的权利保障和救济途径。

“十三五”期间，中国对马尔代夫投资规模始终不大，总体呈大幅下降趋势，投资流量从 2016 年的 3 341 万美元下降至 2019 年的 694 万美元，年均降幅 59.2%。截至 2019 年年底，中国对马尔代夫投资存量仅为 8 247 万美元。由于马尔代夫的政局不稳、市场容量较为有限，营商环境一般，在一定程度上制约了中方投资项目的发展。根据世界银行发布的《2019 营商环境报告》，马尔代夫在 190 个经济体中排名第 147 位。马尔代夫吸引的外资集中在旅游、基础设施、交通通信、海水淡化以及银行领域。除水产品捕捞禁止外国人经营、零售业禁止外国人独资经营外，马尔代夫

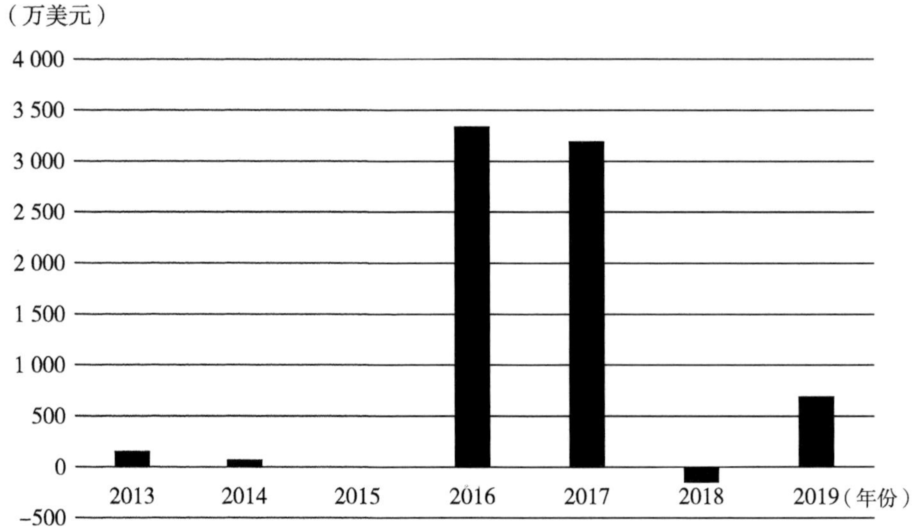

图 2—16—2　2013—2019 年中国对马尔代夫直接投资流量情况

资料来源：中国商务年鉴。

其他多数领域对外资开放。中国对马投资主要集中在旅游服务业。2016 年中方企业投资马累环礁旅游岛项目，这是迄今马尔代夫最大的一个旅游开发项目，也是目前中国企业在马最大的商业投资项目。此外，马代华人（北京）旅游发展有限公司也在马尔代夫购买独立岛屿，投资建设马尔代夫棕榈岛度假酒店项目等。

第十七章 中国—毛里求斯自由贸易协定*

毛里求斯是非洲大陆东南方印度洋上的岛国，包括本岛及罗德里格岛等属岛，素有“天堂之国”的美誉，距非洲第一大岛马达加斯加以东约 900 公里，距非洲大陆 2 200 公里。毛里求斯是非洲经济发展较好的国家，也是非洲撒哈拉以南地区经济自由度最高的国家。据世界经济论坛 2019 年《全球竞争力报告》，毛位居第 49 位，在非洲国家中位列第一。中毛两国于 1972 年 4 月 15 日建交。建交以来，两国友好合作关系发展顺利。

一、协定签署

2016 年 11 月 4 日，中国与毛里求斯签署《启动中毛自由贸易协定联合可行性研究的谅解备忘录》。2017 年 5 月 24 日，两国签署《结束中毛自由贸易协定联合可行性研究的谅解备忘录》。2017 年 12 月，两国正式启动中国—毛里求斯自贸协定谈判。经过四轮密集谈判，2018 年 9 月 2 日，两国正式结束自由贸易协定谈判。协定涵盖货物贸易、服务贸易、投资、经济合作等内容，实现了“全面、高水平和互惠”的谈判目标。2019 年 10 月 17 日，中国商务部部长钟山与毛里求斯驻华大使李淼光分别代表两国政府在北京签署了《中华人民共和国政府和毛里求斯共和国政府自由贸易协定》。

2021 年 1 月 1 日，中国—毛里求斯自贸协定正式生效。中毛自贸协定是中国商签的第 17 个自贸协定，也是中国与非洲国家的第一个自贸协定，协定的生效将进一步提升中毛两国互利合作水平，促进中非合作，为推动构建更加紧密的中非命运共同体作出贡献。同时，协定将为双边企业营造更加开放、透明、便利的营商环境，提升两国人民的福祉，助力疫情后经济复苏，对深化中非合作形成良好的示范作用。

表 2—17—1 中国—毛里求斯自由贸易区建设历程

时间	主要协议及事件
2016 年 11 月 4 日	签署《启动中毛自由贸易协定联合可行性研究的谅解备忘录》
2017 年 5 月 24 日	签署《结束中毛自由贸易协定联合可行性研究的谅解备忘录》
2018 年 4 月 2—3 日	启动首轮谈判

* 本部分作者为石新波。

续 表

时间	主要协议及事件
2018 年 6 月 24—26 日	进行第二轮谈判
2018 年 9 月 2 日	签署《关于结束中毛自由贸易协定谈判的谅解备忘录》
2019 年 10 月 17 日	签署《中毛自由贸易协定》，2021 年 1 月 1 日生效

资料来源：根据中国自由贸易区服务网资料整理。

二、经贸合作

(一) 货物贸易

中毛自贸协定于 2021 年 1 月 1 日正式生效，将在电子产品、信息通信技术、硬件组装、化工、医药等领域提升毛里求斯的工业化水平。毛里求斯将通过最长 5 年降税期，对税目比例 94.2%、占毛自中国进口额 92.8%的产品逐步降税到零，中国的钢铁制品、纺织品以及其他轻工产品等将从中获益。中国将通过最长 7 年降税期，对税目比例 96.3%、占中国自毛进口额 92.8%的产品逐步降税到零，毛里求斯的特种糖、服装、海产品等对华出口也将迎来增长。

“十三五”期间，中毛货物贸易规模不大，以中国对毛里求斯出口为主。双边贸易额从 2016 年的 7.8 亿美元增至 2018 年的 8.5 亿美元，2019 年略下滑至 8.4 亿美元，同比微降 0.2%。其中，中国对毛里求斯出口额由 2016 年的 7.6 亿美元增至 2018 年的 8.1 亿美元，2019 年略有下降，为 8.0 亿美元，同比下降 0.4%；自毛里求斯进口额持续上升，由 2016 年的 1 971 万美元增至 2019 年的 3 886 万美元，比上年增长 3.7%。“十三五”期间，中国对毛里求斯贸易顺差略有扩大，到 2019 年顺差额为 7.7 亿美元。2020 年的新冠肺炎疫情对中毛贸易造成严重冲击。1—11 月，双边贸易额为 6.4 亿美元，同比下降 17.1%；其中，中国对毛出口额 6.2 亿美元，同比下降 16.2%，自毛进口额 2 409.5 万美元，同比下降 33.7%。

表 2—17—2　2013—2019 年中毛双边贸易情况（中方统计）

单位：万美元;%

年份	中毛贸易总额		中国对毛出口		中国自毛进口		贸易差额
	金额	增幅	金额	增幅	金额	增幅	
2013 年	66 157	4.9	64 870	4.6	1 287	20.2	63 583
2014 年	75 938	14.8	74 518	14.9	1 420	10.3	73 098
2015 年	85 644	12.8	84 110	12.9	1 534	8.0	82 576
2016 年	77 793	−9.2	75 822	−9.9	1 971	28.5	73 851
2017 年	78 459	0.9	76 215	0.5	2 244	13.9	73 971

续 表

年份	中毛贸易总额		中国对毛出口		中国自毛进口		贸易差额
	金额	增幅	金额	增幅	金额	增幅	
2018 年	84 524	7.7	80 778	6.0	3 746	66.9	77 032
2019 年	84 344	−0.2	80 458	−0.4	3 886	3.7	76 572

数据来源：根据 UN Comtrade 数据库整理。

（二）服务贸易

中毛双方采用正面清单方式作出服务贸易开放承诺。毛里求斯在金融、教育、建筑、旅游、健康等 11 个服务领域超过 130 个分部门作出承诺，且首次完全开放中医服务市场，同意全面加强中医药交流合作，为中医“走出去”创造了更好条件。中国也在商业服务、金融、交通等领域大幅放宽对毛市场准入限制，总体开放水平远超中国加入世贸组织承诺。

2000 年以来，中国企业积极拓展毛里求斯承包工程市场，2010—2012 年，完成营业额实现快速攀升，由 1.4 亿美元增至 3.7 亿美元的峰值，此后呈波动式下降态势，到 2015 年为 2.0 亿美元。“十三五”期间，中国在毛里求斯承包工程完成营业额基本保持在 1 亿美元左右，由 2016 年的 1.1 亿美元略增至 2018 年的 1.2 亿美元。2019 年，中国企业在毛里求斯新签承包工程合同 27 份，新签工程承包合同额 3.0 亿美元，完成营业额 1.2 亿美元。同时，中国企业在毛里求斯劳务合作业务呈现发展趋势。2019 年年末，中国在毛里求斯劳务合作人数 454 人，各类劳务人员合计 994 人。新签大型承包项目包括中铁七局集团有限公司承建毛里求斯房建项目；安徽水安建设集团股份有限公司承建毛里求斯 Grand Baie 污水处理项目；北京建工国际建设工程有限责任公司承建 NEXSKY 办公楼项目等。

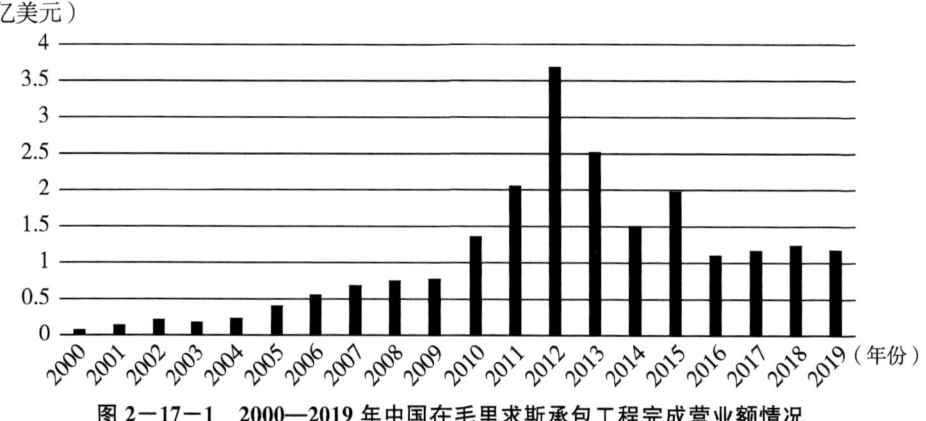

图 2—17—1　2000—2019 年中国在毛里求斯承包工程完成营业额情况

资料来源：中国统计年鉴、商务部。

（三）直接投资

中毛自贸协定投资部分对 1996 年签署的中毛投资保护协定进行升级，在保护范围、保护水平、争端解决机制等方面有较大改进。中国与毛里求斯在金融、旅游、通信信息、建筑、加工制造等行业具有高度的互补性和合作潜力，中毛自贸协定有利于为中国企业赴毛里求斯投资提供更加有力的法律保障，也有助于企业进一步拓展对非洲的投资合作，实现互利共赢。

2010 年以来，中国企业对毛里求斯投资波动较大，2012 年投资流量为 4.2 亿美元，达到近十年的峰值，以后有所下降，到 2015 年又提高到 1.5 亿美元。“十三五”期间，中国对毛里求斯直接投资流量由 2016 年的 0.7 亿美元增至 2019 年的 1.9 亿美元，比上年增长 4.4%。截至 2019 年年底，中国在毛里求斯投资存量为 12.9 亿美元。山西投资集团在毛里求斯设立了晋非经贸合作区。2016 年 8 月，山西投资集团自主投资的伊甸园文化娱乐广场项目正式开工，于 2019 年竣工并进入招商阶段。2019 年 11 月，晋非五星级公寓式酒店正式开工，餐厅、购物美食街、度假别墅等配套工程即将开始建设。

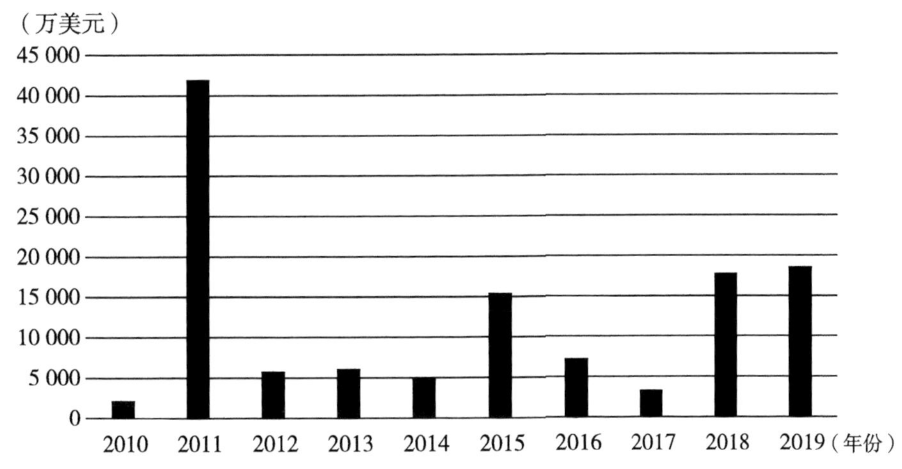

图 2—17—2　2010—2019 年中国对毛里求斯直接投资流量情况

资料来源：中国商务年鉴、商务部。

第十八章 中国—柬埔寨自由贸易协定*

柬埔寨位于中南半岛，西部及西北部与泰国接壤，东北部与老挝交界，东部及东南部与越南毗邻，南部则面向泰国湾。1958 年 7 月 19 日，柬埔寨与中国正式建交。建交以来，中柬两国在和平共处五项原则的基础上发展平等互利合作关系。2010 年 10 月，两国建立全面战略合作伙伴关系，柬埔寨也是第一个与中国签署构建“命运共同体行动计划”的国家。长期以来，由两国领导人共同缔造和精心培育的中柬友谊经受住了时间和国际风云变幻考验，历久弥新。2020 年 2 月，在中国全力抗击新冠肺炎疫情期间，柬埔寨洪森首相成为首位访问中国的外国领导人，体现了颠扑不破的中柬友好关系。中柬两国将共同致力于各领域合作的不断深化，全面构建新时代休戚相关的中柬命运共同体。

一、协定签署

中柬自贸区遵循由易到难、循序渐进原则，背靠双方共同参与的多边自由贸易合作组织的成果经验，进一步深化双边自由贸易机制。1996 年 7 月，中柬双方在平等互利的基础上，正式签署《中华人民共和国政府和柬埔寨王国政府贸易协定》，两国在关于贸易基础、支付方式以及争端解决方法等内容达成一致。双方还签署了《促进和保护投资协定》，鼓励两国投资者扩大投资，并依法保障投资者合法权利，为深化两国投资创造了有利条件，也为中柬两国经贸合作奠定了基础。2002 年 11 月，中国与东盟十国领导人正式签署了《中国与东盟全面经济合作框架协议》（简称《框架协议》），作为东盟新成员之一的柬埔寨与其他东盟国家一同宣布承认中国的完全市场经济地位，为中柬两国自贸区建设以及双边贸易合作进一步扫清了障碍。

2005 年 7 月《中国—东盟全面经济合作框架协议货物贸易协议》（简称《货物贸易协议》）正式生效以后，各成员方根据协定分领域、分阶段取消产品关税。其中，中国在 2005 年 7 月 1 日将正常类税目中 40％税目的关税削减到 0～5％，不迟于 2007 年将该税率的范围扩大至正常类税目的 60％，并在 2010 年 1 月 1 日之前覆盖所有正常类税目产品。而作为东盟新成员国之一的柬埔寨则多享有 5 年的过渡期，在 2012 年 1 月 1 日将正常类税目中 50％税目的关税削减到 0～5％，不迟于 2013 年

* 本部分作者为蔡桂全。

完全取消正常类税目中40%的税目关税，并于2015年1月1日之前全部取消正常类税目关税。协议规定，中国可列入“敏感性产品”清单的项目最多有400个六位税目，柬埔寨被允许列入“敏感性产品”清单的项目最多不超过500个。中国从2012年起对“敏感性产品”逐步削减关税，当年减税20%，到2018年，此类项目的关税减至0到5%之间。柬埔寨则承诺在2015年之前对“敏感性产品”削减至20%，到2018年，这些项目的关税减至0到5%之间。①

2010年中国—东盟自贸区建成后，双方启动服务贸易协定谈判。经过多轮磋商，于2007年1月14日正式签署《中国—东盟全面经济合作框架协议服务贸易协议》(简称《服务贸易协议》)，规定了双方在中国—东盟自贸区框架下开展服务贸易的权利和义务，同时包括了中国与东盟十国开放服务贸易的第一批具体承诺减让表。协议规定，中国将在世贸组织承诺的基础上，在建筑、环保、运输、体育和商务等5个服务部门的26个分部门，向东盟国家服务提供者进一步开放。② 柬埔寨则分别在商业、通信、建筑、教育、环境、金融、医疗、旅游等11个主要服务部门向中国作出市场开放承诺。③ 上述服务领域的进一步开放，涉及关于对方设立独资或合资企业，放宽设立公司的股比限制，以及给予往来服务提供者更加优惠的待遇等内容，为人员流动提供了更加宽松和便利的条件。至此，中国与柬埔寨两国的自由贸易领域已经涵盖货物贸易、服务贸易和投资等内容，并且步入全面建设实施阶段。《货物贸易协议》和《服务贸易协议》的第二议定书在原有基础上进一步拓宽与深化自由贸易的领域和内容，中国将94.1%柬埔寨产品的关税降至零，而柬埔寨根据《商品名称及编码协调制度》取消了89.9%中国产品的关税。

2016年10月，两国领导人签署了《中华人民共和国和柬埔寨王国关于编制共同推进“一带一路”建设合作规划纲要的谅解备忘录》。柬埔寨成为继老挝之后，第二个与中国完成共建“一带一路”合作文件的国家。中国的“一带一路”倡议与柬埔寨经济社会发展的“四角战略”高度相通契合，两国在“一带一路”框架下，进一步加强基础设施、产能以及电子商务等领域合作。此外，关于“一带一路”交通运输、旅游合作的实施方案以及产能与投资合作重点项目清单的落实，也推动了沿线国家基础设施建设，进一步深化了贸易、金融等领域的融合。

---

① 中国与东南亚国家联盟成员国政府全面经济合作框架协议货物贸易协议 [EB/OL]. http://fta.mofcom.gov.cn/dongmeng/annex/hwmyxieyi_cn.pdf.

② 中国与东南亚国家联盟成员国政府全面经济合作框架协议服务贸易协议－中国服务贸易协议具体承诺减让表 [EB/OL]. http://fta.mofcom.gov.cn/dongmeng/annex/fwmyxieyi_fj－Chinacrb_cn.pdf.

③ 柬埔寨在中国—东盟自贸区《服务贸易协议》中的具体承诺减让表 [EB/OL]. http://fta.mofcom.gov.cn/dongmeng/annex/fwmyxieyi_fj－Kampucheacrb_cn.pdf.

2019 年 12 月 3 日，中柬两国完成中国—柬埔寨自贸协定联合可行性研究，并于 2020 年 1 月 21 日启动首轮谈判。期间，尽管受到新冠肺炎疫情的影响，双方依旧在 4 月 9 日和 6 月 9 日以远程视频方式分别进行了第二、第三次的磋商，最终于 7 月 20 日共同宣布谈判完成，并于 10 月 12 日正式签署《中华人民共和国政府和柬埔寨王国政府自由贸易协定》（简称《中柬自贸协定》）。根据协定，中国将在原有基础上进一步取消占比 4%的柬埔寨产品关税，给予柬埔寨货物贸易零关税税目比例达 97.5%，其中 97.4%的产品将在协定生效后立即实现零关税。加上部分降税产品，中国参与降税产品比例达到 97.8%，主要涉及服装、鞋类、皮革橡胶制品、机电零部件、农产品等产品，中国对柬埔寨免税出口产品的数量在未来几年内将达到 9 500 多种。而柬埔寨将增加 0.1%的中国产品关税减免，最终实现零关税的产品达到全部税目数的 90%，其中 87.5%的产品将在协定生效后立即实现零关税。加上部分降税产品，柬方参与降税产品比例达到 90.3%。在具体产品上，柬方将纺织材料及制品、机电产品、杂项制品、金属制品、交通工具等中方重点关注产品纳入关税减让。① 协定目标关税减免将在十年内逐步完成。

《中柬自贸协定》不仅涵盖货物贸易、服务贸易、投资合作、经济技术合作和电子商务等章节，涉及双边经贸、旅游、交通、农业等广泛合作等多个领域，还是第一个将“一带一路”倡议合作独立设章的自贸协定，是建立在中国—东盟自贸协定、共建“一带一路”和澜湄合作三个框架下的又一新机制，将推动双边经贸关系跃上历史新台阶。②

表 2—18—1　中国—柬埔寨自由贸易区建设历程

时间	主要协议及事件
1996 年 7 月 19 日	签署《中华人民共和国政府和柬埔寨王国政府贸易协定》，1996 年 7 月 19 日生效
1996 年 7 月 19 日	签署《中华人民共和国政府和柬埔寨王国政府关于促进和保护投资协定》，1996 年 8 月 1 日生效
2002 年 11 月 4 日	签署《中国与东盟全面经济合作框架协议》，2003 年 7 月 1 日生效
2004 年 11 月 29 日	签署《中国—东盟全面经济合作框架协议货物贸易协议》，2005 年 7 月 1 日生效
2007 年 1 月 14 日	签署《中国—东盟全面经济合作框架协议服务贸易协议》，2007 年 7 月 1 日生效

① 商务部国际司负责人就中国和柬埔寨签署自由贸易协定答记者问 [EB/OL]. http://fta.mofcom.gov.cn/article/chinacambodia/chinacambodiaxwfb/202010/43220_1.html 2020—10—12，2020—10—12.

② 张天桂. 中国与柬埔寨的经济贸易合作 [J]. 商场现代化，2020 (16)：77—79.

续 表

时间	主要协议及事件
2010 年 10 月 29 日	签署《中国—东盟全面经济合作框架协议货物贸易协议》第二议定书，2010 年 11 月 1 日生效
2011 年 11 月 16 日	签署《中国—东盟全面经济合作框架协议服务贸易协议》第二协定书，2012 年 1 月 1 日生效
2016 年 10 月 13 日	签署《中华人民共和国和柬埔寨王国关于编制共同推进"一带一路"建设合作规划纲要的谅解备忘录》
2020 年 10 月 12 日	签署《中华人民共和国政府和柬埔寨王国政府自由贸易协定》，2021 年 1 月 1 日生效

资料来源：根据中国自由贸易区服务网资料整理。

二、经贸合作

中柬自贸区建设为两国经贸合作提供了较好的制度环境，推动了双边经贸关系的稳步发展。2019 年，中国是柬埔寨第一大贸易伙伴、第一大进口来源国以及第一大投资来源国；柬埔寨也是中国在东南亚地区的主要投资目的地之一。

（一）货物贸易

1. 贸易规模

2005 年 7 月生效的《中国—东盟全面经济合作框架协议货物贸易协议》为中柬两国货物贸易发展创造了较好的环境。根据中方统计，2005 年，中柬双边贸易额仅有 5.6 亿美元，2006 年增至 7.3 亿美元，比上年增涨 30.4%。2007 年，双边贸易额增至 9.3 亿美元。2010 年在中国—东盟自贸区全面建成后，双边贸易额达到 14.4 亿美元，2011 年增至 25 亿美元，年增幅高达 73.6%，到"十二五"期末的 2015 年，两国贸易已增至 44.3 亿美元。十年间，两国贸易额增长 7.9 倍，年均增长率为 35.8%。

表 2—18—2 2005—2019 年中柬贸易情况（中方统计）

单位：亿美元；%

年份	中柬贸易总额		中国对柬埔寨出口		中国自柬埔寨进口		贸易差额
	金额	比重	金额	比重	金额	比重	
2005 年	5.6	0.04	5.36	0.07	0.27	0.004	5.1
2006 年	7.3	0.04	6.98	0.07	0.35	0.004	6.6
2007 年	9.3	0.04	8.83	0.07	0.51	0.005	8.3
2008 年	11.3	0.04	10.96	0.08	0.39	0.003	10.6
2009 年	9.4	0.04	9.07	0.08	0.37	0.004	8.7
2010 年	14.4	0.05	13.47	0.09	0.94	0.007	12.5
2011 年	25.0	0.07	23.15	0.12	1.84	0.011	21.3

续 表

年份	中柬贸易总额		中国对柬埔寨出口		中国自柬埔寨进口		贸易差额
	金额	比重	金额	比重	金额	比重	
2012 年	29.2	0.08	27.08	0.13	2.15	0.012	24.9
2013 年	37.7	0.09	34.10	0.15	3.64	0.019	30.5
2014 年	37.6	0.09	32.75	0.14	4.83	0.025	27.9
2015 年	44.3	0.11	37.63	0.17	6.67	0.040	31.0
2016 年	47.6	0.13	39.30	0.19	8.31	0.052	31.0
2017 年	57.9	0.14	47.83	0.21	10.08	0.055	37.8
2018 年	73.8	0.16	60.08	0.24	13.77	0.064	46.3
2019 年	94.3	0.21	79.82	0.32	14.44	0.069	65.4

数据来源：中国统计年鉴。

“十三五”期间，在全球经济放缓背景下，中柬两国经贸合作逆风而行，规模进一步扩大，由 2016 年的 47.6 亿美元增至 2019 年的 94.3 亿美元。其中，中国对柬埔寨出口从 39.3 亿美元增至 79.8 亿美元，年均增长 19.4%；进口从 8.3 亿美元增至 14.4 亿美元，年均增长 14.8%。从贸易差额情况来看，中国对柬埔寨存在明显的贸易顺差且呈扩大趋势，由 2016 年的 31.2 亿美元增至 2019 年的 65.4 亿美元。2020 年新冠肺炎疫情对全球经济经造成严重冲击，中柬贸易也受到一定影响，1—9 月，双边贸易额为 67.4 亿美元，同比下降 1.8%；其中，中国对柬埔寨出口 57.2 亿美元，同比下降 0.8%，低于中国整体外贸降幅，自柬埔寨进口 10.2 亿美元，同比下降 7.2%。

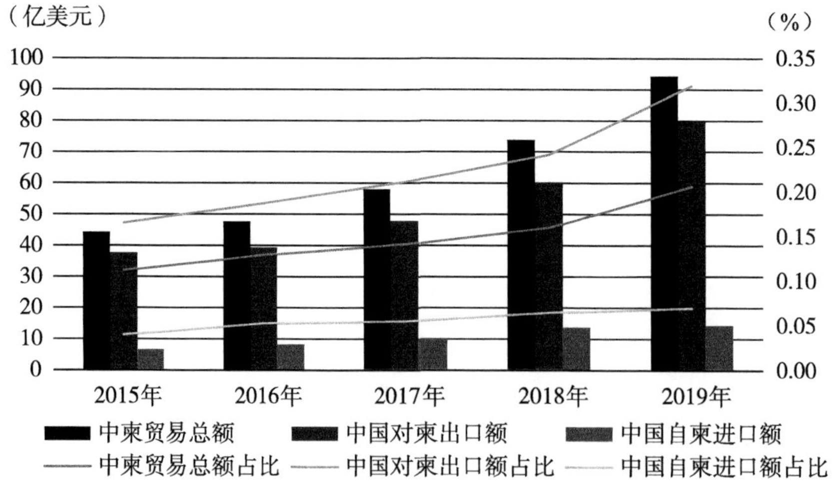

图 2—18—1　2015—2019 年中柬货物贸易情况

数据来源：中国统计年鉴。

东盟秘书处数据显示，2005 年，柬埔寨与中国的货物贸易进出口总额为 4.4 亿美元，此后在中国—东盟自贸区的助力下呈明显增长态势，到“十二五”期末的 2015 年已增至 43.9 亿美元，年均增长 25.9%，双边贸易额占柬埔寨进出口总额的比重从 7.5%提高到 21.6%。“十三五”期间，柬中贸易规模进一步扩大，从 2016 年的 51.6 亿美元逐步增至 2019 年的 85.4 亿美元，年均增速为 13.4%，中国继续保持柬埔寨第一大贸易伙伴地位。其中，柬埔寨对中国出口从 2016 年的 6.1 亿美元增至 2019 年的 10.2 亿美元，年均增长 13.7%，占比由 6.1%升至 6.8%；柬埔寨自中国进口从 45.5 亿美元增至 75.3 亿美元，年均增长 13.4%，占比由 36.8%提高到 38.1%，中国仍是柬埔寨第一大进口来源国。“十三五”期间，柬埔寨对中国贸易逆差规模累计超过 200 亿美元，2019 年逆差额为 65.1 亿美元，比上年增加 23.3%，贸易逆差规模呈进一步扩大态势。

表 2—18—3　2005—2019 年柬中贸易情况（柬方统计）

单位：亿美元;%

年份	柬中贸易总额		柬埔寨对华出口		柬埔寨自华进口		贸易差额
	金额	比重	金额	比重	金额	比重	
2005 年	4.4	7.5	0.1	0.5	4.3	15.2	−4.2
2006 年	5.3	8.2	0.1	0.4	5.2	17.6	−5.0
2007 年	6.6	8.7	0.1	0.3	6.5	17.8	−6.4
2008 年	9.5	10.8	0.1	0.3	9.3	21.1	−9.2
2009 年	9.0	10.1	0.2	0.3	8.8	22.6	−8.7
2010 年	12.2	14.2	0.6	1.7	11.5	24.2	−10.9
2011 年	18.9	16.8	1.5	3.0	17.3	28.4	−15.8
2012 年	24.1	18.8	1.8	3.3	22.3	29.8	−20.5
2013 年	32.6	21.9	2.7	4.0	29.9	36.4	−27.3
2014 年	40.7	24.8	3.6	5.3	37.1	38.4	−33.5
2015 年	43.9	21.6	4.3	5.0	39.5	33.5	−35.2
2016 年	51.6	23.0	6.1	6.1	45.5	36.8	−39.4
2017 年	60.4	23.6	7.5	6.7	52.9	37.0	−45.3
2018 年	70.0	23.2	8.6	6.8	61.4	35.0	−52.8
2019 年	85.4	24.7	10.2	6.8	75.3	38.1	−65.1

数据来源：根据东盟秘书处数据库计算整理。

2. 贸易结构

基于中柬两国产业结构，中国对柬埔寨出口商品以纺织原料及纺织制品为主。

2019 年，前十位商品（HS 两位码）出口额占中国对柬出口总额的 72.8%，主要集中在纺织品、机电产品以及金属制品等领域。具体来看，纺织原料及纺织制品（HS50—63）是中国对柬埔寨出口最多的商品，出口额为 28.4 亿美元，占中国对柬出口总额的 37.6%。其中，针织物及钩编织物（HS60）出口额为 15.5 亿美元，占 20.6%；化学纤维短丝（HS55）出口额为 7.8 亿美元，占 10.3%；棉花（HS52）出口额为 5.1 亿美元，占 6.8%。其次是机电产品（HS84 和 HS85），出口额为 13.6 亿美元，占 18.0%。其中，核反应堆、锅炉、机器、机械器具及其零件（HS84）出口额 7.5 亿美元，占 10.0%；电机、电气设备及其零件（HS85）出口额 6.1 亿美元，占 8.1%。再次是贱金属及其制品（HS72 至 HS83），出口额为 6.1 亿美元，占 8.1%，其中，主要是钢铁（HS72）和钢铁制品（HS73）。此外，主要出口商品还涉及塑料及其制品（HS39）、纸及纸板（HS48）、车辆及其零件（HS87）等。

表 2—18—4　2005 年和 2019 年中国对柬埔寨出口前十位商品对比

单位：亿美元；%

2005 年				2019 年			
HS	名称	金额	比重	HS	名称	金额	比重
55	化学纤维短丝	1.6	38.0	60	针织物及钩编织物	15.5	20.6
60	针织物及钩编织物	0.9	21.9	55	化学纤维短丝	7.8	10.3
84	核反应堆、锅炉、机器、机械器具及其零件	0.3	5.7	84	核反应堆、锅炉、机器、机械器具及其零件	7.5	10.0
69	陶瓷产品	0.2	4.5	85	电机、电气设备及其零件	6.1	8.1
52	棉花	0.2	4.2	52	棉花	5.1	6.8
85	电机、电气设备及其零件	0.2	4.0	73	钢铁制品	3.6	4.8
54	化学纤维长丝	0.1	3.1	39	塑料及其制品	3.4	4.5
73	钢铁制品	0.1	1.9	72	钢铁	2.5	3.3
62	非针织或钩编的服装和服饰配件	0.1	1.6	48	纸及纸板	1.7	2.3
87	车辆及其零件，附件，但铁道及电车道车辆除外	0.1	1.5	87	车辆及其零件，附件，但铁道及电车道车辆除外	1.7	2.3
合计		2.1	86.4	合计		54.8	72.8
总值		4.3	100	总值		75.3	100

数据来源：根据东盟秘书处数据计算整理。

同时，中国对柬埔寨进口商品以皮革毛皮制品为主。2019 年，前十位商品（HS 两位码）进口额占中国对柬进口总额的 89.2%，主要集中在皮革毛皮制品、纺织品、植物产品以及机电产品等领域。具体来看，皮革毛皮制品（HS41 至 HS43）是中国自柬埔寨进口最多的产品，进口额为 2.8 亿美元，占中国自柬进口总额的 27.7%。其中，最主要的是人造皮毛制品（HS43），进口额为 2.5 亿美元，占 24.9%；皮革制品（HS42）进口额约为 0.3 亿美元，占 2.8%。其次是纺织品（H50 至 H63），进口额为 2.6 亿美元，占 24.4%。其中，针织或钩编类服装和服饰配件（HS61）进口额为 1.97 亿美元，占 19.4%；而非针织或钩编类服装和服饰配件（HS62）进口额为 0.7 亿美元，占 6.5%。再次是植物产品（HS06 至 HS14），进口额为 1.8 亿美元，占 17.4%。其中，最主要的是谷物（HS10），进口额为 1.6 亿美元，占 15.4%。此外，主要进口产品还涉及电子产品、鞋靴、铜及其制品等。

表 2—18—5　2005 年和 2019 年中国对柬埔寨进口前十位商品对比

单位：亿美元;%

2005 年				2019 年			
HS	名称	金额	比重	HS	名称	金额	比重
55	人造短纤维	0.079	54.1	43	毛皮，人造毛皮及其制品	2.5	24.9
44	木材和木制品；木炭	0.027	18.6	61	针织或钩编的服装和服饰配件	2.0	19.4
61	针织的或钩编类服装和服装配件；	0.013	8.6	10	谷物	1.6	15.4
84	核反应堆、锅炉、机器、机械器具及其零件	0.010	6.7	85	电机、电气设备及其零件	0.8	7.5
60	针织或钩编织物	0.003	2.2	62	非针织或钩编的服装和服饰配件；	0.7	6.5
03	鱼类和甲壳类动物、软体动物和其他水生无脊椎动物	0.003	1.9	64	鞋靴；护腿和类似品及其零件	0.5	5.0
31	肥料	0.002	1.4	74	铜及其制品	0.3	3.3
12	含油的籽，果仁和果实，药用植物	0.002	1.1	42	皮革制品；	0.3	2.8
52	棉花	0.001	0.8	40	橡胶及其制品	0.3	2.5
54	人造纤维；人造纺织材料等	0.001	0.6	11	制粉工业产品	0.2	2.0
合计		0.141	96.0	合计		9.1	89.2
总值		0.147	100	总值		10.2	100

数据来源：根据东盟秘书处数据计算整理。

（二）服务贸易

2007 年 1 月生效的《中国—东盟全面经济合作框架协议服务贸易协议》为中柬两国服务贸易发展创造了较好的环境，尤其在旅游商务、基础设施建设、金融等领域合作取得显著进步。

1. 旅游合作

东盟秘书处数据显示，2010 年，从中国出发到柬埔寨的旅游商务人数为 17.8 万人，仅占旅柬总客量的 7.1%，随后旅柬人数快速增加，到 2017 年中国已成为柬埔寨最大的客源国。柬埔寨央行公布的简报显示，2018 年，柬埔寨共接待旅游商务人数 620.1 万人，其中，中国游客为 202.4 万人次，占 32.6%。柬埔寨曾在 2016 年 1 月发布了《2016—2020 年吸引中国游客战略》及《China Ready》白皮书，力争在 2020 年吸引 200 万中国游客，至此已超额完成。2019 年，柬埔寨接待旅游商务人数达到 661.1 万人，中国游客 236.2 万人，占 35.7%，比上年增加 3.1 个百分点。2019 年，柬埔寨旅游业收入增加 12.4%①，若按旅游商务人数比例估算，中国旅柬新增游客部分对柬埔寨旅游业收入增加额的贡献超过三成。2020 年，旅柬人数在新冠肺炎疫情冲击下急剧减少，截至 8 月份，旅柬人数为 122.7 万人，同比减少 313.4 万人次，降幅高达 71.9%，其中，中国旅柬人数为 29.2 万人次，同比下降 82.8%。

表 2—18—6　2018 年 1 月—2020 年 8 月柬埔寨接待中国游客情况

单位：人

	柬埔寨接待旅游商务总人数	中国旅柬人数	比重
2018 年 1 月	596 241	153 207	0.25
2018 年 2 月	542 937	164 679	0.30
2018 年 3 月	572 075	188 054	0.33
2018 年 4 月	463 423	141 412	0.31
2018 年 5 月	419 171	141 035	0.34
2018 年 6 月	407 813	143 376	0.35
2018 年 7 月	454 056	163 906	0.36
2018 年 8 月	494 043	182 768	0.37

① CEIC Data [DB/OL]. https：//www. ceicdata. com/zh—hans/indicator/cambodia/tourism—revenue—growth/amp.

续 表

	柬埔寨接待旅游商务总人数	中国旅柬人数	比重
2018 年 9 月	426 274	162 284	0.38
2018 年 10 月	453 370	188 125	0.42
2018 年 11 月	616 549	196 069	0.32
2018 年 12 月	755 125	199 528	0.26
2019 年 1 月	647 206	182 449	0.28
2019 年 2 月	597 483	236 123	0.40
2019 年 3 月	633 164	264 864	0.42
2019 年 4 月	537 656	203 603	0.38
2019 年 5 月	472 952	216 531	0.46
2019 年 6 月	450 013	188 916	0.42
2019 年 7 月	502 421	208 198	0.41
2019 年 8 月	519 502	201 212	0.39
2019 年 9 月	453 909	163 060	0.36
2019 年 10 月	481 782	161 546	0.34
2019 年 11 月	602 042	155 031	0.26
2019 年 12 月	712 462	180 316	0.25
2020 年 1 月	547 963	123 550	0.23
2020 年 2 月	383 863	68 272	0.18
2020 年 3 月	223 400	67 910	0.30
2020 年 4 月	4 841	3 031	0.63
2020 年 5 月	10 475	6 125	0.58
2020 年 6 月	12 284	6 785	0.55
2020 年 7 月	20 689	7 390	0.36
2020 年 8 月	23 028	9 240	0.40

数据来源：根据柬埔寨央行数据计算整理。

2. 金融合作

银联国际先后与柬埔寨湄江银行、ABA 银行、加华银行、爱喜利达商业银行等多家银行达成合作，通过银联卡产品为当地居民的日常消费和国际出行提供更便利、优惠的支付服务。银联卡已可在柬 80%的 ATM 和 90%的 POS 终端使用，当地 6 家银行发行了借记卡、信用卡等多款银联卡产品。值得一提的是，银联卡产品超过六成的交易在柬埔寨当地完成，表明银联卡已成为柬埔寨居民日常消费的重要支付工具之一。[①] 此外，中国银行金边分行积极开拓当地市场，发展成为柬埔寨主要银行之一。2020 年，中国国家开发银行再与柬埔寨爱喜利达商业银行签订高达 1.3 亿美元的长期融资协议，给疫情影响下的更多中小企业提供资金支持，致力恢复生产，早日实现柬埔寨经济复苏。随着中柬两国经贸和人员往来日益密切，中国与柬埔寨金融合作仍将进一步拓展与深化。

3. 经济技术合作

中国在柬埔寨的基础建设加速推进，共修建公路 3 000 多公里以及多座桥梁，灌溉面积超过 43 万公顷的水利灌溉工程，铺设了总投资约 8 000 万美元的首条国际海底电缆。建成的电力线路合计超 8 000 公里，发电量约占柬埔寨总发电量的 80%。其中，由中国华能集团有限公司承建的位于柬埔寨东北部上丁省西山区境内桑河干流上的桑河二级水电站，全长 6 500 米，年发电量约为 20 亿千瓦时。2020 年，即使在疫情冲击下，中企承建的基础设施建设项目仍稳步推进，全长 182 公里连接柬埔寨西北部的班迭棉吉与奥多棉吉两省的 58 号公路于 2 月正式通车，全长约 197 公里的 10 号公路也宣布正式动工，西哈努克港 2×350MW 燃煤电厂项目融资签约仪式也于 4 月启动。

而随着中国—中南半岛经济走廊建设的不断推进，中柬两国经济技术合作保持平稳发展势头。“十三五”期间，中国在柬埔寨承包工程完成营业额由 2016 年的 16.6 亿美元增至 2018 年的 18.0 亿美元，2019 年实现快速增长，达到 27.8 亿美元，比上年增长 54.4%。同期，中国对柬埔寨的承包工程完成营业额占中国对亚洲承包工程完成营业额的比重稍有回落，由 2016 年的 2.2%降至 2018 年的 2.0%，其后 2019 年的比重再降低 0.03 个百分点。但 2019 年，中国对柬埔寨的新签承包工程合同额同比增长 93.6%，达到 55.8 亿美元，完成营业额在今后有望实现较大提高。“十三五”期间，中国向柬埔寨派出承包工程人员稳步增长，由 2016 年的 2 715 人增至 2019 年的 6 617 人，到 2019 年年末，在柬承包工程人员达到 8 466 人。从劳务合作来看，中国派往柬埔寨的劳务人员数量出现较大下降，由 2016 年的 1 156 人减少至 2019 年的 475 人，到 2019 年年末，在柬劳务人员为 1 933人。

① 刘长忠．柬埔寨第二大银行发行银联卡［EB/OL］. https：//www.sohu.com/a/160596135_123753，2017—07—28.

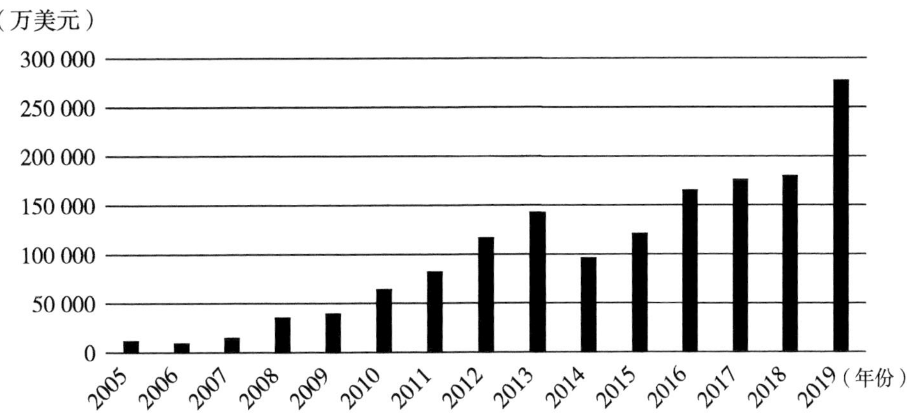

图 2—18—2　2005—2019 年中国在柬埔寨承包工程情况

资料来源：中国商务年鉴。

三、双向投资

近年来，柬埔寨保持了较快的经济增速。根据世界银行数据，2019 财年，柬埔寨国内生产总值（GDP）实际增速为 7.1%；① 2020 年，由于受到新冠肺炎疫情的严重冲击，柬埔寨 GDP 增速预计将萎缩 1.9%。② 在 2005 年中国—东盟自贸区货物贸易协定签署的背景下，外商对柬埔寨直接投资规模得到较快发展，从 2005 年的 3.8 亿美元增至 2019 年的 34.0 亿美元。③ 其中，中国是柬埔寨最大的外资来源国。从投资流量来看，中国对柬埔寨的直接投资流量从 2005 年的 515 万美元增加至 2019 年的 7.5 亿美元，年均增长率为 39.3%，占 2019 年外商对柬埔寨直接投资总流量的 22.1%。

中国对柬埔寨投资可以分成三个阶段，第一个阶段是 2005 年到 2010 年的快速上升期，第二阶段是 2010 年到 2015 年的回落期，第三个时期是 2016 年以后的恢复上升期。“十三五”期间，中国对柬埔寨的直接投资流量金额屡创历史新高，由 2016 年的 6.3 亿美元增至 2018 年的 7.8 亿美元后，2019 年回落至 7.5 亿美元，占中国对东盟投资的比重也从 2015 年的 2.9%恢复到了 2019 年的 5.8%。此外，根据柬埔寨央行数据，2019 年，由柬埔寨政府批准的中国对固定资产直接投资项目金额

① Worldbank. Databank/World Development Indicators [EB/OL]. https://databank.worldbank.org/indicator/NY.GDP.MKTP.KD.ZG/1ff4a498/Popular—Indicators.

② 2020 年上半年柬埔寨宏观经济形势及全年经济预测 [EB/OL]. http://cb.mofcom.gov.cn/article/jmxw/202009/20200903000066.shtml，2020—09—10.

③ UNCTAD STAT [DB/OL]. https://unctadstat.unctad.org/wds/TableViewer/tableView.aspx.

为 6.5 亿美元；2020 年前两个季度，虽受到疫情影响，但获得柬埔寨政府批准的项目投资金额分别为 4.7 亿美元以及 3.4 亿美元，同比分别增长了 67.9%和 246%，分别占柬埔寨政府批准投资额的 51.5%和 27.4%。①

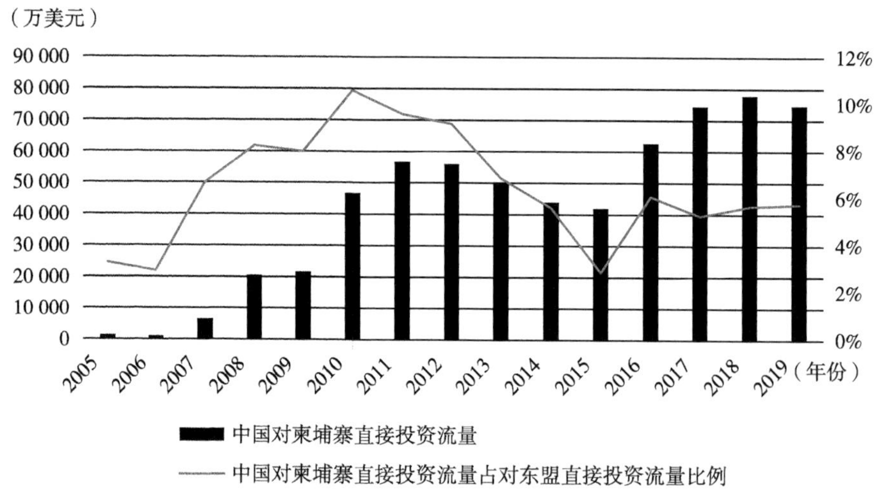

图 2—18—3　2005—2019 年中国对柬埔寨直接投资流量情况

资料来源：历年中国对外直接投资统计公报。

中国对柬埔寨直接投资存量从 2005 年的 7 684 万美元增至 2019 年的 64.6 亿美元，年均增长率达到 34.4%，占外商对柬埔寨直接投资存量的 19.0%。中国对柬埔寨的直接投资存量占中国对东盟直接投资存量的比重在 2007 年至 2012 年期间保持稳步上升态势，从 4.3%提高到 8.2%，2013 年后该比重开始回落，“十三五”期间，该比重下降势头减弱，到 2019 年，中国对柬埔寨直接投资存量占中国对东盟直接投资存量的比重为 5.9%。

多年来，柬埔寨政府为提振本国商业和吸引外商投资，着力简化商业注册流程，积极改善营商环境。2019 年，洪森首相签发政府令，在边境口岸、国际关口、港口、经济特区等免除商业部货检局的职责，明确财经部海关和税务局是唯一一个负责检查进出口商品的单位，进一步打击腐败，提高贸易商品进出效率。在世界经济论坛发布的《2019 年全球竞争力报告》中，柬埔寨在 144 个经济体中排名第 106 位，比上年提高 4 位。然而，在世界银行发布的《全球营商环境报告 2020》中，柬埔寨在 190 个经济体中排名第 144 位，比上年下滑 6 位。

① National Bank of Cambodia. Economic & Monetary Statistics No. 322 —28th Year, August 2020 [EB/OL]. https://www.nbc.org.kh/download_files/publication/eco_mon_sta_eng/Review%20322%20Aug—2020—En.pdf，2020—11—17.

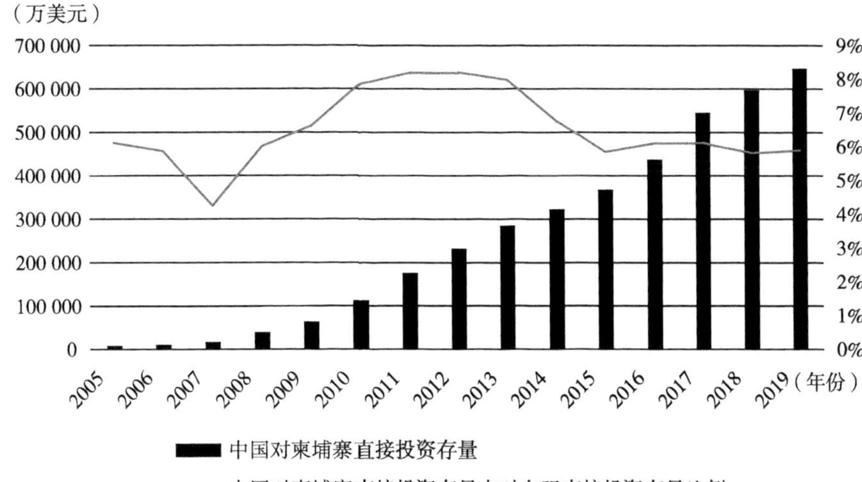

图 2—18—4　2005—2019 年中国在柬埔寨直接投资存量情况

资料来源：历年中国对外直接投资统计公报。

与中国对柬埔寨投资相比，柬埔寨对华投资规模很小，但呈现上升态势。截至 2018 年年底，柬埔寨对华投资总额为 2 亿美元，2019 年，柬对华投资共 5 755 万美元，比上一年增加 28 倍。

第十九章　区域全面经济伙伴关系协定（RCEP）*

RCEP是由东盟与中国、日本、韩国、澳大利亚、新西兰等自贸伙伴共同推动达成的大型区域贸易协定，是一个现代、全面、高质量、互惠的自贸协定，也是目前全球经济体量最大的自贸区。2019年，RCEP 15个成员国总人口达22.7亿，GDP达26万亿美元，出口总额达5.2万亿美元，均占全球总量约30%。在经济全球化遭受严重挑战以及新冠肺炎疫情带来巨大困难的背景下，RCEP的签署彰显了亚太国家维护多边主义和自由贸易的共同意愿，体现了域内发达国家、发展中国家和最不发达国家的利益共生，是东亚区域经济一体化新的里程碑。

一、协定签署

2011年2月26日的第十八次东盟经济部长会上，东盟各国部长首次提出RCEP的概念，以期与经济伙伴国共同达成一个综合性的自贸协定①。同年11月举办的东盟峰会上，东盟十国领导人正式批准RCEP，并获得中国、日本、韩国、印度、澳大利亚和新西兰等六国的支持，确立了“10+6”的合作框架。2012年11月20日，东盟与六国领导人在第21届东盟峰会上共同发表了《启动RCEP谈判的联合声明》，标志着RCEP谈判的正式启动②。同期，16国通过了《RCEP谈判的指导原则与目标》，明确了RCEP将涵盖货物贸易、服务贸易、投资、经济和技术合作、知识产权、竞争政策、争端解决等议题，谈判目标是努力在东盟成员国与东盟自贸伙伴之间达成一个现代、全面、高质量、互惠的经济伙伴协定。2013年2月26—28日，在印尼举行的东盟—自贸伙伴国高官会和工作组会议上，16国经过磋商确定了《贸易谈判委员会职责范围》③。

---

* 本部分作者为潘怡辰、赵晶。

① RCEP：东盟主导的区域全面经济伙伴关系［EB/OL］. http：//fta.mofcom.gov.cn/article/rcep/rcepgfgd/201508/27820_1.html，2012-10-08.

② 中国自由贸易区建设的总体进展（二）在谈自贸区［EB/OL］. http：//history.mofcom.gov.cn/? specialone=%EF%BC%88%E4%BA%8C%EF%BC%89%E5%9C%A8%E8%B0%88%E8%87%AA%E8%B4%B8%E5%8C%BA.

③ 东盟—自贸伙伴国高官会和区域全面经济伙伴关系工作组会议在印尼举行［EB/OL］. http：//fta.mofcom.gov.cn/article/chinadongmeng/dongmengnews/201303/11697_1.html，2013-03-07.

尽管各方预先设定了在2015年末完成谈判的目标，然而在2013年5月9—13日启动的RCEP第一轮谈判中，由于各国发展水平差异较大，货物、服务贸易及投资三大领域谈判所涉及问题复杂多样，谈判推进难度远超各方预期，后续谈判进程异常缓慢①。此后，RCEP谈判范围继续扩大至原产地规则、知识产权、竞争政策、经济技术合作和市场准入等。2015年8月，RCEP第三次部长会议期间，货物贸易市场准入谈判取得突破，各成员就初始出价模式达成一致意见②，并提出希望在2015年年底前实质性结束谈判，剩余技术性问题可在2016年尽快解决③。

然而谈判结束节点在3个月后被推迟到了2016年，并被多次推后。在2015年11月22日，各国发布《区域全面经济伙伴关系协定》领导人联合声明中，提出RCEP已举行10轮谈判和4次经贸部长会议并取得实质性进展，各国将力争在2016年结束谈判④。2017年5月21日，RCEP部长级会议发布联合媒体声明表示，RCEP谈判已完成18轮谈判，已进入关键时期，特别是实质性结束RCEP谈判已确立为东盟成立50周年的重要成果，为实现这一目标，各方需努力使得谈判有重大进展⑤。

特别是在2017年美国特朗普总统上任后宣布退出TPP协定，高举“美国优先”大旗，并使用各种经济政策手段对双边谈判对手施压的国际环境下，RCEP各方就加强区域合作，以抵消贸易保护主义和逆全球化冲击达成一致，并提出争取于2018年内结束谈判。为减少谈判分歧，加速谈判进程，2017年11月15日举行的RCEP首次领导人会议发布领导人联合声明，提出RCEP要考虑成员国的不同发展水平，包含设立特殊和差别待遇条款在内的适当形式的灵活性，并给予最不发达的东盟国家额外的灵活性，还公布了RCEP协定的框架和主要特点⑥。然而，印度由于担忧本国农业和制造业遭遇冲击，在货物与服务贸易等领域与其他成员国存在利益冲突，

---

① 肖琬君，冼国明.RCEP发展历程：各方利益博弈与中国的战略选择［J］.国际经济合作，2020，No.404（2）：14—27.

② 《区域全面经济伙伴关系协定》结束第十轮谈判［EB/OL］.http：//fta.mofcom.gov.cn/article/rcep/rcepnews/201511/29156_1.html，2015—11—04.

③ 《区域全面经济伙伴关系协定》（RCEP）第三次部长会议［EB/OL］.http：//fta.mofcom.gov.cn/article/rcep/rcepgfgd/201508/27820_1.html，2015—08—26.

④ 李克强出席《区域全面经济伙伴关系协定》领导人联合声明发布仪式［EB/OL］.http：//fta.mofcom.gov.cn/article/rcep/rcepnews/201511/29458_1.html，2015—11—23.

⑤ 《区域全面经济伙伴关系协定》（RCEP）部长级会议发布联合媒体声明［EB/OL］.http：//fta.mofcom.gov.cn/article/rcep/rcepnews/201705/35040_1.html，2017—05—24.

⑥ 驱动经济一体化 促进包容性发展——《区域全面经济伙伴关系协定》（RCEP）谈判领导人联合声明［EB/OL］.http：//fta.mofcom.gov.cn/article/rcep/rcepnews/201711/36158_1.html，2017—11—15.

成为 RCEP 谈判的重要阻力之一①，最终谈判未能如期在 2018 年结束。

2019 年 11 月 4 日，第三次 RCEP 领导人会议在泰国曼谷举行，与会领导人在会后发表联合声明，宣布 RCEP 15 个成员国结束全部 20 个章节的文本谈判及实质上所有市场准入谈判，并强调印度有重要问题仍未解决，各成员国需共同努力并以彼此满意的方式解决问题，各国将致力于确保 2020 年签署协议②。与此同时，印度总理莫迪在第 35 届东盟峰会上宣布，印度将退出 RCEP 谈判，使得谈判冲刺遭遇波折。经过 4 次领导人会议、23 次部长级会议、31 轮正式谈判，在 2020 年 11 月 15 日 RCEP 第四次领导人会议期间，东盟、中国、日本、韩国、澳大利亚和新西兰共同签署 RCEP。

在 RCEP 中，货物贸易零关税产品数量整体上超过 90%，将大幅降低区域内贸易成本和商品价格；服务贸易开放承诺涵盖了大多数服务部门，显著高于目前各方与东盟现有自贸协定水平；投资方面，15 方均采用负面清单方式对制造业、农林渔业、采矿业等领域投资作出较高水平开放承诺，政策透明度明显提升③。此外，RCEP 体现了现代的新兴自贸协定发展方向，增加了知识产权、竞争政策、电子商务等规则领域的新议题。协定扩大了自然人移动的承诺类别，就金融和电信监管透明度作出高水平承诺，在知识产权保护、反垄断和消费者保护等领域也达到较高水平。为适应数字经济时代的发展要求，协定还加强了数字环境下著作权或相关权利以及商标的保护，要求维持对电子传输内容免征关税的做法，同时就跨境信息传输、信息存储等问题达成重要共识。

表 2—19—1　RCEP 建设历程

时间	主要协议及事件
2011 年 2 月 26 日	首次提出 RCEP
2011 年 11 月 13—19 日	东盟十国领导人正式批准 RCEP，并获得中国、日本、韩国、印度、澳大利亚和新西兰等六国的支持
2012 年 11 月 20 日	东盟与六国领导人共同发表《启动 RCEP 谈判的联合声明》，通过了《RCEP 谈判的指导原则与目标》，RCEP 谈判正式启动
2013 年 5 月 9 日	启动 RCEP 第一轮谈判，正式成立货物贸易、服务贸易和投资三个工作组，并就货物、服务和投资等议题展开磋商

① 印度退出 RCEP 意味着什么？[EB/OL]. http://www.chinatradenews.com.cn/epaper/content/2019—11/21/content_64056.htm，2019—11—21.

② 《区域全面经济伙伴关系协定》(RCEP) 第三次领导人会议联合声明 [EB/OL]. http://fta.mofcom.gov.cn/article/rcep/rcepnews/201911/41745_1.html，2019—11—05.

③ 钟山部长《人民日报》刊文：开创全球开放合作新局面 [EB/OL]. http://fta.mofcom.gov.cn/article/rcep/rcepnews/202011/43720_1.html，2020—11—24.

续 表

时间	主要协议及事件
2013 年—2020 年期间	开展 23 次部长级会议、31 轮正式谈判
2017 年 11 月 15 日	举行首次领导人会议，发布 RCEP 谈判领导人联合声明
2018 年 11 月 14 日	召开第二次 RCEP 领导人会议
2019 年 11 月 4 日	召开第三次 RCEP 领导人会议，并发布第三次领导人会议联合声明，印度宣布退出 RCEP 谈判
2020 年 11 月 22 日	召开第四次 RCEP 领导人会议，签署 RCEP

资料来源：根据中国自由贸易区服务网资料整理。

二、经贸合作

“十三五”期间，中国与 RCEP 伙伴逐步实现高质量、多层次的经贸合作关系，为 RCEP 的签署和实施奠定了坚实基础。尽管全球经济仍存在不确定性，2020 年上半年，东盟取代美国和欧盟，首次成为中国第一大贸易伙伴，中国也成为与东盟贸易呈指数级增长的国家。放眼未来，RCEP 的签署和实施将为世界经济实现恢复性增长贡献新力量。

（一）货物贸易

“十三五”期间，中国与 RCEP 伙伴货物贸易规模稳步增长，进出口额由 2016 年的 10 995.8 亿美元增至 2019 年的 14 289.0 亿美元，年均增长率 9.1%，占中国对外贸易比重由 29.8%上升至 31.2%，提高 1.4 个百分点。其中，中国对 RCEP 伙伴出口额由 5212.2 亿美元上升至 6 676.0 亿美元，占中国出口比重由 23.6%逐年上升至 42.3%，提高 18.7 个百分点；自 RCEP 伙伴进口额由 5 789.0 亿美元上升至 7 612.2亿美元，占中国进口比重由 36.5%变化至 36.6%，增长幅度不大。2020 年，面对新冠肺炎疫情的严峻挑战，中国与 RCEP 伙伴的经贸合作显示出巨大的韧性和潜力。1—11 月，中国与 RCEP 伙伴双边贸易额为 13 249.9 亿美元，比上年同期增长 2.4%；其中，中国出口额为 6 345.8 亿美元，比上年同期增长 5.2%，进口额为 7 004.6 亿美元，比上年同期增长 1.4%。

从国别结构看，中国与 RCEP 成员国的货物贸易主要集中于东盟国家，占 RCEP 成员国的 40%以上；在东盟十国中，越南始终是中国最大的贸易伙伴，2019 年中越双边货物贸易达到 1 620.0 亿美元，同比增长 9.6%，占同期中国与 RCEP 成员国货物贸易总额的 11.3%。2016—2019 年，中国与东盟国家货物贸易进出口额由 4 522.1 亿美元逐年上涨至 6 414.7 亿美元，年均增长率 12.4%，高于 RCEP 成员国整体 3.3 个百分点。2020 年，中国与东盟货物贸易在全球贸易下滑的情况下仍取得正增长。1—11 月，双边贸易额达到 6 095.8 亿美元，同比增长 5.6%。其中，中国出口额为 3 506.7 亿美元，同比增长 5.8%；进口额为 2 689.6 亿美元，同比增长 5.2%。除东盟国家外，中国与其他 RCEP 伙伴的双边贸易在“十三五”期间也均实现不同程度的增长，其中，与澳大利亚的双边贸易额增长最快，2016—2019 年实现 16.3%的年均增幅。

表 2—19—2　2016—2019 年中国与 RCEP 成员国货物贸易情况

单位：亿美元；%

年份	东盟	新西兰	韩国	澳大利亚	日本	合计	占比
2016 年	4 522.1	119.1	2 524.3	1 079.5	2 750.8	10 995.8	29.8%
2017 年	5 148.2	144.8	2 802.6	1 362.6	3 030.5	12 488.7	30.4%
2018 年	5 878.7	168.8	3 134.3	1 527.9	3 277.1	13 986.8	30.3%
2019 年	6 414.7	182.0	2 845.8	1 696.4	3 150.1	14 289.0	31.2%

资料来源：根据中国海关统计数据计算整理。

（二）利用外资

“十三五”期间，中国利用 RCEP 伙伴的投资规模呈先下降后上升趋势。2016—2019 年，中国实际利用 RCEP 伙伴直接投资额由 146.7 亿美元增至 176.1 亿美元，年均增长 6.3%，占中国整体利用外资的比重由 11.6%变化至 12.8%，其中 2019 年比上年增长 21.4%，增幅较大。从国别结构看，中国利用 RCEP 伙伴直接投资来源主要集中于东盟国家，其次为韩国、日本，新西兰和澳大利亚始终对华投资规模不大。在东盟国家中，新加坡一直是对华投资最多的国家，也是中国第一大新

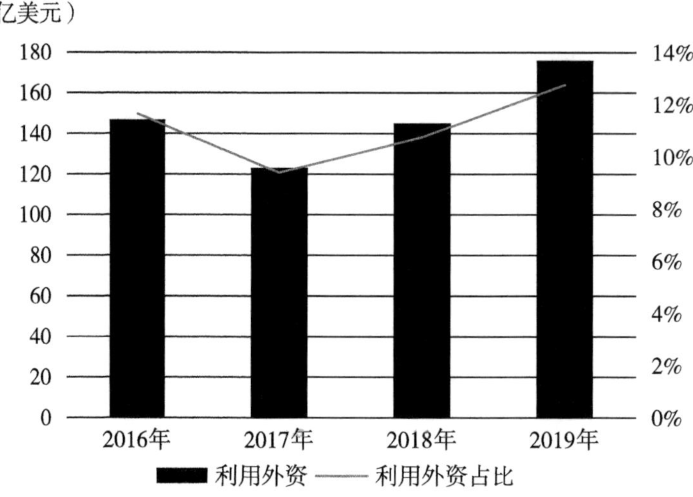

图 2—19—1　2016—2019 年中国实际利用 RCEP 伙伴直接投资情况

资料来源：中国统计年鉴。

增外资来源国。2016—2019 年，中国利用新加坡外资虽然先下降后上升，但 2019 年回升至 75.9 亿美元，仍比“十三五”期初高 6.9 亿美元，2020 年 1—10 月，中新在后疫情时代的各领域合作有序恢复，新加坡对华直接投资同比增长 7.0%。①

（三）对外投资

“十三五”期间，中国对 RCEP 伙伴直接投资流量先上升后回落，由 2016 年的 168.7 亿美元至 2019 年的 163.5 亿美元，占中国对外直接投资流量的比重由 8.6% 上升为 12.0%，其中，2019 年对 RCEP 伙伴的直接投资流量比上年下降 6.2%。从国别结构看，中国对 RCEP 成员国的直接投资主要集中于东盟国家，2019 年中国对东盟直接投资流量为 130.2 亿美元，同比下降 4.9%。截至 2019 年，中国对东盟直接投资存量为 1 098.9 亿美元，占中国对外直接投资存量的 5.0%。根据《2019 年度中国对外直接投资统计公报》数据，中国对东盟国家投资的目标行业集中于制造业和批发零售业，占比达 60.9%。在东盟国家中，新加坡依靠其优越的投资环境始终是中国在东盟十国中投资最多的国家，2019 年中国对新加坡直接投资额为 48.3 亿美元，比“十三五”期初高 16.6 亿美元。根据商务部统计，2020 年 1—10 月中国对新加坡直接投资增长近 1.3 倍，体现了在新冠肺炎疫情冲击下双方合作的强大韧性和巨大潜力。此外，中国对新西兰和日本的投资规模不大，但近年来对日本直接投资规模稳步提升，由 2016 年的 3.4 亿美元增至 2019 年的 6.7 亿美元，年均增长率为 25.4%，增幅较大。

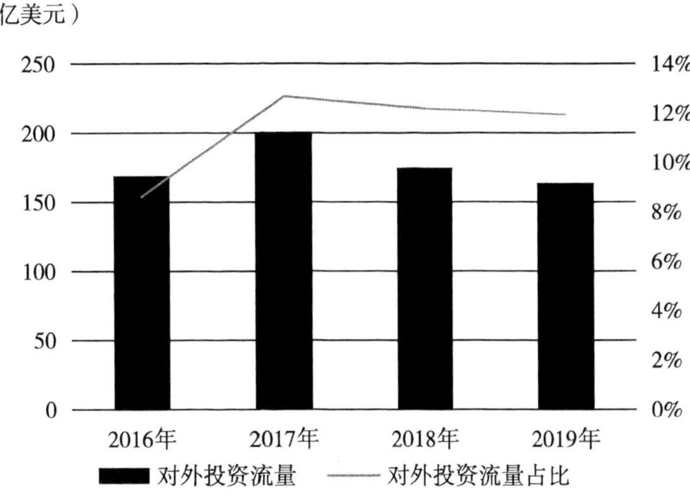

图 2—19—2 2016—2019 年中国对 RCEP 伙伴直接投资流量情况

资料来源：中国商务年鉴。

① 商务部就中国和新加坡宣布启动中新自贸协定升级后续谈判等答问 [EB/OL]. http://www.gov.cn/xinwen/2020—12/10/content_5568744.htm，2020—12—10.

（四）经济技术合作

“十三五”期间，中国与 RCEP 伙伴的承包工程和劳务合作规模稳步扩大。承包工程完成营业额由 2016 年的 313.6 亿美元增至 2019 年的 458.0 亿美元，年均增长率为 13.5%，占中国对外承包工程的比重由 19.7%逐年增加至 26.5%。对外承包工程派出人数由 2016 年的 4.6 万人增至 2018 年的 6.6 万人后，2019 年有所回落，降至 5.8 万人，但仍比“十三五”期初高出 1.2 万人。其中，东盟国家居于主要地位，印度尼西亚继 2018 年超过老挝后，2019 年仍是中国在东盟承包工程派出人数最多的国家，达到 16 107 人，老挝次之，派出人数为 14 512 人。

同期，中国在 RCEP 伙伴的劳务合作派出人数整体呈波动式上升，由 2016 年的 84 323 人变化至 2019 年的 88 263 人，其中 2019 年比上年增长 6.4%，占中国对外劳务合作派出人数的 32.0%。从国别结构看，主要外派劳务国家为东盟国家和日本，2019 年中国对其派出人数分别为 44 272 人和 41 324 人，占中国对 RCEP 伙伴劳务合作派出人数的比重分别为 47.4%和 47.6%。在东盟国家中，中国对新加坡的派出人数最多，2019 年为 35 756 人，在东盟国家中占比高达 80.8%。此外，中国对韩国派出人数由 2016 年的 3 209 人降至 2019 年的 1 947 人，下降趋势明显。对新西兰虽然派出人数规模较小，但增长速度较快，由 2016 年的 12 人增至 2019 年 481 人，年均增长率为 242.2%。

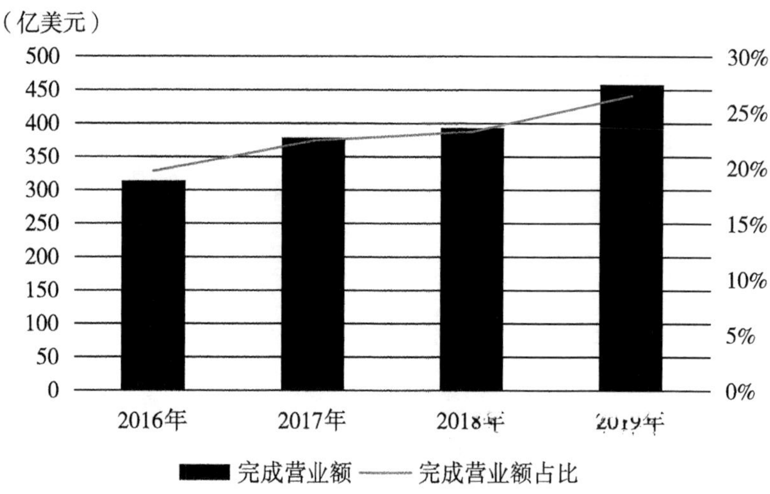

图 2—19—3　2016—2019 年中国在 RCEP 伙伴承包工程完成营业额情况

资料来源：中国商务年鉴、商务部。

第三篇

自由贸易区与地方经济*

* 以下各地按照国家统计局对于东部、中部、西部和东北地区的名单顺序进行排列。东部地区：有10个省（直辖市），包括北京、天津、河北、上海、江苏、浙江、福建、山东、广东和海南。中部地区：有6个省，包括山西、安徽、江西、河南、湖北和湖南。西部地区：有12个省（自治区、直辖市），包括内蒙古、广西、重庆、四川、贵州、云南、西藏、陕西、甘肃、青海、宁夏和新疆。东北地区：有3个省，包括辽宁、吉林和黑龙江。

本部分由袁波统稿。

第一章　河北与中国自由贸易伙伴的经贸合作*

作为“一带一路”建设与京津冀协同发展战略的连接点，河北省加快重大国家战略和国家大事落地见效，深度融入“一带一路”建设，高标准高质量建设雄安新区和中国（河北）自由贸易试验区，推动京津冀协同发展向广度深度拓展。2019年以来，河北省成功举办中国国际数字经济博览会等重大活动，推出一系列重要改革举措，营商环境日益改善，实际利用外资稳步增长，国际化水平和影响力显著提升。

一、货物贸易

2019年，河北省与25个自贸伙伴贸易总额为223.3亿美元，占全省对外贸易总额的38.5%。其中，对自贸伙伴出口额为101.0亿美元，占其出口总额的29.4%；从自贸伙伴进口122.2亿美元，占其进口总额的51.7%；对自贸伙伴贸易逆差为21.2亿美元。

表3—1—1　2019年河北与自贸伙伴贸易情况

单位：万美元；%

国家/地区	进出口		出口		进口		贸易差额
	贸易额	同比增长	出口额	同比增长	进口额	同比增长	
东盟	615 231	23.7	457 997	7.9	157 234	116.8	300 763
中国香港	123 042	41.3	102 486	50.1	20 556	9.2	81 930
中国澳门	516	−23.4	516	−23.4	0		516
巴基斯坦	39 309	−4.5	37 548	−5.0	1 761	6.5	35 787
中国台湾	88 975	8.9	46 739	−3.6	42 237	27.0	4 502
韩国	313 480	−14.2	222 652	11.4	90 828	−45.1	131 824
冰岛	176	−17.6	176	−15.1	0	−99.9	176
瑞士	7 143	−2.2	3 398	−10.5	3 745	6.8	−347
智利	40 942	−23.4	35 023	−13.5	5 920	−54.3	29 103
秘鲁	34 021	−14.3	27 234	−10.2	6 787	−27.7	20 447

* 本部分作者为段丹。

续 表

国家/地区	进出口		出口		进口		贸易差额
	贸易额	同比增长	出口额	同比增长	进口额	同比增长	
哥斯达黎加	2 981	−4.7	2 617	−8.2	364	−30.8	2 253
新西兰	14 894	−1.9	9 000	5.2	5 894	−11.1	3 106
澳大利亚	948 105	54.2	61 247	1.5	886 858	60.0	−825 611
格鲁吉亚	1 824	63.2	1 820	63.9	4	−44.2	1 816
马尔代夫	597	−10.9	597	−10.9	0		597
毛里求斯	1 360	8.2	1 360	9.5	0	−99.9	1 360
自贸伙伴合计	2 232 596		1 010 410		1 222 188		−211 778
总体对外	5 803 745	7.7	3 437 792	1.2	2 365 953	18.7	1 071 839

资料来源：河北省商务厅。

2020 年 1—6 月，河北与上述自贸伙伴的贸易额为 131.0 亿美元，占同期全省贸易总额的 47.7%。其中，出口额和进口额分别为 49.5 亿美元和 64.8 亿美元，占同期全省出口和进口总额的 31.5%和 55.2%。新型冠状肺炎疫情对河北与各自贸伙伴的进出口影响各异，其中澳大利亚、东盟、中国台湾与河北的货物贸易额分别较上年同期增长 13.9%、43.5%和 23.9%；而韩国与河北的货物贸易额则较上年同期下降 18.7%。

表 3—2—2　2020 年 1—6 月河北与自贸伙伴贸易情况

单位：万美元；%

国家/地区	进出口		出口		进口		贸易差额
	贸易额	同比增长	出口额	同比增长	进口额	同比增长	
东盟	350 919	43.5	243 124	17.5	107 796	186.4	135 328
中国香港	41 751	1.2	38 722	18.9	3 028	−65.2	35 694
中国澳门	390	35.8	390	35.8	0		390
巴基斯坦	185 581	−8.4	17 749	−8.5	832	−7.6	16 917
中国台湾	43 690	23.9	21 234	−5.5	22 456	75.7	−1 222
韩国	125 163	−18.7	94 283	−11.8	30 880	−34.4	63 403
冰岛	78	−3.3	69	−14.9	9		60
瑞士	3 639	15.9	2 263	34.4	1 376	−5.4	887
智利	20 974	6.7	16 413	−5.2	4 562	94.2	11 851
秘鲁	19 129	13.1	14 331	3.3	4 799	58.4	9 532
哥斯达黎加	2 088	29.0	1 820	28.0	268	36.1	1 552

续 表

国家/地区	进出口		出口		进口		贸易差额
	贸易额	同比增长	出口额	同比增长	进口额	同比增长	
新西兰	10 441	31.6	6 109	37.9	4 333	23.5	1 776
澳大利亚	503 548	13.9	36 085	24.2	467 463	13.2	−431 378
格鲁吉亚	1 404	64.5	1 404	64.5	0		1 404
马尔代夫	195	−49.8	195	−49.8	0		195
毛里求斯	769	36.6	769	36.6	0		769
自贸伙伴合计	1 309 759		494 960		647 802		−152 842
总体对外	2 744 810	4.6	1 571 041	−1.6	1 173 769	14.3	397 272

资料来源：河北省商务厅。

在自贸伙伴中，河北与澳大利亚、东盟、中国香港、中国澳门、巴基斯坦、中国台湾的贸易往来较为紧密。其中，河北作为钢铁产量常年排名全国第一的省份，从澳大利亚进口铁矿石的需求较为旺盛。2019 年，河北与澳大利亚货物贸易额为 94.8 亿美元，同比增长 54.2%，占同期全省贸易总额的 16.3%。其中，出口 6.1 亿美元，同比增长 1.5%，占同期全省出口总额的 1.8%，主要出口商品为轻工产品、金属制品和机械设备等；进口 88.7 亿美元，同比增长 60.0%，占同期全省进口总额的 37.5%，主要进口商品为铁矿石、煤炭和农产品等。双边贸易额超过 10 亿美元的自贸伙伴还有东盟、韩国和中国香港。2019 年，河北与东盟、韩国和中国香港的货物贸易额分别为 61.5 亿美元、31.3 亿美元和 12.3 亿美元，分别占同期全省贸易总额的 10.6%、5.4%和 2.1%。

表 3—2—3 2019 年河北与自贸伙伴进出口前三位商品结构

单位：万美元

国家/地区	主要出口商品	出口额	主要进口商品	进口额
东盟	钢材	123 760	原油	64 246
	轻工产品	46 160	农产品	16 441
	纺织品	41 753	轻工产品	14 370
中国香港	电器及电子产品	58 877	电器及电子产品	18 734
	服装	9 500	轻工产品	1 321
	机械设备	7 441	机械设备	303
中国澳门	农产品	195		
	化工产品	103		
	电器及电子产品	92		

续　表

国家/地区	主要出口商品	出口额	主要进口商品	进口额
巴基斯坦	纺织品	8 710	纺织品	546
	钢材	7 289	农产品	486
	电器及电子产品	5 236	矿产品	392
韩国	钢材	47 407	机械设备	27 210
	服装	35 765	轻工产品	14 357
	轻工产品	22 157	矿产品	13 152
冰岛	纺织品	54		
	服装	45		
	金属制品	32		
瑞士	化工产品	1 924	机械设备	2 256
	服装	288	仪器仪表	331
	金属制品	280	电器及电子产品	288
智利	运输工具	7 227	农产品	3 215
	钢材	6 918	矿产品	688
	金属制品	5 175	轻工产品	46
秘鲁	钢材	11 175	铁矿石	5 805
	化工产品	3 899	农产品	389
	运输工具	3 726	化工产品	164
哥斯达黎加	钢材	724	农产品	363
	金属制品	363		
	运输工具	316		
新西兰	金属制品	1 360	农产品	3 814
	轻工产品	1 342	铁矿石	1 259
	运输工具	1 294	化工产品	348
澳大利亚	轻工产品	11 180	铁矿石	765 820
	金属制品	9 696	煤炭	92 526
	机械设备	5 722	农产品	15 594
格鲁吉亚	纺织品	462		
	金属制品	340		
	轻工产品	166		

续 表

国家/地区	主要出口商品	出口额	主要进口商品	进口额
马尔代夫	轻工产品	31		
	金属制品	29		
	机械设备	25		
毛里求斯	金属制品	181		
	钢材	169		
	轻工产品	123		

资料来源：河北省商务厅。

二、利用投资

2019年，共有来自自贸伙伴的188家外资企业对河北投资，占全省吸引外商投资企业总数的63.1%；合同外资42.6亿美元，占全省合同利用外资总额的72.1%；实际利用外资6.9亿美元，占全省实际利用外资总额的67.7%。自贸伙伴中，河北引进外资的主要来源地是中国香港、东盟、澳大利亚和中国台湾。2019年，共有114家港资企业对河北投资，占全省外商投资企业总数的38.3%；合同外资额39.2亿美元，实际利用外资额5.7亿美元，分别占全省合同外资和实际利用外资总额的66.3%和56.08%。同期，合同投资额超过1亿美元的自贸伙伴还有澳大利亚和东盟，但实际利用外资金额超过1亿美元的仅有东盟。

表3—2—4　2019年河北利用自贸伙伴投资情况

单位：个；万美元

国家/地区	企业个数	合同金额	实际利用外资金额
东盟	12	10 407	10 531
中国香港	114	392 014	57 302
中国澳门	1	131	—
巴基斯坦	1	44	—
中国台湾	22	5 678	244
韩国	33	3 382	899
瑞士	1	49	108
澳大利亚	4	14 756	85
自贸伙伴合计	188	426 461	69 169
总体利用外资	298	591 259	102 172

资料来源：河北省商务厅。

2020 年 1—6 月，共有来自自贸伙伴的 83 家外资企业对河北投资，合同外资 12.9 亿美元，实际利用外资 4.1 亿美元，涉及中国香港、东盟、韩国、中国澳门、中国台湾和澳大利亚。

表 3—2—5　2020 年 1—6 月河北利用自贸伙伴投资情况

单位：个；万美元

国家/地区	企业个数	合同金额	实际利用外资金额
东盟	7	7 565	1 616
中国香港	56	116 966	39 145
中国澳门	—	—	60
巴基斯坦	1	10	—
中国台湾	13	1 865	42
韩国	4	1 562	399
新西兰	1	635	—
澳大利亚	1	42	11
自贸伙伴合计	83	128 645	41 273
总体利用外资	126	193 508	51 204

资料来源：河北省商务厅。

三、对外投资

2019 年，河北对自贸伙伴的直接投资项目共计 39 个，占全省对外直接投资项目总数的 38.2%；投资总额和中方投资额分别为 43.2 亿美元和 36.0 亿美元，占全省总额的 76.7%和 74.6%。其中，东盟是河北对外投资合作最主要的自贸伙伴，2019 年投资项目合计 19 个，占全省对外投资项目总数的 18.6%；投资总额 37.1 亿美元，占全省对外投资总额的 66.1%。此外，中国香港和澳大利亚也是河北对外投资的重要区域。2019 年，对中国香港和澳大利亚的投资项目分别为 10 个和 7 个，投资总额分别为 3.7 亿美元和 1.8 亿美元。

表 3—2—6　2019 年河北对自贸伙伴直接投资情况

单位：个；万美元

国家/地区	项目数	投资总额	中方投资额
东盟	19	371 716.9	300 259.9
中国香港	10	36 824.7	36 606.5
巴基斯坦	2	500	500

续 表

国家/地区	项目数	投资总额	中方投资额
新西兰	1	4 000	4 000
澳大利亚	7	18 447.7	18 209.4
自贸伙伴合计	39	431 489.3	359 575.8
总体对外	102	562 433.9	482 003.1

资料来源：河北省商务厅。

四、对外承包工程和劳务合作

2019 年，河北在自贸伙伴的承包工程合同数为 49 个，占全省对外承包工程合同总数的 38.3%；合同金额和完成营业额分别为 3.6 亿美元和 4.6 亿美元，分别占全省合同总额的 9.6%和完成营业额总额的 15.1%。自贸伙伴中，东盟是河北对外承包工程的主要合作地区，2019 年，在东盟国家的承包工程合同额和完成营业额分别为 3.1 亿美元和 4.0 亿美元，占全省合同总额的 8.3%和完成营业额总额的 13.1%。此外，巴基斯坦也是河北重要的承包工程合作国家，2019 年合同额和完成营业额分别为 0.3 亿美元和 0.6 亿美元。截至 2019 年年末，河北在自贸伙伴的承包工程与劳务合作人数为 4924 人，占全部在外人数的 35.0%。受新冠肺炎疫情全球暴发影响，2020 年 6 月末，河北在自贸伙伴的承包工程与劳务合作人数为 2106 人，较年初下降 2818 人，降幅为 57.2%。

表 3—2—7　2019 年河北与自贸伙伴承包工程和劳务合作情况

单位：人；个；万美元

国家/地区	年末在外人数	对外承包工程合同份数	对外承包工程合同总额	对外承包工程完成营业额
东盟	3 253	36	30 830	40 239
中国香港	796	0	0	391
巴基斯坦	508	13	3 135	5 785
韩国	56	0	0	0
秘鲁	0	1	1 930	0
新西兰	261	0	0	0
澳大利亚	35	0	0	0
马尔代夫	15	0	0	0
自贸伙伴合计	4 924	49	35 895	46 415
总体对外	14 054	128	372 915	307 172

资料来源：河北省商务厅。

表 3－2－8　2020 年 1—6 月河北与自贸伙伴承包工程和劳务合作情况

单位：人；个；万美元

国家/地区	期末在外人数	对外承包工程合同份数	对外承包工程合同总额	对外承包工程完成营业额
东盟	1 251	13	50 761	27 366
中国香港	445	0	0	0
巴基斯坦	265	7	4 704	1 559
新西兰	145	0	0	0
自贸伙伴合计	2 106	20	55 465	28 925
总体对外	9 392	66	142 123	143 977

资料来源：河北省商务厅。

第二章　上海与中国自由贸易伙伴的经贸合作*

上海市作为中国最大的经济中心城市和改革开放排头兵，是世界观察中国的一个重要窗口，也是中国对外开放的前沿。2019 年，上海聚焦“外贸稳量”“外资增能”和“办好进博”，继续保持全球最大货物贸易口岸城市地位，实到外资创历史新高。

一、货物贸易

2019 年，上海与 25 个自贸伙伴贸易总额为 12 959.5 亿元，占全市对外贸易总额的 38.2%。其中，对自贸伙伴出口额和进口额分别为 4 973.3 亿元和 7 986.2 亿元，分别占全市出口总额和进口总额的 36.4%和 39.4%；对自贸伙伴总体呈贸易逆差，逆差规模为 3 012.8 亿元。

表 3—2—1　2019 年上海与自贸伙伴贸易情况

单位：亿元；%

国家/地区	进出口		出口		进口		贸易差额
	贸易额	同比增长	出口额	同比增长	进口额	同比增长	
东盟	4 701.6	11.4	1 808.1	6.6	2 893.5	14.6	−1 085.4
中国香港	1 518.8	5.9	1 411.5	6.8	107.3	−4.9	1 304.2
中国澳门	7.2	25.5	7.0	25.2	0.3	34.8	6.7
巴基斯坦	64.6	−1.8	49.0	−14.9	15.6	90.7	33.4
中国台湾	2 136.1	18.7	700.8	37.4	1 435.3	11.3	−734.5
韩国	1 722.5	−2.3	485.8	7.1	1 236.7	−5.6	−750.8
冰岛	1.2	−81.6	0.3	−94.5	0.9	67.3	−0.6
瑞士	710.9	−43.3	43.5	31.7	667.4	−45.4	−623.9
智利	292.8	−11.6	55.9	1.1	236.9	−14.1	−181.1
秘鲁	75.1	−11.9	23.7	−1.4	51.4	−16.0	−27.7
哥斯达黎加	27.9	−2.1	5.5	−41.5	22.4	17.2	−17.0

* 本部分作者为卢武贤。

续　表

国家/地区	进出口		出口		进口		贸易差额
	贸易额	同比增长	出口额	同比增长	进口额	同比增长	
新西兰	184.1	9.4	37.4	−15.1	146.7	18.1	−109.2
澳大利亚	1 508.2	3.3	337.9	−5.2	1 170.4	6.0	−832.5
格鲁吉亚	3.4	−28.0	2.6	−32.6	0.8	−5.4	1.9
马尔代夫	0.5	−18.3	0.5	−18.3	0.0	−23.2	0.5
毛里求斯	4.5	39.2	3.8	44.7	0.7	16.3	3.1
自贸伙伴合计	12 959.5	2.6	4 973.3	8.6	7 986.2	−0.8	−3 012.8
总体对外	33 964.7	−0.1	13 675.9	0.1	20 288.8	−0.3	−6 612.9

资料来源：上海市商务委员会。

2020 年 1—6 月，受新型冠状肺炎疫情全球暴发的影响，上海与上述自贸伙伴的贸易额为 6 038.9 亿元，同比增长 1.2%，增速有所放缓。但同时，对马尔代夫、瑞士、中国台湾等部分自贸伙伴出口额增长迅速，同比增长超过 30%；对巴基斯坦、冰岛、马尔代夫等部分自贸伙伴进口额增长迅速，同比增长超过 60%。

表 3—2—2　2020 年 1—6 月上海与自贸伙伴贸易情况

单位：亿元；%

国家/地区	进出口		出口		进口		贸易差额
	贸易额	同比增长	出口额	同比增长	进口额	同比增长	
东盟	2 169.4	1.0	800.3	−3.6	1 369.1	4.0	−568.8
中国香港	672.5	−9.7	663.7	2.2	8.8	−90.8	655.0
中国澳门	1.6	−38.4	1.5	−41.0	0.1	51.9	1.4
巴基斯坦	34.1	24.6	26.7	15.1	7.4	78.0	19.3
中国台湾	1 099.0	28.0	370.8	38.7	728.1	23.2	−357.3
韩国	850.7	9.9	239.6	1.9	611.1	13.3	−371.6
冰岛	0.7	48.2	0.2	−4.9	0.6	74.0	−0.4
瑞士	266.4	−35.6	30.5	74.3	235.9	−40.5	−205.4
智利	149.4	−2.4	25.2	−0.5	124.2	−2.8	−99.0
秘鲁	36.7	2.4	11.8	5.4	24.9	1.0	−13.1
哥斯达黎加	11.1	−1.3	2.3	−3.9	8.9	−0.7	−6.6
新西兰	98.7	6.2	17.6	0.4	81.2	7.6	−63.6
澳大利亚	645.9	−7.5	157.2	4.2	488.7	−10.8	−331.4
格鲁吉亚	1.6	−10.0	1.1	−21.8	0.5	34.4	0.6

续 表

国家/地区	进出口		出口		进口		贸易差额
	贸易额	同比增长	出口额	同比增长	进口额	同比增长	
马尔代夫	0.4	96.1	0.4	96.1	0.0	65.0	0.4
毛里求斯	0.8	−71.8	0.5	−77.6	0.3	−36.9	0.3
自贸伙伴合计	6 038.9	1.2	2 349.3	5.0	3 689.6	−1.1	−1 340.3
总体对外	15 794.3	−0.4	6 409.1	1.0	9 385.3	−1.4	−2 976.2

资料来源：上海市商务委员会。

自贸伙伴中，上海与东盟、中国台湾、韩国、澳大利亚、中国香港的贸易往来紧密。其中，东盟是上海第一大自贸伙伴。2019 年，上海与东盟货物贸易额为 4 701.6亿元，同比增长 11.4%，占同期全市货物贸易总额的 13.8%。其中，出口 1 808.1亿元，同比增长 6.6%，占同期全市出口总额的 13.2%，主要出口商品为集成电路、纺织纱线、织物及制品和自动数据处理设备及其部件；进口 2 893.5 亿元，同比增长 14.6%，占同期上海进口总额的 14.3%，主要进口商品为集成电路、服装及衣着附件、初级形状的塑料。此外，双边贸易额超过 1 000 亿元的自贸伙伴还有中国台湾、韩国、中国香港和澳大利亚，2019 年，上海与上述四大贸易伙伴的货物贸易额分别为 2 136.1 亿元、1 722.5 亿元、1 518.8 亿元和 1 508.2 亿元，分别占同期全市贸易总额的 6.3%、5.1%、4.5%和 4.4%。

表 3—2—3　2019 年上海市与自贸伙伴进出口前三位商品结构

单位：亿元

国家/地区	主要出口商品	出口额	主要进口商品	进口额
东盟	集成电路	203.3	集成电路	715.2
	纺织纱线、织物及制品	141.4	服装及衣着附件	124.1
	自动数据处理设备及其部件	106.8	初级形状的塑料	123.1
中国香港	集成电路	572.1	成品油	4.4
	自动数据处理设备及其部件	135.6	印刷品	3.6
	船舶	117.1	贵金属或包贵金属的首饰	1.4
中国澳门	自动数据处理设备及其部件	1.0	未锻轧的铜及铜材	0.1
	纸烟	0.8	服装及衣着附件	0.0
	电话机	0.7	贵金属或包贵金属的首饰	0.0
巴基斯坦	纺织纱线、织物及制品	9.1	未锻轧的铜及铜材	8.4
	机械提升搬运装卸设备及零件	5.2	服装及衣着附件	2.6
	钢材	2.5	纺织纱线、织物及制品	1.5

续 表

国家/地区	主要出口商品	出口额	主要进口商品	进口额
中国台湾	集成电路	341.9	集成电路	804.9
	自动数据处理设备及其部件	27.8	自动数据处理设备及其部件	163.0
	自动数据处理设备的零件	26.0	自动数据处理设备的零件	43.1
韩国	集成电路	65.9	集成电路	400.1
	自动数据处理设备及其部件	26.6	成品油	98.8
	汽车零件	20.4	初级形状的塑料	95.5
冰岛	自动数据处理设备的零件	0.1	水海产品	0.7
	钢材	0.0	酒类	0.0
	新的充气橡胶轮胎	0.0		
瑞士	贵金属或包贵金属的首饰	8.3	手表	127.1
	医药品	3.6	医药品	76.9
	手表	2.9	计量检测分析自控仪器及器具	24.7
智利	服装及衣着附件	10.0	未锻轧的铜及铜材	150.7
	汽车（包括整套散件）	9.7	铜矿砂及其精矿	24.8
	机械提升搬运装卸设备及零件	3.1	水海产品	12.8
秘鲁	服装及衣着附件	2.4	未锻轧的铜及铜材	18.6
	钢材	2.0	铜矿砂及其精矿	11.8
	摩托车	1.9	鲜、干水果及坚果	6.1
哥斯达黎加	钢材	0.9	医疗仪器及器械	14.1
	电话机	0.4	肉及杂碎	1.8
	汽车（包括整套散件）	0.3	纺织纱线、织物及制品	1.0
新西兰	服装及衣着附件	5.6	乳品	56.4
	自动数据处理设备及其部件	2.1	鲜、干水果及坚果	28.8
	汽车（包括整套散件）	1.7	肉及杂碎	16.0
澳大利亚	自动数据处理设备及其部件	38.5	铁矿砂及其精矿	638.6
	服装及衣着附件	30.8	医药品	61.0
	家具及其零件	20.2	肉及杂碎	45.2
格鲁吉亚	钢材	0.3	服装及衣着附件	0.4
	机械提升搬运装卸设备及零件	0.2	酒类	0.1
	纸烟	0.2	艺术品、收藏品及古董	0.0

续 表

国家/地区	主要出口商品	出口额	主要进口商品	进口额
马尔代夫	机械提升搬运装卸设备及零件	0.1		
	纺织纱线、织物及制品	0.0		
	未锻造的铝及铝材	0.0		
毛里求斯	钢铁或铝制结构体及其部件	0.6	服装及衣着附件	0.5
	成品油	0.4	未锻轧的铜及铜材	0.0
	纺织纱线、织物及制品	0.2	箱包及类似容器	0.0

资料来源：上海市商务委员会。

二、利用投资

2019年，共有来自自贸伙伴的4038家企业对上海投资，占全市外商投资企业总数的59.4%；合同金额和实际利用外资金额分别为342.2亿美元和138.4亿美元，占全市合同利用外资总额的68.1%和实际利用外资总额的72.6%。自贸伙伴中，上海引进外资的主要来源地是中国香港、东盟、韩国、瑞士和中国台湾，从五地引进的外资占全市实际利用外资总额的72.3%。其中，中国香港是上海自贸伙伴中最大的外资来源地，外资主要投向租赁和商务服务业、信息传输、软件和信息技术服务业以及房地产业。2019年，中国香港共1788家企业对上海投资，占上海外商投资企业总数的26.3%；合同金额和实际利用外资金额分别287.3亿美元和118.3亿美元，占全市合同利用外资和实际利用外资总额的57.2%和62.1%。其次是东盟和韩国，2019年上海实际利用两地外资金额分别为16.4亿美元和2.3亿美元，东盟外资主要投资行业为租赁和商务服务业、房地产业及金融服务业，韩资主要投资行业为租赁和商务服务业、批发和零售业以及信息传输、软件和信息技术服务业。

表3—2—4　2019年上海利用自贸伙伴投资情况

单位：个；万美元

国家/地区	企业个数	合同金额	实际利用外资金额
东盟	555	390 480	164 376
中国香港	1 788	2 873 049	1 182 949
中国澳门	25	7 365	22
巴基斯坦	43	1 988	0
中国台湾	1 024	76 373	5 679
韩国	348	35 153	23 424

续　表

国家/地区	企业个数	合同金额	实际利用外资金额
瑞士	42	23 172	6 041
智利	6	144	5
秘鲁	11	115	0
新西兰	33	3 385	225
澳大利亚	161	11 413	932
毛里求斯	2	(943)	(36)
自贸伙伴合计	4 038	3 421 694	1 383 617
总体利用外资	6 800	5 025 321	1 904 791

资料来源：上海市商务委员会。

三、对外投资

2019 年，上海企业对外投资金额较 2018 年显著增长，持续处于全国领先地位。在世界经济形势复杂多变的大背景下，上海企业投资更趋理性，“走出去”的能力不断提高。2019 年，上海对自贸伙伴的直接投资项目共计 516 个，占全市对外直接投资项目总数的 61.1%；投资总额 135.5 亿美元，占全市对外投资总额的 57.5%，其中，中方投资额 67.6 亿美元，占比为 48.3%。中国香港作为离岸国际金融中心，是上海对外投资合作重要的中转地和融资平台，2019 年上海对香港投资项目合计 335 个，占全市对外投资项目总数的 39.6%，主要投向信息传输、计算机服务和软件业、租赁和商务服务业以及制造业；项目投资总额 86.5 亿美元，占全市对外投资总额的 36.7%，其中中方投资额为 27.1 亿美元，占总额的 19.3%。此外，东盟和巴基斯坦也是上海对外投资的重要目的地。2019 年，上海企业对东盟和巴基斯坦的投资项目分别为 129 个和 4 个，投资总额分别为 15.5 亿美元和 28.9 亿美元，中方投资额分别为 7.97 亿美元和 28.9 亿美元，主要投向采矿业、交通运输、仓储和邮政业、制造业以及电力、燃气及水生产和供应业。

表 3—2—5　2019 年上海对自贸伙伴直接投资情况

单位：个；亿美元

国家/地区	项目数	投资总额	中方投资额
东盟	129	15.5	8.0
中国香港	335	86.5	27.1
中国澳门	2	0.1	0.1
巴基斯坦	4	28.9	28.9

续 表

国家/地区	项目数	投资总额	中方投资额
中国台湾	11	0.4	0.4
韩国	10	0.2	0.1
瑞士	4	0.4	0.4
秘鲁	1	0	0
新西兰	6	1.5	1.5
澳大利亚	12	2	1.2
毛里求斯	2	0.2	0.2
自贸伙伴合计	516	135.5	67.6
总体对外投资	845	235.9	139.9

资料来源：上海市商务委员会。

四、对外承包工程和劳务合作

2019 年，上海在自贸伙伴的承包工程合同数为 1552 个，占上海对外承包工程合同总数的 85.0%；承包工程合同金额和完成营业额分别为 76.4 亿美元和 46.0 亿美元，占全市合同总额的 60.9%和完成营业额总额的 49.0%。自贸伙伴中，东盟是上海对外承包工程的主要合作地区。2019 年，上海在东盟国家的承包工程合同额为 52.2 亿美元，占全市对外承包工程合同总额的 41.6%；完成营业额为 35.4 亿美元，占全市承包工程完成营业总额的 37.6%；主要项目包括新加坡岸桥、缅甸仰光翡翠湾、菲律宾国网工程换流站等。此外，中国澳门和巴基斯坦也是上海对外承包工程的重要合作地区。2019 年，上海在中国澳门和巴基斯坦的对外承包工程合同额分别为 5.6 亿美元和 9.7 亿美元，完成营业额分别为 3.8 亿美元和 2.7 亿美元；主要项目包括中国澳门银河三期会展中心上部工程、中国澳门新监狱工程三期、巴基斯坦 Nishat 45MW 发电工程、巴基斯坦塔尔煤田一区块煤矿 EPC 等。

截至 2019 年年末，上海在自贸伙伴的承包工程与劳务合作人数为 26 253 人，占全部在外人数的 63.3%。受新冠肺炎疫情全球暴发影响，2020 年 6 月末，上海在自贸伙伴的承包工程与劳务合作人数为 20 870 人，较年初下降 5 383 人。

表 3-2-6 2019 年上海与自贸伙伴承包工程和劳务合作情况

单位：人；个；万美元

国家/地区	年末在外人数	对外承包工程合同份数	对外承包工程合同总额	对外承包工程完成营业额
东盟	10 126	1 328	522 143.5	353 591.2
中国香港	11 768	4	25 643	10 113

续 表

国家/地区	年末在外人数	对外承包工程合同份数	对外承包工程合同总额	对外承包工程完成营业额
中国澳门	315	3	56 256	38 325
巴基斯坦	2 143	200	97 427	26 657
中国台湾	1 579	2	1 897	6 631
韩国	125	3	17 700	9 276
瑞士	126	3	2 026	30
智利	—	2	2 798	38
秘鲁	—	1	687	—
新西兰	53	2	25 319	11 752
澳大利亚	—	2	9 068	3 481
马尔代夫	18	2	3 208	267
自贸伙伴合计	26 253	1 552	764 172.5	460 435.2
总体对外	41 445	1 825	1 254 441.1	940 116.3

资料来源：上海市商务委员会。

表 3—2—7　2020 年 1—6 月上海与自贸伙伴承包工程和劳务合作情况

单位：人；个；万美元

国家/地区	期末在外人数	对外承包工程合同份数	对外承包工程合同总额	对外承包工程完成营业额
东盟	8 557	560	76 145.4	135 858.8
中国香港	9 048	—	—	785.0
中国澳门	297	2	3 907	10 864.0
巴基斯坦	1 938	3	2 224	44 103.0
中国台湾	740	—	—	—
韩国	135	1	1 723	—
瑞士	62	—	—	—
秘鲁	—	1	615	—
新西兰	69	—	—	2 086
澳大利亚	24	1	15 783	—
马尔代夫	—	—	—	574
毛里求斯	—	—	—	7
自贸伙伴合计	20 870	568	100 397.4	194 277.8
总体对外	30 554	602	377 594	420 958

资料来源：上海市商务委员会。

第三章 浙江与中国自由贸易伙伴的经贸合作*

浙江作为全国外经贸大省和改革开放先行地，坚持以“八八战略”为统领，努力建设“一带一路”重要枢纽，积极融入长三角一体化，深化自贸试验区改革开放，在国际贸易综合改革、跨境电商、油气全产业链发展、数字贸易等领域自主探索，加大物联网、工业互联网、人工智能等新型基础设施的建设力度，积极打造数字经济发展示范区，开放型经济发展水平与质量显著提升。

一、货物贸易

2019年，浙江省与主要自贸伙伴贸易总额为1 189.9亿美元，同比增速为7.6%。其中，对自贸伙伴出口额和进口额分别为690.2亿美元和499.7亿美元，同比分别增长10.7和3.5%；对自贸伙伴总体实现贸易顺差190.6亿美元。

表3—3—1 2019年浙江与主要自贸伙伴贸易情况

单位：万美元；%

国家/地区	进出口		出口		进口		贸易差额
	贸易额	同比增长	出口额	同比增长	进口额	同比增长	
东盟	5 504 695	14.9	3 653 653	19.3	1 851 042	7.2	1 802 611
中国香港	471 534	12.8	394 478	4.7	77 056	86.1	317 422
中国澳门	7 247	—5.4	7 172	—6.1	76	164.2	7 096
马尔代夫	6 386	97.7	3 341	3.5	3 045	11 987 465.8	296
巴基斯坦	369 084	0.6	341 661	1.8	27 423	—11.8	314 238
韩国	1 850 517	1.2	882 008	5.7	968 509	—2.6	—86 501
中国台湾	1 137 193	—4.3	360 721	12.4	776 472	—10.5	—415 751
毛里求斯	16 729	8.7	15 296	5.6	1 433	59.0	13 863
冰岛	1 914	—13.9	1 316	—5.6	598	—27.9	718
瑞士	104 131	—24.5	58 226	—9.0	45 905	—37.8	12 321
格鲁吉亚	47 163	21.7	46 360	25.0	803	—51.7	45 557

* 本部分作者为卢武贤。

续 表

国家/地区	进出口		出口		进口		贸易差额
	贸易额	同比增长	出口额	同比增长	进口额	同比增长	
智利	622 443	−1.2	356 649	−9.5	265 794	12.8	90 855
哥斯达黎加	27 509	2.3	27 199	4.3	310	−61.3	26 889
澳大利亚	1 538 892	7.6	661 231	−0.1	877 661	14.2	−216 430
新西兰	193 887	8.6	93 138	0.7	100 749	17.2	−7 611
自贸伙伴合计	11 899 324	7.5	6 902 449	10.7	4 996 876	3.5	1 905 573

资料来源：浙江省商务厅。

2020 年 1—6 月，浙江与上述自贸伙伴的贸易额为 579.9 亿美元，同比增长 6.2%，受新型冠状病毒全球暴发的影响，增速略有放缓；其中，出口额和进口额分别为 335.8 亿美元和 244.2 亿美元，同比分别增长 7.8%和 4.0%。尤其是，对中国香港、韩国、瑞士等部分自贸伙伴出口增长迅速，同比增幅超过 15%；对中国澳门、巴基斯坦、智利等部分自贸伙伴进口增长迅速，增幅超过 20%。

表 3—3—2　2020 年 1—6 月浙江与主要自贸伙伴贸易情况

单位：万美元；%

国家/地区	进出口		出口		进口		贸易差额
	贸易额	同比增长	出口额	同比增长	进口额	同比增长	
东盟	2 761 318.0	12.5	1 797 568.0	12.0	963 750.0	13.4	833 818.0
中国香港	240 208	11.1	214 973	21.8	25 235	−36.5	189 738
中国	3 318	−0.1	3 257	−1.3	60	179.2	3 197
马尔代夫	1 174	−66.1	1 174	−16.9	0	−100	1 174
巴基斯坦	143 245	−21.9	125 261	−26.3	17 984	32.5	107 277
韩国	965 884	13.7	484 793	16.1	481 090	11.3	3 703
中国台湾	481 240	−12.9	162 625	−2.5	318 615	−17.3	−155 990
毛里求斯	5 358	−25.3	5 078	−20	279	−66.1	4 799
冰岛	803	−13.9	624	−7.3	179	−30.9	445
瑞士	55 322	14.7	32 896	25.3	22 426	2.1	10 470
格鲁吉亚	19 396	−12.8	19 027	−12.4	369	−28.1	18 658
智利	292 897	0.5	140 721	−17.2	152 175	25.2	−11 454
哥斯达黎加	12 302	1.4	12 182	2.0	120	−37.8	12 062
澳大利亚	727 910	0.6	317 781	8.2	410 129	−4.6	−92 348

续 表

国家/地区	进出口		出口		进口		贸易差额
	贸易额	同比增长	出口额	同比增长	进口额	同比增长	
新西兰	88 733	−3.4	39 546	−6.3	49 187	−0.9	−9 641
自贸伙伴合计	5 799 107	6.2	3 357 507	7.8	2 441 600	4.0	915 907

资料来源：浙江省商务厅。

自贸伙伴中，浙江与东盟、韩国、澳大利亚、中国台湾贸易往来紧密。其中，东盟是浙江第一大自贸伙伴。2019 年，浙江与东盟货物贸易额为 550.5 亿美元，同比增长 14.9%。其中，出口 365.4 亿美元，同比增长 19.3%，主要出口商品为纺织纱线、织物及其制品等；进口 185.1 亿美元，同比增长 7.2%，主要进口商品为成品油、金属矿及矿砂等。此外，双边贸易额超过 100 亿美元的自贸伙伴还有韩国、澳大利亚和中国台湾。2019 年，浙江与上述三个自贸伙伴的货物贸易额分别为 185.1 亿美元、153.9 亿美元和 113.7 亿美元。其中，与韩国、澳大利亚的货物贸易额分别同比增长 1.2%、7.6%，与中国台湾的货物贸易额同比下降 4.3%。

表 3—3—3　2019 年浙江与主要自贸伙伴进出口前三位商品结构

单位：万美元

国家/地区	主要出口商品	出口额	主要进口商品	进口额
文莱	纺织纱线、织物及其制品	863	基本有机化学品	7 659
	钢材	812	—	—
	塑料制品	804	—	—
缅甸	纺织纱线、织物及其制品	83 590	未锻轧铜及铜材	3 192
	钢材	15 470	木及其制品	2 942
	服装及衣着附件	7 762	天然及合成橡胶（包括胶乳）	1 216
柬埔寨	纺织纱线、织物及其制品	170 973	皮革、毛皮及其制品	20 061
	塑料制品	8 414	服装及衣着附件	5 276
	服装及衣着附件	7 146	自动数据处理设备及其零部件	2 928
中国香港	成品油	138 077	初级形状的塑料	10 338
	电子元件	69 141	电子元件	2 361
	纺织纱线、织物及其制品	56 472	电工器材	1 602
印度尼西亚	纺织纱线、织物及其制品	339 920	金属矿及矿砂	107 921
	电工器材	95 267	煤及褐煤	102 566
	通用机械设备	68 946	钢材	58 688

续 表

国家/地区	主要出口商品	出口额	主要进口商品	进口额
老挝	钢材	1 231	金属矿及矿砂	12 834
	肥料	847	木及其制品	9 610
	纸浆、纸及其制品	695	初级形状的塑料	2 719
中国澳门	集装箱	5 889	医药材及药品	66
	服装及衣着附件	916	未锻轧铜及铜材	54
	烟草及其制品	788	塑料制品	18
马来西亚	纺织纱线、织物及其制品	104 467	成品油	370 637
	塑料制品	72 635	电子元件	85 301
	服装及衣着附件	44 308	初级形状的塑料	77 320
马尔代夫	塑料制品	542	—	—
	家用电器	515	—	—
	家具及其零件	482	—	—
巴基斯坦	纺织纱线、织物及其制品	259 019	未锻轧铜及铜材	39 547
	电子元件	31 819	纺织纱线、织物及其制品	5 347
	通用机械设备	25 353	粮食	2 303
菲律宾	纺织纱线、织物及其制品	88 267	金属矿及矿砂	59 376
	塑料制品	82 588	音视频设备及其零件	32 129
	钢材	61 226	煤及褐煤	23 518
新加坡	船舶	79 882	成品油	179 269
	成品油	34 269	初级形状的塑料	126 615
	塑料制品	19 983	基本有机化学品	70 747
韩国	纺织纱线、织物及其制品	129 183	基本有机化学品	542 946
	服装及衣着附件	112 307	初级形状的塑料	261 646
	基本有机化学品	88 682	电子元件	177 790
泰国	纺织纱线、织物及其制品	119 522	初级形状的塑料	174 117
	塑料制品	61 183	天然及合成橡胶（包括胶乳）	108 574
	通用机械设备	49 495	自动数据处理设备及其零部件	67 328
越南	纺织纱线、织物及其制品	550 021	纺织纱线、织物及其制品	133 832
	电子元件	91 217	天然及合成橡胶（包括胶乳）	95 010
	钢材	84 281	初级形状的塑料	36 724

续 表

国家/地区	主要出口商品	出口额	主要进口商品	进口额
中国台湾	汽车零配件	40 636	基本有机化学品	528 118
	塑料制品	39 204	电子元件	274 141
	电工器材	30 031	液晶显示板	176 566
毛里求斯	纺织纱线、织物及其制品	4 996	未锻轧铜及铜材	1371
	塑料制品	3 044	服装及衣着附件	480
	服装及衣着附件	1 533	皮革、毛皮及其制品	36
冰岛	服装及衣着附件	342	美容化妆品及洗护用品	43
	家具及其零件	206	纺织纱线、织物及其制品	0
	塑料制品	107	塑料制品	0
瑞士	基本有机化学品	26 233	电工器材	22 116
	服装及衣着附件	10 151	美容化妆品及洗护用品	10 016
	电工器材	9 840	通用机械设备	6 804
格鲁吉亚	纺织纱线、织物及其制品	6 721	未锻轧铜及铜材	675
	塑料制品	6 018	酒类及饮料	606
	机械基础件	4 911	未锻轧铝及铝材	58
智利	服装及衣着附件	141 870	未锻轧铜及铜材	229 455
	纺织纱线、织物及其制品	71 831	金属矿及矿砂	174 083
	塑料制品	42 949	纸浆、纸及其制品	75 365
哥斯达黎加	塑料制品	6 308	未锻轧铜及铜材	156
	纺织纱线、织物及其制品	4 741	电工器材	71
	家具及其零件	2 399	木及其制品	32
澳大利亚	服装及衣着附件	188 096	金属矿及矿砂	986 244
	塑料制品	106 290	煤及褐煤	204 175
	家具及其零件	93 400	纺织原料	104 569
新西兰	服装及衣着附件	29 859	木及其制品	58 050
	纺织纱线、织物及其制品	17 482	基本有机化学品	36 345
	塑料制品	14 604	乳品	26 250

数据来源：浙江省商务厅。

二、利用投资

2019 年，共有来自自贸伙伴的 1726 家企业对浙江投资，占全省外商投资企业总数的 48.2%；合同外资 365.1 亿美元和实际利用外资 107.3 亿美元，分别占全省合同利用外资总额的 83.7%和实际利用外资总额的 79.2%。自贸伙伴中，中国香港、东盟和韩国是浙江引进外资的主要来源地，从这三地引进外资占全省实际利用外资总额的 78.3%。其中，中国香港是浙江自贸伙伴中最大的外资来源地，2019 年，共有 959 家港资企业对浙江投资，占全省外商投资企业总数的 26.8%；合同外资额和实际利用外资额分别为 299.4 亿美元和 99.8 亿美元，分别占全省合同外资和实际利用外资总额的 68.6%和 73.6%，主要投向制造业、信息传输、软件和信息技术服务业、批发和零售业、交通运输、仓储和邮政业、房地产业等。2019 年，对浙江投资合同金额超过 1 亿美元的自贸伙伴还有韩国、东盟、中国台湾和澳大利亚。2019 年，上述四大贸易伙伴对浙江投资的合同金额分别为 38.9 亿美元、15.6 亿美元、7.7 亿美元和 1.9 亿美元，实际到账金额分别为 1.0 亿美元、5.3 亿美元、0.5 亿美元和 0.3 亿美元，主要投向制造业、批发和零售业、信息传输、软件和信息技术服务业和房地产业等。

表 3—3—4　2019 年浙江利用主要自贸伙伴投资情况

单位：个；万美元

国家/地区	企业个数	合同金额	实际到资金额
东盟	153	156 370	52 971
中国香港	959	2 994 153	998 370
中国澳门	10	6 534	1 780
巴基斯坦	63	973	—
中国台湾	315	76 565	4 939
韩国	140	388 801	10 111
瑞士	10	7 394	1 575
智利	1	20	—
秘鲁	3	31	—
哥斯达黎加	2	22	—
新西兰	7	619	7
澳大利亚	60	18 588	2 349
格鲁吉亚	2	5	—
毛里求斯	1	1 366	1 377
自贸伙伴合计	1 726	3 651 441	1 073 479
总体利用外资	3 580	4 364 885	1 355 920

资料来源：浙江省商务厅。

2020 年 1—6 月，共有来自自贸伙伴的 608 家企业对浙江投资，合同外资 127.7

亿美元，实际利用外资 75.0 亿美元。从实际到资金额来看，中国香港、澳大利亚、韩国、瑞士、中国台湾是主要的外资来源地，投资行业涉及制造业、信息传输、软件和信息技术服务业、批发和零售业、交通运输、仓储和邮政业、房地产业等。

表 3—3—5　2020 年 1—6 月浙江利用主要自贸伙伴投资情况

单位：个；万美元

国家/地区	企业个数	合同金额	实际到资金额
东盟	39	37 295	37 055
中国香港	371	1 112 881	560 985
中国澳门	5	5 055	286
巴基斯坦	11	431	—
中国台湾	112	95 877	2 446
韩国	42	10 277	4 398
瑞士	4	2 788	2 475
秘鲁	1	—	—
新西兰	3	−1 140	0
澳大利亚	19	13 123	5 231
毛里求斯	1	120	1 210
自贸伙伴合计	608	1 276 707	614 086
总体利用外资	1 133	1 640 764	750 456

资料来源：浙江省商务厅。

三、对外投资

2019 年，浙江在自贸伙伴直接投资项目共计 405 个，占全省对外直接投资项目总数的 53.1%；投资总额 100.3 亿美元，占全省对外投资总额的 49.0%，其中，中方投资额 77.0 亿美元，占全省总额的 64.7%。按项目数来看，东盟是浙江企业对外投资合作最为集中的自贸伙伴。2019 年浙江对东盟投资项目合计 214 个，占全省对外投资项目总数的 28.0%；投资总额 72.1 亿美元，占全省对外投资总额的 35.2%，其中中方投资额为 63.6 亿美元，占全省总额的 53.4%；在行业方面，资金主要投向家具制造业、纺织业和批发业。按中方投资额来看，中国香港是浙江投资最多的区域，2019 年中方投资额为 99.8 亿美元，项目数为 142 个。此外，韩国、中国台湾和澳大利亚也是浙江对外投资的重要地区。2019 年，浙江对三地的投资项目分别为 18 个、7 个和 15 个，中方投资额分别为 1.0 亿美元、0.5 亿美元和 0.2 亿美元，主要投向制造业、批发、零售业和房地产业。

表 3—3—6　2019 年浙江对自贸伙伴直接投资情况

单位：个；万美元

国家/地区	项目数	投资总额	中方投资额
东盟	214	156 370	52 971
中国香港	142	2 994 153	998 370
中国澳门	—	6 534	1 780
巴基斯坦	3	973	—
中国台湾	7	76 565	4 939
韩国	18	388 801	10 111
瑞士	3	7 394	1 575
智利	—	20	—
秘鲁	—	31	—
哥斯达黎加	—	22	—
新西兰	1	619	7
澳大利亚	15	18 588	2 349
格鲁吉亚	1	5	—
毛里求斯	1	1 366	1 377
自贸伙伴合计	405	3 651 441	1 073 479
总体对外	763	4 364 885	1 355 920

资料来源：浙江省商务厅。

2020 年 1—6 月，浙江在自贸伙伴直接投资项目共计 152 个，投资总额 38.2 亿美元，其中，中方投资额 29.6 亿美元。主要投资国家和地区包括东盟、中国香港、澳大利亚、新西兰等，主要投资行业包括制造业、信息传输、软件和信息技术服务业、批发和零售业、交通运输、仓储和邮政业、房地产业等。

表 3—3—7　2020 年 1—6 月浙江对自贸伙伴直接投资情况

单位：个；万美元

国家/地区	项目数	投资总额	中方投资额
东盟	69	247 392.0	204 030.6
中国香港	64	129 928.3	87 272.6
巴基斯坦	1	141.5	141.5
中国台湾	3	316.0	309.4
韩国	4	544.7	549.7

续 表

国家/地区	项目数	投资总额	中方投资额
瑞士	增资项目	106.0	106.0
秘鲁	1	2.1	2.1
新西兰	增资项目	1 945.0	1 945.0
澳大利亚	10	2 066.4	2 066.4
自贸伙伴合计	152	382 442.0	296 423.3
总体对外	280	820 726.8	501 915.3

资料来源：浙江省商务厅。

四、对外承包工程和劳务合作

2019 年，浙江在自贸伙伴承包工程合同数共为 421 个，占全省合同总数的 22.1%；合同金额为 24.3 亿美元，占全省合同总额的 46.7%；完成营业额 36.3 亿美元，占全省完成营业额总额的 47.7%。自贸伙伴中，东盟是浙江对外承包工程的主要合作地区。2019 年，浙江在东盟国家的承包工程项目共 220 个，占全省项目总数的 11.6%；合同额和完成营业额分别为 11.9 亿美元和 20.4 亿美元，占全省合同总额的 22.8%和完成营业总额的 26.8%。此外，中国香港、巴基斯坦、澳大利亚也是浙江对外承包工程的重要合作地区。2019 年，浙江在中国香港和巴基斯坦的对外承包工程合同额均为 4.9 亿美元，完成营业额分别为 6.5 亿美元和 1.8 亿美元；在澳大利亚的完成营业额为 1.1 亿美元。浙江在自贸伙伴的主要承包工程项目包括：印尼的 sumbagsel－1 2X150MW 燃煤电站和雅加达垃圾电站总承包项目、香港城市大学赛马会健康一体化大楼和九龙油塘内地段第 44 号住宅发展项目、巴基斯坦麦特罗 60MW 风电项目、澳大利亚昆士兰 121MW 光伏电站等项目。

表 3－3－8　2019 年浙江与自贸伙伴承包工程和劳务合作情况

单位：人；个；万美元

国家/地区	年末在外人数	对外承包工程合同数	对外承包工程合同总额	对外承包工程完成营业额
东盟	6 357	220	118 524.8	204 142.3
中国香港	12	20	48 846.0	65 059.0
中国澳门	0	1	20.0	20.0
巴基斯坦	62	90	48 665.0	18 347.0
中国台湾	10	4	1701.0	2 090.0
韩国	8	9	873.0	9 045.0

续 表

国家/地区	年末在外人数	对外承包工程合同数	对外承包工程合同总额	对外承包工程完成营业额
瑞士	0	1	0.0	0.0
智利	5	2	410.0	499.0
秘鲁	8 629	39	21 536.0	46 195.0
哥斯达黎加	0	2	10.0	10.0
新西兰	1	1	100.0	408.0
澳大利亚	3	31	2 794.0	16 020.0
格鲁吉亚	0	0	0.0	321.0
马尔代夫	63	0	0.0	1 243.0
毛里求斯	0	1	9.0	9.0
自贸伙伴合计	15 150	421	243 488.8	363 408.3
总体对外	32 582	1 901	520 962.0	762 622.0

资料来源：浙江省商务厅。

截至 2019 年年末，浙江在自贸伙伴的承包工程与劳务合作人数为 15 150 人，占全部在外人数的 46.5%。2020 年 6 月末，受新型冠状肺炎疫情全球暴发影响，浙江在上述自贸伙伴的承包工程与劳务合作人数为 11 188 人，较年初下降 3 962 人，降幅为 26.2%。

表 3—3—9　2020 年 1—6 月浙江与自贸伙伴承包工程和劳务合作情况

单位：人；个；万美元

国家/地区	期末在外人数	对外承包工程合同数	对外承包工程合同总额	对外承包工程完成营业额
东盟	4 289	180	39 817	62 340
中国香港	10	8	41 705	18 122
中国澳门	0	1	108	108
巴基斯坦	33	30	1 466	3 302
中国台湾	2	82	674	109
韩国	2	2	0	1 161
冰岛	0	189	158	179
瑞士	0	0	0	0
智利	5	2	220	400
秘鲁	6 815	15	409	36 120
哥斯达黎加	0	3	1	3

续 表

国家/地区	期末在外人数	对外承包工程合同数	对外承包工程合同总额	对外承包工程完成营业额
新西兰	1	1	0	126
澳大利亚	3	8	13 026	10 946
马尔代夫	28	0	0	73
毛里求斯	0	2	239	239
自贸伙伴合计	11 188	523	97 823	133 228
总体对外	21 870	1 058	185 350	315 766

资料来源：浙江省商务厅。

第四章 山东与中国自由贸易伙伴的经贸合作*

2019 年以来，山东充分发挥与日韩的地缘优势、经贸合作基础优势，主动融入国家开放大局和“一带一路”建设，全面推进自贸试验区与上合示范区体制机制改革创新，加快开发区转型升级，积极构建开放型经济新体制，持续优化营商环境，不断提升开放型经济发展水平与质量，努力打造对外开放新高地。

一、货物贸易

2019 年，山东与 25 个自贸伙伴的货物贸易额为 6 660.5 亿元，同比增长 6.5%，占同期全省对外贸易总额的 32.6%。其中，对自贸伙伴出口 3 445.4 亿元，同比增长 9.7%；进口 3 215.3 亿元，同比增长 3.3%；实现贸易顺差 229.9 亿元。

表 3—4—1 2019 年山东与自贸伙伴贸易情况

单位：亿元；%

国家/地区	进出口		出口		进口		贸易差额
	贸易额	同比增长	出口额	同比增长	进口额	同比增长	
东盟	2 412.6	15.2	1 400.1	15.6	1 012.5	14.6	387.5
中国香港	264.6	—9.6	251.8	—9.4	12.9	—12.6	238.9
中国澳门	7.1	211.8	7.1	211.9	0	15.5	7.08
巴基斯坦	101.4	9.8	94.3	14.1	7	—27	87.3
中国台湾	355.9	—1.5	125.2	6.5	230.7	—5.3	—105.5
韩国	1 951	0.9	1153.3	9.8	797.7	—9.8	355.6
冰岛	4.5	—17.2	0.5	—6.7	4	—18.5	—3.4
瑞士	30.8	14.1	13.4	18.2	17.5	11.3	—4.1
智利	293.9	—6.4	71.7	—8.8	222.2	—5.7	—150.6
秘鲁	210.4	—0.5	41	11.2	169.4	—3	—128.4
哥斯达黎加	12.3	—18.3	11	—9	1.29	—56.2	9.7
新西兰	113	5.8	34.1	9.3	78.9	4.3	—44.8

* 本部分作者为刘洪伯。

续 表

国家/地区	进出口		出口		进口		贸易差额
	贸易额	同比增长	出口额	同比增长	进口额	同比增长	
澳大利亚	882.7	12.7	221.8	4.6	660.9	15.7	−439.1
格鲁吉亚	13.3	20.7	13.1	20.9	0.3	11.9	12.8
马尔代夫	2.7	44.5	2.7	45	0	−100	2.7
毛里求斯	4.4	12.9	4.3	12.5	0	53.1	4.3
自贸伙伴合计	6 660.5	6.5	3 445.4	9.7	3 215.3	3.3	229.9
总体对外	20 420.9	5.8	11 130.4	5.3	9 290.6	6.4	1 839.8

资料来源：山东省商务厅。

2020年以来，受新冠肺炎疫情暴发影响，世界经济整体下滑，但山东与自贸伙伴贸易仍然保持增长，1—6月，山东与25个自贸伙伴的货物贸易额为3 239.8亿元，同比增长3.7%，而同期山东整体对外贸易下降3.2%。其中，对自贸伙伴出口1 754亿元，同比增长10.2%；从自贸伙伴进口1 485.7亿元，同比下降3.1%；实现贸易顺差268.3亿元。自贸伙伴中，山东与东盟、中国台湾、巴基斯坦和瑞士贸易增速均在10%以上。

表3—4—2　2020年1—6月山东与自贸伙伴贸易情况

单位：亿元;%

国家/地区	进出口		出口		进口		贸易差额
	贸易额	同比增长	出口额	同比增长	进口额	同比增长	
东盟	1 234.7	16.0	743.5	22.2	491.2	7.6	252.3
中国香港	131.1	1.6	124.7	0.5	6.5	31.3	118.2
中国澳门	1.8	−48.6	1.8	−48.7	5.0	53.5	1.8
巴基斯坦	54.4	12.6	51.6	15.6	2.9	−22.9	48.7
中国台湾	185.9	14.8	66.0	7.2	120.0	19.3	−54.0
韩国	903.4	−6.3	560.2	1.1	343.2	−16.3	217.0
冰岛	1.3	−27.4	0.3	4.1	1.0	−33.3	−0.7
瑞士	16.0	16.7	8.4	42.3	7.6	−2.6	0.8
智利	134.2	−8.0	35.5	−2.5	98.7	−9.8	−63.2
秘鲁	70.2	−31.8	17.1	−14.6	53.1	−36.0	−35.9
哥斯达黎加	5.3	−24.4	4.8	−21.5	0.5	−43.3	4.3
新西兰	47.0	−20.0	15.5	−3.5	31.5	−26.2	−16.0

续 表

国家/地区	进出口		出口		进口		贸易差额
	贸易额	同比增长	出口额	同比增长	进口额	同比增长	
澳大利亚	446.4	8.1	117.0	15.6	329.3	5.7	−212.3
格鲁吉亚	5.4	−17.7	5.1	−20.0	0.2	125.6	4.9
马尔代夫	1.0	−9.2	1.0	−9.2	0.0	—	1.0
毛里求斯	1.6	−20.1	1.5	−20.0	0.1	−30.9	1.5
自贸伙伴合计	3 239.7	3.7	1 754.1	10.2	1 490.8	−3.1	268.3

资料来源：山东省商务厅。

自贸伙伴中，山东与东盟、韩国、澳大利亚、中国台湾、中国香港、新西兰等贸易往来紧密。其中，东盟是山东最大的自贸伙伴，2019 年双方贸易额达到 2 412.6 亿元，同比增长 15.2%，占山东与自贸伙伴对外贸易总额的 36.2%；其中，山东出口 1 400 亿元，增长 15.6%，主要出口商品为机械设备、钢材、电器及电子产品等；进口 1 012.5 亿元，增长 14.6%，主要进口商品为原油、电器及电子产品、天然橡胶（包括胶乳）等。韩国是山东第二大自贸伙伴，2019 年双方贸易额达到 1 950亿元，增长 0.9%，占山东与自贸伙伴贸易总额的 29.3%；其中，山东出口 1 153.3亿元，增长 9.8%，主要出口商品为电器及电子产品、服装及衣着附件、金属制品等；进口 797.7 亿元，减少 9.8%，主要进口商品为电器及电子产品、机械设备、成品油等。澳大利亚也是山东重要的自贸伙伴，双方贸易额为 882.7 亿元，增长 12.7%，占山东与自贸伙伴对外贸易总额的 13.8%；其中，山东出口 221.8 亿元，增长 4.6%，主要出口商品为机械设备、金属制品、服装及衣着附件等；进口 660.9 亿元，增长 15.7%，主要进口商品为铁矿砂及其精矿、铝矿砂及其精矿、煤及褐煤等；对澳贸易逆差 439.1 亿元。

3—4—3　2019 年山东与自贸伙伴贸易情况

单位：万元

国家/地区	主要出口商品	出口额	主要进口商品	进口额
东盟	机械设备	1 844 080	原油	1 526 221
	钢材	1 635 198	电器及电子产品	1 490 654
	电器及电子产品	1 134 994	天然橡胶（包括胶乳）	951 872
中国香港	电器及电子产品	1 972 475	废金属	41 316
	运输工具	384 981	初级形状的塑料	18 608
	机械设备	166 111	机械设备	17 947

续　表

国家/地区	主要出口商品	出口额	主要进口商品	进口额
中国澳门	金属制品	8 639	—	—
	机械设备	6 657	—	—
	纺织纱线、织物及制品	5 165	—	—
巴基斯坦	机械设备	179 415	水海产品	17 294
	纺织纱线、织物及制品	129 039	纺织纱线、织物及制品	16 450
	钢材	114 945	未锻轧铜及铜材	7 411
中国台湾	电器及电子产品	185 837	电器及电子产品	1 233 082
	机械设备	116 988	仪器仪表	385 229
	水海产品及制品	55 496	机械设备	226 838
韩国	电器及电子产品	2 001 420	电器及电子产品	1 937 889
	服装及衣着附件	1 662 015	机械设备	1 121 585
	金属制品	892 257	成品油	570 401
冰岛	新的充气橡胶轮胎	1 590	水海产品	39 346
	金属制品	536	电器及电子产品	8
	家具及其零件	407	仪器仪表	4
瑞士	医药品	34 574	机械设备	90 966
	运输工具	20 097	仪器仪表	47 425
	机械设备	7 387	电器及电子产品	17 843
智利	服装及衣着附件	85 004	铜矿砂及其精矿	1 006 069
	运输工具	71 753	未锻轧铜及铜材	551 717
	新的充气橡胶轮胎	70 369	纸浆	257 022
秘鲁	新的充气橡胶轮胎	69 761	铜矿砂及其精矿	1 259 452
	机械设备	45 168	水海产品	103 770
	运输工具	39 869	未锻轧铜及铜材	93 338
哥斯达黎加	运输工具	27 384	电器及电子产品	5 625
	新的充气橡胶轮胎	17 072	原木	2 013
	钢材	11 965	钢材	136
新西兰	机械设备	44 895	原木	173 356
	服装及衣着附件	30 212	水海产品	125 015
	金属制品	28 668	乳品	96 055

续 表

国家/地区	主要出口商品	出口额	主要进口商品	进口额
澳大利亚	机械设备	264 950	铁矿砂及其精矿	3 302 408
	金属制品	197 453	铝矿砂及其精矿	988 360
	服装及衣着附件	190 822	煤及褐煤	472 068
格鲁吉亚	钢材	42 902	酒类	1 348
	新的充气橡胶轮胎	23 554	鲜、干水果及坚果	245
	机械设备	17 799	电器及电子产品	6
马尔代夫	运输工具	3 996	—	—
	电器及电子产品	2 915	—	—
	金属制品	2 741	—	—
毛里求斯	新的充气橡胶轮胎	5 088	纺织纱线、织物及制品	220
	胶合板及类似多层板	4 939	水海产品	165
	纺织纱线、织物及制品	4 065	未锻轧铜及铜材	144

资料来源：山东省商务厅。

二、利用外资

自贸伙伴中，港澳台地区、东盟、韩国和澳大利亚均是山东主要的外资来源国。2019 年，山东利用港资项目数为 911 个，同比增长 31.3%，占全省利用外资项目总数的 36.2%；实际利用外资金额为 110 亿美元，增长 33.8%，占全省实际利用外资总额的 74.9%。东盟国家中，新加坡是山东主要的外资来源国。2019 年，山东利用新加坡外资项目数为 70 个，增长 27.3%，占全省利用外资项目总数的 2.8%；实际利用外资金额为 7.5 亿美元，增长 189.4%，占全省实际利用外资总额的 5.1%。此外，韩国也是山东利用外资的主要来源国，但 2019 年出现下滑，其中，利用韩资项目数为 598 个，同比下降 1%，占全省利用外资项目总数的 23.4%；实际利用外资金额 3.8 亿美元，下降 74.2%，占全省实际利用外资总额的 2.5%。

表 3－4－4　2019 年山东利用主要自贸伙伴投资情况

单位：万美元

国家/地区	项目数			实际利用外资		
	个数	同比%	比重%	金额	同比%	比重%
总计	2 517	16.7	100	1 468 933	18.6	100
港澳	917	31.8	36.4	1 107 269	33.8	75.4
其中：中国香港	911	31.3	36.2	1 100 347	32.9	74.9

续 表

国家/地区	项目数			实际利用外资		
	个数	同比%	比重%	金额	同比%	比重%
韩国	589	−1.0	23.4	37 189	−74.2	2.5
日本	83	−3.5	3.3	14 586	−36.8	1
中国台湾	187	43.9	7.4	10 452	−20.0	0.7
东盟	106	11.6	4.2	77 421	62.7	5.3
其中：新加坡	70	27.3	2.8	74 767	189.4	5.1
澳大利亚	41	24.2	1.6	7 795	18	0.5

资料来源：山东省商务厅。

2020 年以来，面临新冠肺炎疫情影响，山东利用外资仍然保持增长态势。自贸伙伴中，利用中国香港、东盟和澳大利亚外资持续增长，1—6 月，山东利用三地外资项目数同比分别增长 10.3%、75%和 68.8%；实际利用外资金额同比分别增长 16.6%、96.6%和 221%。但利用韩国和中国台湾外资下滑，1—6 月，山东利用两地外资项目数同比分别减少 29.3%和 17.5%；实际利用外资金额同比分别下降 65.1%和 14.8%。

表 3—4—5　2020 年 1—6 月山东利用主要自贸伙伴投资情况

单位：万美元

国家/地区	项目数			实际利用外资		
	个数	同比%	比重%	金额	同比%	比重%
总计	1 156	6.5	100	641 466	7.2	100
港澳	431	11.1	37.3	489 740	16.6	76.4
其中：中国香港	427	10.3	36.9	489 701	16.6	76.3
韩国	203	−29.3	17.6	10 941	−65.1	1.7
中国台湾	75	−17.6	6.5	6 824	−14.8	1.1
东盟	63	75	5.5	34 488	96.6	5.4
其中：新加坡	36	63.6	3.1	33 532	108.4	5.2
澳大利亚	27	68.8	2.3	7 107	221	1.1

资料来源：山东省商务厅。

三、对外投资

自贸伙伴中，东盟成为山东对外投资最活跃的地区，投资覆盖东盟 10 国，主要集中在橡胶轮胎、纺织服装、机械设备、化工冶金、电子电器等领域。2019 年，山东备案核准对东盟境外投资企业（机构）97 家，备案核准中方 17 亿美元。2020 年 1—8 月，山东备案核准对东盟境外投资企业（机构）45 家，备案核准中方 11.1 亿美元。截至 2020 年 8 月，山东累计备案核准对东盟境外投资企业（机构）852 家，备案核准中方投资 179.2 亿美元。中国香港也是山东企业投资较多的区域。2019 年，山东备案核准对香港境外投资企业（机构）51 家，备案核准中方投资 4.4 亿美元。截至 2019 年 12 月，累计备案核准对香港境外投资企业（机构）918 家，备案核准中方投资 159.7 亿美元。

四、对外承包工程和劳务合作

自贸伙伴中，东盟国家、中国香港是山东主要的承包工程和劳务合作对象。2019 年，山东在东盟对外承包工程新签合同额 19.1 亿美元，完成营业额 25.7 亿美元，累计对外派出各类劳务人员 1.5 万人次。2020 年 1—8 月，山东省在东盟对外承包工程新签合同额 8.3 亿美元，完成营业额 9.4 亿美元，累计对外派出各类劳务人员 3 655 人次。截至 2020 年 8 月，山东省累计对东盟承包工程合同额 159.8 亿美元，完成营业额 185.8 亿美元，累计对外派出各类劳务人员 14.7 万人次。2019 年，山东在香港对外承包工程新签合同额 4 707 万美元，完成营业额 1.2 亿美元，累计对外派出各类劳务人员 7 142 人次。截至 2019 年 12 月，累计对香港承包工程合同额 12 亿美元，完成营业额 12 亿美元，累计对外派出各类劳务人员 5.9 万人次。

第五章 广东与中国自由贸易伙伴的经贸合作*

广东省作为全国改革开放的排头兵、先行地、实验区，充分利用“一带一路”和粤港澳大湾区建设重大机遇，高标准建设深圳先行示范区和自贸试验区等重大平台，在更高起点、更高层次、更高目标上推进改革开放、参与国际经济合作，打造高水平对外开放门户枢纽。

一、货物贸易

2019年，广东省与自贸伙伴贸易总额为4 808.8亿美元，同比下降5.6%，占其同期贸易总额的46.4%。其中，对自贸伙伴出口额为2 745.7亿美元，下降5.1%，占其出口总额的43.7%；从自贸伙伴进口2 063.1亿美元，下降6.3%，占其进口总额的50.7%；对自贸伙伴总体呈贸易顺差，顺差规模为682.6亿美元。

表3-5-1 2019年广东与自贸伙伴贸易情况

单位：万美元；%

国家/地区	进出口		出口		进口		贸易差额
	贸易额	同比增长	出口额	同比增长	进口额	同比增长	
东盟	14 765 200	2.3	7 102 075	8.8	7 663 126	-3.0	-561 051
中国香港	15 934 091	-9.7	15 634 696	-9.6	299 395	-11.9	15 335 301
中国澳门	199 352	-2.0	194 528	-2.1	4 825	3.1	189 703
巴基斯坦	259 243	-12.4	220 868	-8.1	38 374	-31.3	182 494
中国台湾	7 211 856	-4.5	861 534	8.2	6 350 321	-5.9	-5 488 787
韩国	6 244 867	-16.6	1 680 253	-20.2	4 564 614	-15.2	-2 884 361
冰岛	3 727	-16.4	2 493	-34.9	1 233	97.0	1 260
瑞士	533 083	-0.7	94 922	-7.9	438 161	1.0	-343 239
智利	502 850	-3.3	264 997	-6.8	237 853	0.9	27 144
秘鲁	221 974	0.2	164 144	1.6	57 831	-3.7	106 313
哥斯达黎加	62 378	5.9	37 802	-0.7	24 576	17.9	13 227

* 本部分作者为段丹。

续 表

国家/地区	进出口		出口		进口		贸易差额
	贸易额	同比增长	出口额	同比增长	进口额	同比增长	
新西兰	306 912	9.8	131 740	2.5	175 172	16.1	−43 433
澳大利亚	1 777 057	7.5	1 004 019	3.3	773 038	13.5	230 981
格鲁吉亚	25 186	23.5	23 119	15.0	2 067	631.4	21 051
马尔代夫	11 778	−9.3	11 454	−11.7	324	1 962.9	11 130
毛里求斯	28 815	−12.3	28 396	−11.1	419	−54.1	27 977
自贸伙伴合计	48 088 370	−5.6	27 457 041	−5.1	20 631 329	−6.3	6 825 713
总体对外	103 589 986	−4.5	62 894 232	−2.8	40 695 754	−7.1	22 198 478

资料来源：广东省商务厅。

2020 年 1—6 月，广东与自贸伙伴的贸易额为 2 043.52 亿美元，同比下降 8.4%，占广东同期贸易总额的 46.9%，受新型冠状肺炎疫情全球暴发的影响，降幅较上年同期扩大，但较广东总体对外贸易降幅低 1.8 个百分点；其中，出口额 1 104.7亿美元，下降 12.5%；进口额 938.8 亿美元，下降 3.0%。但自贸伙伴中，广东与东盟、中国台湾、澳大利亚等贸易逆势增长，1—6 月与三地贸易增幅分别为 3.3%、1.1%和 1.5%。

表 3−5−2　2020 年 1—6 月广东与自贸伙伴贸易情况

单位：万美元；%

国家/地区	进出口		出口		进口		贸易差额
	贸易额	同比增长	出口额	同比增长	进口额	同比增长	
东盟	6 711 495	3.3	3 175 455	2.6	3 536 040	3.9	−360 585
中国香港	5 985 018	−18.8	5 866 314	−18.9	118 704	−15.3	5 747 610
中国澳门	70 791	−24.9	68 778	−25.4	2013	0.3	66 765
巴基斯坦	128 449	−4.3	111 540	2.6	16 909	−33.7	94 631
中国台湾	3 413 694	1.1	405 781	1.0	3 007 913	1.1	−2 602 132
韩国	2 609 416	−19.1	668 723	−26.6	1 940 693	−16.1	−1 271 970
冰岛	1 334	−30.9	1 004	−36.0	330	−8.5	674
瑞士	166 517	−20.9	57 192	18.9	109 325	−32.7	−52 133
智利	277 642	−2.2	96 601	−19.9	181 041	10.8	−84 440
秘鲁	87 374	−19.2	65 186	−11.7	22 188	−35.2	42 998
哥斯达黎加	29 883	7.7	16 577	0.7	13 306	18.0	3 271
新西兰	131 375	−13.3	54 165	−4.9	77 210	−18.4	−23 045

续 表

国家/地区	进出口		出口		进口		贸易差额
	贸易额	同比增长	出口额	同比增长	进口额	同比增长	
澳大利亚	798 437	1.5	435 761	0.5	362 676	2.8	73 085
格鲁吉亚	10 223	−19.3	9 909	−8.0	314	−83.4	9 595
马尔代夫	4 490	−6.0	4 489	−0.8	1	−99.6	4 488
毛里求斯	9 068	−24.1	8 975	−23.2	93	−65.7	8 882
自贸伙伴合计	20 435 206	−8.4	11 046 450	−12.5	9 388 756	−3.0	1 657 694
总体对外	43 577 782	−10.2	25 843 973	−11.5	17 733 809	−8.1	8 110 164

资料来源：广东省商务厅。

中国香港是广东第一大自贸伙伴。2019 年，广东与中国香港货物贸易额为 1 593.4 亿美元，同比降低 9.7%，占其同期贸易总额的 15.4%。其中，出口 1 563.5 亿美元，同比降低 9.6%，主要出口商品为电话机、集成电路、自动数据处理设备及其部件等；进口 29.9 亿美元，同比降低 11.9%，主要进口商品为废金属、医药品、初级形状的塑料等。此外，双边贸易额超过 500 亿美元的自贸伙伴还包括东盟、中国台湾和韩国。2019 年，广东与上述三大自贸伙伴的货物贸易额分别为 1 476.5 亿美元、721.2 亿美元和 624.5 亿美元，同比变动幅度分别为增长 2.3%、下降 4.5%和下降 16.6%，占其同期全省贸易总额的比重分别为 14.3%、7.0%和 6.0%。

表 3—5—3　2019 年广东与自贸伙伴进出口前三位商品结构

单位：万美元

国家/地区	主要出口商品	出口额	主要进口商品	进口额
东盟	电话机	560 962	集成电路	2 513 629
	纺织纱线、织物及制品	356 940	自动数据处理设备及其部件	377 321
	服装及衣着附件	201 080	初级形状的塑料	320 871
中国香港	电话机	1 887 032	废金属	60 335
	集成电路	1 557 742	医药品	31 390
	自动数据处理设备及其部件	1 547 428	初级形状的塑料	30 222
中国澳门	电流	45 755	未锻轧铜及铜材	1 713
	服装及衣着附件	10 510	纸烟	1 239
	水海产品	7 835	服装及衣着附件	981
巴基斯坦	电话机	45 491	粮食	16 164
	纺织纱线、织物及制品	12 045	纺织纱线、织物及制品	11 897
	钢材	8 516	未锻轧铜及铜材	2 062

续 表

国家/地区	主要出口商品	出口额	主要进口商品	进口额
中国台湾	自动数据处理设备的零件	40 093	集成电路	3 978 604
	通断保护电路装置及零件	33 620	初级形状的塑料	302 413
	印刷电路	29 315	液晶显示板	299 677
韩国	电话机	232 618	集成电路	2 411 057
	液晶显示板	80 609	液晶显示板	257 417
	家具及其零件	57 366	初级形状的塑料	214 011
冰岛	家具及其零件	148	水海产品	784
	床垫、寝具及类似品	128	废金属	92
	自动数据处理设备及其部件	121	未锻轧铝及铝材	78
瑞士	电话机	8 276	医药品	34 790
	服装及衣着附件	4 696	手表	13 157
	集装箱	3 568	计量检测分析自控仪器及器具	8 661
智利	电话机	34 367	鲜、干水果及坚果	135 335
	服装及衣着附件	30 012	未锻轧铜及铜材	62 757
	玩具	14 027	酒类	9 854
秘鲁	电话机	23 745	饲料用鱼粉	21 842
	玩具	14 272	鲜、干水果及坚果	13 946
	陶瓷产品	8 374	铜矿砂及其精矿	5 862
哥斯达黎加	电话机	7 439	医疗仪器及器械	4 197
	彩色电视机	3 719	通断保护电路装置及零件	1 808
	服装及衣着附件	1 937	电阻器	529
新西兰	服装及衣着附件	8 793	乳品	89 852
	家具及其零件	8 628	肉及杂碎	20 173
	塑料制品	6 210	原木	11 816
澳大利亚	服装及衣着附件	69 101	铁矿砂及其精矿	221 761
	家具及其零件	61 379	煤及褐煤	94 645
	塑料制品	49 765	天然气	67 844
格鲁吉亚	家具及其零件	2 091	二甲苯	1 685
	空气调节器（车用除外）	1 629	酒类	173
	服装及衣着附件	1 375	废金属	23

续 表

国家/地区	主要出口商品	出口额	主要进口商品	进口额
马尔代夫	家具及其零件	1 768	其他液化丁烷	321
	陶瓷产品	999	二极管及类似半导体器件	1
	空气调节器（车用除外）	517	集成电路	1
毛里求斯	纺织纱线、织物及制品	3 464	饲料用鱼粉	152
	未锻轧铝及铝材	2 099	服装及衣着附件	97
	家具及其零件	1 955	食糖	96

数据来源：广东省商务厅。

二、利用投资

2019 年，共有来自自贸伙伴的 12 021 家企业对广东投资，占全省外商投资企业总数的 83.8%；合同外资 5 186.2 亿元，占全省合同利用外资总额的 93.9%；实际利用外资 1 312.6 亿元，占全省实际利用外资总额的 86.2%。利用自贸伙伴外资排名前三的行业分别是租赁和商务服务业（实际利用外资金额为 410.1 亿元）、制造业（286.5 亿元）和房地产业（248.6 亿元）。自贸伙伴中，广东引进外资的主要来源地是中国香港、中国澳门和东盟，从三地引进的外资占全省实际利用外资总额的 81.0%。其中，中国香港是广东自贸伙伴中最大的外资来源地，2019 年，共有9 400家港资企业对广东投资，占全省外商投资企业总数的 65.5%；合同外资额和实际利用外资额分别为 4 492.1 亿元和 1 051.1 亿元，分别占全省合同外资和实际利用外资总额的 81.3%和 69.1%。此外，2019 年，对广东投资合同金额超过 200 亿元的自贸伙伴还包括中国澳门和东盟。2019 年，中国澳门和东盟对广东投资的合同金额分别为 350.0 亿元和 253.7 亿元，实际利用外资分别为 101.2 亿元和 79.9 亿元。

表 3—5—4　2019 年广东利用主要自贸伙伴投资情况

单位：个；万元

国家/地区	企业个数	合同金额	实际利用外资金额
东盟	480	2 537 209	798 619
中国香港	9 400	44 921 243	10 511 307
中国澳门	918	3 499 797	1 012 012
巴基斯坦	45	7 508	0
中国台湾	798	594 228	72 975
韩国	254	179 864	667 137
瑞士	13	48 653	10 045

续 表

国家/地区	企业个数	合同金额	实际利用外资金额
智利	5	370	0
秘鲁	1	479	0
新西兰	15	9 075	1 189
澳大利亚	86	34 782	7 703
格鲁吉亚	5	1 475	0
马尔代夫	1	20	0
毛里求斯	0	26 923	45 117
自贸伙伴合计	12 021	51 861 625	13 126 103
总体利用外资	14 350	55 238 416	15 219 975

资料来源：广东省商务厅。

2020 年 1—6 月，共有来自自贸伙伴的 4 515 家外商投资企业对广东投资，合同外资 1 683.6 亿元，实际利用外资 728.7 亿元。集中于港澳台地区、东盟和韩国等。利用自贸伙伴外资排名前三的行业分别是租赁和商务服务业、房地产业、科学研究和技术服务业。

表 3—5—5　2020 年 1—6 月广东利用主要自贸伙伴投资情况

单位：个；万元

国家/地区	企业个数	合同外资金额	实际使用外资金额
东盟	141	357 456	586 960
中国香港	2 908	14 249 421	5 737 430
中国澳门	918	1 114 684	782 887
巴基斯坦	20	2 752	0
中国台湾	367	825 820	37 474
韩国	103	40 358	96 147
瑞士	2	11 077	8 093
智利	3	2 214	141
秘鲁	0	6 757	0
哥斯达黎加	1	60	0
新西兰	9	769	202
澳大利亚	43	224 563	2 810
格鲁吉亚	0	70	7
毛里求斯	0	170	35 038

续 表

国家/地区	企业个数	合同外资金额	实际使用外资金额
自贸伙伴合计	4 515	16 836 211	7 287 178
总体利用外资	5 584	19 025 684	8 218 548

资料来源：广东省商务厅。

三、对外投资

2019 年，广东在自贸伙伴直接投资项目共计 633 个，占全省对外直接投资项目总数的 67.9%；中方协议投资总额 55.5 亿美元，占全省对外投资总额的 52.7%，其中，中方实际投资额 74.0 亿美元，占比为 72.0%。中国香港是广东企业对外投资合作最主要的自贸伙伴，2019 年投资项目合计 431 个，占全省对外投资项目总数的 46.2%；中方协议投资总额 31.3 亿美元，占广东省中方协议投资总额的 29.8%，其中中方实际投资额为 67.5 亿美元，占同期中方实际投资总额的 65.7%。此外，东盟、澳大利亚、韩国、新西兰和中国澳门等也是广东对外投资的重要国家和地区。2019 年，广东企业对东盟投资项目为 152 个，中方实际投资额为 4.8 亿美元；同期，对澳大利亚、新西兰和中国澳门实际投资额均超过 2 000 万美元。

表 3—5—6　2019 年广东对自贸伙伴直接投资情况

单位：个；万美元

国家/地区	项目数	中方协议投资额	中方实际投资额
东盟	152	207 147	48 450
中国香港	431	313 213	674 883
中国澳门	12	21 406	2 851
巴基斯坦	1	148	50
韩国	15	1 124	116
中国台湾	5	5 020	74
毛里求斯	1	—203	699
瑞士	3	4 131	0
格鲁吉亚	3	670	15
智利	1	0	0
秘鲁	1	400	0
澳大利亚	7	1 020	7 725
新西兰	1	500	4 942

续　表

国家/地区	项目数	中方协议投资额	中方实际投资额
自贸伙伴合计	633	554 576	739 807
总体对外	932	1 051 493	1 027 731

资料来源：广东省商务厅。

2020 年 1—6 月，广东对自贸伙伴直接投资项目共计 288 个，中方协议投资总额 49.0 亿美元，其中，中方实际投资额 48.6 亿美元，主要投资区域包括中国香港、东盟、新西兰等。

表 3—5—7　2020 年 1—6 月广东对自贸伙伴直接投资情况

单位：个；万美元

分组指标	项目数	中方协议投资额	中方实际投资额
东盟	79	135 846	21 478
中国香港	181	342 891	459 991
中国澳门	10	656	539
巴基斯坦	1	1 434	0
韩国	5	62	49
中国台湾	5	402	10
毛里求斯	0	0	599
智利	0	0	50
澳大利亚	5	8 757	436
新西兰	2	176	3 082
自贸伙伴合计	288	490 224	486 235
总体对外	405	671 598	838 527

资料来源：广东省商务厅。

四、对外承包工程和劳务合作

2019 年，广东在自贸伙伴的承包工程合同数为 387 个，占全省合同总数的 37.6%；合同金额为 89.6 亿美元，占全省合同总额的 35.1%；完成营业额 49.7 亿美元，占全省完成营业额总额的 29.8%。自贸伙伴中，东盟是广东对外承包工程的主要合作地区。2019 年，广东在东盟国家的承包工程项目共 272 个，占全省项目总数的 26.4%；合同额为 78.5 亿美元，占全省合同总额的 30.7%；完成营业额为 37.0 亿美元，占全省完成营业额总额的 22.1%。此外，韩国和巴基斯坦也是广东对外承包工程的重要合作地区。2019 年，广东在韩国和巴基斯坦的对外承包工程合同额分别为 2.6 亿美元和 2.3 亿美元，完成营业额分别为 2.5 亿美元和 2.0 亿美元。

表 3－5－8　2019 年广东与自贸伙伴承包工程和劳务合作情况

单位：份；万美元；人

国家/地区	对外承包工程合同份数	对外承包工程合同总额	对外承包工程完成营业额	年末在外各类劳务人员数量
东盟	272	785 188	369 512	4 255
中国香港	17	16 482	22 448	4 216
韩国	10	26 330	25 275	5
巴基斯坦	20	22 734	20 460	116
中国台湾	0	0	814	176
中国澳门	17	976	10 078	76 205
毛里求斯	9	1 917	2 987	0
格鲁吉亚	7	1 153	1 392	0
秘鲁	9	16 492	15 549	0
哥斯达黎加	0	0	601	6
智利	8	13 311	9 721	1
澳大利亚	9	7 341	13 565	0
新西兰	9	4 101	4 809	0
自贸伙伴合计	387	896 025	497 211	84 980
总体对外	1 030	2 556 123	1 670 589	93 241

资料来源：广东省商务厅。

截至 2019 年年末，广东在自贸伙伴的承包工程与劳务合作人数为 84 980 人，占全部在外人数的 91.1%。2020 年 6 月末，受新型冠状肺炎疫情暴发影响，广东在自贸伙伴的承包工程与劳务合作人数为 64 610 人，较年初下降 20 370 人，降幅为 24.0%，主要在中国澳门、中国香港、东盟和中国台湾等。

表 3－5－9　2020 年 1—6 月广东与自贸伙伴承包工程和劳务合作情况

单位：份；万美元；人

国家/地区	对外承包工程合同份数	对外承包工程合同总额	对外承包工程完成营业额	期末在外各类劳务人员数量
东盟	96	299 303	193 790	3 231
中国香港	16	12 647	12 104	2 722
中国台湾	6	235	560	149
中国澳门	2	33	1 487	58 467

续 表

国家/地区	对外承包工程合同份数	对外承包工程合同总额	对外承包工程完成营业额	期末在外各类劳务人员数量
韩国	5	16 783	14 334	0
巴基斯坦	10	21 133	16 450	33
毛里求斯	4	473	406	0
格鲁吉亚	2	13	32	0
哥斯达黎加	0	0	0	6
秘鲁	6	4 461	3 918	0
智利	5	6 539	4 461	0
新西兰	5	600	731	0
澳大利亚	5	2 330	2 438	2
自贸伙伴合计	162	364 550	250 711	64 610
总体对外	427	1 062 273	744 207	71 987

资料来源：广东省商务厅。

第六章　安徽与中国自由贸易伙伴的经贸合作*

安徽作为我国内陆开放新高地，近年抓住国家长三角一体化和长江经济带发展机遇，积极推动中国（安徽）自由贸易试验区和境外经贸合作区等开放平台建设，深化与“一带一路”国家和地区经贸合作，加强国际产能和装备制造合作，成功举办2019世界制造业大会、首届世界显示产业大会，高质量发展、高水平开放跃上历史新台阶。

一、货物贸易

2019年，安徽与自贸伙伴贸易总额为260.5亿美元，同比增长12.8%，占全省贸易总额的37.9%。其中，出口和进口分别为109.3亿美元和151.2亿美元，分别占全省出口总额的27.1%和进口总额的53.4%；对自贸伙伴总体贸易逆差为41.9亿美元。

表3—6—1　2019年安徽与自贸伙伴贸易情况

单位：万美元;%

国家/地区	进出口		出口		进口		贸易差额
	贸易额	同比增长	出口额	同比增长	进口额	同比增长	
东盟	788 876	26.2	540 800	37.2	248 076	7.4	292 724
中国香港	144 931	−19.2	132 136	−21.7	12 795	20.5	119 341
中国澳门	2 186	33.0	2 182	32.8	3	817.9	2 179
巴基斯坦	42 536	−6.3	37 444	8.3	5 092	−52.8	32 352
中国台湾	327 316	27.1	78 214	44.6	249 102	22.4	−170 888
韩国	336 950	9.6	126 510	31.0	210 441	−0.2	−83 931
冰岛	231	−50.6	186	−58.3	44	127.4	142
瑞士	19 816	47.2	13 973	66.8	5 843	15.0	8 130
智利	337 910	3.8	52 829	−0.8	285 080	4.7	−232 251
秘鲁	236 350	11.1	24 312	6.6	212 038	11.6	−187 726

* 本部分作者为段丹。

续 表

国家/地区	进出口		出口		进口		贸易差额
	贸易额	同比增长	出口额	同比增长	进口额	同比增长	
哥斯达黎加	4 403	5.7	4 172	6.7	231	−10.2	3 941
新西兰	44 784	65.0	9 385	5.0	35 399	94.5	−26 014
澳大利亚	315 733	2.6	68 078	0.7	247 655	3.1	−179 577
格鲁吉亚	1 495	56.2	1 470	55.1	24	159.3	1 446
马尔代夫	310	49.1	310	49.1	0	0.0	310
毛里求斯	983	−21.2	945	−24.2	37	0.0	908
自贸伙伴合计	2 604 808	12.8	1 092 945	19.1	1 511 863	8.6	−418 918
总体对外	6 873 252	9.4	4 039 900	11.6	2 833 352	6.3	1 206 548

资料来源：安徽省商务厅。

2020 年 1—6 月，受新冠肺炎疫情全球暴发的影响，安徽与自贸伙伴的贸易额为 129.5 亿美元，同比下降 0.4%；其中，出口额为 51.6 亿美元，增长 6%，占同期安徽出口总额的 26.1%；进口额为 77.8 亿美元，下降 5.2%，占同期安徽进口总额的 51.9%。但同期与东盟、中国香港等自贸伙伴贸易额已实现正增长，1—6 月对东盟和中国香港贸易额分别增长 2.4%和 1.5%，对中国台湾、韩国、冰岛和格鲁吉亚增长率高达 13.6%、32.7%、169.9%和 18.4%。

表 3—6—2　2020 年 1—6 月安徽与自贸伙伴贸易情况

单位：万美元；%

国家/地区	进出口		出口		进口		贸易差额
	贸易额	同比增长	出口额	同比增长	进口额	同比增长	
东盟	377 562	2.4	264 477	6.0	113 085	−5.2	151 392
中国香港	64 116	1.5	59 455	3.1	4 661	−15.4	54 794
中国澳门	316	−17.4	315	−16.8	1	−83.3	314
巴基斯坦	19 636	−18.4	15 352	−24.3	4 284	13.1	11 068
中国台湾	195 416	13.6	32 427	−22.8	162 989	25.3	−130 562
韩国	210 227	32.7	59 820	2.3	150 406	50.4	−90 586
冰岛	217	169.9	217	496.0	0	−100.0	217
瑞士	6 760	−16.7	5 415	8.8	1 344	−57.2	4 071
智利	158 243	−13.4	24 805	−7.3	133 437	−14.4	−108 632
秘鲁	100 339	−24.1	9 166	−22.9	91 173	−24.2	−82 007
哥斯达黎加	1 899	−13.6	1 680	−18.7	219	67.4	1 461

续 表

国家/地区	进出口		出口		进口		贸易差额
	贸易额	同比增长	出口额	同比增长	进口额	同比增长	
新西兰	19 091	−37.6	4 354	−1.7	14 736	−43.7	−10 382
澳大利亚	139 563	−10.4	37 435	24.8	102 129	−18.8	−64 694
格鲁吉亚	866	18.4	846	16.6	20	204.0	826
马尔代夫	173	−9.5	173	−9.5	0	−100.0	173
毛里求斯	308	−28.1	308	−23.4	0	−100.0	308
自贸伙伴合计	1 294 731	−0.4	516 247	1.3	778 485	−1.5	−262 238
总体对外	3 480 529	5.5	1 980 731	3.2	1 499 798	8.7	480 933

资料来源：安徽省商务厅。

自贸伙伴中，东盟是安徽第一大自贸伙伴，2019 年货物贸易额为 78.9 亿美元，同比增长 26.2%，占同期安徽货物贸易总额的 11.5%。其中，出口 54.1 亿美元，同比增长 37.2%，占同期全省出口总额的 13.4%，主要出口商品为太阳能电池、手机零件、燃气轮机的零件等；进口额为 24.8 亿美元，同比增长 7.4%，占比为 8.8%，主要进口商品为铜矿砂及其精矿、硬盘驱动器、集成电路等。此外，安徽双边贸易额超过 30 亿美元的自贸伙伴还包括中国台湾、韩国、智利及澳大利亚。2019 年，安徽与上述四大自贸伙伴贸易额分别为 32.7 亿美元、33.7 亿美元、33.8 亿美元和 31.6 亿美元，分别占同期全省贸易总额的 4.8%、4.9%、4.9%和 4.6%。

表 3—6—3　2019 年安徽与主要自贸伙伴进出口前三位商品结构

单位：万美元

自贸伙伴	主要出口商品	出口额	主要进口商品	进口额
东盟	太阳能电池	18 900	铜矿砂及其精矿	32 098
	手机零件	16 177	硬盘驱动器	25 507
	燃气轮机的零件	13 521	集成电路	14 655
中国香港	液晶显示板	16 497	塑料及其制品	10 916
	合金钢角材及异型材	14 580	钟表	603
	用作处理器及控制器的集成电路	12 440	铜及制品	466
中国澳门	贱金属及制品	418	已装配的压电晶体	3
	杂项制品	319	—	
	石料、石膏、水泥等	252	—	

续 表

自贸伙伴	主要出口商品	出口额	主要进口商品	进口额
巴基斯坦	钢铁	5 169	棉花	3 128
	化学纤维长丝	3 192	谷物	967
	肥料	3 018	矿产品	684
韩国	液晶显示板	12 844	用作存储器的集成电路	30 251
	其他芝麻	4 528	制造平板显示器用的机器及设备	17 815
	重量不超过10千克的便携式自动数据处理设备	4 518	用作处理器及控制器的集成电路	15 356
冰岛	重量不超过10千克的便携式自动数据处理设备	104	X射线的应用设备	32
	纺织原料及纺织制品	17	活动物；动物产品	12
	塑料橡胶制品	13	鱼、甲壳动物；软体动物等	12
瑞士	重量不超过10千克的便携式自动数据处理设备	4 441	机械零件	1 393
	贱金属及制品	1 670	光学、医疗等精密仪器	1 103
	杂项制品	1 409	玻璃切割机	349
智利	汽油小轿车	6 097	铜矿砂及其精矿	267 503
	太阳能电池	3 316	其他野樱桃	1 440
	彩色的液晶显示器的数字电视机接收机	2 778	未精炼铜；电解精炼用的铜阳极	1 400
秘鲁	汽油小轿车	2 037	铜矿砂及其精矿	191 916
	重量不超过10千克的便携式自动数据处理设备	1 926	饲料用鱼粉	9 455
	玩具	1 031	锌矿砂及其精矿	3 697
哥斯达黎加	汽油小轿车	271	冻去骨牛肉	171
	柴油货车	163	冻带骨牛肉	52
	彩色的液晶显示器的数字电视机接收机	118	冻牛杂碎	5
新西兰	钢铁制脚手架、模板或坑道支撑用支柱等设备	633	未加糖的固态乳及奶油，含脂量>	9 865
	塑料及其制品	609	冻带骨绵羊肉	6 873
	重量不超过10千克的便携式自动数据处理设备	605	冻去骨牛肉	5 969
澳大利亚	其他重量不超过10千克的便携式自动数据处理设备	6 105	矿砂、矿渣及矿灰	190 779
	钢铁制品	5 083	炼焦煤	26 369
	太阳能电池	4 543	铜矿砂及其精矿	17 898

续　表

自贸伙伴	主要出口商品	出口额	主要进口商品	进口额
格鲁吉亚	钢铁制品	89	化学工业品	15
	太阳能电池	76	止回阀	5
	塑料橡胶制品	71	电机电气设备	4
马尔代夫	电缆	42	—	—
	家具等	39	—	—
	钢铁制品	33	—	—
毛里求斯	塑料橡胶制品	75	铜及制品	37
	零售包装除草剂	68	—	—
	钢铁	67	—	—

资料来源：安徽省商务厅。

二、利用投资

2019 年，共有来自自贸伙伴的 237 家企业对安徽投资，占全省外商投资企业总数的 67.5%；合同外资 232.6 亿美元，占全省合同利用外资总额的 98.8%；实际利用外资 14.0 亿美元，占全省实际利用外资总额的 78.1%。自贸伙伴中，安徽引进外资的主要来源地是东盟、中国香港、中国台湾和韩国，从四地引进的外资占全省实际利用外资总额的 75.2%。其中，中国香港是安徽自贸伙伴中最大的外资来源地，2019 年，共有 96 家港资企业对安徽投资，占全省外商投资企业总数的 27.4%，投资主要集中于房地产业；合同外资额为 225.7 亿美元，实际利用外资额 6.3 亿美元，分别占合同外资的 95.8%和实际利用外资总额的 45.0%。此外，对安徽合同投资额超过 1 亿美元的自贸伙伴还包括东盟、中国台湾和韩国，2019 年，上述三个自贸伙伴对安徽的投资合同金额分别为 2.8 亿美元、2.3 亿美元、1.4 亿美元，均集中于制造业；但从实际利用外资金额来看，仅有东盟达到 3.8 亿美元，中国台湾和韩国仅分别为 3 183 万美元和 641 万美元。

表 3—6—4　2019 年安徽利用主要自贸伙伴投资情况

单位：个；万美元

国家/地区	企业个数	合同金额	实际利用外资金额	主要行业情况
东盟	23	28 070	38 301	制造业
中国香港	96	2 256 659	62 840	房地产业
中国澳门	3	4 468	4 038	服务业

续　表

国家/地区	企业个数	合同金额	实际利用外资金额	主要行业情况
巴基斯坦	7	362	0	服务业
中国台湾	84	22 615	3 183	制造业
韩国	20	13 523	641	制造业
瑞士	1	4	0	制造业
新西兰	2	239	0	林业
澳大利亚	1	−2	0	制造业
自贸伙伴合计	237	2 325 938	109 003	制造业
总体利用外资	351	2 354 543	139 577	制造业

资料来源：安徽省商务厅。

2020 年 1—6 月，共有来自自贸伙伴的 121 家企业对安徽投资，占全省外商投资企业总数的 68.8%；合同外资 20.1 亿美元，占全省合同利用外资总额的 79.7%；实际利用外资 5.5 亿美元，占全省实际利用外资总额的 94.0%。利用外资来源地主要涉及中国香港、东盟、韩国和中国台湾，投资行业涉及制造业、房地产业等。

表 3−6−5　2020 年 1—6 月安徽利用主要自贸伙伴投资情况

单位：个；万美元

国家/地区	企业个数	合同金额	实际到账金额	主要行业情况
东盟	15	4 024	15 088	制造业
中国香港	61	183 597	38 162	房地产业
中国澳门	1	64	0	服务业
巴基斯坦	2	9	0	服务业
中国台湾	36	12 704	854	制造业
韩国	3	272	1 070	制造业
智利	1	71	0	无
澳大利亚	2	149	0	制造业
自贸伙伴合计	121	200 890	55 174	房地产业
总体利用外资	176	251 917	58 699	制造业

资料来源：安徽省商务厅。

三、对外投资

2019 年，在世界经济形势复杂多变的大背景下，安徽企业投资更趋理性，“走出去”的能力不断提高。2019 年，安徽对自贸伙伴直接投资项目共计 51 个，占全省对外直接投资项目总数的 51.0%；中方投资总额 6.2 亿美元，占全省对外投资总额的 45.9%。从对外投资对象来看，东盟是安徽企业对外投资合作最主要的自贸伙伴，2019 年对东盟投资项目合计 28 个，占全省对外投资项目总数的 28%；中方投资总额 1.9 亿美元，占全省对外投资总额的 14.2%。此外，中国香港也是安徽对外投资的重要地区，2019 年，对中国香港的投资项目数为 20 个，中方投资总额为 4.2 亿美元。

表 3—6—6 2019 年安徽对自贸伙伴直接投资情况

单位：个；万美元

国家/地区	项目数	中方投资额
东盟	28	19 331
中国香港	20	42 443
中国澳门	1	200
巴基斯坦	1	490
秘鲁	1	13
自贸伙伴合计	51	62 477
总体对外	100	136 136

资料来源：安徽省商务厅。

2020 年 1—6 月，安徽对自贸伙伴直接投资项目共计 33 个，占全省对外直接投资项目总数的 47.8%；中方投资总额 5.5 亿美元，占全省对外投资总额的 72.9%，占比相较 2019 年大幅提高。主要投资对象包括中国香港、东盟、瑞士、智利和秘鲁。

表 3—6—7 2020 年 1—6 月安徽对自贸伙伴直接投资情况

单位：个；万美元

国家/地区	项目数	中方投资额
东盟	18	10 000
中国香港	12	43 883
瑞士	1	500
智利	1	181
秘鲁	1	7
自贸伙伴合计	33	54 571
总体对外	69	74 822

资料来源：安徽省商务厅。

四、对外承包工程和劳务合作

2019 年，安徽在自贸伙伴的承包工程合同数为 42 个，占全省合同总数的 16.1%；合同金额为 3.9 亿美元，占全省合同总额的 18.4%；完成营业额 13.5 亿美元，占全省完成营业额总额的 40.3%。自贸伙伴中，东盟、巴基斯坦、秘鲁、中国香港等是安徽对外承包工程的主要合作地区。2019 年，安徽在东盟国家的承包工程合同额 2.0 亿美元，占全省合同总额的 9.6%；完成营业额 11.7 亿美元，占全省完成营业额总额的 35.1%。同期，安徽在巴基斯坦、秘鲁和中国香港的对外承包工程完成营业额分别为 1 亿美元、2 794 万美元和 2 639 万美元。

表 3—6—8 2019 年安徽与自贸伙伴承包工程和劳务合作情况

单位：人；个；万美元

国家/地区	年末在外人数	对外承包工程合同数	对外承包工程合同总额	对外承包工程完成营业额
东盟	5 613	29	20 482	117 373
中国香港	0	0	0	2 794
中国澳门	0	0	0	409
巴基斯坦	102	0	0	10 498
中国台湾	0	0	0	28
智利	0	3	97	14
秘鲁	115	9	12 974	2 639
哥斯达黎加	45	0	0	892
毛里求斯	21	1	5 783	239
自贸伙伴合计	5 896	42	39 336	134 886
总体对外	9 130	261	213 691	334 508

资料来源：安徽省商务厅。

截至 2019 年年末，安徽在自贸伙伴的承包工程与劳务合作人数为 5896 人，占全部在外人数的 64.6%。受新冠肺炎疫情全球暴发影响，2020 年 6 月末，安徽在自贸伙伴的承包工程与劳务合作人数为 3324 人，较年初下降 2572 人。

表 3—6—9 2020 年 1—6 月安徽与自贸伙伴承包工程和劳务合作情况

单位：人；个；万美元

国家/地区	期末在外人数	对外承包工程合同数	对外承包工程合同总额	对外承包工程完成营业额
东盟	2 945	7	41 008	23 383
巴基斯坦	215	0	0	5 260

续　表

国家/地区	期末在外人数	对外承包工程合同数	对外承包工程合同总额	对外承包工程完成营业额
秘鲁	115	0	0	1 331
哥斯达黎加	43	0	0	218
澳大利亚	0	0	0	141
毛里求斯	6	0	0	1 263
自贸伙伴合计	3 324	7	41 008	31 596
总体对外	7 397	27	112 204	108 575

资料来源：安徽省商务厅。

第七章　江西与中国自由贸易伙伴的经贸合作*

江西主动融入共建"一带一路"，积极参与长江经济带发展，对接粤港澳大湾区建设、长三角一体化发展，依托内陆开放型经济试验区建设，挖掘区域合作潜力，推动资源要素自由高效流动，加快构建内外并举、全域统筹、量质双高的开放新格局，在加快革命老区高质量发展上作示范、在推动中部地区崛起上勇争先，开放型经济呈现高质量跨越式发展新态势。

一、货物贸易

2019 年，江西与 25 个自贸伙伴贸易总额为 228.1 亿美元，同比增长 10.1%，占全省对外贸易总额的 44.8%。其中，出口额为 145.5 亿美元，增长 10.8%，占全省出口总额的 40.2%；进口 82.6 亿美元，增长 8.8%，占全省进口总额的 56.1%；对自贸伙伴总体呈贸易顺差，顺差规模为 62.9 亿美元。

表 3—7—1　2019 年江西与自贸伙伴贸易情况

单位：万美元；%

国家/地区	进出口		出口		进口		贸易差额
	贸易额	同比增长	出口额	同比增长	进口额	同比增长	
东盟	854 703.2	13.4	708 045.2	14.5	146 658.0	8.5	561 387.2
中国香港	398 298.1	24.1	392 325.3	25.5	5 972.8	−29.4	386 352.5
中国澳门	3 049.8	−53.2	3 049.4	−53.2	0.4	−0.3	3 049.1
巴基斯坦	26 560.6	−15.6	20 333.9	−23.9	6 226.7	31.4	14 107.2
中国台湾	256 913.0	19.1	53 625.3	−13.1	203 287.7	31.9	−149 662.4
韩国	356 558.0	22.2	161 584.2	−11.3	194 973.9	78.0	−33 389.7
冰岛	151.4	−22.5	151.4	−22.5	0.0	0.0	151.4
瑞士	3 821.6	−29.4	2 323.6	−4.2	1 498.0	−49.8	825.5
智利	161 016.9	−24.9	28 298.6	−2.3	132 718.4	−28.5	−104 419.8
秘鲁	49 048.5	0.0	13 614.4	16.7	35 434.1	−5.2	−21 819.8

* 本部分作者为卢武贤。

续　表

国家/地区	进出口		出口		进口		贸易差额
	贸易额	同比增长	出口额	同比增长	进口额	同比增长	
哥斯达黎加	2 850.0	−5.1	2 313.6	−11.6	536.4	39.0	1 777.2
新西兰	8 980.0	13.6	5 838.3	5.5	3 141.8	32.6	2 696.5
澳大利亚	155 749.7	−7.8	60 394.3	19.6	95 355.4	−19.5	−34 961.0
格鲁吉亚	1 391.9	−7.8	1 378.2	−7.6	13.6	−22.4	1 364.6
马尔代夫	420.6	−23.8	420.6	−23.8	0.0	0.0	420.6
毛里求斯	1 434.7	48.2	1 391.2	43.7	43.6	0.0	1 347.6
自贸伙伴合计	2 280 948.0	10.1	1 455 087.3	10.8	825 860.6	8.8	629 226.7
总体对外	5 091 250.0	5.7	3 619 869.4	6.7	1 471 380.6	3.3	2 148 488.8

资料来源：江西省商务厅。

2020 年以来，虽然面临新冠肺炎疫情的挑战，1—6 月，江西与自贸伙伴的贸易仍然取得显著增长，进出口额达到 126.8 亿美元，同比增长 21.4%；其中，出口额为 81.2 亿美元，增长 19.3%；进口额为 45.6 亿美元，增长 25.3%。尤其是对新西兰、澳大利亚、马尔代夫等自贸伙伴，出口增幅分别达到 78.7%、46.6% 和 40.7%；对冰岛、瑞士、韩国等自贸伙伴，进口增幅分别达到 1584.6%、388.2% 和 95.9%。

表 3—7—2　2020 年 1—6 月江西与自贸伙伴贸易情况

单位：万美元；%

国家/地区	进出口		出口		进口		贸易差额
	贸易额	同比增长	出口额	同比增长	进口额	同比增长	
东盟	487 656.4	19.1	409 063.3	19.5	78 593.1	17.1	330 470.2
中国香港	186 965.0	14.1	184 454.3	14.8	2 510.7	−19.2	181 943.6
中国澳门	1 636.4	−26.5	1 636.4	−26.5	0.0	0.0	1 636.4
巴基斯坦	11 079.2	−19.1	9 203.0	−15.1	1 876.2	−34.3	7 326.8
中国台湾	141 023.9	29.2	29 464.6	12.9	111 559.3	34.3	−82 094.7
韩国	225 923.0	54.2	105 636.8	24.1	120 286.2	95.9	−14 649.3
冰岛	5.9	−71.5	5.9	−71.6	0.0	1 584.6	5.8
瑞士	3 933.9	122.0	1 523.6	19.2	2 410.3	388.2	−886.6
智利	86 003.2	4.0	13 055.4	27.3	72 947.8	0.7	−59 892.4
秘鲁	25 097.6	−10.6	5 560.5	−0.4	19 537.1	−13.1	−13 976.6

续 表

国家/地区	进出口		出口		进口		贸易差额
	贸易额	同比增长	出口额	同比增长	进口额	同比增长	
哥斯达黎加	1 117.0	0.8	985.8	1.9	131.1	−6.7	854.7
新西兰	5 353.7	16.2	4 513.8	78.7	839.9	−59.6	3 674.0
澳大利亚	90 682.1	13.6	45 053.1	46.6	45 629.0	−7.0	−576.0
格鲁吉亚	710.5	−2.0	710.5	−0.8	0.0	−100.0	710.5
马尔代夫	284.7	40.7	284.7	40.7	0.0	0.0	284.7
毛里求斯	735.7	18.3	600.8	−3.4	134.9	0.0	465.8
自贸伙伴合计	1 268 208.0	21.4	811 752.5	19.3	456 455.5	25.3	355 297.0
总体对外	2 813 980.2	20.9	2 045 204.4	21.6	768 775.7	19.2	1 276 428.7

资料来源：江西省商务厅。

自贸伙伴中，东盟是江西第一大自贸伙伴，2019 年，江西与东盟货物贸易额为 85.5 亿美元，同比增长 13.4%，占全省贸易总额的 16.8%。其中，出口 70.8 亿美元，增长 14.5%，占全省出口总额的 19.6%，主要出口商品为机电产品、家具等；进口 14.7 亿美元，增长 8.5%，占比为 10.0%，主要进口商品为机电产品、木浆及其他纤维状纤维素浆、回收（废碎）纸及纸板等。此外，贸易额超过 20 亿美元的自贸伙伴还有中国香港、韩国和中国台湾，2019 年，江西与三地贸易额分别为 39.8 亿美元、35.7 亿美元和 25.7 亿美元，分别占全省贸易总额的 7.8%、7.0% 和 5.0%。

表 3—7—3　2019 年江西省与自贸伙伴进出口前三位商品结构

单位：万美元

自贸伙伴	主要出口商品	出口额	主要进口商品	进口额
东盟	电机、电气设备及其零件；录音机及放声机、电视图像、声音的录制和重放设备及其零件、附件	149 724.6	电机、电气设备及其零件；录音机及放声机、电视图像、声音的录制和重放设备及其零件、附件	53 623.6
	核反应堆、锅炉、机器、机械器具及零件	60 029.5	木浆及其他纤维状纤维素浆；回收（废碎）纸及纸板	31 785.7
	家具；寝具、褥垫、弹簧床垫、软坐垫及类似的填充制品；未列名灯具及照明装置；发光标志、发光铭牌及类似品；活动房屋	49 429.8	铜及其制品	16 321.2

续 表

自贸伙伴	主要出口商品	出口额	主要进口商品	进口额
中国香港	电机、电气设备及其零件；录音机及放声机、电视图像、声音的录制和重放设备及其零件、附件	269 753.5	精油及香膏；芳香料制品及化妆盥洗品	2 842.1
	核反应堆、锅炉、机器、机械器具及零件	37 190.0	铜及其制品	1 544.5
	光学、照相、电影、计量、检验、医疗或外科用仪器及设备、精密仪器及设备；上述物品的零件、附件	15 476.5	天然或养殖珍珠、宝石或半宝石、贵金属、包贵金属及其制品；仿首饰；硬币	1 446.1
中国澳门	钢铁制品	537.3	特殊交易品及未分类商品	0.4
	家具；寝具、褥垫、弹簧床垫、软坐垫及类似的填充制品；未列名灯具及照明装置；发光标志、发光铭牌及类似品；活动房屋	333.5		
	石料、石膏、水泥、石棉、云母及类似材料的制品	306.5		
巴基斯坦	铜及其制品	5 355.2	铜及其制品	4 948.3
	化学纤维长丝；化学纤维纺织材料制扁条及类似品	2 243.1	谷物	860.6
	电机、电气设备及其零件；录音机及放声机、电视图像、声音的录制和重放设备及其零件、附件	1 902.2	棉花	358.8
韩国	电机、电气设备及其零件；录音机及放声机、电视图像、声音的录制和重放设备及其零件、附件	36 361.0	电机、电气设备及其零件；录音机及放声机、电视图像、声音的录制和重放设备及其零件、附件	174 769.9
	无机化学品；贵金属、稀土金属、放射性元素及其同位素的有机及无机化合物	29 420.9	无机化学品；贵金属、稀土金属、放射性元素及其同位素的有机及无机化合物	4 216.6
	家具；寝具、褥垫、弹簧床垫、软坐垫及类似的填充制品；未列名灯具及照明装置；发光标志、发光铭牌及类似品；活动房屋	9 598.7	核反应堆、锅炉、机器、机械器具及零件	3 282.9
冰岛	炸药；烟火制品；引火合金；易燃材料制品	112.3	无进口	

续 表

自贸伙伴	主要出口商品	出口额	主要进口商品	进口额
冰岛	针织或钩编的服装及衣着附件	23.9		
	特殊交易品及未分类商品	5.6		
瑞士	无机化学品；贵金属、稀土金属、放射性元素及其同位素的有机及无机化合物	425.4	核反应堆、锅炉、机器、机械器具及零件	977.9
	有机化学品	420.9	光学、照相、电影、计量、检验、医疗或外科用仪器及设备、精密仪器及设备；上述物品的零件、附件	182.1
	鞣料浸膏及染料浸膏；鞣酸及其衍生物；染料、颜料及其他着色料；油漆及清漆；油灰及其他类似胶粘剂；墨水、油墨	390.1	石料、石膏、水泥、石棉、云母及类似材料的制品	130.6
智利	电机、电气设备及其零件；录音机及放声机、电视图像、声音的录制和重放设备及其零件、附件	9 131.8	矿砂、矿渣及矿灰	75 690.8
	针织或钩编的服装及衣着附件	5 271.0	铜及其制品	52 278.4
	玩具、游戏品、运动用品及其零件、附件	1 763.4	无机化学品；贵金属、稀土金属、放射性元素及其同位素的有机及无机化合物	3 926.2
秘鲁	电机、电气设备及其零件；录音机及放声机、电视图像、声音的录制和重放设备及其零件、附件	3 017.4	矿砂、矿渣及矿灰	32 383.6
	玩具、游戏品、运动用品及其零件、附件	2 189.7	食品工业的残渣及废料；配制的动物饲料	2 858.0
	陶瓷产品	1 180.8	铜及其制品	181.2
哥斯达黎加	针织或钩编的服装及衣着附件	341.7	已装配的压电晶体	487.5
	塑料及其制品	306.0	木及木制品；木炭	41.2
	电机、电气设备及其零件；录音机及放声机、电视图像、声音的录制和重放设备及其零件、附件	176.4	绝缘（包括漆包或阳极化处理）电线、电缆（包括同轴电缆）及其他绝缘电导体	6.6

续 表

自贸伙伴	主要出口商品	出口额	主要进口商品	进口额
新西兰	家具；寝具、褥垫、弹簧床垫、软坐垫及类似的填充制品；未列名灯具及照明装置；发光标志、发光铭牌及类似品；活动房屋	813.9	木及木制品；木炭	2 572.4
	针织或钩编的服装及衣着附件	661.1	乳品；蛋品；天然蜂蜜；其他食用动物产品	358.3
	电机、电气设备及其零件；录音机及放声机、电视图像、声音的录制和重放设备及其零件、附件	470.5	木浆及其他纤维状纤维素浆；回收（废碎）纸及纸板	190.1
澳大利亚	电机、电气设备及其零件；录音机及放声机、电视图像、声音的录制和重放设备及其零件、附件	17 085.7	矿砂、矿渣及矿灰	47 025.9
	针织或钩编的服装及衣着附件	4 779.3	盐；硫磺；泥土及石料；石膏料、石灰及水泥	42 679.4
	家具；寝具、褥垫、弹簧床垫、软坐垫及类似的填充制品；未列名灯具及照明装置；发光标志、发光铭牌及类似品；活动房屋	4 630.8	矿物燃料、矿物油及其蒸馏产品；沥青物质；矿物蜡	4 993.4
格鲁吉亚	家具；寝具、褥垫、弹簧床垫、软坐垫及类似的填充制品；未列名灯具及照明装置；发光标志、发光铭牌及类似品；活动房屋	203.7	饮料、酒及醋	13.6
	核反应堆、锅炉、机器、机械器具及零件	140.9		
	电机、电气设备及其零件；录音机及放声机、电视图像、声音的录制和重放设备及其零件、附件	127.9		
马尔代夫	石料、石膏、水泥、石棉、云母及类似材料的制品	81.2	无进口	
	陶瓷产品	51.2		
	钢铁制品	45.2		
毛里求斯	电机、电气设备及其零件；录音机及放声机、电视图像、声音的录制和重放设备及其零件、附件	238.5	未锻轧的精炼铜及铜合金	43.6
	钢铁制品	188.0		
	鞋靴、护腿和类似品及其零件	90.3		

资料来源：江西省商务厅。

二、利用投资

2019 年，来自自贸伙伴的 503 家企业对江西投资，合同外资 75.9 亿美元，实际利用外资 117.5 亿美元。自贸伙伴中，江西引进外资的主要来源地是中国香港、中国台湾和中国澳门。其中，中国香港是江西自贸伙伴中最大的外资来源地。2019 年，共有 405 家港资企业对江西投资，占自贸伙伴对江西投资企业总数的 80.5%；合同外资额和实际利用外资额分别为 67.7 亿美元和 108.0 亿美元，分别占自贸伙伴对江西投资总金额的 89.1%和 91.9%。此外，江西利用利用外资金额超过 1 亿美元的自贸伙伴还有中国台湾、东盟和中国澳门，2019 年分别为 6.0 亿美元、1.6 亿美元和 1.2 亿美元。

表 3—7—4　2019 年江西利用主要自贸伙伴投资情况

单位：个；万美元

国家/地区	企业个数	合同金额	实际利用外资金额
东盟	10	22 428	16 491
中国香港	405	676 746	1 080 141
中国澳门	29	9 622	11 861
巴基斯坦	1	9	914
中国台湾	53	57 483	59 775
韩国	2	−8 536	4
瑞士	1	870	185
澳大利亚	2	178	5 150
毛里求斯	0	460	306
自贸伙伴合计	503	759 260	1 174 827

资料来源：江西省商务厅。

三、对外投资

2019 年，江西对自贸伙伴的对外直接投资金额共计 14.0 亿美元，其中对香港直接投资 12.5 亿美元，对东盟直接投资 1.4 亿美元，对智利直接投资 361.3 万美元，对秘鲁直接投资 27.2 万美元，分别占对自贸伙伴投资总额的 89.5%、10.22%、0.26%和 0.02%。

表 3—7—5　2019 年江西对自贸伙伴直接投资情况

单位：万美元

国家/地区	实际到账金额
东盟	14 304.7

续 表

国家/地区	实际到账金额
中国香港	125 280.9
智利	361.3
秘鲁	27.2
自贸伙伴合计	139 974.2

资料来源：江西省商务厅。

四、对外承包工程和劳务合作

2019 年，江西在自贸伙伴的承包工程合同金额为 4.4 亿美元，完成营业额 5.0 亿美元。截至 2019 年年末，江西在自贸伙伴的承包工程与劳务合作人数为 1 118 人。在自贸伙伴中，东盟是江西对外承包工程的主要合作地区。2019 年，江西在东盟国家的承包工程合同额为 4.2 亿美元，完成营业额为 5.8 亿美元，分别占自贸伙伴总额的 96.5%和 96.6%。此外，巴基斯坦和毛里求斯也是江西对外承包工程的重要合作地区。2019 年，江西在巴基斯坦和毛里求斯的对外承包工程完成营业额分别为 1 850.0 万美元和 223.1 万美元，分别占自贸伙伴总额的 3.1%和 0.4%。

表 3—7—6　2019 年江西与自贸伙伴承包工程和劳务合作情况

单位：人；个；万美元

国家/地区	年末在外人数	对外承包工程合同总额	对外承包工程完成营业额
东盟	1 052	42 086.2	58 081.7
巴基斯坦	58		1 850
哥斯达黎加		835.8	
毛里求斯	8	675.2	223.1
自贸伙伴合计	1 118	43 597.1	60 154.8

资料来源：江西省商务厅。

第八章 河南与中国自由贸易伙伴的经贸合作*

河南省作为中部开放发展新高地，主动实施开放带动战略，积极融入“一带一路”建设，加快建设空中、陆上、网上、海上四条“四条丝绸之路”，高质量推动自由贸易试验区、跨境电子商务综合试验区、郑州航空港经济综合实验区、郑洛新国家自主创新示范区、国家大数据河南综合试验区等开放创新平台建设，出台稳外贸增外资促外经政策措施，形成对外开放合作新优势。

一、货物贸易

2019 年，河南与 25 个自贸伙伴贸易总额为 307.2 亿美元，同比增长 7.9%，占全省对外贸易总额的 37.3%。其中，出口额为 124.1 亿美元，增长 16.8%，占全省出口总额的 22.9%；进口 183.1 亿美元，增长 2.6%，占比为 64.8%；对自贸伙伴总体呈贸易逆差，逆差规模为 59.0 亿美元。

表 3－8－1 2019 年河南与自贸伙伴贸易情况

单位：万美元；%

国家/地区	进出口		出口		进口		贸易差额
	贸易额	同比增长	出口额	同比增长	进口额	同比增长	
东盟	1 106 285.4	15.4	511 277.5	22.0	595 007.9	10.2	－83 730.4
中国香港	304 802.4	7.9	304 362.1	7.8	440.3	125.3	303 921.8
中国澳门	1 721.9	－20.1	1 721.9	－20.1	—	－100.0	1 721.9
巴基斯坦	21 003.7	17.5	20 260.6	17.6	743.1	14.6	19 517.5
中国台湾	659 742.1	－4.3	49 561.4	28.7	610 180.7	－6.2	－560 619.3
韩国	537 495.3	9.3	191 835.3	59.5	345 660.0	－7.0	－153 824.7
冰岛	145.7	－75.1	144.5	－75.3	1.2	48.7	143.3
瑞士	5 268.2	26.6	2 683.8	67.6	2 584.4	1.0	99.3
智利	80 802.2	34.0	23 374.9	－17.3	57 427.3	79.3	－34 052.3
秘鲁	82 415.7	15.8	14 403.9	14.0	68 011.8	16.2	－53 608.0

* 本部分作者为段丹。

续 表

国家/地区	进出口		出口		进口		贸易差额
	贸易额	同比增长	出口额	同比增长	进口额	同比增长	
哥斯达黎加	3 156.6	46.8	2 102.3	91.0	1 054.2	0.4	1 048.1
新西兰	12 586.0	−24.5	6 055.5	−48.0	6 530.5	29.8	−474.9
澳大利亚	254 424.0	3.0	110 832.3	−10.7	143 591.7	16.8	−32 759.5
格鲁吉亚	1 162.9	56.0	1 125.8	55.1	37.1	89.1	1 088.7
马尔代夫	319.7	−72.4	319.7	−72.4	—		319.7
毛里求斯	794.7	−26.7	792.0	−27.0	2.7	9 947.6	789.2
自贸伙伴合计	3 072 126.4	7.9	1 240 853.5	16.8	1 831 272.9	2.6	−590 419.4
总体对外	8 244 529.0	−0.4	5 419 325.0	0.8	2 825 204.0	−2.7	2 594 121.0

资料来源：河南省商务厅。

2020年以来，虽然面临新冠肺炎疫情挑战，1—6月，河南与自贸伙伴的贸易额仍然达到120.1亿美元，同比增长7.2%，占同期全省贸易总额的37.0%。其中，出口额为47.4亿美元，同比下降10.0%，占全省出口总额的22.7%；进口额为72.7亿美元，同比增长22.5%，占比为62.6%。自贸伙伴中，河南对东盟、中国台湾、冰岛、瑞士、哥斯达黎加、格鲁吉亚贸易增幅均超过10%，个别国家如格鲁吉亚超过200%。

表3-8-2　2020年1—6月河南与自贸伙伴贸易情况

单位：万美元；%

国家/地区	进出口		出口		进口		贸易差额
	贸易额	同比增长	出口额	同比增长	进口额	同比增长	
东盟	466 307.8	17.8	201 233.8	−8.3	265 074.1	50.1	−63 840.3
中国香港	94 202.1	−27.3	94 084.9	−27.2	117.2	−59.6	93 967.7
中国澳门	507.2	−40.4	507.2	−40.4	0.0		507.2
巴基斯坦	6 806.5	−44.2	6 486.0	−45.0	320.6	−19.3	6 165.4
中国台湾	256 884.0	24.6	24 814.2	3.3	232 069.7	27.3	−207 255.5
韩国	169 529.2	4.9	70 052.7	12.8	99 476.5	0.0	−29 423.8
冰岛	119.2	35.0	119.2	36.8	0.0	−98.1	119.2
瑞士	3 591.3	51.9	2 173.2	57.4	1 418.1	44.3	755.2
智利	40 254.3	−10.5	10 025.8	−20.8	30 228.6	−6.6	−20 202.8
秘鲁	31 647.8	−11.0	6 751.4	−23.8	24 896.3	−6.8	−18 144.9
哥斯达黎加	1 956.3	49.3	1 550.9	76.6	405.4	−6.1	1 145.5
新西兰	6 443.4	1.3	3 580.3	18.8	2 863.1	−14.5	717.2

续 表

国家/地区	进出口		出口		进口		贸易差额
	贸易额	同比增长	出口额	同比增长	进口额	同比增长	
澳大利亚	120 384.5	−0.9	50 566.9	−1.1	69 817.6	−0.7	−19 250.7
格鲁吉亚	1 574.2	202.0	1 292.7	157.9	281.6	1 315.6	1 011.1
马尔代夫	121.3	−21.1	121.3	−21.1	0.0		121.3
毛里求斯	323.7	−28.6	316.9	−29.9	6.8	830.0	310.1
自贸伙伴合计	1 200 652.8	7.2	473 677.3	−10.0	726 975.4	22.5	−253 298.1
总体对外	3 249 346.0	4.2	2 088 081.0	−2.0	1 161 264.0	17.6	926 817.0

资料来源：河南省商务厅。

东盟是河南第一大自贸伙伴。2019 年，河南与东盟货物贸易额为 110.6 亿美元，同比增长 15.4%，占全省货物贸易总额的 13.4%。其中，出口 51.1 亿美元，增长 22.0%，占同期河南出口总额的 9.4%，主要出口商品为手机、干蘑菇和碳电极等；进口 59.5 亿美元，同比增长 10.2%，占同期河南进口总额的 21.1%，主要进口商品为取像板块、集成电路和手机零件等。此外，河南省双边贸易额超过 30 亿美元的自贸伙伴还有中国台湾、韩国和中国香港。2019 年，河南与中国台湾、韩国和中国香港的货物贸易额分别为 66.0 亿美元、53.7 亿美元和 30.5 亿美元，分别占河南同期货物贸易总额的 8.0%、6.5%和 3.7%。

表 3−8−3　2019 年河南与自贸伙伴进出口前三位商品结构

单位：万美元

自贸伙伴	主要出口商品	出口额	主要进口商品	进口额
东盟	手机	123 303	取像模块	191 944
	干香菇	51 622	集成电路	116 511
	碳电极	24 337	手机零件	72 375
中国香港	手机	118 482	插头插座	103
	未锻造的银	28 993	设备零件	88.7
	蘑菇罐头	19 631	光学元件	56
中国澳门	大型客车（30 座上）	669	无进口	0
	大型客车（30 座下）	571		
	冻猪肉	89		
巴基斯坦	纱线	4 544	大米	199
	非绝缘铝制绞股线缆	2 367	斜纹棉布	188
	大型客车（30 座上）	2 249	棉质男裤	56

续 表

自贸伙伴	主要出口商品	出口额	主要进口商品	进口额
韩国	手机	90 371	激光器	95 391
	镍钴锰氢氧化物	8 200	取像模块	83 608
	蘑菇罐头	4 536	集成电路	55 919
冰岛	耐火建材制品	81	化妆品	1.21
	可计量的液体泵	14		
	铝合金板材	12		
瑞士	锂电子蓄电池	423	油压传动阀	466
	钻石粉末	363	检镜切片机	245
	绝缘电线	317	美容化妆护肤品	189
智利	手机	6 879	铜矿砂及精矿	52 439
	客运车辆 10 座+	1 138	未精炼铜	1 914
	绝缘电线	1 128	木浆	1 738
秘鲁	手机	5 068	铜矿砂及精矿	45 902
	充气橡胶轮胎	728	铅矿砂及精矿	9 837
	非绝缘铝制绞股线	693	锌矿砂及精矿	6 396
哥斯达黎加	手机	716	废旧原电池	978
	大蒜	110	二极管晶体管	61
	男士西服套装	103	绝缘电线	14
新西兰	铝制品	1 709	婴幼儿奶粉	2 640
	陶瓷产品	409	生羊皮	1 110
	低值简易通关商品	245	毛皮制品	501
澳大利亚	手机及零配件	67 930	铁矿砂及精矿	77 655
	铝制品	8 579	煤	10 247
	充气橡胶轮胎	2 392	生皮及制品	9 507
格鲁吉亚	纸或纸板制造机	158	葡萄酒	36
	陶瓷产品	69	烈酒	1
	铝制品	46		
马尔代夫	低值简易通关商品	71	无进口	0
	雪茄烟	66		
	蘑菇罐头	19		

续 表

自贸伙伴	主要出口商品	出口额	主要进口商品	进口额
毛里求斯	客运车辆10座+	166	棉质T恤衫	1.4
	钛白粉	75	西服套装	1.1
	纺织制品	75		

资料来源：河南省商务厅。

二、利用投资

2019年，来自自贸伙伴的142家外资企业对河南投资，占全省同期外商投资企业总数的66.4%；合同外资34.9亿美元，占全省合同利用外资总额的84.4%；实际利用外资142.1亿美元，占全省实际利用外资总额的75.9%；投资行业主要分布于批发和零售业、租赁和商务服务业等。自贸伙伴中，河南引进外资的主要来源地是中国香港、中国台湾、东盟和中国澳门，从四地引进的外资占全省实际利用外资总额的74.6%。其中，中国香港是河南自贸伙伴中最大的外资来源地，2019年，共有87家港资企业对河南投资，占全省外商投资企业总数的40.7%；合同外资额和实际利用外资额分别为29.7亿美元和113.2亿美元，分别占全省合同外资和实际利用外资总额的71.9%和60.4%。此外，实际利用外资金额超过10亿美元的自贸伙伴还有中国台湾和东盟，2019年对河南投资合同金额分别为2.4亿美元和2.5亿美元，实际利用外资金额分别为12.8亿美元和12.5亿美元。

表3—8—4 2019年河南利用主要自贸伙伴投资情况

单位：个；万美元

国家/地区	企业个数	合同金额	实际利用外资金额
东盟	10	24 810	125 074
中国香港	87	297 354	1 131 852
中国澳门	2	567	12 925
巴基斯坦	4	107	0
中国台湾	22	23 890	127 526
韩国	13	2 015	9 563
新西兰	1	15	0
澳大利亚	3	358	5 920
毛里求斯			8 500
自贸伙伴合计	142	349 116	1 421 360
总体利用外资	214	413 554	1 872 727

资料来源：河南省商务厅。

2020年1—6月，共有来自自贸伙伴的72家企业对河南投资，合同外资6.7亿美元，实际利用外资81.9亿美元，分别占全省利用外资企业总数的70.6%、合同总额的87.0%和实际利用外资总额的81.8%。外资来源地主要包括中国香港、东盟、中国台湾、韩国等，投资行业涉及批发和零售业、租赁和商务服务业、建筑业、制造业、电力、热力、燃气及水的生产和供应业等。

表3—8—5　2020年1—6月河南利用主要自贸伙伴投资情况

单位：个；万美元

国家/地区	企业个数	合同金额	实际利用外资金额
东盟	6	6 304	70 520
中国香港	37	52 270	683 795
巴基斯坦	3	35	0
中国台湾	20	3 942	47 614
韩国	3	1 280	9 954
新西兰	1	738	0
澳大利亚	2	1 876	4 029
毛里求斯		302	3 500
自贸伙伴合计	72	66 747	819 412
总体利用外资	102	76 714	1 002 193

资料来源：河南省商务厅。

三、对外投资

2019年，河南对外直接投资中方协议额14.3亿美元，同比下降35.9%；对外直接投资实际出资14.1亿美元，下降26.7%。2020年1—6月，河南实际对外投资2.7亿美元，同比下降78.0%。2019年以来，河南在自贸伙伴较大的投资项目包括洛阳栾川钼业集团股份有限公司协议出资5.1亿美元在瑞士设立埃珂森金属公司，主要从事各种基本金属和贵金属原料和精炼金属的采购、合成、混合、加工、运输和贸易；河南航投航空设备租赁有限公司协议出资1.4亿美元在中国香港设立河南航投租赁（香港）有限公司，主要从事融资租赁、航空器及机械设备维修与销售、货物与技术的进出口贸易；天瑞集团在中国香港投资5 053万美元设立卡莱斯有限公司，主要从事商务服务业；河南国基实业在新加坡投资3 054万美元设立中基实业发展有限公司，从事房屋建筑业。

四、对外承包工程和劳务合作

2019年，河南在自贸伙伴的承包工程合同数为25个，占全省对外承包工程合同总数的 9.7%；合同金额为 2.7 亿美元，占全省合同总额的 6.3%；完成营业额 2.8 亿美元，占全省完成营业额总额的 6.9%。自贸伙伴中，东盟是河南对外承包工程的主要合作地区。2019 年，河南在东盟国家的承包工程合同额为 1.1 亿美元，占全省合同总额的 2.5%；完成营业额为 1.7 亿美元，占全省完成营业额总额的 4.3%。此外，巴基斯坦和马尔代夫也是河南对外承包工程的重要合作伙伴，2019 年，河南在两国的承包工程完成营业额分别为 4 864 万美元和 4 041 万美元。

表 3—8—6　2019 年河南与自贸伙伴承包工程和劳务合作情况

单位：人；个；万美元

国家/地区	年末在外人数	对外承包工程合同数	对外承包工程合同总额	对外承包工程完成营业额
东盟	12 333	22	10 841	17 100
中国香港	295	0	0	0
巴基斯坦	261	1	339	4 041
中国台湾	20	0	0	236
韩国	2 341	0	0	0
智利	380	0	0	0
新西兰	48	0	0	0
澳大利亚	705	1	126	126
马尔代夫	1 009	0	922	4 864
毛里求斯	153	1	15 000	1 460
自贸伙伴合计	17 545	25	27 228	27 827
总体对外	56 608	258	432 494	401 518

资料来源：河南省商务厅。

截至 2019 年年末，河南在自贸伙伴的承包工程与劳务合作人数为 17 545 人，占全部在外人数的 31.0%。受新型冠状肺炎疫情影响，2020 年 6 月末，河南在 25 个自贸伙伴的承包工程与劳务合作人数为 4 674 人，较年初减少 12 871 人，降幅为 73.4%。

表 3—8—7　2020 年 1—6 月河南与自贸伙伴承包工程和劳务合作情况

单位：人；个；万美元

国家/地区	期末在外人数	对外承包工程合同数	对外承包工程合同总额	对外承包工程完成营业额
东盟	1 552	10	39 511	9 807
中国香港	68	0	0	0

续 表

国家/地区	期末在外人数	对外承包工程合同数	对外承包工程合同总额	对外承包工程完成营业额
巴基斯坦	198	0	0	3 059
韩国	2 158	0	0	0
智利	304	0	0	0
澳大利亚	0	1	1 694	0
马尔代夫	362	0	0	61
毛里求斯	32	1	6 777	164
自贸伙伴合计	4 674	12	47 982	13 091
总体对外	22 982	93	233 041	151 765

资料来源：河南省商务厅。

第九章　湖北与中国自由贸易伙伴的经贸合作*

湖北省围绕全方位开放，着力打造内陆开放新高地，以中欧班列、陆海新通道为骨架，以铁路、港口、管网等为依托，构建陆海内外联动、东西双向互济的互联互通网络，加快建设民航客货运“双枢纽”和中部地区枢纽港，着力提升贸易功能、口岸功能、金融功能，深化自贸试验区改革创新，打造市场化、法治化、国际化营商环境，完善开放型经济新体制，推动更高水平对外开放。

一、货物贸易

2019 年，湖北与 25 个自贸伙伴贸易总额为 219.3 亿美元，占全省对外贸易总额的 38.5%。其中，出口额为 132.0 亿美元，占全省出口总额的 36.9%；进口 87.3 亿美元，占全省进口总额的 41.4%；对自贸伙伴总体呈贸易顺差，顺差规模为 44.8 亿美元。

表 3—9—1　2019 年湖北与自贸伙伴贸易情况

单位：万美元；%

国家/地区	进出口		出口		进口		贸易差额
	贸易额	同比增长	出口额	同比增长	进口额	同比增长	
东盟	849 737.8	32.5	600 387.2	32.4	249 350.6	32.8	351 036.6
中国香港	362 552.8	—16.3	360 467.4	—16.5	2 085.4	31.8	358 382.0
中国澳门	8 262.3	64.4	8 257.7	64.5	4.7	—22.6	8 253.0
巴基斯坦	41 772.3	—1.1	40 982.0	—1.4	790.3	18.7	40 191.7
中国台湾	277 630.3	29.4	88 249.9	12.9	189 380.4	38.9	—101 130.4
韩国	341 387.2	27.7	123 158.0	8.5	218 229.2	41.9	—95 071.3
冰岛	194.5	76.6	194.4	78.4	0.1	—90.5	194.3
瑞士	7 923.5	—46.2	1 728.8	—22.7	6 194.7	—50.4	—4 466.0
智利	77 182.2	18.7	19 598.8	—13.2	57 583.4	35.6	—37 984.6
秘鲁	57 348.2	—2.7	13 390.4	27.3	43 957.9	—9.2	—30 567.5

* 本部分作者为段丹。

续 表

国家/地区	进出口		出口		进口		贸易差额
	贸易额	同比增长	出口额	同比增长	进口额	同比增长	
哥斯达黎加	1 908.9	—23.8	1 879.4	—24.7	29.5	218.9	1 850.0
新西兰	12 081.0	—9.3	7 296.8	18.5	4 784.2	—33.3	2 512.6
澳大利亚	149 832.2	—10.4	49 341.3	5.9	100 491.0	—16.7	—51 149.7
格鲁吉亚	932.3	67.8	8.9	—37.4	941.2	65.2	923.5
马尔代夫	2 321.8	—16.4	2 321.8	—16.4		—	—
毛里求斯	2 207.1	86.1	2.8	883.3	2 209.9	86.3	2 204.3
自贸伙伴合计	2 193 286.0	13.7	1 320 393.1	8.4	872 892.8	22.7	447 500.3
总体对外	5 693 602.1	7.8	3 583 118.4	5.1	2 110 483.7	12.8	1 472 634.7

资料来源：湖北省商务厅。

2020 年 1—6 月，面临新冠肺炎疫情严重影响，湖北整体对外贸易下滑 4.5%，但与自贸伙伴贸易仍然逆势增长，贸易额为 93.4 亿美元，同比增长 3.5%。其中，出口额为 47.3 亿美元，同比下降 13.2%；进口额为 46.1 亿美元，同比增长 29.2%；贸易顺差为 1.3 亿美元。尤其是与中国台湾、韩国、瑞士、澳大利亚、格鲁吉亚贸易增长迅速，增幅分别为 34.5%、14.7%、130.8%、8.1%和 32.8%。

表 3—9—2　2020 年 1—6 月湖北与自贸伙伴贸易情况

单位：万美元;%

国家/地区	进出口		出口		进口		贸易差额
	贸易额	同比增长	出口额	同比增长	进口额	同比增长	
东盟	283 964.0	—17.7	168 700.7	—28.8	115 263.3	6.7	53 437.4
中国香港	150 644.0	—15.5	149 879.7	—15.5	764.2	—1.4	149 115.5
中国澳门	2 297.0	—22.9	2 296.1	—22.9	0.9	—50.4	2 295.2
巴基斯坦	13 256.4	—22.3	13 005.7	—22.2	250.7	—27.7	12 755.1
中国台湾	164 969.0	34.5	38 326.9	—14.5	126 642.1	62.6	—88 315.2
韩国	163 880.7	14.7	49 725.6	—17.1	114 155.2	37.7	—64 429.6
冰岛	39.6	—65.9	38.7	—66.7	1.0	1 468.5	37.7
瑞士	8 174.3	130.8	4 935.0	442.5	3 239.3	23.1	1 695.7
智利	37 215.1	—16.1	7 888.6	—3.5	29 326.5	—19.0	—21 437.9
秘鲁	26 586.1	—8.8	6 557.0	28.4	20 029.1	—16.7	—13 472.1
哥斯达黎加	890.3	—6.9	875.5	—7.4	14.9	34.0	860.6

续 表

国家/地区	进出口		出口		进口		贸易差额
	贸易额	同比增长	出口额	同比增长	进口额	同比增长	
新西兰	3 772.3	−19.8	2 941.2	−17.3	831.1	−27.7	2 110.1
澳大利亚	77 581.1	8.1	27 400.1	22.9	50 181.0	1.5	−22 780.9
格鲁吉亚	360.4	32.8	349.2	28.9	11.3	2 682.1	337.9
马尔代夫	411.3	−56.7	323.6	−66.0	87.8	—	235.8
毛里求斯	136.3	−43.8	135.0	−43.9	1.3	−35.9	133.7
自贸伙伴合计	934 178.1	3.5	473 378.6	−13.2	460 799.5	29.2	12 579.1
总体对外	2 371 225.8	−4.5	1 396 626.5	−10.3	974 599.3	5.4	422 027.2

资料来源：湖北省商务厅。

自贸伙伴中，湖北与东盟、中国香港、韩国、中国台湾的贸易往来紧密。其中，东盟是湖北第一大自贸伙伴。2019 年，湖北与东盟货物贸易额为 85.0 亿美元，同比增长 32.4%，占同期全省货物贸易总额的 14.9%。其中，出口 60.0 亿美元，同比增长 1.5%，占全省出口总额的 16.8%，主要出口商品为食品、饮料、酒及醋、烟草、烟草制品、塑料及其制品、橡胶及其制品以及石料、石膏、水泥等；进口 24.9 亿美元，同比增长 60.0%，占比为 11.8%，主要进口商品为塑料及其制品、其他集成电路及矿产品等。此外，双边贸易额超过 10 亿美元的自贸伙伴还包括中国香港、韩国、中国台湾和澳大利亚。2019 年，湖北与上述 4 个贸易伙伴的进出口额分别为 36.3 亿美元、34.1 亿美元、27.8 亿美元和 15.0 亿美元，分别占全省进出口总额的 6.4%、6.0%、4.9%和 2.6%。

表 3—9—3　2019 年湖北与自贸伙伴进出口前三位商品结构

单位：万美元

自贸伙伴	主要出口商品	出口额	主要进口商品	进口额
东盟	食品；饮料、酒及醋；烟草、烟草制品	24 052.8	塑料及其制品	10 631.7
	塑料及其制品；橡胶及其制品	23 519.5	其他集成电路	10 206.0
	石料、石膏、水泥	23 306.0	矿产品	8 208.2
中国香港	机器、机械器具	263 511.5	光学、照相	946.9
	电机、电气、音像设备	207 828.2	自动调节或控制仪器	892.5
	电话机	169 470.8	天然或养殖珍珠	297.8

续 表

自贸伙伴	主要出口商品	出口额	主要进口商品	进口额
中国澳门	石料、石膏、水泥	1 820.2	钢铁螺钉、螺栓、螺母	22.8
	贱金属及其制品	1 434.0	电镀锌的宽＜600mm 普通钢板材	16.7
	活动物；动物产品	1 410.2	铜箔，厚（除衬背）≤0.15mm	4.7
巴基斯坦	含氮、磷、钾中二种或三种的矿物肥或化肥等	15 715.7	纺织原料及纺织制品	375.1
	机器、机械器具、电气设备	7 588.5	油籽；子仁；工业或药用植物	130.2
	纺织原料及纺织制品	5 857.0	贱金属及其制品	87.2
韩国	化学工业及其相关工业的产品	32 825.6	机器、机械器具	163 791.8
	机器、机械器具	32 092.8	核反应堆、锅炉	103 460.0
	贱金属及其制品	21 467.4	电机、电气、音像器	60 331.8
冰岛	无机化学品；贵金属等的化合物	168.7	低值简易通关商品	0.1
	纺织原料及纺织制品	21.2	机器、机械器具、电气设备及其零件	0.0
	非针织或非钩编的服装及衣着附件	15.1	除鱼肝油以外的鱼油	0.0
瑞士	光学、照相、电影	590.2	机器、机械器具、电气设备	4 746.3
	化学工业及其相关工业的产品	352.3	核反应堆、锅炉	3 095.6
	纺织原料及纺织制品	242.9	电机、电气	1 650.7
智利	纺织原料及纺织制品	6 153.2	铜矿砂及其精矿	56 691.2
	机器、机械器具	3 293.7	浆及其他纤维状纤维素	529.8
	车辆、航空器、船舶	2 139.6	食品；饮料、酒及醋	226.4

资料来源：湖北省商务厅。

二、利用投资

2019 年，共有来自自贸伙伴的 47 家外资企业对湖北投资，占全省外商投资企业总数的 48.0%；合同外资 28.6 亿美元，占全省合同利用外资总额的 83.2%；实际利用外资 1.0 亿美元，占全省实际利用外资总额的 16.3%。自贸伙伴中，湖北引进外资的主要来源地是中国香港和中国台湾。2019 年，共有 30 家港资企业对湖北投资，占全省外商投资企业总数的 30.6%；合同外资额和实际利用外资金额分别为

28.5 亿美元和 1.0 亿美元，分别占全省合同外资和实际利用外资总额的 83.0%和 16.1%，投资行业主要分布于房地产开发及运营管理、物业管理、食品经营、旅游信息咨询、医疗器械技术开发等。同期，共有 6 家台资企业对湖北投资，合同金额为 594.8 万美元，投资行业包括半导体材料、餐饮服务、进出口业务、日用百货、文旅开发等。

表 3—9—4　2019 年湖北利用主要自贸伙伴投资情况

单位：个；万美元

国家/地区	企业个数	合同金额	实际利用外资金额
东盟	1	7.1	0
中国香港	30	285 416.5	9 950
巴基斯坦	3	29.0	0
中国台湾	6	594.8	0
韩国	4	18.5	100
瑞士	1	25.5	0
新西兰	1	0.5	0
澳大利亚	1	7.5	0
自贸伙伴合计	47	286 099.3	10 050
总体利用外资	98	343 908.4	61 614

资料来源：湖北省商务厅。

2020 年 1—6 月，共有来自自贸伙伴的 7 家外资企业对湖北投资，合同外资金额为 5.2 亿美元，实际利用外资金额 3.7 亿美元。投资来源地主要包括中国香港、中国台湾和韩国，投资行业主要包括技术服务推广、批发业、旅行社及相关业务、摄影扩印服务。

表 3—9—5　2020 年 1—6 月湖北利用主要自贸伙伴投资情况

单位：个；万美元

国家/地区	企业个数	合同金额	实际利用外资金额
中国香港	5	51 694.0	37 068.4
中国台湾	1	8.7	0
韩国	1	8.5	0
自贸伙伴合计	7	51 711.2	37 068.4
总体利用外资	11	51 872.1	51 823.3

资料来源：湖北省商务厅。

三、对外投资

2019 年，湖北在自贸伙伴的直接投资项目共计 36 个，占全省对外直接投资项目总数的 43.4%；投资总额 5.4 亿美元，占全省对外投资总额的 22.5%，其中，中方投资额 3.0 亿美元，占全省中方实际投资总额的 36.6%。其中，东盟是湖北企业对外投资合作最主要的自贸伙伴，投资主要分布于电池生产、电商平台等。2019 年湖北企业对东盟投资项目合计 15 个，占全省对外投资项目总数的 18.1%；投资总额 4.6 亿美元，占全省对外投资总额的 19.1%，其中中方投资额为 2.2 亿美元，占全省中方实际投资总额的 27.1%。此外，中国香港也是湖北对外投资的重要地区，2019 年投资项目为 19 个，投资总额为 4.6 亿美元，其中中方投资额为 2.2 亿美元，投资行业包括集成电路技术开发、文化旅游、商品展销等。

表 3—9—6　2019 年湖北对自贸伙伴直接投资情况

单位：个；万美元

国家/地区	项目数	投资总额	中方投资额
东盟	15	45 719.2	22 473.4
中国香港	19	8 099.2	7 876.0
澳大利亚	1	70.85	21.37
自贸伙伴合计	36	53 899.3	30 380.8
总体对外	83	239 252.8	83 012.7

资料来源：湖北省商务厅。

2020 年 1—6 月，湖北对上述 25 个自贸伙伴的直接投资项目共计 16 个，投资总额 7.6 亿美元，其中，中方投资额 4.1 亿美元。投资国家/地区主要是东盟与中国香港，投资行业包括汽车零部件生产、纺织品的生产和销售以及医疗行业等。

表 3—9—7　2020 年 1—6 月湖北对自贸伙伴直接投资情况

单位：个；万美元

国家/地区	项目数	投资总额	中方投资额
东盟	12	11 775.0	10 876.0
中国香港	4	64 246.2	30 312.9
自贸伙伴合计	16	76 021.2	41 188.8
总体对外	30	93 087.7	48 891.1

资料来源：湖北省商务厅。

四、对外承包工程和劳务合作

2019 年，湖北在自贸伙伴的承包工程合同数为 91 个，占全省对外承包工程合同总数的 36.5%；合同金额为 76.8 亿美元，占全省合同总额的 46.2%；完成营业额 28.9 亿美元，占全省完成营业额总额的 43.7%。自贸伙伴中，东盟是湖北对外承包工程的主要合作地区，主要项目包括印尼卡杨 A 水电站项目和 Ampah2* 100MV 坑口燃煤电站项目、新加坡裕廊区 J101 登加车辆段与综合基地工程、PLDT 接入网端到端交钥匙工程等。2019 年，湖北在东盟国家的承包工程合同额为 57.7 亿美元，占全省合同总额的 34.7%；完成营业额为 18.2 亿美元，占全省完成营业额总额的 27.5%。此外，2019 年，湖北对巴基斯坦和秘鲁的对外承包工程合同金额分别为 16.7 亿美元和 2.4 亿美元，完成营业额分别为 8.4 亿美元和 1.0 亿美元，主要项目包括巴基斯坦莫赫曼德大坝项目和、秘鲁奥永道路升级项目和英雄道路升级项目等。

表 3—9—8　2019 年湖北与自贸伙伴承包工程和劳务合作情况

单位：人；个；万美元

国家/地区	年末在外人数	对外承包工程合同数	对外承包工程合同总额	对外承包工程完成营业额
东盟	5 620	74	576 929.3	182 007.4
中国香港	2 636	0	0.0	657.1
中国澳门	303	1	188.1	2 654.6
巴基斯坦	2 890	12	166 849.0	84 286.5
中国台湾	306	0	0.0	0.0
韩国	20	0	0.0	2.8
秘鲁	86	3	23 791.7	9 806.4
哥斯达黎加	5	0	0.0	158.4
马尔代夫	205	1	35.9	9 283.6
毛里求斯	0	0	0.0	0.0
自贸伙伴合计	12 071	91	767 793.9	288 856.7
总体对外	27 097	249	1 663 154.0	661 042.0

资料来源：湖北省商务厅。

截至 2019 年年末，湖北在自贸伙伴的承包工程与劳务合作人数为 12 071 人，占全部在外人数的 44.5%。2020 年 6 月末，湖北在自贸伙伴的承包工程与劳务合作人数为 13 202 人，较年初增加 1 131 人。

表 3—9—9　2020 年 1—6 月湖北与自贸伙伴承包工程和劳务合作情况

单位：人；个；万美元

国家/地区	期末在外人数	对外承包工程合同数	对外承包工程合同总额	对外承包工程完成营业额
东盟	9 051	60	339 953.8	127 815.4
中国香港	889	1	360.5	287.0
中国澳门	129	0	0.0	927.0
巴基斯坦	2 437	3	2 792.2	22 880.1
中国台湾	327	0	0.0	0.0
韩国	20	0	0.0	0.0
秘鲁	53	0	0.0	147.0
哥斯达黎加	7	1	97.6	143.3
新西兰	0	0	0.0	0.0
澳大利亚	0	1	9 700.0	0.0
格鲁吉亚	21	0	0.0	53.1
马尔代夫	268	0	0.0	6 536.1
自贸伙伴合计	13 202	66	352 904.1	158 789.0
总体对外	24 221	161	1 202 198.4	329 479.3

资料来源：湖北省商务厅。

第十章　广西与中国自由贸易伙伴的经贸合作*

广西充分把握“一湾相挽十一国，良性互动东中西”的独特区位优势，加快构建陆海新通道、中国—中南半岛经济走廊等面向东盟的国际大通道，打造西南中南地区开放发展新的战略支点和“一带一路”有机衔接的重要门户，形成了“南向、北联、东融、西合”的开放合作新格局。

一、货物贸易

2019 年，广西与 25 个自贸伙伴贸易总额为 3 402.5 亿元，同比增速为 17.5%，占全区对外贸易总额的 72.5%。其中，出口额 1 988.1 亿元，同比增速为 16.7%，占全区出口总额的 76.6%；进口 1 414.4 亿元，同比增速为 18.8%，占比为 67.4%；对自贸伙伴总体呈贸易顺差，顺差规模为 573.7 亿元。

表 3—10—1　2019 年广西与自贸伙伴贸易情况

单位：亿元；%

国家/地区	进出口		出口		进口		贸易差额
	贸易额	同比增长	出口额	同比增长	进口额	同比增长	
东盟	2 334.7	13.3	1 403.0	11.4	931.7	16.3	471.3
中国香港	567.7	38.4	494.2	36.9	73.4	49.4	420.8
中国澳门	1.4	−48.5	1.4	−48.5	—	—	1.4
巴基斯坦	3.1	−37.9	2.2	−46.6	0.9	5.5	1.3
中国台湾	133.1	29.9	18.3	12.0	114.8	33.2	−96.5
韩国	47.3	−1.7	22.5	6.4	24.8	−8.1	−2.2
冰岛	1.2	−24.3	1.2	−24.3	—	—	1.2
瑞士	1.5	2.6	0.9	2.4	0.6	2.8	0.3
智利	98.4	17.9	7.6	47.7	90.8	15.9	−83.2
秘鲁	62.0	33.8	4.7	21.8	57.3	34.8	−52.6
哥斯达黎加	1.0	−25.9	0.9	−8.1	0.1	−83.6	0.9

* 本部分作者为段丹。

续 表

国家/地区	进出口		出口		进口		贸易差额
	贸易额	同比增长	出口额	同比增长	进口额	同比增长	
新西兰	3.6	−11.0	2.2	27.2	1.4	−39.5	0.8
澳大利亚	147.0	15.6	28.3	14.5	118.6	15.9	−90.3
格鲁吉亚	0.2	69.4	0.2	49.6	0.0	1 435.1	0.2
马尔代夫	0.1	52.1	0.1	52.2	—	−100.0	0.1
毛里求斯	0.2	24.9	0.2	24.9	—	—	0.2
自贸伙伴合计	3 402.5	17.5	1 988.1	16.7	1 414.4	18.8	573.7
总体对外	4 694.7	14.4	2 597.1	19.4	2 097.6	8.7	499.6

资料来源：南宁海关。

2020 年 1—6 月，广西与自贸伙伴的贸易额为 1 631.6 亿元，同比增长 5.1%，受新型冠状肺炎疫情全球暴发的影响，增速有所放缓；其中，出口额为 977.4 亿元，占全区出口总额的 82.0%；进口额为 654.2 亿元，占比为 66.2%。主要自贸伙伴中，广西对中国香港、澳大利亚、中国台湾、韩国、秘鲁等贸易增长迅速，增幅分别为 25.1%、15.6%、39.9%、79%和 22.1%。

表 3—10—2　2020 年 1—6 月广西与自贸伙伴贸易情况

单位：亿元；%

国家/地区	贸易		出口		进口		贸易差额
	贸易额	同比增长	出口额	同比增长	进口额	同比增长	
东盟	1 067.3	−2.6	673.6	0.4	393.7	−7.4	279.8
中国香港	295.5	25.1	256.5	21.5	39.0	55.0	217.5
中国澳门	0.7	20.7	0.7	20.7	—	—	0.7
巴基斯坦	3.8	116.5	1.8	41.6	2.0	324.5	−0.1
中国台湾	70.2	39.9	12.6	78.8	57.7	33.5	−45.1
韩国	35.0	79.0	13.7	6.9	21.3	215.7	−7.6
冰岛	0.2	−84.9	0.2	−84.9	—	—	0.2
瑞士	0.5	−42.9	0.3	−45.0	0.2	−39.8	0.1
智利	44.1	−9.4	2.0	−53.7	42.2	−5.1	−40.2
秘鲁	29.8	22.1	1.2	−53.4	28.6	31.3	−27.3
哥斯达黎加	0.4	−33.7	0.4	−32.8	0.0	−54.6	0.4
新西兰	1.7	−13.6	0.9	−21.7	0.8	−1.3	0.2

续 表

国家/地区	贸易		出口		进口		贸易差额
	贸易额	同比增长	出口额	同比增长	进口额	同比增长	
澳大利亚	82.1	15.6	13.3	−13.1	68.7	23.4	−55.4
格鲁吉亚	0.2	10.7	0.1	−31.9	0.1	441.6	0.0
马尔代夫	0.1	−27.0	0.1	−27.0	0.0	—	0.1
毛里求斯	0.1	−60.4	0.1	−60.4	—	—	0.1
自贸伙伴合计	1 631.6	5.1	977.4	5.1	654.2	4.9	323.2
总体对外	2 180.3	−4.1	1 192.2	−8.8	988.1	2.3	204.2

资料来源：南宁海关。

东盟是广西第一大自贸伙伴。2019 年，广西与东盟货物贸易额为 2 334.7 亿元，同比增长 13.3%，占全区货物贸易总额的 49.7%。其中，出口 1 403.0 亿元，同比增长 11.4%，占全区出口总额的 54.0%，主要出口商品为纺织品、蔬菜、水果、瓷砖、电气照明装置、瓷制餐具等；进口 931.7 亿元，同比增长 16.3%，占全区进口总额的 44.4%，主要进口商品为水果、耳机、电缆、手持式无线电话机的零件、钛矿砂及其精矿等。此外，双边贸易额超过 100 亿元的自贸伙伴还有中国香港、澳大利亚和中国台湾，2019 年，广西与上述三大自贸伙伴的货物贸易额分别为 567.7 亿元、147.0 亿元和 133.1 亿元，分别占全区贸易总额的 12.1%、3.1%和 2.8%。

二、利用投资

2019 年，广西新设立外商投资企业 388 家，较 2018 年实际增长 100.0%；合同外资额共计 96.9 亿美元，同比增长 128.0%；实际利用外资 11.1 亿美元（含投资性公司），同比增长 142.0%。其中，来自主要自贸伙伴的投资共计 7.2 亿美元，占比 65.5%。中国香港是广西最大的外资来源地，2019 年实际利用外资 6.8 亿美元，占广西实际利用外资总额的 61.1%，同比增长 228.1%。

表 3—10—3　2019 年广西利用主要自贸伙伴投资情况

单位：万美元

国家/地区	实际利用外资
中国香港	67 827
中国澳门	436
中国台湾	3 189
新加坡	1 187

续　表

国家/地区	实际利用外资
泰国	72
自贸伙伴合计	72 711
总体利用外资	110 946

资料来源：广西统计年鉴2020。

三、对外投资

2019年及2020年1—6月，广西对自贸伙伴的实际投资额分别为2.6亿美元和1.9亿美元。其中，中国香港作为离岸国际金融中心，是广西企业对外投资合作重要的中转地和融资平台，2019年及2020年1—6月，广西企业对中国香港实际投资额分别为2.1亿美元和1.5亿美元，分别占同期广西对自贸伙伴实际投资额的82.1%和78.4%。此外，东盟和澳大利亚也是广西对外投资的重要区域。2019年，广西企业对东盟和澳大利亚的实际投资额分别为3 585万美元和1 014万美元。

表3－10－4　2019年及2020年1—6月广西对主要自贸伙伴直接投资情况

单位：个；万美元

国家/地区	对外实际投资额	
	2019年	2020年1—6月
东盟	3 585	209
中国香港	21 187	14 742
新西兰	31	0
澳大利亚	1 014	3 852
自贸伙伴合计	25 817	18 803

资料来源：广西壮族自治区商务厅。

四、对外承包工程

2019年，广西在自贸伙伴的承包工程完成营业额为4.2亿美元，涉及东盟、中国香港和巴基斯坦等地。其中，东盟是广西开展对外承包工程的最主要自贸伙伴，2019年承包工程完成营业额为4.2亿美元，占广西对自贸伙伴承包工程完成营业额的99.9%。2020年1—6月，受新型冠状肺炎疫情全球暴发影响，广西在自贸伙伴的承包工程完成额仅为8 683万美元，较上年同期有所下降，涉及东盟和中国香港。

表 3—10—5　2019 年及 2020 年 1—6 月广西与自贸伙伴承包工程情况

单位：万美元

国家/地区	对外承包工程完成营业额	
	2019 年	2020 年 1—6 月
东盟	42 166	8 657
中国香港	14	26
巴基斯坦	12	0
自贸伙伴合计	42 193	8 683

资料来源：广西壮族自治区商务厅。

第十一章 重庆与中国自由贸易伙伴的经贸合作*

重庆充分发挥西部大开发重要战略支点以及“一带一路”和长江经济带联结点的优势条件，全面融入共建“一带一路”，不断提高陆海新通道建设水平，加快推动成渝地区双城经济圈建设和自由贸易试验区等开放平台创新发展，内陆开放高地建设取得突破，开放型经济发展水平与质量显著提高。

一、货物贸易

2019 年，重庆市与 25 个自贸伙伴贸易总额为 359.8 亿美元，占全市贸易总额的 42.8%。其中，重庆对自贸伙伴出口额为 151.0 亿美元，占全市出口总额的 28.1%；从自贸伙伴进口 208.8 亿美元，占全市进口总额的 69.2%；对自贸伙伴总体呈贸易逆差，逆差规模为 57.8 亿美元。

表 3—11—1 2019 年重庆与自贸伙伴贸易情况

单位：万美元；%

国家/地区	进出口		出口		进口		贸易差额
	贸易额	同比增长	出口额	同比增长	进口额	同比增长	
东盟	1 576 273.3	37.3	565 349.9	13.6	1 010 923.4	55.4	−445 573.5
中国香港	287 993.4	33.1	284 091.5	32.3	3 901.9	141.4	280 189.7
中国澳门	2 110.2	131.9	2 110.2	131.9	0.0	—	2 110.2
巴基斯坦	22 709.6	−37.8	21 366.0	−39.8	1 343.6	28.1	20 022.3
中国台湾	537 650.3	32.8	104 273.7	24.4	433 376.6	34.9	−329 102.8
韩国	734 863.8	−0.5	287 809.8	7.8	447 054.0	−5.2	−159 244.2
冰岛	39.1	17.9	36.5	19.0	2.7	4.4	33.8
瑞士	57 775.9	92.4	52 032.1	119.4	5 743.9	−8.9	46 288.2
智利	77 676.1	−31.2	34 676.1	−4.1	43 000.0	−44.0	−8 324.0
秘鲁	41 500.6	−16.1	33 310.0	13.7	8 190.6	−59.5	25 119.5
哥斯达黎加	3 087.6	−13.4	3 007.3	−13.1	80.4	−23.5	2 926.9

* 本部分作者为卢武贤。

续 表

国家/地区	进出口		出口		进口		贸易差额
	贸易额	同比增长	出口额	同比增长	进口额	同比增长	
新西兰	42 021.2	－2.4	17 047.3	－10.9	24 973.9	4.3	－7 926.6
澳大利亚	210 639.2	8.4	101 159.2	2.6	109 480.0	14.4	－8 320.8
格鲁吉亚	2 209.4	7.0	2 190.6	7.0	18.8	5.2	2 171.8
马尔代夫	476.7	783.5	476.7	783.5	0.0	—	476.7
毛里求斯	829.4	55.9	756.0	42.8	73.4	3 053.4	682.5
自贸伙伴合计	3 597 855.7	20.7	1 509 692.7	15.0	2 088 163.0	25.1	－578 470.3
总体对外	8 396 405.9	6.3	5 379 892.3	4.8	3 016 513.6	9.1	2 363 378.7

资料来源：重庆市商务委员会。

2020 年 1—6 月，重庆与自贸伙伴的贸易额为 178.6 亿美元，占全市贸易总额的 45.4%，同比增长 7.8%，受新冠肺炎疫情影响，增速有所放缓；其中，出口额为 69.6 亿美元，占全市出口总额的 28.8%；进口额为 109.1 亿美元，占比为 72.2%。其中，重庆对中国香港、中国台湾、格鲁吉亚等自贸伙伴出口额增长迅速，增幅分别为 107.2%、49.6%和 24.4%；对瑞士、中国台湾、中国香港等自贸伙伴进口额增长迅速，增幅分别为 110.5%、36.9%和 17.1%。

表 3－11－2　2020 年 1—6 月重庆与自贸伙伴贸易情况

单位：万美元；%

国家/地区	进出口		出口		进口		贸易差额
	贸易额	同比增长	出口额	同比增长	进口额	同比增长	
东盟	728 502.2	－2.1	203 627.9	－29.6	524 874.2	15.4	－321 246.3
中国香港	188 576.0	106.9	188 220.5	107.2	355.5	17.1	187 865.0
中国澳门	443.4	－73.7	443.4	－73.7	0.0	—	443.4
巴基斯坦	11 637.8	－7.6	11 509.6	0.6	128.2	－88.9	11 381.3
中国台湾	313 612.3	39.1	58 352.4	49.6	255 259.9	36.9	－196 907.5
韩国	346 915.2	－1.7	118 498.2	－22.8	228 416.9	14.5	－109 918.7
冰岛	7.7	－78.0	5.2	－84.1	2.5	1.0	2.6
瑞士	28 008.6	1.6	22 315.1	－10.3	5 693.4	110.5	16 621.7
智利	40 868.8	－21.7	16 425.0	－19.1	24 443.9	－23.3	－8 018.9
秘鲁	15 283.5	－25.4	11 458.9	－29.0	3 824.6	－12.1	7 634.4
哥斯达黎加	1 300.8	－30.0	1 265.9	－30.1	35.0	－27.7	1 230.9
新西兰	20 857.0	－7.2	9 140.1	9.2	11 716.9	－16.9	－2 576.9

续 表

国家/地区	进出口		出口		进口		贸易差额
	贸易额	同比增长	出口额	同比增长	进口额	同比增长	
澳大利亚	89 051.3	−13.6	53 234.7	18.6	35 816.6	−38.4	17 418.1
格鲁吉亚	1 015.0	23.4	1 014.9	24.4	0.1	−98.5	1 014.8
马尔代夫	47.8	−17.0	47.3	−17.8	0.5	—	46.9
毛里求斯	225.5	−38.4	220.4	−37.1	5.1	−68.0	215.4
自贸伙伴合计	1 786 352.9	7.8	695 779.5	−1.1	1 090 573.3	14.4	−394 793.8
总体对外	3 930 887.9	0.1	2 419 770.6	−3.9	1 511 117.3	7.3	908 653.4

资料来源：重庆市商务委员会。

东盟是重庆第一大自贸伙伴，2019 年，重庆与东盟货物贸易额为 157.6 亿美元，同比增长 37.3%，占全市贸易总额的 18.8%。其中，出口 56.5 亿美元，同比增长 13.6%，占全市出口总额的 10.5%，主要出口商品为电子信息产品、轻工产品、摩托车整车等；进口 101.1 亿美元，同比增长 55.4%，占全市进口总额的 33.5%，主要进口商品为处理器及控制器、电子信息产品、轻工产品等。此外，双边贸易额超过 20 亿美元的自贸伙伴还有韩国、中国台湾、中国香港和澳大利亚。2019 年，重庆与上述四个贸易伙伴的贸易额分别为 73.5 亿美元、53.8 亿美元、28.8 亿美元和 21.1 亿美元，分别占全市贸易总额的 8.8%、6.4%、3.4%和 2.5%。

表 3−11−3　2019 年重庆与自贸伙伴进出口前三位商品结构

单位：万美元

自贸伙伴	主要出口商品	出口额	主要进口商品	进口额
东盟	电子信息产品	251 557.0	处理器及控制器	567 226.6
	轻工产品	61 262.4	电子信息产品	274 979.6
	摩托车整车	37 455.1	轻工产品	74 987.1
中国香港	电子信息产品	146 956.6	电子信息产品	683.8
	轻工产品	2 520.8	仪器仪表	237.7
	农产品	2 233.6	其他机电产品	172.3
中国澳门	机电产品	1 570.1	—	—
	船舶	1 245.0	—	—
	轻工产品	391.0	—	—
巴基斯坦	摩托车零部件	5 655.9	金属及其制品	1 056.1
	通用发动机	3 321.9	农产品	164.6
	化工产品	2 488.3	矿产品	62.4

续　表

自贸伙伴	主要出口商品	出口额	主要进口商品	进口额
中国台湾	电子信息产品	86 288.5	电子信息产品	84 623.4
	化工产品	3 599.4	轻工产品	15 558.9
	汽车零部件	2 236.3	化工产品	5 077.8
韩国	电子信息产品	60 036.5	电子信息产品	67 432.0
	轻工产品	13 017.4	轻工产品	27 115.1
	纺织服装	7 077.0	矿产品	23 579.3
冰岛	电子信息产品	22.4	天然水	2.5
	摩托车整车	2.9	美容品或化妆品及护肤品	0.1
	通用发动机	2.9	化工产品	0.0
瑞士	电子信息产品	48 305.0	其他机电产品	2 124.6
	化工产品	1 054.2	仪器仪表	929.6
	船舶	1 018.5	船舶	695.1
智利	电子信息产品	17 935.4	金属及其制品	32 378.2
	化工产品	1 446.9	矿产品	7 570.7
	轻工产品	1 143.9	轻工产品	1 724.8
秘鲁	电子信息产品	10 710.3	金属及其制品	4 271.5
	摩托车整车	7 497.5	矿产品	3 858.9
	汽车整车	2 353.2	农产品	34.6
哥斯达黎加	电子信息产品	1 227.2	电磁干扰滤波器	48.4
	摩托车整车	687.9	同轴电缆及其他同轴电导体	17.5
	工具	119.2	接插件	6.4
新西兰	电子信息产品	14 534.4	农产品	10 964.6
	轻工产品	532.1	轻工产品	556.8
	通用发动机	416.5	矿产品	451.4
澳大利亚	电子信息产品	80 695.4	矿产品	79 570.4
	轻工产品	4 888.1	农产品	14 146.4
	工具	2 958.5	金属及其制品	11 194.6
格鲁吉亚	电子信息产品	1 228.7	农产品	12.4
	通用发动机	279.9	金属及其制品	4.6
	轻工产品	118.5	男式服装	1.0

续 表

自贸伙伴	主要出口商品	出口额	主要进口商品	进口额
马尔代夫	钢材	231.0	—	—
	船舶	166.9	—	—
	金属制品	18.6	—	—
毛里求斯	电子信息产品	224.3	棉制裤子	39.8
	轻工产品	75.9	金属及其制品	15.7
	工具	75.5	棉质男士服装	9.1

资料来源：重庆市商务委员会。

二、利用投资

2019 年，共有来自自贸伙伴的 118 家外资企业对重庆投资，占全市外商投资企业总数的 75.6%；合同外资 31.93 亿美元，占全市合同利用外资总额的 95.0%；实际利用外资 36.75 亿美元，占全市实际利用外资总额的 64.7%。自贸伙伴中，重庆引进外资的主要来源地主要包括中国香港、东盟、韩国、中国台湾、澳大利亚、毛里求斯、中国澳门等。其中，中国香港是重庆自贸伙伴中最大的外资来源地，投资行业主要包括租赁和商务服务业、制造业、金融业等。2019 年，共有 59 家港资企业对重庆投资，占全市外商投资企业总数的 37.8%；合同外资金额和实际利用外资金额分别为 25 亿美元和 26.8 亿美元，分别占全市合同外资和实际利用外资总额的 74.5%和 47.2%。此外，东盟也是重庆招商引资的重要来源地，投资行业主要包括交通运输、仓储和邮政业、租赁和商务服务业、房地产业等。2019 年，东盟共有 12 家外资企业对重庆投资，占重庆外商投资企业总数的 7.7%；合同外资金额和实际利用外资金额分别为 5.1 亿美元和 6 亿美元，分别占全市合同外资和实际利用外资总额的 15.3%和 10.5%。

表 3－11－4 2019 年重庆利用主要自贸伙伴投资情况

单位：个；万美元

国家/地区	企业个数	合同金额	实际利用外资金额
东盟	12	51 286	59 744
中国香港	59	250 452	268 154
中国澳门	2	174	2 641
中国台湾	31	5 001	10 994
韩国	9	3 711	11 987
瑞士	0	976	2

续 表

国家/地区	企业个数	合同金额	实际利用外资金额
澳大利亚	5	592	7 567
毛里求斯	0	7 155	6 456
自贸伙伴合计	118	319 347	367 545
总体利用外资	156	335 998	568 410

资料来源：重庆市商务委员会。

三、对外投资

2019 年，重庆对自贸伙伴的直接投资项目共计 31 个，占全市对外直接投资项目总数的 43.1%；投资总额 4.1 亿美元，占全市对外投资总额的 1.6%，其中，中方投资额 3.6 亿美元，占中方实际投资总额的 38.2%。其中，东盟是重庆企业对外投资合作最主要的自贸伙伴。2019 年重庆对东盟投资项目合计 16 个，占全市对外投资项目总数的 22.2%；中方投资额 3.2 亿美元，占全市中方实际投资总额的 34.3%；投资行业主要涉及黑色金属冶炼和压延加工、通用设备制造、进出口贸易等领域。此外，中国香港和瑞士也是重庆对外投资的重要自贸伙伴。2019 年，重庆企业对中国香港和瑞士的投资项目分别为 11 个和 2 个，主要投向研发、其他金融和批发等行业，中方投资额分别为 2 637 万美元和 937 万美元。

表 3—11—5　2019 年重庆对自贸伙伴直接投资情况

单位：个；万美元

国家/地区	项目数	投资总额	中方投资额
东盟	16	37 528	32 408
中国香港	11	2 637	2 637
巴基斯坦	2	210	84
瑞士	2	937	937
自贸伙伴合计	31	41 312	36 066
总体对外	72	2 662 149	94 358

资料来源：重庆市商务委员会。

2020 年 1—6 月，重庆对自贸伙伴的直接投资项目共计 8 个，投资总额1 852 万美元，其中，中方投资额为 1 686 万美元。主要投资目的地包括东盟和中国香港，投资行业涉及商务服务、计算机、通信和其他电子设备制造、进出口贸易等领域。

表 3—11—6　2020 年 1—6 月重庆对自贸伙伴直接投资情况

单位：个；万美元

国家/地区	项目数	投资总额	中方投资额
东盟	6	1 770	1 605
中国香港	2	82	81
自贸伙伴合计	8	1 852	1 686
总体对外	29	32 236	11 359

资料来源：重庆市商务委员会。

四、对外承包工程和劳务合作

2019 年，重庆在自贸伙伴的承包工程合同数为 55 个，占全市对外承包工程合同总数的 46.2%；合同金额为 1.9 亿美元，占全市合同总额的 28.7%；完成营业额 4.1 亿美元，占全市完成营业额总额的 40.5%。自贸伙伴中，东盟是重庆对外承包工程的主要合作地区。2019 年，重庆在东盟国家的承包工程合同额为 1.7 亿美元，占全市合同总额的 25.5%；完成营业额为 3.9 亿美元，占全市完成营业额总额的 39.2%。此外，巴基斯坦、澳大利亚和马尔代夫也是重庆对外承包工程的重要合作伙伴，2019 年，重庆对三国承包工程完成营业额分别为 636 万美元、513 万美元和 90 万美元。

表 3—11—7　2019 年重庆与自贸伙伴承包工程和劳务合作情况

单位：人；个；万美元

国家/地区	年末在外人数	对外承包工程合同数	对外承包工程合同总额	对外承包工程完成营业额
东盟	827	50	17 056	39 482
中国香港	416	0	0	0
巴基斯坦	5	0	0	636
中国台湾	6	0	0	3
韩国	6	0	0	33
智利	67	0	0	0
秘鲁	2	0	0	0
澳大利亚	6	4	633	513
格鲁吉亚	1	0	0	0
马尔代夫	426	1	1 507	90
自贸伙伴合计	1 762	55	19 196	40 756
总体对外	5 905	119	66 904	100 603

资料来源：重庆市商务委员会。

截至 2019 年年末，重庆在自贸伙伴的承包工程与劳务合作人数为 1 762 人，占全部在外人数的 29.8%。受新冠肺炎疫情全球暴发影响，2020 年 6 月末，重庆在自贸伙伴的承包工程与劳务合作人数仅为 371 人，较年初下降 1 391 人。

表 3－11－8　2020 年 1—6 月重庆与自贸伙伴承包工程和劳务合作情况

单位：人；个；万美元

国家/地区	期末在外人数	对外承包工程合同数	对外承包工程合同总额	对外承包工程完成营业额
东盟	190	17	11 845	7 087
巴基斯坦	18	0	0	0
马尔代夫	163	1	0	1 171
自贸伙伴合计	371	18	11 845	8 257
总体对外	1 207	27	12 827	27 410

资料来源：重庆市商务委员会。

第十二章　四川与中国自由贸易伙伴的经贸合作*

四川作为中国西部经济中心，按照新时代推动治蜀兴川新要求，以“一带一路”建设为统领，深入实施“一干多支、五区协同”“四向拓展、全域开放”等战略部署，着力建设陆海互济、东西畅达、南北贯通“四向八廊”综合交通走廊和对外经济走廊，积极推动成渝地区双城经济圈建设，构建自由贸易试验区等更高能级开放平台，加强开放能力建设，提高制度型开放水平，努力打造内陆开放战略高地。

一、货物贸易

2019 年，四川与 25 个自贸伙伴贸易总额为 375.2 亿美元，占全省对外贸易总额的 38.1%。其中，出口额为 235.0 亿美元，占全省出口总额的 41.6%；进口 140.2 亿美元，占全省进口总额的 33.5%；对自贸伙伴总体呈贸易顺差，顺差规模为 94.8 亿美元。

表 3—12—1　2019 年四川与自贸伙伴贸易情况

单位：万美元；%

国家/地区	进出口		出口		进口		贸易差额
	贸易额	同比增长	出口额	同比增长	进口额	同比增长	
东盟	1 945 502.9	14.7	1 562 310.9	20	383 192	−2.8	1 179 119
中国香港	423 521.3	21.1	416 856	20.1	6 665.3	161.8	410 190.8
中国澳门	3 034	88.9	3 033.9	91.6	0.1	−99.4	3 033.7
巴基斯坦	25 681.6	−29	25 076.5	−29.4	605.2	−2.7	24 471.3
中国台湾	608 830.3	30.4	62 611.8	29.6	546 218.5	30.5	−483 606.6
韩国	465 823.8	−17	111 170.4	16.5	354 653.4	−23.8	−243 483.
冰岛	287.7	1 786.3	280.1	2 174.2	7.7	160.2	272.4
瑞士	10 530.4	41.2	4 656	162.9	5 874.4	3.3	−1 218.4
智利	29 601	17.5	10 062.7	5.4	19 538.3	24.8	−9 475.6
秘鲁	14 594.3	−2.3	8 272.2	25.9	6 322.1	−24.5	1 950

* 本部分作者为卢武贤。

续 表

国家/地区	进出口		出口		进口		贸易差额
	贸易额	同比增长	出口额	同比增长	进口额	同比增长	
哥斯达黎加	2 505.9	−17.5	2 247.5	−15.3	258.4	−32.4	1 989.1
新西兰	24 406.5	7.2	6 038.2	43.7	18 368.3	−1	−12 330.1
澳大利亚	195 635.2	−0.4	134 942.8	15.6	60 692.5	−23.8	74 250.3
格鲁吉亚	1 022.8	−44.2	1 013.4	−43.5	9.4	−74.9	1 004.0
马尔代夫	519.1	−74.5	519	−74.5	0.1	34.2	518.9
毛里求斯	933.8	11.6	897.5	9.3	36.3	125.8	861.2
自贸伙伴合计	3 752 430.7	10.8	2 349 988.9	19	1 402 441.9	−0.5	947 547
总体对外	9 840 066.2	9.4	5 654 524.6	12.3	4 185 541.6	5.8	1 468 983

资料来源：四川省商务厅。

2020 年 1—6 月，四川与自贸伙伴的贸易额为 202.7 亿美元，同比增长 18.1%，在新冠肺炎疫情全球暴发的背景下逆势增长；其中，出口额为 122.7 亿美元，占全省出口总额的 42.9%；进口额为 80.0 亿美元，占比为 34.0%。在 25 个自贸伙伴中，四川对冰岛、瑞士、格鲁吉亚的出口增长最为迅速，增幅分别达到 1137%、311.3%和 86.8%；对中国澳门、东盟、格鲁吉亚的进口增长最为迅速，增幅分别达到 589.1%、45.6%和 53.5。

表 3—12—2　2020 年 1—6 月四川与自贸伙伴贸易情况

单位：万美元；%

国家/地区	进出口		出口		进口		贸易差额
	贸易额	同比增长	出口额	同比增长	进口额	同比增长	
东盟	1 044 481.9	21.3	788 706.8	15.1	255 775.2	45.6	532 931.6
中国香港	246 330	25.2	243 807.9	25.3	2 522.1	17.9	241 285.8
中国澳门	228.6	−64.3	228.5	−64.3	0.1	589.1	228.4
巴基斯坦	8 042.3	−44.2	7 786	−44.8	256.3	−21.9	7 529.8
中国台湾	308 846.8	6.9	29 406.2	−4.2	279 440.5	8.2	−250 034.3
韩国	290 854.5	30.6	70 352	33.7	220 502.5	29.6	−150 150.6
冰岛	176.5	790.1	174.1	1 137	2.4	−58.8	171.8
瑞士	8 021	103.6	4 673	311.3	3 348	19.4	1 325
智利	9 463.3	−28.3	3 915.2	−13.5	5 548.1	−36.1	−1 632.9
秘鲁	3 807.8	−12.5	3 008.2	15.1	799.6	−53.9	2 208.7

续 表

国家/地区	进出口		出口		进口		贸易差额
	贸易额	同比增长	出口额	同比增长	进口额	同比增长	
哥斯达黎加	832.6	−33.4	704.5	−36.7	128.1	−6.4	576.4
新西兰	11 641.8	−9	3 007.1	15.7	8 634.7	−15.3	−5 627.5
澳大利亚	93 370.5	−2	70 547.5	17.6	22 823	−35.4	47 724.6
格鲁吉亚	738.7	86	725.1	86.8	13.6	53.5	711.5
马尔代夫	71	−67	71	−67	0	−39	71
毛里求斯	370.5	−30.2	354.6	−29.5	15.9	−42.5	338.7
自贸伙伴合计	2 027 278	18.1	1 227 467.9	16.8	799 810.1	20.2	427 657.8
总体对外	5 216 870.6	17.1	2 863 223.8	15.5	2 353 646.9	19.1	509 576.9

资料来源：四川省商务厅。

东盟是四川第一大自贸伙伴。2019 年，四川与东盟货物贸易额为 194.6 亿美元，同比增长 14.7%，占全省货物贸易总额的 19.8%。其中，出口 156.2 亿美元，同比增长 20.0%，占全省出口总额的 27.6%，主要出口商品为集成电路、自动数据处理设备及其部件、灯具、照明装置及零件等；进口 38.3 亿美元，同比下降 2.81%，占比为 9.2%，主要进口商品为集成电路、计量检测分析自控仪器及器具、矿产品等。此外，双边贸易额超过 10 亿美元的自贸伙伴还有中国香港、中国台湾、韩国、澳大利亚，2019 年，四川与上述四大贸易伙伴的货物贸易额分别为 42.3 亿美元、60.9 亿美元、46.6 亿美元和 19.6 亿美元，分别占全省货物贸易总额的 4.3%、6.2%、4.7%和 2.0%。

表 3−12−3　2019 年四川与主要自贸伙伴进出口前三位商品结构

单位：万美元

自贸伙伴	主要出口商品	出口额	主要进口商品	进口额
东盟	集成电路	1 065 788.6	集成电路	183 249.7
	自动数据处理设备及其部件	107 539.4	计量检测分析自控仪器及器具	27 408.7
	灯具、照明装置及零件	13 756.8	矿产品	22 526.7
中国香港	自动数据处理设备及其部件	102 816.6	二极管及类似半导体器件	933.4
	集成电路	77 371.2	水海产品	843.1
	电话机	56 962.9	集成电路	106.3
中国澳门	矿产品	755	中、西医药品	0.1
	酒类	631.4	—	0
	家具及其零件	90.3	—	0

续 表

自贸伙伴	主要出口商品	出口额	主要进口商品	进口额
巴基斯坦	纺织纱线、织物及制品	11 762.7	矿产品	153.9
	人造纤维短纱	3 752.6	服装及衣着附件	26.1
	钛白粉	663.1	粮食	13.6
韩国	自动数据处理设备及其部件	31 435.6	集成电路	115 158.6
	液晶显示板	8 468.6	制造平板显示器用的机器及装置	69 224.5
	太阳能电池	5 168.1	自动数据处理设备及其部件	31 263.8
冰岛	汽车	242.3	电阻器	0.1
	通断保护电路装置及零件	4.1	眼镜及其零件	0.1
	钢材	1.6	手用或机用工作	02
瑞士	汽车	1 881	计量检测分析自控仪器及器具	1 504.1
	稀土及其制品	279.7	金属加工机床	890
	酒类	217.4	变压、整流、电感器及零件	0.3
智利	自动数据处理设备及其部件	1 127.9	未锻轧铜及铜材	11 573.2
	纺织纱线、织物及制品	1 055.7	纸浆	6 476.2
	玩具	995	矿产品	619.2
秘鲁	玩具	2 306	未锻轧铜及铜材	4 255.5
	自动数据处理设备及其部件	1 033.8	饲料用鱼粉	1 897.6
	彩色电视机	387.6	服装及衣着附件	2.9
哥斯达黎加	集成电路	1 320.9	电线和电缆	29.5
	彩色电视机	156.2	电阻器	6
	自动数据处理设备及其部件	120.8	医疗仪器及器械	1.3
新西兰	自动数据处理设备及其部件	1 071.1	乳品	9 552
	汽车	721.4	原木	5 604
	灯具、照明装置及零件	565.8	纸浆	2 747
澳大利亚	自动数据处理设备及其部件	93 106.2	矿产品	50 032.6
	汽车	12 150.1	未锻轧铜及铜材	2 366.3
	电线和电缆	1 907.2	酒类	1 785.2
格鲁吉亚	酒类	248.3	酒类	8.7
	初级形状的塑料	69.5	服装及衣着附件	0.3
	橡胶轮胎	53.4	—	0

续　表

自贸伙伴	主要出口商品	出口额	主要进口商品	进口额
马尔代夫	钢铁或铝制结构及其部件	147.5	印刷品	0.1
	钢材	89.4	—	0
	非家用型水的过滤、净化机器	21.6	—	0
毛里求斯	自动数据处理设备及其部件	442.3	服装及衣着附件	35.8
	纺织纱线、织物及制品	82.3	—	0
	玻璃制品	54.9	—	0

资料来源：四川省商务厅。

二、利用外资

2019年，四川新设外商投资企业676家，同比增长11.4%；合同外资103.4亿美元，同比增长63.8%；实际到位外资92.32亿美元，同比增长2.3%。自贸伙伴中，中国香港是四川最主要的外资来源地，2019年到位外资66.7亿美元，同比增长14.9%，占全省到资总额的72.3%。此外，新加坡和中国台湾也是重要的外资来源地，到位外资分别为4.3亿美元和3.5亿美元，同比增长分别为188.4%和2321.4%。

三、对外投资

2019年，四川对自贸伙伴的直接投资项目中中方投资额共计9.9亿美元，占全省中方实际投资总额的62.9%。从对外投资对象来看，澳大利亚是四川对外投资合作最主要的自贸伙伴，2019年对香港中方投资额为6.5亿美元，占全省中方投资总额的41.4%。此外，中国香港和东盟也是四川对外投资的重要区域，2019年，对两地的投资项目中方投资额分别为2.2亿美元和1.2亿美元。

表3—12—4　2019年四川对自贸伙伴直接投资情况

单位：个；万美元

国家/地区	中方投资额
东盟	11 627
中国香港	21 788
巴基斯坦	3
中国台湾	149
韩国	—419
秘鲁	607

续 表

国家/地区	中方投资额
新西兰	−3
澳大利亚	64 980
毛里求斯	31
自贸伙伴合计	98 763
总体对外投资	156 998

资料来源：四川省商务厅。

四、对外承包工程和劳务合作

2019 年，四川在自贸伙伴的承包工程合同金额为 15.6 亿美元，占全省对外承包工程合同总额的 8.4%；完成营业额 25.9 亿美元，占全省完成营业额总额的 40.6%。截至 2019 年年末，四川在自贸伙伴的承包工程与劳务合作人数为 5 251 人，占全部在外人数的 31.4%。自贸伙伴中，东盟是四川对外承包工程的主要合作地区，2019 年，在东盟的承包工程合同额为 12.8 亿美元，占全省合同总额的 6.9%；完成营业额为 25.2 亿美元，占全省完成营业总额的 39.5%。此外，巴基斯坦也是四川对外承包工程的重要合作地区。2019 年，四川在巴基斯坦的对外承包工程合同额为 3.3 亿美元，完成营业额为 6.6 亿美元。

表 3—12—5　2019 年四川与自贸伙伴承包工程和劳务合作情况

单位：人；个；万美元

国家/地区	年末在外人数	对外承包工程合同总额	对外承包工程完成营业额
东盟	3 952	128 180	251 708
中国香港	18	0	0
巴基斯坦	730	32 912	66 473
秘鲁	0	53	1 201
新西兰	10	0	0
格鲁吉亚	484	12 503	7 904
马尔代夫	57	0	5 263
自贸伙伴合计	5 251	155 900	258 642
总体对外	16 715	1 850 654	637 360

资料来源：四川省商务厅。

第十三章　贵州与中国自由贸易伙伴的经贸合作*

贵州积极主动融入“一带一路”建设、粤港澳大湾区、成渝地区双城经济圈和陆海新通道等国家战略，加快国家级内陆开放型经济试验区、贵安新区、综合保税区等开放平台建设，持续优化营商环境，加大承接产业转移力度，推动构建全方位、宽领域、多层次的立体开放体系，努力打造中国内陆开放新高地。

一、对外贸易

2019 年，贵州与自贸伙伴贸易额合计 38.3 亿美元，同比下降 14.0%，占全省对外贸易总额的 58.3%。其中，出口 27.8 亿美元，下降 12.7%，占全省出口总额的 58.8%；进口 10.5 亿美元，下降 17.2%，占全省进口总额的 57.3%；贵州对自贸伙伴总体呈贸易顺差，顺差规模为 17.4 亿美元。

表 3—13—1　2019 年贵州与自贸伙伴贸易情况

单位：万美元；%

国家/地区	进出口		出口		进口		贸易差额
	贸易额	同比增长	出口额	同比增长	进口额	同比增长	
中国香港	162 858.0	−17.9	161 539.0	−17.7	1 319.0	−37.5	160 220.0
中国澳门	3 646.0	108.1	3 645.0	108.0			3 645.0
巴基斯坦	5 502.0	−59.3	5 502.0	−59.3			5 502.0
韩国	18 588.0	−41.3	11 437.0	24.1	7 151.0	−68.1	4 286.0
中国台湾	63 189.0	−1.0	3 088.0	−7.4	60 101.0	−0.6	−57 013.0
澳大利亚	37 339.0	7.7	17 728.0	4.7	19 612.0	10.6	−1 884.0
新西兰	11 375.0	−11.0	11 320.0	−11.4	55.0	587.5	11 265.0
东盟	80 672.0	−9.1	64 231.0	−1.3	16 441.0	−30.6	47 790.0
自贸伙伴合计	383 169.0	−14.0	278 490.0	−12.7	104 679.0	−17.2	173 811.0
进出口贸易总额	656 817.0	−13.9	474 028.0	−7.7	182 789.0	−26.7	291 239.0

资料来源：贵州省商务厅。

* 本部分作者为段丹。

自贸伙伴中，贵州与中国香港、东盟、中国台湾、澳大利亚贸易往来紧密。其中，中国香港是贵州第一大自贸伙伴。2019 年，贵州与中国香港货物贸易额为 16.3 亿美元，同比下降 17.9%，占全省货物贸易总额的 24.8%。其中，出口 16.2 亿美元，下降 17.7%，占全省出口总额的 34.1%；进口 1 319 万美元，下降 37.5%，占全省进口总额的 0.01%。此外，东盟和中国台湾也是贵州重要的自贸伙伴。2019 年，两地与贵州的贸易额分别为 8.1 亿美元和 6.3 亿美元，分别占全省货物贸易总额的 12.3%和 9.6%。

二、利用投资

2019 年，共有来自自贸伙伴的合计 72 家外资企业对贵州投资，占全省外商投资企业总数的 79.1%；合同外资 21.2 亿美元，占全省合同利用外资总额的 80.1%；实际利用外资 6.6 亿美元，占全省实际利用外资总额的 97.8%。自贸伙伴中，贵州引进外资的主要来源地是东盟和中国香港，从两者引进的外资占贵州实际利用外资总额的 97.5%。其中，中国香港是贵州自贸伙伴中最大的外资来源地，行业主要集中于信息传输、软件和信息技术服务业、电力、热力、燃气及水生产和供应业、房地产业等。2019 年，共有 38 家港资企业对贵州投资，占全省外商投资企业总数的 41.8%；合同金额和实际利用外资金额分别为 14.9 亿美元和 5.9 亿美元，分别占全省合同总额和实际利用外资总额的 56.2%和 86.3%。

表 3—13—2　2019 年贵州利用主要自贸伙伴投资情况

单位：个；万美元

国家/地区	企业个数	合同金额	实际利用外资金额
东盟	9	58 468	7 602
中国香港	38	149 003	58 608
中国澳门	1	74	0
中国台湾	20	3 637	15
韩国	4	1 294	0
澳大利亚	0	—144	140
自贸伙伴合计	72	212 332	66 365
总体利用外资	91	265 108	67 887

资料来源：贵州省商务厅。

2020 年 1—6 月，共有来自自贸伙伴的 39 家外资企业对贵州投资，合同金额为 6.1 亿美元，实际利用外资金额为 2.5 亿美元。投资来源地主要包括东盟、中国香港、中国澳门、中国台湾、韩国和澳大利亚，投资行业涉及信息传输、软件和信息技术服务业、电力、热力、燃气及水生产和供应业、金融业、农林牧渔业等领域。

表 3—13—3 2020 年 1—6 月贵州利用主要自贸伙伴投资情况

单位：个；万美元

国家/地区	企业个数	合同金额	实际到资金额
东盟	2	12 220	808
中国香港	16	46 976	21 041
中国澳门	2	96	0
中国台湾	13	1 416	15
韩国	1	5	0
澳大利亚	5	300	0
自贸伙伴合计	39	61 013	24 864
总体利用外资	48	16 423	25 276

资料来源：贵州省商务厅。

三、对外投资

2019 年，贵州对自贸伙伴的直接投资项目共计 10 个，占全省对外直接投资项目总数的 40.0%；投资总额 3.0 亿美元，占全省对外投资总额的 80.2%，其中，中方投资额 3.0 亿美元，占全省中方实际投资总额的 83.8%。其中，东盟是贵州企业对外投资合作最主要的自贸伙伴，投资行业主要分布于医药、零售业、商品服务业、橡胶和塑料制品业等领域。2019 年贵州对东盟投资项目 1 个，投资总额 2.3 亿美元，占全省对外投资总额的 60.9%，其中中方投资额为 2.3 亿美元，占全省中方实际投资总额的 63.7%。此外，中国香港也是贵州对外投资的对象，投资行业主要分布于租赁业、电气机械和器材制造业、道路运输业、其他金融业、零售业等领域。2019 年，贵州对中国香港的投资项目为 5 个，投资额为 7 170.3 万美元。

表 3—13—4 2019 年贵州对自贸伙伴直接投资情况

单位：个；万美元

国家/地区	项目数	投资总额	中方投资额
东盟	1	22 756.3	22 756.3
中国香港	5	7 198.2	7 170.3
智利	1	30	27
自贸伙伴合计	10	29 984.5	29 953.5
总体对外	25	37 371.1	35 728.0

资料来源：贵州省商务厅。

2020 年 1—6 月，贵州对自贸伙伴的直接投资项目共计 3 个，投资总额 2 506.1 万美元，其中，中方投资额 2 293.1 万美元。投资目的地包括东盟和澳大利亚，投资行业涉及燃气能源、农林牧渔等领域。

表 3—13—5　2020 年 1—6 月贵州对自贸伙伴直接投资情况

单位：个；万美元

国家/地区	项目数	投资总额	中方投资额
东盟	2	532.1	319.1
澳大利亚	1	1 974.0	1 974.0
自贸伙伴合计	3	2 506.1	2 293.1
总体对外	5	8 564.3	8 034.9

资料来源：贵州省商务厅。

四、对外承包工程和劳务合作

2019 年，贵州在自贸伙伴的承包工程合同数合计 6 个，占全省对外承包工程合同总数的 46.2%；完成营业额为 3.3 亿美元，占全省完成营业额总额的 25.9%。自贸伙伴中，东盟是贵州对外承包工程的主要合作地区。2019 年，贵州在东盟国家的承包工程项目共 2 个，占全省项目总数的 15.4%；完成营业额为 3.1 亿美元，占全省完成营业额总额的 24.5%，主要涉及工业建设、一般建筑等领域。此外，巴基斯坦、毛里求斯也是贵州对外承包工程的重要东道国。2019 年，贵州在两国的对外承包工程完成营业额分别为 1 315 万美元和 406 万美元，主要涉及电力工程建设、交通运输建设等领域。

表 3—13—6　2019 年贵州与自贸伙伴承包工程和劳务合作情况

单位：人；个；万美元

国家/地区	年末在外人数	对外承包工程合同数	对外承包工程完成营业额
东盟	647	2	31 477.9
巴基斯坦	46	0	1 315
澳大利亚	0	1	73
毛里求斯	0	3	406
自贸伙伴合计	693	6	33 271.9
总体对外	1 820	13	128 367

资料来源：贵州省商务厅。

截至 2019 年年末，贵州在自贸伙伴的承包工程与劳务合作人数为 693 人，占全部在外人数的38.1%。2020年6月末，贵州在自贸伙伴的承包工程与劳务合作人数为1 148人，较年初增加455人，增幅为65.7%。

表3—13—7 2020年1—6月贵州与自贸伙伴承包工程和劳务合作情况

单位：人；个；万美元

国家/地区	期末在外人数	对外承包工程合同数	对外承包工程完成营业额
东盟	1041	1	11 213.2
巴基斯坦	52	0	1 400
澳大利亚	0	0	8.0
格鲁吉亚	25	0	0
毛里求斯	30	0	32.7
自贸伙伴合计	1 148	1	12 653.8
总体对外	2 580	1	46 487

资料来源：贵州省商务厅。

第十四章　西藏与中国自由贸易伙伴的经贸合作*

西藏作为我国面向南亚开放的重要门户，围绕培育环喜马拉雅经济合作带、参与孟中印缅经济走廊建设，推动共建"一带一路"走深走实；通过积极推进口岸和重点园区基础设施建设，提高边境贸易发展水平，发展特色服务贸易，努力构建开放新格局。

一、货物贸易

2019 年，西藏与自贸伙伴贸易总额为 8.5 亿元；其中，出口额为 5.5 亿元；进口 3.0 亿元；对自贸伙伴总体呈贸易顺差，顺差规模为 2.4 亿元。自贸伙伴中，西藏与印度尼西亚、中国香港、韩国、秘鲁、澳大利亚的贸易往来紧密。其中，印尼是西藏第一大自贸伙伴。2019 年，西藏与印尼货物贸易额为 4.3 亿元，同比增长约 133 倍，占同期全区与自贸伙伴货物贸易总额的 50.9%。其中，出口 4.3 亿元，同比增长约 171 倍，占全区出口总额的 78.9%；进口 0.3 万元，同比下降 99.6%。此外，2019 年，西藏与中国香港、韩国、秘鲁、澳大利亚四大贸易伙伴的货物贸易额分别为 9 230.4 万元、7 874.2 万元、7 094.1 万元和 6 004.6 万元，分别占同期全区货物贸易总额的 10.9%、9.3%、8.4%和 7.1%。

表 3—14—1　2019 年西藏与自贸伙伴贸易情况

单位：万元；%

国家/地区	进出口		出口		进口		贸易差额
	贸易额	同比增长	出口额	同比增长	进口额	同比增长	
印度尼西亚	43 032.5	13 267	43 032.2	17 112.9	0.3	−99.6	43 031.9
马来西亚	312.6	−68.7	99.3	−89.9	213.2	1 120.4	−113.9
菲律宾	204.3	−46.5	197.4	−41.2	6.9	−85.2	190.5
新加坡	852.7	−33.2	809.5	−33.2	43.1	−32.8	766.4

* 本部分作者为卢武贤

续 表

国家/地区	进出口		出口		进口		贸易差额
	贸易额	同比增长	出口额	同比增长	进口额	同比增长	
泰国	7.9	−94.7	0.4	−99.6	7.5	−86	−7.1
文莱	0	−100	0	−100	0	—	0
越南	2 214.5	1 869.7	178.2	72.2	2 036.4	22 650.9	−1 858.2
老挝	0.9	−98.4	0	−100	0.9	262	−0.9
缅甸	1.2	−99	0	−100	1.2	—	−1.2
柬埔寨	27.7	1 429.4	0	—	27.7	1 429.4	−27.7
中国香港	9 230.4	−19.2	8 719.8	−19.1	510.6	−21.2	8 209.3
中国澳门	10.8	—	10.8	—	0	—	10.8
中国台湾	3 630.3	220.8	68.5	7 368.2	3 561.8	215	−3 493.3
韩国	7 874.2	179.5	69.6	−20.4	7 804.6	185.9	−7 735
瑞士	67.4	436.7	26.2	—	41.1	227.7	−14.9
智利	3 958.6	1 160.4	324.4	3.3	3 634.2	—	−3 309.8
秘鲁	7 094.1	5 016.3	0	−100	7 094.1	6 362 330	−7 094.1
新西兰	47.8	−69.2	47.8	−69.2	0	—	47.8
澳大利亚	6 004.6	1 755.1	951.1	193.8	5 053.5	—	−4 102.4
毛里求斯	8.6	2 118.6	0	—	8.6	2 118.6	−8.6
自贸伙伴合计	84 581	—	54 535.2	—	30 045.8	—	24 489.4

资料来源：西藏自治区商务厅。

2020 年 1—6 月，西藏与自贸伙伴的贸易额仅为 1.8 亿元；其中，出口额为 1.2 亿元；进口额为 0.6 亿元。自贸伙伴中，对韩国、泰国、中国澳门等增长迅速，增幅分别为 19.8%、324.1%和 26 894%。

表 3−14−2　2020 年 1—6 月西藏与自贸伙伴贸易情况

单位：万元；%

国家/地区	进出口		出口		进口		贸易差额
	贸易额	同比增长	出口额	同比增长	进口额	同比增长	
印度尼西亚	8 658.2	−43.8	8 656	−43.8	2.2	613.1	8 653.8
马来西亚	25.7	−85.3	0.2	−99.8	25.5	−66.6	−25.2
新加坡	127.9	−75.2	88	−82.9	39.9	2 731.1	48.1
泰国	16.6	324.1	0.2	−25.1	16.5	344.8	−16.3
越南	595.6	−29.3	0	−100	595.6	−23.3	−595.6

续 表

国家/地区	进出口		出口		进口		贸易差额
	贸易额	同比增长	出口额	同比增长	进口额	同比增长	
柬埔寨	3.8	−83.9	0	—	3.8	−83.9	−3.8
中国香港	2 618.6	−19.5	2 082.3	−34.6	536.3	671.5	1 546
中国澳门	14.8	26 894	14.8	26 894	0	—	14.8
中国台湾	1 129.9	−34.4	1.2	−98.3	1 128.8	−31.8	−1 127.6
韩国	1 832.5	19.8	1 045.9	76 147.5	786.6	−48.5	259.3
瑞士	22.7	−57.4	7.5	−59.2	15.2	−56.5	−7.7
秘鲁	2 652.9	—	0	—	2 652.9	—	−2 652.9
新西兰	0.2	−98.9	0.2	−98.9	0	—	0.2
澳大利亚	6.4	−99.1	6.4	99.1	0	—	6.4
自贸伙伴合计	17 705.8	—	11 902.6	—	5 803.2	—	6 099.4

资料来源：西藏自治区商务厅。

二、利用投资

2019 年，自贸伙伴中，仅有来自中国香港的 10 家企业对西藏投资，合同金额 2 556.3万美元，实际利用外资金额为 2 440.6 万美元，涉及企业服务、信息科技等行业。2020 年上半年，自贸伙伴中，分别有来自中国香港和中国台湾的共 2 家企业对西藏投资，合同金额 2 429.55 万美元，实际利用外资金额为 400 万美元，涉及融资租赁业和文旅业等领域。

三、对外投资

中国香港、中国澳门是西藏企业对外投资合作的主要自贸伙伴。2019 年，西藏仅对中国香港有直接投资项目 1 个，投资总额 1 000 万美元，涉及新能源技术研发。2020 年上半年，西藏仅对中国澳门有直接投资项目共计 6 个，投资总额 3 530 万美元，涉及研究、香精香料销售业、贸易等领域。

第十五章　陕西与中国自由贸易伙伴的经贸合作*

陕西发挥向西开放窗口和前沿优势，大力发展枢纽经济、门户经济、流动经济，加快建设“一带一路”交通商贸物流中心、国际产能合作中心、科技教育中心、国际文化旅游中心、丝绸之路金融中心等五大中心，提高自由贸易试验区、“一带一路”综合改革开放试验区、临空经济示范区等开放平台发展水平，着力构建陆空内外联动、东西双向互济的全面开放新格局，对外开放持续扩大，发展质量和效益显著提升。

一、货物贸易

2019年，陕西与自贸伙伴贸易总额为329.0亿美元，占全省对外贸易总额的64.5%，同比下降6.8%。其中，出口额为167.8亿美元，占全省出口总额的61.6%；进口161.2亿美元，占全省进口总额的67.7%；对自贸伙伴总体呈贸易顺差，顺差规模为6.6亿美元。

表3—15—1　2019年陕西与自贸伙伴贸易情况

单位：万美元；%

国家/地区	进出口		出口		进口		贸易差额
	贸易额	同比增长	出口额	同比增长	进口额	同比增长	
东盟	401 493.4	24.3	327 059.1	15	74 434.3	92.2	252 625.1
中国香港	502 493.8	−46.4	501 978.7	−46.4	515.1	−31	501 463.6
中国澳门	482.9	160	482.9	160			482.9
巴基斯坦	5 368.6	−86.8	5 320.3	−86.9	48.3	−75.4	5 272
中国台湾	1 146 449.7	12.6	294 971.7	107.9	851 478	−2.9	−556 506.3
韩国	1 059 984	3.6	514 330.8	3.1	545 653.2	4.1	−31 322.4
冰岛	20.6	44.8	20.6	44.8			20.6

* 本部分作者为卢武贤

续 表

国家/地区	进出口		出口		进口		贸易差额
	贸易额	同比增长	出口额	同比增长	进口额	同比增长	
瑞士	13 495.7	45.8	1 753.8	8	11 741.9	53.9	−9 988.1
智利	57 122.1	36.3	9 096.3	220.1	48 025.8	23	−38 929.5
秘鲁	8 040.9	−63.2	2 044.6	38.4	5 996.3	−70.6	−3 951.7
哥斯达黎加	493.2	40.6	470.6	38.3	22.5	119.4	448.1
新西兰	1 739.7	−5.5	1 056.2	−7.5	683.5	−2.3	372.7
澳大利亚	92 040.7	−15.9	18 246.8	−24	73 793.9	−13.6	−55 547.1
格鲁吉亚	990.6	207.1	967.6	232.6	23	−27.1	944.6
马尔代夫	23.3	−84.4	23.3	−84.4			23.3
毛里求斯	232.8	136.7	229.9	134.7	3	585.7	226.9
自贸伙伴合计	3 290 471.8	−6.8	1 678 053.1	−13.3	1 612 418.9	1.2	65 634.2
总体对外	5 104 581.5	−4.2	2 722 099.9	−13.8	2 382 481.7	9.7	339 618.4

资料来源：陕西省商务厅。

2020 年 1—6 月，陕西与自贸伙伴的贸易额为 163.1 亿美元，同比下降 2.26%；其中，出口额为 80.3 亿美元，同比下降 6.75%；进口额为 82.8 亿美元，同比增长 2.5%；贸易逆差为 2.5 亿美元。其中，对马尔代夫、冰岛、毛里求斯、东盟等出口增长迅速，增幅分别为 15 614.5%、133.4%、132.5%和 37.4%；自巴基斯坦、东盟、毛里求斯和智利进口增长迅速，增幅分别为 2 843.9%、236.8%、230.4%和 84.9%。

表 3—15—2 2020 年 1—6 月陕西与自贸伙伴贸易情况

单位：万美元;%

国家/地区	进出口		出口		进口		贸易差额
	贸易额	同比增长	出口额	同比增长	进口额	同比增长	
东盟	276 317.3	61.5	205 848.7	37.4	70 468.8	230.4	135 379.9
中国香港	173 227.4	−36.9	173 173.8	−36.9	53.6	−85.5	173 120.2
中国澳门	136.2	−60.3	136.2	−60.3			136.2
巴基斯坦	2 631.7	37.8	2 320.1	22.2	311.6	2 843.9	2 008.5
中国台湾	471 811.1	−29.1	107 036.3	−42	364 774.8	−24.2	−257 738.5
韩国	616 340.7	29.4	295 180.8	26.3	321 160	32.5	−25 979.2
冰岛	21.1	133.4	21.1	133.4			21.1

续 表

国家/地区	进出口		出口		进口		贸易差额
	贸易额	同比增长	出口额	同比增长	进口额	同比增长	
瑞士	5 474.6	−9.1	809.9	−10.8	4 664.7	−8.8	−3 854.8
智利	36 790.9	71.1	5 211	17.9	31 579.9	84.9	−26 368.9
秘鲁	3 022.3	−36.4	1 189.1	25.2	1 833.2	−51.8	−644.1
哥斯达黎加	173	−22	171.3	−15.2	1.7	−91.5	169.6
新西兰	906.9	10.8	555.2	5.7	351.7	19.8	203.5
澳大利亚	44 065.6	−3.4	11 342.6	17.5	32 722.9	−9	−21 380.3
格鲁吉亚	123.7	−48.5	118.6	−48.9	5.1	−36.6	113.5
马尔代夫	111	15 614.5	111	15 614.5			111
毛里求斯	141.7	135.1	136.7	132.5	5	236.8	131.7
自贸伙伴合计	1 631 295.1	−2.3	803 362.3	−6.8	827 932.8	2.5	−24 570.6
总体对外	2 562 387.4	0.1	1 257 209.2	−11.9	1 305 178.2	15.4	−47 968.9

资料来源：陕西省商务厅。

自贸伙伴中，陕西与中国台湾、韩国、中国香港、东盟的贸易往来紧密。其中，中国台湾是陕西第一大自贸伙伴。2019 年，陕西与中国台湾货物贸易额为 114.6 亿美元，同比增长 12.6%，占全省货物贸易总额的 22.5%。其中，出口 29.5 亿美元，同比增长 107.9%，占全省出口总额的 10.8%，主要出口商品为其他用作存储器的集成电路、直径>15.24cm 的单晶硅切片和 8471 所列其他机器的零附件等；进口 85.1 亿美元，同比下降 2.9%，占全省进口总额的 35.7%，主要进口商品为其他用作存储器的集成电路、其他集成电路、8471 所列其他机器的零附件等。此外，双边贸易额超过 10 亿美元的自贸伙伴还有韩国、中国香港和东盟，2019 年，陕西与上述三大贸易伙伴的货物贸易额分别为 106.0 亿美元、50.2 亿美元和 40.1 亿美元，分别占同期陕西货物贸易总额的 20.8%、9.8%和 7.9%。

表 3—15—3　2019 年陕西市与自贸伙伴进出口前三位商品结构

单位：万美元

自贸伙伴	主要出口商品	出口总值	主要进口商品	进口总值
东盟	其他用作存储器的集成电路	136 291.1	其他含硅量不少于 99.99%的硅	10 589.6
	8471 所列其他机器的零件、附件	45 536.1	品目 8486 所列设备用未列名零件及附件	7 432.9
	直径>15.24cm 的单晶硅切片	21 777.1	引线键合装置	4 374.1

续 表

自贸伙伴	主要出口商品	出口总值	主要进口商品	进口总值
中国香港	其他用作存储器的集成电路	234 985.5	其他未列名测量或检验仪器、器具及机器	318.3
	8471 所列其他机器的零件、附件	145 029.8	其他手持式无线电话机	35.3
	硬盘驱动器	59 976	未列名具有独立功能的机器及机械器具	22.7
中国澳门	其他手持式无线电话机	235.2		
	未列名未装配的光学元件	65.7		
	其他彩色的监视器	59		
巴基斯坦	棉<85%与化纤纺染色平纹布，平米重≤200g	394.3	棉≥85%未漂平纹布，100g<平米重≤200g	41.1
	其他氨基酸	392.8	其他报纸、杂志及期刊	3.7
	其他钢铁结构体；钢结构体用部件及加工钢材	297.3	牙科用未列名仪器及器具	3
中国台湾	其他用作存储器的集成电路	268 014.2	其他用作存储器的集成电路	688 686.5
	直径>15.24cm 的单晶硅切片	6 781.8	8471 所列其他机器的零件、附件	98 661
	8471 所列其他机器的零件、附件	3 463.8	其他集成电路	22 009.3
韩国	其他用作存储器的集成电路	371 094.7	其他用作存储器的集成电路	281 913.3
	硬盘驱动器	85 468.5	其他含硅量不少于99.99%的硅	21 277.2
	用作存储器的多元件集成电路	13 938.1	制造半导体器件或集成电路用化学气相沉积装置	15 919.1
冰岛	其他转炉、浇包、锭模及铸造机的零件	7.4		
	封闭式聚光灯	7.4		
	机动小客车用新的充气橡胶轮胎	2.6		
瑞士	数控卧式车床	473.8	空气及其他气体压缩机	2 151.6
	钛条、杆、型材及异型材	321.6	数控齿轮磨床	1 468.5
	肼（联氨）及胲（羟胺）的有机衍生物	236.5	离合器及联轴器（包括万向节）	770
智利	太阳能电池	6 354.5	按重量计铜含量超过99.9935%的精炼铜阴极	46 991.9
	其他柴油货车，车总重>20t	242.4	其他钼矿砂及其精矿	633.2
	棉制男衬衫	165.2	已焙烧的钼矿砂及其精矿	370.6

续 表

自贸伙伴	主要出口商品	出口总值	主要进口商品	进口总值
秘鲁	汽油小轿车，1 000ml<排量≤1 500ml	430	按重量计铜含量超过99.9935%的精炼铜阴极	5 661.9
	其他柴油货车，车总重>20t	278.8	银矿砂及其精矿	184.1
	装有发动机货车底盘，车总重≥14t	213.6	其他钼矿砂及其精矿	145.8
哥斯达黎加	汽油小轿车，1 000ml<排量≤1 500ml	116.4	未焙炒未浸除咖啡碱的咖啡	18
	矿物与沥青的混合机器	66.4	未列名塑料制品	1.9
	客车或货运机动车辆用新的充气橡胶轮胎	39.5	大、中、小型计算机及其部件的零件、附件	1.3
新西兰	硬盘驱动器	309.4	个人跨境电商商品	145
	防盗或防火报警器及类似装置	125.9	麦精；未列名的食品	142.2
	其他植物液汁及浸膏	90.2	冷冻木莓、黑莓、桑椹、罗甘莓、醋栗及鹅莓	114.1
澳大利亚	太阳能电池	7 504.8	平均粒度在0.8毫米及以上，但小于6.3毫米的未烧结铁矿砂及其精矿	26 086.3
	硬盘驱动器	2 871.7	锌矿砂及其精矿	16 053.1
	其他苹果汁	1 400	平均粒度在6.3毫米及以上的未烧结铁矿砂及其精矿	11 831.9
格鲁吉亚	上部360度旋转的履带式挖掘机	235.2	装入2升及以下容器的鲜葡萄酿造的酒	20.9
	未列名具有独立功能的机器及机械器具	97	蒸馏葡萄酒制得的烈性酒	1.8
	其他公共工程用机器	73.5	未改性乙醇，按体积计酒精浓度在80%以下	0.4
马尔代夫	太阳能电池	7.6		
	8 525至8 528其他设备的天线及其反射器及零件	4.9		
	鲜或冷藏的蒜头	3.7		
毛里求斯	其他柴油货车，车总重>20t	118.5	其他工业或实验室用感应或电介质的加热设备	1.9
	其他初级形状的聚氯乙烯，未掺其他物质	31.5	棉制男衬衫	0.5
	机动小客车用新的充气橡胶轮胎	22.5	棉制其他男裤	0.3

资料来源：陕西省商务厅。

二、利用投资

2019 年，共有来自自贸伙伴的 178 家外资企业对陕西投资，占全省外商投资企业总数的 55.1%；合同金额 22.4 亿美元，占全省合同利用外资总额的 75.1%；实际利用外资 66.4 亿美元，占全省实际利用外资总额的 85.9%。自贸伙伴中，陕西引进外资的主要来源地是中国香港、韩国和东盟，从这三个贸易伙伴引进的外资占全省实际利用外资总额的 70.2%。其中，中国香港是陕西自贸伙伴中最大的外资来源地，外资主要投向服务业、批发零售业和制造业。2019 年，共有 100 家港资企业对陕西投资，占全省外商投资企业总数的 31.0%；合同金额和实际利用外资金额分别为 18.5 亿美元和 25.3 亿美元，分别占全省合同外资和实际利用外资总额的 62.2%和 32.7%。此外，对陕西投资额超过 10 亿美元的自贸伙伴还有韩国和中国台湾，外资主要投向服务业、批发零售业、制造业、餐饮业等领域。2019 年，陕西实际利用韩国和中国台湾投资分别为 24.1 亿美元和 11.4 亿美元，分别占全省实际利用外资总额的 31.1%和 14.78%。

表 3－15－4　2019 年陕西利用主要自贸伙伴投资情况

单位：个；万美元

国家/地区	企业个数	合同金额	实际利用外资金额
东盟	16	11 012	47 092
中国香港	100	185 329	252 858
中国澳门	1	1 274	8 579
中国台湾	18	8 794	114 213
巴基斯坦	10	299	0
韩国	25	13 072	240 581
瑞士	2	2 156	525
新西兰	1	7	40
澳大利亚	5	1 851	182
自贸伙伴合计	178	223 794	664 070
总体利用外资	323	298 131	772 947

资料来源：陕西省商务厅。

2020 年 1—6 月，来自自贸伙伴的 63 家企业对陕西投资，合同外资 12.7 亿美元，实际利用外资 37.7 亿美元。投资国家主要包括中国台湾、中国香港、韩国、东盟等，涉及行业包括服务业、制造业及批发零售等领域。

表 3－15－5　2020 年 1—6 月陕西利用主要自贸伙伴投资情况

单位：个；万美元

国家/地区	企业个数	合同金额	实际利用外资金额
东盟	3	2 861	29 634
中国香港	34	117 879	140 730
中国澳门	2	44	1 059
中国台湾	7	2 835	149 521
巴基斯坦	3	43	0
韩国	12	91	55 685
瑞士	0	109	600
澳大利亚	2	2 862	0
自贸伙伴合计	63	126 724	377 229
总体利用外资	120	151 147	476 666

资料来源：陕西省商务厅。

三、对外投资

截至 2019 年年底，陕西境外投资企业共有 380 家，境外机构 118 家，中方协议投资额 67 亿美元；实际境外投资企业 207 家，累计实现投资额 53.7 亿美元。其中，陕西省对自贸伙伴的直接投资主要流向中国香港及东盟的马来西亚，投资额分别为 2.2 亿美元和 4 400 万美元，占全省对外投资总额的 45.8%和 9.1%。

四、对外承包工程

2019 年，陕西签订对外承包工程合同项目 150 个，合同金额 38.2 亿美元，同比增长 10.2%；完成营业额 30.38 亿美元，同比下降 25.1%亿美元。自贸伙伴中，东盟、中国香港、巴基斯坦是陕西主要的承包工程和劳务合作对象。2019 年，陕西在老挝、马来西亚和巴基斯坦工程承包完成营业额分别为 3.5 亿美元、3.1 亿美元及 2.5 亿美元；在中国香港工程承包新签合同额达到 3.6 亿美元。

第四篇

专题篇*

* 专题篇文章仅代表作者个人观点。

RCEP 起航：艰苦历程、重大意义与积极影响*

在当前全球经济面临困难、逆全球化和贸易保护主义盛行的背景之下，全球体量最大的区域全面经济伙伴关系协定（RCEP）的签署发出了反对单边主义和贸易保护主义、支持自由贸易和维护多边贸易体制的强烈信号，必将有力提振各方对经济增长的信心。② 对中国而言，RCEP 自贸区的建成是我国在习近平新时代中国特色社会主义思想指引下实施自由贸易区战略取得的重大进展，极大地扩展了我国战略空间，将为我国在新时期构建开放型经济新体制，形成以国内大循环为主体、国内国际双循环相互促进新发展格局提供巨大助力。就中日经济关系而言，RCEP 的签署对于推动中日经贸合作有着巨大促进作用，中日经济合作的深化又会进一步促进东亚区域经贸的发展。

一、RCEP 签署的背景与东亚区域经济合作的事实推进

RCEP 是在极其复杂的国际背景下，历时 8 年，经过 31 轮谈判，在中国、日本等 15 个加盟国家的艰苦努力下，终于修成正果。以下对 RCEP 谈判的背景与并行的区域合作机制，做一简单介绍。

（一）中美贸易摩擦

改革开放 40 多年来，中国发生翻天覆地的变化，完成了从“站起来”走向“富起来”的战略目标，党的十九大以来中国进入新时代，向“强起来”的中华民族复兴目标奋进。中国的和平崛起，中国的强大，使许多反华势力感到不适应，特别是奉行霸权主义的美国感到空前威胁，因此对中国采取了全面遏制政策，悍然对中国挑起贸易战。2018 年 7 月美国对中国实施《301 条款》调查，而后连续 3 次上调美国自华进口关税。此外，美国还对中国实施了强化投资管制、出口管理、网络安全管理等措施。为此，中国也相应采取了连续上调自美进口关税等反制措施。2019 年中美两国开展了多次部长级会谈，最终于 2019 年 12 月 13 日达成了“中美贸易第一阶段”协议，中美贸易摩擦暂告一段落，美国暂停了原本计划于 12 月 15 日开展的

---

* 本文作者为张季风，中国社会科学院日本研究所研究员。

② 商务部国际司负责同志解读《区域全面经济伙伴关系协定》(RCEP)。https://www.sohu.com/a/432309378_284463。

对华第四次上调关税。此后，2020 年 1 月 15 日中美两国政府签署了“中美经济贸易协定（第一阶段）”协议，其内容涉及知识产权、技术转让、金融服务、扩大贸易、外汇浮动等 7 个领域。① 不可否认，第一阶段中美经济贸易协议的达成有利于降低世界贸易的不确定性，促进跨国公司设备投资的增加。但中美经济贸易协议的执行情况以及第二阶段中美经济贸易协议的谈判仍然存在新的不确定性。

中美贸易摩擦不仅对中美两国的经济发展造成影响，同时也对世界经济发展造成影响。OECD 组织 2019 年 9 月的测算结果显示，受中美贸易摩擦影响，发达国家的跨国公司将会减少企业投资，预计在 2021 年至 2022 年期间，中美贸易摩擦因素将会导致世界、美国、中国的经济增速分别下降 0.6%、0.7%和 1%。另一方面，IMF 和世界银行 2020 年 1 月公布的研究报告显示，虽然中美贸易摩擦的发生会对中国经济发展造成不利影响，但是由于中美已经达成了第一阶段协议，市场的紧张情绪将会得到缓解，世界范围内的企业投资将有望增加。中美贸易摩擦同时也影响了日本企业的产业链。在中国设有数码复合机、笔记本电脑、压缩机等产品生产基地的日本企业正在考虑将生产基地转移至东南亚地区，以规避中美经贸摩擦的风险。这些企业所采取的主要方式为将对美国出口的部分生产从中国转移至供应链条中的其他国家和地区。需要注意的是，在华的日本企业中，有许多日本企业主要面向中国国内市场开展生产及销售业务，其实转移生产基地的企业只占在华日本企业的一小部分，属于企业根据市场的变化进行的内部资源调整。因此，所谓日资企业将会大规模撤离中国的传言纯属无稽之谈。

如果中美两国间的博弈长期化，将会导致中美两国经济关系的持续恶化，进而阻断全球供应链的有效运转。在贸易和投资层面，日本经济、欧洲经济和世界主要经济体对于中美两国的经济依赖程度都比较深，日欧等主要经济体均将卷入中美贸易摩擦之中，将会进一步扩大世界贸易体系的不确定性。因此避免由于中美经济“脱钩”所造成全球供应链体系的中断，推动在共同规则下世界各国就社会经济问题解决开展对话，促进中美两国实现的“竞争性共存”就显得十分必要。

（二）关于印太地区合作的构想

在中美贸易摩擦背景下，东盟（ASEAN）所采取的地区战略措施值得关注。如图 4—1—1 所示，此前日本、美国、澳大利亚、印度等国提出“自由开放的印度太平洋战略（FOIP）”构想。与此同时，中国也提出了“一带一路”倡议。两者在安全保障方面存在明显的对冲关系，而在区域经济合作方面又存在交叉、竞争与合

① 商务部，关于发布中美第一阶段经贸协议的公告，http：//www.mofcom.gov.cn/article/ae/ai/202001/20200102930845.shtml。

作关系。面对这种错综复杂局面，东盟各国并没有表示对“自由开放的印度太平洋战略（FOIP）”或是“一带一路”战略构想的明确支持，而是在2019年6月的东盟首脑会议上提出了“印度洋太平洋展望（AOIP）”。① “印度洋太平洋展望”主要包括四个主要内容，即海洋合作、互联互通、可持续发展、经济及多领域合作。该展望从东盟的视角出发，提出了印太地区合作的主要方向。

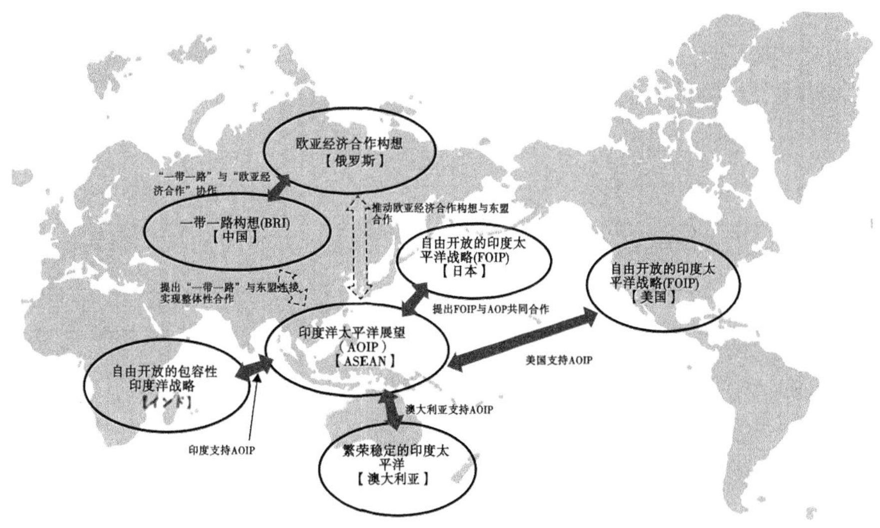

图4—1—1　世界各国关于印太地区的战略构想

资料来源：平川均、町田一兵、真家陽一、石川幸一『一带一路の政治経済学』、文眞堂、2019年。

对于“印度洋太平洋展望（AOIP）”，各国都表示了关注。中国国务委员兼外交部长王毅表示，中方对“东盟印太展望”的态度为中方始终在合作中秉持开放和建设性态度，展望中的很多原则和理念与中方的想法一致，中方愿与东盟就此保持沟通和协调。②

在2019年11月的东亚峰会上，日本首相安倍晋三表示，全面支持东盟基于其自身考虑所提出的“印度洋太平洋展望”。与此同时，安倍还表示，为了具体落实“印度洋太平洋展望”，日本还将致力于促进FOIP战略与AOIP构想间的合作对接。此外，在此次东亚峰会上，还有许多参会国家首脑对“印度洋太平洋展望”给出了积极评价。在此次东亚峰会的主席声明中指出：“要注重AOIP战略的采纳结果，完善以东盟为中心的组织架构，推动与会各国共同关注领域的合作。”另外，东亚峰会

① ASEAN Outlook on the Indo—Pacific、https：//asean. org/asean—outlook—indo—pacific/。

② 外交部，王毅谈对印太概念的看法，https：//www. fmprc. gov. cn/web/wjbzhd/t1685012. shtml。

还决定，2020 年预计在印尼首都雅加达召开“东盟印太基础设施互联互通论坛”。日方之所以对 AOIP 构想表示支持，体现出日本更愿意进行印太地区的经济合作，而与美国更强调的安全保障合作相区别，避免过度刺激中国，且更看重对今后如何开展务实合作。

(三)“市场推动型”的东亚区域经济合作

东亚地区是世界经济活动最为活跃的地区，全球有近 50%的产品由这一地区提供，东亚地区早已成为“世界工厂”。东亚地区的人口数量占世界五成，贸易总量和国内生产总值（GDP）均占世界总量的三成左右。早在 1997 年亚洲金融风暴以来，东亚地区主要国家为了防止区域性金融危机悲剧的重演，开始进行区域经济合作的探索，20 多年来，形成了 10+1 以及 10+3 机制，中日韩三国与东盟国家共同达成了防范区域金融危机的“清迈倡议”，而且中日韩澳新五国分别与东盟签署了自贸协定，形成了以东盟为中心的“辐条型”合作模式。在市场机制的推动下，东亚区域经济合作取得了长足的进展，2019 年亚洲区域内贸易额高达 4.29 万亿美元，不仅远高于 NAFTA 的 1.26 万亿美元，也高于欧盟地区的 3.95 万亿美元。但是，这种“市场推动型”的事实上的经贸合作，并没有制度性保障，亟待提高合作水平。因此创设覆盖广大东亚地区的高质量均衡的经济合作协定具有重大的意义。进入 21 世纪以来，随着东亚各国经济的不断发展，中产阶级不断扩大，促使东亚地区正在从“世界工厂”向“世界市场”转变，该区域的服务业也得到迅速发展。此外，在第四次产业革命背景下，信息技术革新速度加快，产业技术水平不断提高。需要在使用信息技术的电子交易等领域制定新的贸易、投资规则。

二、RCEP 谈判的艰苦历程与签约原因

适应形势的需要，包含东亚区域主要国家参与的 RCEP 构想也应运而生。RCEP 谈判在 2012 年正式确定，而耐人寻味的是这一年正是因“岛争问题”中日关系最为紧张的一年，中日两国是 RCEP 参与国中两个最重要国家，中日两国关系跌入历史冰点，这也许注定了 RCEP 谈判一波三折的命运。2013 年 5 月召开了第一次协商会议，从此进入历时 8 年的艰苦谈判。RCEP 所涉及的谈判内容不仅包括市场准入领域（商品、服务、投资），还包含关税手续、贸易便利化、知识产权、电子交易、市场竞争等规则谈判领域。

(一) 市场准入和规则制定成为谈判的关键内容

市场准入和规则制定是 RCEP 协议谈判的两个重要领域，也是谈判中非常关键的一环。首先看一下市场准入领域。RCEP 成员国开展的商品贸易、服务贸易、双边投资等领域的谈判，促进了上述领域的自由化。在 2019 年 11 月的 RCEP 峰会上，

一些国家之间的谈判以及涉及印度的两国间谈判尚未结束。特别是尚未签订 FTA 国家间（如中日、日韩、中印、印澳、印度和新西兰等）的谈判进展是推动整体双边谈判的关键。由于印度和中国之间存在着巨额的贸易赤字，使得中印两国的双边谈判交涉进程格外缓慢，这对整体双边谈判进程产生了重大影响。① 从日本的角度看，中国和韩国均为日本重要的贸易伙伴国，2017 年日本与中韩两国贸易占日本对外贸易总额的比重分别达到 21.7%和 5.9%。通过 RCEP 谈判，将会进一步扩大日本与中韩两国的贸易自由化程度，而这将会对日本的运输机械和一般机械等制造业产生重大利好，这也是日本积极推动谈判的内在动力所在。

其次，再看一下规则制定领域。规则制定领域的谈判内容，除了货物贸易、服务贸易、双边投资等领域的交易规则外，还涉及海关手续、贸易便利化、知识产权、电子商务、政府采购、市场竞争等内容。RCEP 成员国均已经加入了世界贸易组织（WTO），所签署的协议包括了服务贸易、与贸易相关投资措施、贸易便利化、与贸易相关的知识产权措施等。通过 RCEP 谈判，旨在形成比现有协议具有更高水平的新协定。其中，在双边贸易和投资领域引入负面清单制度，明确禁止和限制投资经营的行业、领域、业务等，将是此次谈判的一项重要成果。此外，在规则制定领域，预期达成的谈判成果还包括：（1）在海关手续和贸易便利化方面，简化相关手续，提升可预见性、一致性及透明性；（2）在知识产权保护领域，强化法律强制执行措施；（3）在电子交易领域，完善跨境信息传输环境，禁止安装网络服务器等。

在市场准入和规则制定领域达成了上述高质量的贸易协定，则会促使协议签署国间在货物贸易、服务贸易、双边投资、电子交易、知识产权等领域形成规则共识，有助于促进区域内物品、劳动力、资本等生产要素的流动。RCEP 签署后将会降低国家之间的关税税率，消除贸易壁垒，推动各国所生产的零部件得到进一步的有效利用，也将加快贸易发展速度。此外，RCEP 协议的签署还有助于扩大和构建跨国界的供应网络，最终促进世界各国企业与 RCEP 成员国之间的贸易和投资。②

（二）中美贸易摩擦加快 RCEP 谈判加速

2018 年以来，受中美贸易摩擦影响，参与协商的各国一致认为有必要加强东亚地区的经济合作，实现贸易投资的扩大与均衡，因而必须加快 RCEP 的谈判进程。同年，作为东盟轮值主席国的新加坡，以当年内取得实质性谈判结果为目标，积极推动 RCEP 谈判进程。在 20 个领域中的 7 个达成了妥协，但是在市场准入、规则谈

---

① 据《中国海关》统计，2019 年中国对印出口 5 156 亿元，进口 1 239 亿元，顺差高达 3 197亿元。

② 筱田邦彦："中美贸易摩擦背景下日本的印太合作及 RCEP 动向"，收入张季风主编《日本经济蓝皮书（2020）》（社会科学文献出版社，2020 年 9 月出版）。

判等领域仍然存在分歧。2018 年 11 月在新加坡召开了 RCEP 首脑会谈。① 在此次首脑会谈上，各国均对 2018 年所取得的协商进展表示欢迎，同时决定在 2019 年内实现 RCEP 协议的签署。

2019 年上半年泰国、印度尼西亚、澳大利亚、印度等国均举行大选，如果这些国家的在野党上台将会对 RCEP 协议交涉产生不利影响。所幸的是，在这些国家完成大选后，并未实现政党轮替，原执政党继续掌权，因而为继续推动 RCEP 协议交涉提供了基础条件。在 2019 年下半年，频繁召开了 RCEP 各成员国的部长级会议，并在部长级层面上达成了推动协商早日完成的政治共识。2019 年 8 月，中国作为主办国，在北京召开了 RCEP 部长级协商会议。此次会议取得积极进展，在市场准入方面完成了超过三分之二的谈判，而且在规则制定领域新完成了金融服务、电信服务、专业服务等三项附属协议的谈判。② 此外，在 2019 年东盟轮值主席国泰国的推动下，于同年 10 月在泰国曼谷召开了 RCEP 部长级会议。此次会议完成了 7 个章节以及 1 项附属协议的谈判，RCEP 谈判面向年内达成目标取得了新进展。

在 2019 年 11 月于曼谷举行的 RCEP 峰会上，除印度以外的 15 个 RCEP 成员国确认结束在文本层面的全部 20 个章节的谈判，并基本上解决了全部市场准入课题。15 国领导人表示，为了实现在 2020 年内签署协议，开始实施法律审查手续。③ 此外，虽然印度还存在悬而未决的重要议题，但是所有的 RCEP 成员国均表示会以相互认可的形式共同努力推动问题的早日解决。

在这种情况之下，RCEP 各成员国在 2020 年开展了以下领域的工作：（1）实施剩余的市场准入条文谈判；（2）条文的法律审查；（3）探讨与印度的协商问题；在 2020 年东盟轮值主席国越南的主导之下，各成员国通过召开部长级会议以及峰会的形式，持续推动 RCEP 协议的早日签署。

（三）临门一脚实现签署的原因分析

如前所述，2019 年年底，除印度之外的 15 国就 RCEP 的主要谈判内容达成协议后，各国也都十分期待印度参加，但由于国内政治经济矛盾深化，莫迪政府最终仍做出不参与 RCEP 的决定。在东亚峰会期间的一次新闻发布会上，印度外交部高级官员表示，印度在峰会上表示了不参加 RCEP 协议的意愿。随后，担任 RCEP 协

---

① 环球网，RCEP 首脑会议在新加坡举行，http：//fta.mofcom.gov.cn/article/rcep/rcepgfgd/201811/39368_1.html。

② 新华网，RCEP 部长级会议在京举行，http：//www.xinhuanet.com/world/2019－08/03/c_1124833733.htm。

③ 新华网，RCEP 部长级会议强调力争年内结束谈判，http：//www.xinhuanet.com/fortune/2019－09/09/c_1124974948.htm。

议交涉的印度商务部长戈亚尔（Goyal）在新闻发布会上表示，如果其他 RCEP 成员国能就印度产业界所关心的重要议题给出合适的条件，则将会与印度产业界展开讨论。此外，戈亚尔在与印度商工会议所举行的会议上表示，RCEP 协议等同于中印两国签署了 FTA 协议，届时印度的制造业将受到严重冲击，因此印度政府将不会签署对印度产业界和出口商不利的 FTA 协议。

在这种情况下，日本明确表示竭尽全力劝说印度加入，2019 年 11 月底，时任日本经济产业省副大臣牧原秀树甚至公开表示“日本不会在没有印度的情况下签署 RCEP”，一时间，RCEP 几乎陷入搁浅境地。其实日本的态度并不难理解，由于中国在 10＋3 机制中的主导作用日趋显著，日本早在 2005 年就想拉具有所谓“相同价值观”的印度、澳大利亚和新西兰三国入群形成 10＋6 模式，以牵制中国。印度是人口大国也是经济大国，没有印度的参加，将使日本在未来的 RCEP 中孤掌难鸣，难以制衡中国，所以没有印度参与的 RCEP 不是日本想要的。印度临阵退缩自然使日本极为沮丧，但又十分无奈，安倍访印也是无功而返，加之中印边境事态紧张，日本对印劝说工作几乎毫无进展。但是，为何 RCEP 谈判能够踢出最后的临门一脚，实现签署呢？究其原因，当然是多种因素共同作用的结果。笔者认为，主要有以下几点。

第一，中国做得太好，令日本刮目相看。众所周知，自从 2010 年中国 GDP 规模超过日本以后，日本曾经陷入极度的失落、愤怒和苦闷之中，经过七八年彷徨和观望后，中国经济规模已达到日本 2.6 倍，日本深感已绝无反超之可能，只能接受中国经济强劲发展的事实，直到 2017 年下半年心态才逐渐平和下来。在这种背景下，日本采取了主动与中国和解的态度，其结果迎来了 2018 年以后中日关系重新步入正常化轨道的局面。特别是新冠肺炎疫情发生后，中国克服巨大困难，在很短时间内取得抗疫的全面胜利。而且，很快复工复产，宏观经济迅速恢复，9 月份转为正增长，第四季度全面恢复。据 IMF 预测，2020 年度中国 GDP 将增长 1.9％，是世界主要经济体中唯一取得正增长的国家，令世界刮目相看。最近，中国的《“十四五”规划纲要》和《2035 年远景规划》正式公布，未来 5 年的行动计划已经确定，未来 15 年的光辉前景已经展现，经济的高质量发展必将使中国变得更加强大，中国市场将很快成为世界第一大消费市场，这一点对日本十分重要。“时”与“势”都在中国一方，日本已经看清了这一点。所以在中美两个大国争斗的夹缝中生存的日本终于从“骑墙”观望中，从自身的经济利益出发，做出了正确选择。

第二，美国做得太差，令日本失望。近十几年来，美国在全球到处伸手，肆意干预他国内政，将战火从阿富汗烧到伊拉克再到利比亚和叙利亚，所到之处都使那里生灵涂炭，民不聊生，产生大量难民，流离失所，也给其他国家和地区带来灾难。特别是特朗普上台之后，进行战略收缩，推行所谓“美国第一，美国优先”的政策，大搞单边主义、贸易保护主义，使经济全球化遭受打击。而且不断退群，特别是特朗普上台伊始就宣布退出已经达成框架协议的 TPP，使日本遭受了前所未有的心理打击。不仅如此，还威逼日本增加美军基地费用，甚至威胁对来自日本进口的汽车增税。而在新冠肺炎疫情来临之时，美国毫无大国担当，不仅未能对盟国伸出援手，而且美国对国内疫情应对更是是一团糟，感染人数及死亡人数均居世界第一，这件事发生在世界科技最先进、经济最强大的美国，着实令人费解。更为关键的是，美国何时能走出疫情困境，何时能恢复经济，根本就看不到希望，这意味着美国相对衰退的步伐可能越来越快，可谓“时”与“势”均不在美国。

第三，美国大选混乱，无暇他顾。进入 10 月份以来，美国主要忙于大选，进入 11 月后，特朗普败选，查选票成了他的最主要任务，根本无暇顾及国际事务；民主党候选人拜登在大选中险胜，因此将主要精力放在未来的团队建设上，此时此刻对国际事务也不可能太关心。特朗普败选而拜登尚未就任，这确实是避免美国干扰、签署 RCEP 的最佳窗口期。另外，值得注意的是，美国当选总统拜登此前曾经流露过，他上台后美国需要解决的抗疫与复工复产任务十分艰巨，而且特朗普留下的乱摊子，亟待解决的财政、社保等内政问题堆积如山，短期（如两三年）内不会考虑重新加入自贸区问题，这也使一心想要拉美国重返 TPP 的日本对美国彻底绝望。而且印度国内矛盾深重，在可预见的未来，没有加入 RCEP 的可能性。正是在这种背景下，经过利弊权衡，日本终于下决心签字。

三、RCEP 签署的重大意义及其对中日经济合作的影响

RCEP 是一个现代、全面、高质量、互惠的大型区域自贸协定。2019 年，RCEP 的 15 个成员国总人口达 22.7 亿，GDP 达 26 万亿美元，出口总额达 5.2 万亿美元，均占全球总量约 30%。RCEP 的签署标志着当前世界上人口最多、经贸规模最大、最具发展潜力的自由贸易区正式启航。

（一）RCEP 签署的重大意义

RCEP 签署后，关税减少，消费者获利，企业也获利。域内企业均可参与原产地的价值积累，对促进区域内相互贸易投资大有裨益。对电子商务、中小企业的合作促进力度更大。不仅在关税方面，在投资促进方面发挥积极作用。RCEP 的签署除了将给消费者和企业带来诸多实际利益外，还具有更重要的时代意义。

第一，RCEP 的签署对中国意义重大。首先是扭转了新冠肺炎疫情暴发以来中国的被动局面，拓展了中国的战略空间。前段时间美国的所谓索赔、“脱钩”恫吓成

为泡影，美国联合西方势力的“围堵”中国的企图彻底破灭，如图 4－1－2 所示，随着 RCEP 的签署，几乎使中国完全解套，朋友圈越来越大，即便美国重返 TPP，在经济方面对中国打击也很有限。RCEP 的签署后，中国趁热打铁、乘胜追击，积极考虑加入全面与进步跨太平洋伙伴关系协定（CPTPP）。① 这意味着中国的区域经济合作战略由“防守型”转为“进攻型”战略，体现了中国的自信和大国姿态，更加重视多边主义，在引领全球化方面迈出更积极的一步。其次，RCEP 将助力我国形成国内国际双循环新发展格局。RCEP 将促进我国各产业更充分地参与市场竞争，提升在国际国内两个市场配置资源的能力。这将有利于我国以扩大开放带动国内创新、推动改革、促进发展，不断实现产业转型升级，巩固我国在区域产业链供应链中的地位，为国民经济良性循环提供有效支撑，加快形成国际经济竞争合作新优势，推动经济高质量发展。②

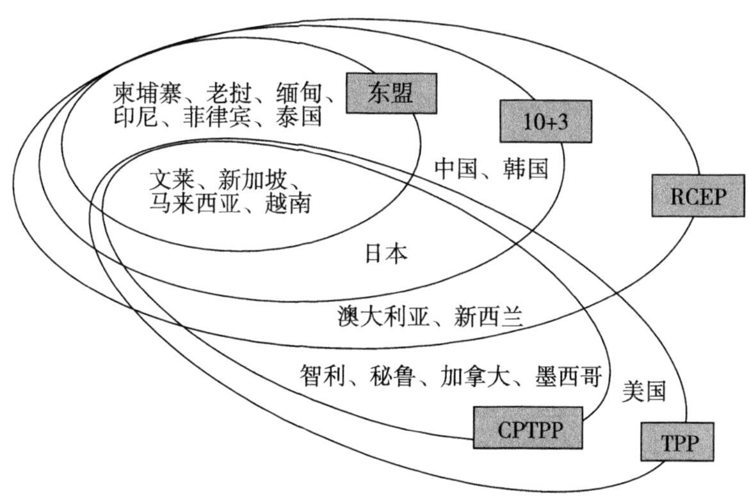

图 4－1－2　RCEP 与 CPTPP、TPP 的交叉关系

第二，RCEP 的如期签署结束了东亚区域经济合作中制度性合作缓慢的局面，具有里程碑意义。RCEP 整合了东盟与中国、日本、韩国、澳大利亚、新西兰多个“10＋1”自贸协定以及中、日、韩、澳、新西兰 5 国之间已有的多对自贸伙伴关系，还在中日和日韩间建立了新的自贸伙伴关系。使东亚自贸区合作从“辐条型”结构走向完整的一体化，改变了东亚区域合作中东盟“小马拉大车”的局面，为未来在整个地区建设更高级的合作模式，打下了良好基础。

---

① 习近平主席在“亚太经合组织第二十七次领导人非正式会议”。

② 商务部国际司负责同志解读《区域全面经济伙伴关系协定》（RCEP）。https://www.sohu.com/a/432309378_284463。

第三，RCEP 的签署为“东亚经济共同体”的构筑和更紧密的合作奠定基础，具有划时代意义。20 多年来，众多学者在研究东亚区域合作进程时，将“亚洲版欧盟”作为未来方向，提出以下路径：10＋3→RCEP→中日韩 FTA→东亚经济共同体（AEC）→亚盟（AU），这恐怕也是东亚大多数国家所期许的“亚洲梦”。鉴于亚洲地区各国人口规模、经济规模、经济发展阶段各不相同、历史文化以及宗教错综复杂，要实现这种超越国家主权的合作需要经历漫长的时间，但是，RCEP 的签署为这一目标的实现打下了坚实的基础，推动了百年未有之大变局的进程，将加速世界格局的变化。

第四，RCEP 的如期签署有利于区域产业链的巩固与完善。在当前疫情破坏全球供应链的背景下，对强化该地区产业链和全球供应链恢复是极大利好消息。RCEP 通过采用区域累积的原产地规则，深化了域内产业链价值链。通过 RCEP，能够使我们现有的产业链、价值链和供应链合作更加稳固，提高抵御风险的能力，进而将会对整个地区的经济发展、安全稳定，乃至世界的稳定带来积极效果。另外，利用新技术推动海关便利化，促进了新型跨境物流发展；采用负面清单推进投资自由化，提升了投资政策透明度，都将促进区域内经贸规则的优化和整合。

第五，推动中日韩 FTA 谈判的进程。中日韩 FTA 谈判几乎与 RCEP 谈判同步启动，历经 8 年多的谈判，在经济层面、技术层面已经取得了重大进展，目前，较大的障碍可能是美国因素和日韩关系紧张问题。由于 RCEP 的签署，如美国因素等许多障碍已经得以排除。中日之间、日韩之间也有了自贸协定，为中日韩经贸合作开辟了更广阔的空间，经贸合作更加紧密，为中日韩 FTA 的签订铺平了道路。实际上，RCEP 的签署，日本、韩国也是大赢家。RCEP 的签署后，日本在世界各种自贸区合作的地位更加重要，国际地位提高，与美国进行博弈的砝码加重。韩国出口依赖度高，可在 RCEP 制度框架下获得更大实际利益。同时，还应当注意到，RCEP 的签署还有一个意外的收获，就是以迂回方式缓和了日韩关系，这也为中日韩 FTA 的签署创造了良好的条件。中国作为负责任的大国，应当积极协调日韩关系走向正常化，中日韩三国应团结一致，排除各种干扰，共同踢好最后的临门一脚，力争尽早签署协议。

（二）RCEP 对中日经贸关系的促进作用

RCEP 协定的签署对于中日经贸合作的促进作用是巨大的。在通过 RCEP 建立起新的中日自贸关系中，中国和日本首次达成了双边关税减让安排，这更具有重要的现实意义。众所周知，尽管中日经贸合作在中日关系的风风雨雨中基本上保持着健康发展，但近年来受政治关系影响，还是存在波动和起伏，特别是由于缺乏外力推动，没能实现突破性或升级性的发展。现在有了RCEP这样一个外力的推动，或能促进中日经贸合作进入一个新阶段。①

首先，在贸易方面，从短期来看，这对于应对新冠肺炎疫情带来的冲击具有积极作用。虽然2020年中日贸易保持着相对健康的发展，但1—9月份仍然处于负增长状态。在RCEP协定签署的推动下，2020年最后两个月，中日贸易有望实现正增长。从中期来看，中日贸易在近十年来呈现出一定起伏，2011年之前，中日贸易规模一直呈上升态势，2011年，双边贸易总值为3 429亿美元。但此后受一些非经济因素影响，中日贸易连续五年发生负增长。虽然经过2017、2018年两年的正增长后有所恢复，但2019年，受中美贸易摩擦影响，中日贸易再次出现负增长，贸易总额为3 150亿美元。这一数字和此前的高峰相比，存在差距。因此，从中期来看，RCEP协定的签署有利于推动中日贸易尽快恢复至高峰水平。从长期看，在中美博弈长期化的大背景下，中日贸易应对非经济因素带来的风险的能力将有所提高，实现长期性的稳定发展。此外，也有可能通过贸易转移等方式，弥补中美贸易摩擦所造成的中国对外贸易的减少。

其次，在投资方面，RCEP中也包含了促进多边、双边投资的内容。其实，中日之间的相互投资，特别是日本对华直接投资发展较快，但也容易受外界因素影响，波动较大。RCEP协定的签署或会使日本对华直接投资更加顺畅、更加平稳。另一方面，从相互投资的角度来看，日本对华直接投资的规模很大，累计总额已经接近1 200亿美元，而中国的对日直接投资约为40亿美元，处于相当不平衡的状态。RCEP协定签署后，有助于日本市场，特别是吸引外资的市场进一步开放，有利于扩大中国对日投资，解决中日之间相互投资不平衡的问题。

第三，RCEP的签署特别是中日双边关税减让安排达成协议，也将为消费者带来更多实质性的好处。中日自贸关系建立后，关税降低，许多日本产品，以及采用了日本进口零部件的产品价格有望下调，消费者可以获得实实在在的利好。另一方面，企业、特别是中小企业和电商等，也将在双边贸易的便利化中获得巨大好处。此外，RCEP也涉及了服务贸易、争端解决、知识产权、金融、数字贸易等议题，在这样一个大的框架下，中日经贸在服务业领域可能会产生新突破。例如金融市场的开放、康养产业的合作、数字经济方面的标准对接等。中日经贸合作的健康发展会促进东亚区域经济合作，而东亚区域经济合作水平提高，反过来又会进一步促进中日之间的合作，两者是相辅相成、相互促进的关系。

---

① 张季风："RCEP框架下中日经贸合作的新亮点"，《人民中国》http：//www.china.com.cn/opinion2020/2020—11/17/content_76919396.shtml。

结 语

在百年未有之大变局下，美国大搞单边主义和贸易保护主义，为遏制中国的和平发展，悍然发动对中国的贸易战，特别是新冠肺炎疫情暴发以来，美国为了转移国内矛盾，进一步加力遏制打压中国，可谓无所不用其极，但结果却适得其反，反而成为加速 RCEP 进程的外部推力。RCEP 自贸区的建成意味着全球约三分之一的经济体量将形成一体化大市场，RCEP 的签署标志着东亚区域合作将进入制度化合作的新阶段，具有里程碑意义。RCEP 签署后，中日韩 FTA 谈判中的许多障碍都会得到突破，可以说，这为中日韩自贸区建设打下了很好的基础，为中日韩经贸合作，特别是中日经贸合作开辟了更广阔的空间。当然也为中国冲出以美国为首的反华势力的围堵，为国内国际双循环新格局打开了新通道。但是，RCEP 的签署还仅仅是 RCEP 建设的第一步，今后做好 RCEP 的落地工作，当务之急是确保未来两年之内生效。做好各种预案，以应对美国捣乱生事，耐心做好日本和澳大利亚工作，以防止其发生摇摆。当然，最重要的是要做好自己，中国经济尽早复苏与繁荣发展是 RCEP 顺利生效和健康发展的重要保障，尽早启动加入 CPTPP 日程，提高中国的国际竞争力，以攻为守，不失为一种好策略。

RCEP签署与后疫情时期东亚区域经济合作展望*

2020年初突发的新冠肺炎疫情不仅重创世界经济、使主要发达经济体陷入深度衰退，而且对正在逆风中前行的经济全球化和区域经济一体化也带来巨大影响，这种影响虽然无法给出准确预测，但一些迹象已经初露端倪。作为区域经济合作不断前行的东亚地区，疫情的发展必然会影响到东亚区域经济合作的发展进程和发展方向。

一、东亚区域经济合作发展现状及最新进展

随着经济全球化的迅猛发展，20世纪90年代，东亚地区的区域经济合作初露端倪，1997年亚洲金融危机的巨大冲击，使东亚各国认识到加强区域经济合作的重要性，由此，东亚各国之间的区域经济合作逐步发展起来。

（一）中国区域经济合作

中国自贸区建设始于21世纪初，2002年11月，中国与东盟正式签署《中华人民共和国与东南亚国家联盟全面经济合作框架协议》，拉开了中国区域经济合作的发展序幕。此后，中国与香港和澳门特别行政区、巴基斯坦、新加坡、韩国、澳大利亚、格鲁吉亚等相继达成自贸协定。2020年11月RCEP正式签署，涉及中日韩澳新及东盟国家。同时，中国与海合会、日韩、斯里兰卡、摩尔多瓦、巴勒斯坦等自贸区谈判正在进行，与哥伦比亚、斐济、尼泊尔、巴布亚新几内亚、加拿大、孟加拉国、蒙古国的联合研究也在推进之中。截至2020年年末，中国已完成谈判签署的自贸区有19个，涉及26个国家和地区。

（二）日本区域经济合作

1998年12月，日本与韩国开展针对签订自贸协定的共同研究，为日本的自贸区战略打开先河。2000年，日韩发表共同研究报告，但由于种种原因，日韩自贸协定谈判至今未能完成。进入21世纪以来，日本主张建立“多边贸易关系”，推行更加广泛的自贸区政策，2004年，新加坡成为第一个同日本签署自贸协定的国家。随

* 本部分作者为宋志勇，商务部研究院亚洲研究所所长、研究员。

后日本与墨西哥、智利、东盟及部分成员国、瑞士、印度、秘鲁、澳大利亚、蒙古国、欧盟、英国等国家和地区达成了一系列自贸协定，还在美国退出 TPP 后主导完成了 CPTPP，大大提高了日本在区域经济合作中的地位。此外，日本与哥伦比亚、土耳其的自贸协定以及中日韩自贸协定正在谈判之中；而与韩国、GCC①、加拿大的自贸协定谈判处于中断状态。

（三）韩国区域经济合作

自 2003 年起，韩国确立了“贸易立国”战略，积极推进自贸区建设。在自贸伙伴选择上，韩国将重点放在主要发达国家、资源大国以及核心经济圈上。韩国自贸区战略虽然起步较晚，为追赶日本等在东亚地区具有同等竞争力的国家，逐步加大自贸区谈判力度和深度，在货物贸易、服务贸易、投资、知识产权、政府采购、劳工、环境等领域，韩国先于中日等国做出较大的开放安排。目前，韩国已生效的自贸协定共 15 个，涉及 52 个国家；同中美洲五国②、英国签署的自贸协定尚未生效；正在与以色列、南方共同市场③、印度尼西亚、菲律宾、俄罗斯等国家和地区开展自贸协定谈判，中日韩自贸协定谈判也在进行之中。

（四）东盟区域经济合作

东盟成立于 1967 年，包括印尼、马来西亚、新加坡、泰国、越南等 10 个国家。东盟重视区域经济合作，在积极推动区域内经济一体化合作的同时，还积极与其他国家和地区加强区域经济合作。进入新世纪以来，东盟先后与中国、日本、韩国、澳大利亚、新西兰、印度等签署了自贸协定。2020 年 11 月，东盟与中日韩澳新五国正式签署了 RCEP，这对东盟进一步推进区域经济合作将发挥积极作用。

总体上看，东亚地区的区域经济合作正在积极稳步推进中，并不断取得新的成果，特别是 RCEP 为东亚地区的经济合作及一体化发展奠定了良好的基础，更为重要的是，RCEP 的签署，使中日、日韩之间首次建立自贸关系，中日韩三国也首次在区域经济合作协定中共同削减关税、加强合作。日本能够同意签署 RCEP，实现双边贸易关税减税安排，是一个重大突破，这对正在谈判的中日韩 FTA 是一个有力的促进，东亚区域经济合作迎来新的发展机遇。

二、新冠肺炎疫情对东亚各国经济的影响

2020 年初暴发的新冠肺炎疫情迅速席卷全球，重创包括东亚地区的世界各国经济。为更好地防控和减缓病毒传播，各国纷纷采取限制人员往来等措施，曾经往来

① GCC：沙特、科威特、阿联酋、卡塔尔、阿曼、巴林。

② 中美洲 5 国：尼加拉瓜、巴拿马、哥斯达黎加、洪都拉斯、萨尔瓦多。

③ 南方共同市场：阿根廷、巴西、巴拉圭、乌拉圭、委内瑞拉。

频繁的各国陷入停工停产，经济全面停滞状态。东亚各国在疫情发展和蔓延过程中，及时采取有效措施加以防范，疫情得到较好控制，但由于世界性的经济大衰退，东亚各国也无法幸免。

（一）中国首遭突袭

新冠疫情突袭中国且短时期内发展很快，令世界担忧，但中国政府及时采取果断措施，很快控制住疫情的发展和蔓延，但为此付出的代价也非常大，工厂停工停产，人员交往受限，消费需求大幅下降，全球疫情迅速蔓延导致外贸进出口严重受阻，中国经济受到很大影响，尽管如此，在中国政府的努力下，随着疫情的控制，经济逐步得到恢复。据中国国家统计局数据，2020 年 1－3 季度，GDP 增速同比分别为－6.8%、3.2%和 4.9%，前三个季度同比实现 0.7%的增长；对外贸易也同样逐步恢复，1－3 季度，进出口分别为－6.4%、－0.2%和.5%，前三季度同比增长 0.7%，并且，前三季度进出口额、出口额、进口额均创季度历史新高。国际货币基金组织（IMF）10 月份发表的《世界经济展望》，调高了 6 月份发表的对中国预测：2020 年经济增速将为 1.9%，仍是唯一实现正增长的主要经济体。

（二）日韩受到冲击

日本是世界第三大经济体，2019 年下半年，日本经济已经显露出衰退的迹象，突如其来的新冠肺炎疫情对日本经济而言可谓雪上加霜。据日本公布的数据，GDP 第一季度同比下降 3.4%，第二季度折合年率同比下降 27.8%，日本的观光旅游业、航空运输、酒店、餐饮业等行业直接遭受重创，同时，由于全球经济大幅萎缩、产业链受到冲击导致日本对外贸易投资下降，国内生产陷入停滞。但是，随着疫情得到控制，日本经济逐步恢复，11 月公布的数据显示，日本经济第三季度年化增长率为 21.4%，为战后创纪录的强劲反弹，显示日本经济逐渐摆脱疫情的冲击，但是，由于疫情的不确定和第二波疫情正在发展，全球疫情形势仍非常严峻，对高度依赖出口的日本经济而言非常不利，而且近期日本新冠确诊病例连创新高，国内消费迅速恢复恐难指望。据 IMF 预测，2020 年日本 GDP 将下滑 5.3%，后疫情时期，在劳动力短缺、财政状况不断恶化以及超老龄化程度不断加深的基础上，还将面临疫情可能不断反复出现的情况，日本经济恢复和发展的情景不容乐观。

韩国 2020 年初也出现了新冠肺炎病毒暴发蔓延情况，韩国政府及时采取有力措施，有效控制了疫情的大规模蔓延，但经济仍受到疫情影响。据韩国中央银发布的数据，2020 年第一季度环比下降 1.4%，第二季度同比下降 2.9%，且为 1998 年以来单季最差表现。第三季度初步统计数据，显示环比增长 1.9%，同比呈下降之势，为－1.3%。IMF10 月份的预测调高了韩国的经济增长预期，从 6 月份的－2.1%调为-1.9%。整体上看，韩国经济受影响虽然很大，但目前看经济保持了持续复苏的势头，未来韩国经济会进一步向好，但需要注意的是韩国对出口依赖较大，全球经济受新冠疫情的影响将长期存在，且会呈现反复，未来全球经济复苏将会比较漫长，恢复到疫情前的经济发展水平需要较长时间，韩国经济的发展仍面临较大的不确定性，未来低速增长的可能性较高。

（三）东盟未能幸免

东盟2020年初也受疫情影响，经济持续走弱，包括旅游、餐饮零售、航空、海运等行业都受到严重冲击，产业链供应链也受到很大冲击。经济大幅下滑。其中，旅游业是东盟经济发展中的重要行业，中国游客占2019年到访东盟游客的约1/4，10月份IMF的报告预测显示，2020年，东盟国家中，GDP下滑幅度最大的是菲律宾，为-8.3%，高于6月份的-3.6%的预测，泰国、马来西亚、印度尼西亚、柬埔寨分别下降7.1%、6%、1.5%和2.8%，但越南实现增长1.6%，为东盟国家中唯一正增长的经济体。该报告还预测东盟国家在2021年将实现经济增长，其中，增速较快的国家依次为马来西亚（7.8%）、菲律宾（7.4%）、柬埔寨（6.8%）、越南（6.7%）、印尼（6.1%）、缅甸（5.7%）、新加坡（5.0%）、老挝（4.8%）、泰国（4.0%）和文莱（3.2%），未来东盟的经济发展预期良好。

三、东亚区域经济合作展望

（一）东亚区域经济合作面临的挑战

1. 疫情可能促使逆全球化与贸易保护主义等思潮进一步蔓延

此次疫情蔓延全球，对全球经济的冲击超过之前任何一次危机。IMF在2020年4月发表的《世界经济展望》中指出，世界经济正遭受20世纪30年代“大萧条”以来最严重的打击，全球第一次出现发达经济体与发展中经济体同时陷入衰退的情况。这种巨大的冲击令几乎所有国家猝不及防，如何保护本国经济及人员安全成为首选，物流、人流和资金流在全球范围上的流动严重受阻，短期内经济全球化面临巨大阻力。以欧洲为例，本来欧盟作为一个整体，在疫情暴发后应该携手合作，共同应对防控疫情，但实际情况却是欧洲国家各自为政，为获得医疗物资扣押其他国家的国境物资，甚至采取一些相互抵触的措施。由于防控疫情措施不力导致疫情持续扩散，各国采取了封锁国界等措施，进一步冲击了本已受到疫情影响的全球生产体系和供应链格局，强化了一些国家的民粹主义倾向和自我封闭，全球化进程面临巨大冲击和调整。还应该看到，各国为应对新冠疫情对本国经济的冲击采取了很多“逆全球化”和贸易保护措施，WTO秘书处2020年4月发布的报告显示，已有80个国家和关税区因新冠疫情而实行出口禁令或限制。

2. 美国对华打压全面升级，部分国家可能面临选边站队，区域经济合作的难度增加

美国已经中国视为“战略竞争对手”，对中国实施全方位打压围剿，新冠肺炎疫情暴发以来，由于美国自身原因导致疫情持续扩散，确诊病例和死亡人数持续攀升，但美国政府却污名化中国并企图将“罪名”强加给中国。不仅如此，美国对华围剿全面升级，尽管2020年初中美经过艰苦谈判达成第一阶段经贸协议，但美国在经济、科技、信息、军事以及全球治理等方面对中国全面出击。为了围剿中国，美国必然会进一步在中国的周边实施战略布局，对日韩以及东盟国家施压，企图形成“合围中国”之势。

日韩作为与美国签署军事协定和持有相近价值观的盟国，其对外政策不可避免地受到美国的影响和制约，不过，日韩两国也充分认识到区域经济合作对两个国家未来发展的战略意义，不断摆脱美国的干扰和制约，争取在区域经济合作方面不断取得突破，不过，受美国制约的因素和与中国合作的难度会增加。东盟虽然不是美国的盟友，但其对东盟的影响比较大，特别是与其中的部分国家保持或正在建立密切的合作关系，从围堵中国的战略出发，美国当然会极力拉拢东盟，不断挑拨中国与东盟国家的关系，特别是美国借助其强大的军事实力、广阔的市场空间以及在全球的霸主地位，会威逼利诱东盟国家，在包括南海等问题上故意制造事端，挑拨离间，迫使东盟国家在中国与美国之间选边站队，作出选择。

因此，无论是日韩，还是东盟或东盟部分国家，都面临美国强大的压力和影响，区域经济合作的难度会增加，甚至不排除已经签署的RCEP由于美国的阻挠破坏，导致部分国家无法批准或被迫拖延，RCEP迟迟无法正式生效。①

3. 疫情反复可能会迟缓经济全球化与区域经济一体化的进程

新冠肺炎疫情暴发已近一年，从历史上曾经流行的瘟疫看，一般都会有反复。东盟国家得益于疫情初期控制措施，疫情防控成效显著。为此，部分国家逐步放松管制，经济逐步恢复。但是，由于大部分东盟国家医疗水平较低，随着疫情的反复以及可能出现的第二波疫情暴发，东盟国家面临的风险较高，非常有可能出现“疫情好转→放松管制（经济复苏）→疫情恶化→加强管制（经济下滑）→疫情好转”的循环②，经济可能被迫多次按下暂停键。经济的恢复与停滞可能交替出现，加大疫情防控的压力，对东盟国家以及日韩的影响不容忽视，中国与这些国家的经贸关

① 卢光盛　王子奇，后疫情时代中国与东盟合作的前景与挑战，当代世界，2020，(8)：36，39。

② 卢光盛　王子奇，后疫情时代中国与东盟合作的前景与挑战，当代世界，2020，(8)：36，39。

系必然受到影响，加上人员往来受限，区域经济合作的发展会受到疫情的影响，各国更多的是考虑如何保护本国经济发展和人员安全。

此次疫情令许多国家反思经济全球化，特别是疫情暴发之初，一些关系到国计民生的产品因贸易往来中断，导致无法满足本国市场需求。短时期内，经济全球化的势头将放缓甚至暂时停滞，但从经济发展规律和未来发展态势看，全球化并非个别国家所能阻止。但是，疫情仍在发展，一些专家预言此次新冠肺炎疫情可能持续4～5年，且病毒将长期与人类共存。受此影响，一些国家的经济和对外贸易以及人员交往将一直受到疫情制约，短时期无法恢复到正常状态。因此，未来区域经济一体化将面临诸多困难，不排除部分国家可能会首选巩固落实已经签署的FTA，对新的FTA谈判及推进持慎重的姿态，甚至未来不排除迟滞区域经济合作的发展进程。

（二）疫情给东亚区域经济合作带来新机遇

尽管新冠肺炎疫情给世界各国带来巨大冲击，经济全球化与区域经济一体化面临各种挑战，但是，加强合作、共同推进区域经济一体化发展仍是各国的愿望和努力的方向。疫情实际上也提供了新的发展机遇。

1. 加强合作对东亚各国的重要性进一步提升

疫情暴发并逐步蔓延各国，对各国经济的冲击巨大，IMF发表的报告预测，2020年世界经济将可能下降6.1%。东亚各国受到的冲击影响各不相同，但经济暂时下滑，产业发展受到阻碍却是不争事实。特别是东亚地区作为全球三大拥有比较完整的产业链供应链的地区，受疫情影响，产业链供应链中断，美国不断鼓吹中美“脱钩”，并采取措施鼓励产业链回归美国。日韩也因为疫情对产业链供应链的冲击导致本国汽车、电子等产业受损被迫停工停产，也有意鼓励在华本国企业回归或迁往他处。应该看到，疫情的冲击确实对一些国家产生影响，但也说明加强合作的重要性，在疫情当下，单凭本国力量克服疫情的影响非常困难，加强合作、抱团取暖应是各国的最佳选择，它可以充分发挥各自的优势，逐步降低疫情的冲击，进一步巩固经济发展成果。而RCEP的签署说明东亚各国都充分认识到加强合作的重要意义，也为东亚各国之间的合作提供了新的发展机遇，在疫情仍在持续的情况下，需要我们团结一致，进一步加强各国的合作，不断推动区域经济一体化的发展。

2. 加强合作可构建更加顺畅的产业链供应链

由于贸易保护主义和单边主义的巨大冲击，全球产业链供应链同样面临严峻考验。疫情发生后，对全球产业链供应链冲击巨大，各国经济都受到非常大的影响，未来产业链供应链本土化、区域化的趋势将会加强。但同时，疫情又让东亚各国深切感受到加强供应链合作的重要性。因此，应该从此次疫情给各国经贸关系以及产业链供应链的影响出发，认真探讨解决遇到的问题和难点痛点，为各国产业链的深度合作创造更好的条件，一方面要尽早批准生效 RCEP，通过 RCEP 可以更好地发挥自身优势，建立起互利共赢的合作关系，另一方面，要进一步创造良好的国际营商环境，开放更多领域，降低关税，消除壁垒，打通跨境堵点，保障供应链顺畅，构建合作共赢的产业链供应链，促进东亚各国构建起互利合作的产业链价值链的合作关系。

3. 中国双循环战略为东亚合作提供了巨大的发展空间

中国为适应国内外形势测变化，提出了以国内大循环为主体，国内国际双循环相互促进的发展战略，这一战略的提出实际上为东亚区域合作提供了巨大的发展空间。作为 14 亿人口的大国，2019 年，中国 GDP 占全球 GDP 的比重上升为 16.3%，目前的经济总量相当于美国的 66.9%。经济的快速发展带来消费市场持续扩大，国家统计局的数据显示，2019 年，中国社会消费品零售总额首次突破 40 万亿元，稳居世界第二。国家主席习近平在 2020 年第三届中国国际进口商品博览会开幕式上发表主旨演讲中指出，“预计未来 10 年，中国累计商品进口额有望超过 22 万亿美元”。可以说，中国巨大的消费市场，为各国企业提供了无限商机，而且，随着中国经济实力的进一步提升，双循环战略的实施，国内消费群体不断扩大，消费市场潜力持续释放，这种市场需求将长期持续的。

展望未来，东亚区域经济合作正在进入一个新的发展阶段，RCEP 的签署是东亚各国积极推动区域经济一体化的重要标志，也是向全世界宣示加强区域经济合作的明确信号。新冠肺炎疫情虽然仍在发展，但各国加强合作的愿望和行动并未受到影响，随着疫情逐步受到控制，特别是新冠肺炎疫苗的逐步普及，未来，东亚经济贸易的发展会越来越顺畅，各国为加强区域经济合作的努力，包括改善营商环境、扩大对外开放投资领域、进一步推动贸易便利化等积极措施，必将推动东亚区域经济一体化不断向前发展，东亚经济共同体的建立也将不是梦想。

RCEP：亚洲区域一体化与中国东盟命运共同体的新动力*

2020 年 11 月 15 日，东盟与中国、日本、韩国、澳大利亚、新西兰 15 国共同签署了区域全面经济伙伴关系协定（RCEP），这不仅标志着亚洲区域经济一体化步入新的发展阶段，也为后疫情时代中国与东盟深化合作、共建命运共同体创建了新的合作平台。

一、RCEP 凝聚亚洲共识，谈判成果来之不易

RCEP 谈判始于 2012 年，历时 8 年共计 31 轮漫长谈判，对于 16 个成员参与的世界最大的巨型区域贸易协定安排而言，即便印度在最后一刻退出谈判，15 方达成这一成果仍然来之不易。

一是谈判启动不易。在 RCEP 谈判启动之前，亚洲各国对于亚洲区域一体化的路径长期存在争议，一些国家如中国希望推动 10＋3 合作，而另一些国家如日本倾向于 10＋6 合作，彼此难以达成共识。随着 2008 年国际金融危机爆发以及 2009 年美国加入并主导推动跨太平洋伙伴关系协定（TPP）谈判，吸纳部分国家参与，这使东亚国家在凝聚合作共识的同时意识到危机。在东盟的提议和推动之下，各国搁置争议，从而促成了 2012 年 RCEP 谈判的启动，并且顺利地达成了《RCEP 谈判的指导原则与目标》。这一文件明确指出，RCEP 谈判的目标是在东盟成员国与东盟自贸伙伴之间达成一个现代、全面、高质量、互惠的经济伙伴协定，将涵盖货物贸易、服务贸易、投资、经济技术合作、知识产权、竞争政策、争端解决以及其他问题。

二是弥合分歧不易。参与 RCEP 谈判的 16 个成员经济发展差距很大：从经济总量看，既有世界第二、第三大经济体中国和日本，也包含世界排名 100 位以外的柬埔寨、老挝和文莱；从人均 GDP 看，既有 6 万多美元的澳大利亚，也有仅 1000 多美元的缅甸和柬埔寨。正是因为经济发展水平的巨大差异，导致各方利益诉求迥异，能接受的市场开放水平程度不同，对于投资、知识产权、竞争政策、电子商务等规则标准的认知也存在很多分歧，所以前期市场准入与规则领域的谈判困难重重。谈

* 本文作者为袁波，商务部研究院亚洲研究所副所长、研究员；赵晶，商务部研究院亚洲研究所实习研究员。

判从预计的2015年达成不断往后延，直到2016年2月TPP协定的正式签署，再次给了RCEP成员以紧迫感。2017年，各方经过努力达成了《RCEP协定框架》，在前期谈判的基础上形成了阶段性的成果，就RCEP协定各章节的内容概述达成共识。

三是谈判冲刺不易。2017年以来，随着美国特朗普政府退出TPP，对外推行贸易保护主义和单边主义的做法，给全球经济带来了巨大的风险挑战与不确定性，这使东亚国家更加致力于推动亚洲的区域性贸易安排，RCEP谈判节奏加快，进入了谈判的冲刺阶段。在这个过程中，各国领导人的政治决断起到了重要作用。例如，中国领导人多次在国际场合表示要努力推动完成RCEP谈判，在国内则主动推动高水平对外开放，为RCEP谈判提供坚实的国内助力。中国积极主动参与RCEP谈判，支持东盟在谈判中的中心作用，不仅与东盟等成员方加强立场协调、以实际行动率先解决遗留分歧，而且与日本、印度等成员国多次进行双边磋商，推动解决彼此关切问题，为最终完成谈判发挥了重要作用。在各方的努力下，虽然印度临时退出，2019年11月15方仍然共同发表了结束RCEP谈判的声明。此后，各方再次克服新冠肺炎疫情的影响，通过线上视频谈判等方式密集沟通，努力解决后续的遗留事宜，终于迎来了RCEP协议的成功签署。

二、RCEP对亚洲区域经济一体化的重要贡献

RCEP谈判的成功签署，体现了亚洲区域经济一体化的特色与生命力，是亚洲区域一体化进程中的里程碑，更是全球区域经济合作的新示范，具有重要的现实意义。从协定谈判的过程和最终达成的文本内容来看，RCEP正是亚洲智慧与亚洲模式的充分体现，未来也将成为亚洲乃至全球自由贸易的重要引领。

体现亚洲智慧。不同于传统的大国主导推动的区域贸易协定，RCEP由东盟主导推动，以东盟为中心，这不仅是东盟方式，同时也是亚洲智慧的体现，在各方存在利益分歧时，东盟能够较好地发挥协调人的作用，通过大量的沟通协调尽可能提出各方都能接受的妥协性方案。即使面对印度突然退出的挑战，各成员仍然积极通过各种方式沟通挽留，希望印度能够改变立场，在协定中为印度加入提供特殊安排，同意其加入协定前可以观察员身份参加RCEP会议和RCEP签署方举行的经济合作活动，这同样体现了多元平衡、和谐包容的亚洲智慧。

彰显亚洲模式。在全球区域一体化的进程中，亚洲虽然属于后来者，但逐步探索形成了具有自身特色的发展模式，RCEP正是其中的集大成者。RCEP采用的规则标准在WTO的基础上适度提高，同时预留后续谈判协商的空间，在追求高水平的同时兼具渐进、包容、开放的特点，能够给予各国一定的舒适度和政策空间，吸

引更多的国家参与其中，使自贸协定的成果能够更快地惠及更大区域、更多国家和更多群体。协定给予发展中成员特殊优惠待遇，对东盟新成员国不仅提供更宽松的降税安排和适中的规则过渡期，在经济技术合作章节还提出优先向发展中国家缔约方和最不发达国家缔约方提供能力建设和技术援助。

创造亚洲未来。RCEP 坚持自由贸易和面向未来的原则理念，实现了 5 个东盟+1（10+1）协定在规则领域的整合，在市场准入、竞争政策、知识产权、电子商务、政府采购等领域提出了统一的经贸规则体系，以应对当前经济全球化面临的各种挑战，保持亚洲区域的竞争力，促进亚洲各国的可持续发展。为了引领未来数字经济领域的发展合作，协定在电子商务领域作了高水平的承诺，要求对电子传输免征关税，避免对电子交易造成不必要的监管负担，在保证国家安全的同时取消对数字存储本地化的要求，允许各方为进行商业行为而通过电子方式跨境传输信息。同时，在知识产权章节，对数字环境下的侵权执法、专利的电子申请制度等进行了约定，以更好地适应数字经济时代的监管需要。

三、RCEP 将成为中国—东盟命运共同体建设的新平台

2002 年，中国与东盟决定启动双边自由贸易区建设，开启了中国—东盟合作的新时代。在中国—东盟自贸区的框架下，双边经贸合作日新月异，彼此相互成为对方第一大贸易伙伴，双向投资额超过 2400 亿美元。2020 年中国—东盟自贸区全面建成十周年之际，RCEP 的成功签署将会助力中国—东盟合作再续辉煌，同时也将为中国与东盟构建更加紧密的命运共同体提供新的动力。

RCEP 将为中国和东盟企业提供更加开放繁荣的区域大市场。RCEP 的签署标志着全球最大自贸区的诞生，也意味着涵盖亚太 15 个成员、总人口达 22.7 亿、GDP 达 26 万亿美元、贸易额达 10.4 万亿美元的区域大市场的形成。协定通过降低成员国之间的关税与非关税壁垒，扩大服务与投资市场准入，不仅有利于形成更加广阔、更加开放的一体化大市场，也有利于促进区域贸易投资增长，带动各国经济增长，从而创造一个更加繁荣、更有活力的区域大市场。RCEP 的签署，充分显示了中国与东盟等成员扩大开放、深化合作的强烈意愿和对这一区域市场发展潜力的充分肯定。据联合国贸发会议（UNCTAD）预测，到 2025 年，RCEP 将使成员国的出口增长 10%以上；到 2030 年，将为区域经济增长贡献 0.2 个百分点。当前，受疫情影响欧美经济不振、市场恢复缓慢的情况下，RCEP 区域借助区域贸易协定形成了新的市场需求与经济增长点，将成为帮助中国与东盟企业应对此次危机的避风港与稳定器。尤其是，中国作为 RCEP 成员中最大的市场，将以 RCEP 为契机进一步推动高水平开放，主动打破国内外市场一体化中的堵点，更好连通国内外市场

与要素资源，实现国际、国内市场经济循环互促发展，这也将有助于中国与东盟企业共享更加开放的市场发展空间。

RCEP 将推动中国与东盟形成互利共赢的产业链供应链合作伙伴关系。依托中国—东盟自贸区建设，中国与东盟已经形成了紧密的贸易投资关系。同时，中国与东盟以及日、韩等 RCEP 成员也是东亚生产网络的重要组成部分，但中日、日韩之间缺乏自贸协定联系，其他成员之间虽有自贸安排但也呈现出“碎片化”。RCEP 在整合成员之间双边自贸协定的基础上，进一步制订了区域统一、开放透明的贸易投资规则，允许产品原产地价值成分可在区域内累积，为中国与东盟企业在 RCEP 区域优化产业链供应链布局提供了新选项。中国与东盟企业可充分利用 RCEP 的优惠政策，按照资源最优配置的原则，在 15 个成员区域内灵活进行原材料采购和生产销售，不仅有利于降低企业综合成本，提升国际竞争力，同时也将推动形成更加紧密的区域产业链供应链合作伙伴关系。

RCEP 将助力构建更加紧密、更加包容的中国—东盟命运共同体。RCEP 的贸易投资自由化与便利化安排，不仅将进一步提高中国与东盟的互联互通水平，加深彼此的经济产业融合程度，也将为促进中国与东盟构建更加紧密、更加包容的命运共同体提供新的合作平台。RCEP 签署后，区域贸易投资的增长将进一步促进中国与东盟之间的人员往来，同时协定有关自然人跨境移动的便利化措施和服务投资市场的扩大开放，也为中国与东盟深化人文合作、增进沟通理解提供了新的发展空间。尤其是，RCEP 以促进共同发展为目标，为柬埔寨、老挝、缅甸等东盟欠发达成员提供特殊优惠待遇，帮助其提高能力以适应更高水平的自贸协定开放要求，同时为其利用自贸协定从中受惠提供支持，对中小企业也制订了广泛的合作领域促进其从 RCEP 中获益。未来，中国也将充分履行在 RCEP 对于东盟欠发达成员以及中小企业的承诺与义务，积极开展能力建设以及经济技术合作，这将为中国与东盟构建命运共同体奠定更加深厚的合作基础。

当前，面临新冠肺炎疫情和全球经济下滑的严峻挑战，RCEP 有能力成为包括中国与东盟在内的亚洲国家抗击疫情实现经济复苏的有力工具，通过保障区域市场开放和供应链互联互通，消除不确定性和贸易保护主义对地区经济的影响，进一步提振区域贸易投资信心，带动各国经济恢复发展。东盟与中国更需要齐心协力，与其他成员密切沟通，尽快完成批准 RCEP 协定的国内程序，推动协定尽快生效实施，使区域企业更快享受到 RCEP 带来的发展红利，为中国与东盟更加美好的未来做出更大贡献，也为亚洲经济的繁荣发展开创新的合作篇章。

东亚经济共同体建设的成效及挑战*

东亚是全球最具活力的地区之一。东亚地区自20世纪八九十年代开始进行经济合作，尤其是在1997年亚洲金融危机之后，加快了地区经济一体化进程。自2001年提出建设“东亚经济共同体”目标以来，至今已经走过将近20年的历程，其中既经历了快速发展阶段，也遭遇了瓶颈。总体上，东亚经济共同体建设取得较大进展和成效，东亚范围内建立起众多双边和多边FTA（自由贸易协定）经贸安排，初步建立起区域金融合作秩序，形成了东盟“10＋X”和东亚峰会等多边合作机制。但东亚经济共同体的建设也面临着诸多挑战。这就需要东亚国家加强彼此合作、协调，共同推进东亚经济共同体建设。

一、“东亚共同体”建设主要是在东盟“10＋X”框架下进行

东亚经济共同体的构想被认为最早出现于1990年马来西亚总理马哈蒂尔提出的建立“东亚经济集团（EAEG)”的构想，后来改称“东亚经济论坛”，但因美国反对、日本消极，未能启动。1997年亚洲金融危机的暴发，促使东亚国家加快了地区合作的步伐。同年底，首次东盟与中、日、韩（当时为9＋3，1999年柬埔寨加入东盟后成为10＋3）领导人非正式会晤在马来西亚吉隆坡举行。在2000年的“10＋3”领导人会议上，中国总理朱镕基提议将“10＋3”定位为东亚国家合作的主渠道，而韩国总统金大中则提出建立“东亚经济共同体”的主张。2001年，由东亚各国专家学者组成的“东亚展望小组”向当时的第五次东盟与中日韩领导人会议提交了题为“迈向东亚共同体：和平、繁荣与进步的地区”的《东亚展望小组报告》，第一次全面系统地阐发了“东亚共同体”（EAC）的构想和东亚合作蓝图规划。这份报告提出的“东亚共同体”构想与目标是东盟国家和中日韩三国首次对“东亚共同体”与“东亚经济共同体”建设的共同认可。2004年年底在老挝万象举行的第八次“10＋3”领导人会议，决定推动建立东亚共同体。2005年年底举行的第九次“10＋3”领导人会议和首次东亚峰会发表的《吉隆坡宣言》，正式把东亚共同体作为东亚合作的长期目标，并且确立“10＋3”领导人会议以“东亚自由贸易区（EAFTA)”为目标，东亚峰会（EAS）以“东亚全面经济伙伴关系协定（CEPEA)”为目标，分别推进

---

* 本文作者为黄大慧，中国人民大学国际关系学院教授。

东亚共同体的进程。自此，开始了将近10年的主要在东盟“10＋X”框架下展开东亚共同体建设的快速发展阶段，大量双边或多边自贸协定和经济伙伴关系协定进入谈判、建立和生效阶段，区内贸易、投资、金融合作水平大幅提高。以东盟10＋3机制为主导，东盟10＋1、10＋6机制、金融合作机制以及其他各双边合作机制和制度建设也得到较快发展。

值得注意的是，在这期间日本曾提出过2002年的“小泉构想”、2006年的“东亚经济伙伴关系协定构想（EPA）”和2009年的“鸠山构想”等日本版“东亚共同体”建设的构想和实践，这些构想主张的是一条以日本为主导，试图囊括东亚13国以外的澳大利亚、新西兰、印度甚至美国等国家进入东亚合作机制之中的“开放性”的“东亚共同体”建设路径，区别于以东盟为主导的路径。但总体上，“东亚共同体”的建设主要还是在东盟“10＋X”框架下进行。

2012年11月东亚峰会期间，除美俄外的16国领导人在东盟倡导下决定启动区域全面经济伙伴关系（RCEP）谈判，东亚一体化和东亚共同体建设才逐渐重拾动力。与此同时，“东亚展望小组”在2012年向“10＋3”机制提交的另一份研究报告中提出“东亚经济共同体2020愿景”，即2020年实现东亚经济共同体（EAEC）的目标在峰会上被各国接受。东亚经济共同体建设包括四个目标：一是形成单一市场和生产基地；二是保持金融稳定、食品和能源安全；三是实现公平和可持续发展；四是对全球经济作出建设性贡献。东亚经济共同体最终目标是实现区域内商品、货物、服务、投资和人员的自由流动和区域的公平、包容、均衡和可持续发展。而推进RCEP谈判成为东亚经济一体化和共同体建设的最重要的议程之一。

二、中国一直是推进东亚一体化和共同体建设的坚定支持者

中国积极支持东盟的主导地位，坚定支持以东盟“10＋3”机制为东亚共同体建设的核心机制。面对新形势，中国也转向支持RCEP这样的大范围自贸协定谈判。2015年3月，习近平主席在博鳌亚洲论坛年会开幕式演讲中指出，“中国和东盟国家将携手建设更为紧密的中国—东盟命运共同体，东盟和中国、日本、韩国致力于2020年建成东亚经济共同体。我们要积极构建亚洲自由贸易网络，争取在2015年完成中国—东盟自由贸易区升级谈判和区域全面经济伙伴关系协定谈判。在推进亚洲经济一体化的同时，我们要坚持开放的区域主义，协调推进包括亚太经合组织在内的跨区域合作”。2017年11月，李克强总理在菲律宾举行的第二十次东盟与中日韩（10＋3）领导人会议上，提出了中国关于建设东亚经济共同体的“一个宗旨”“两个原则”“三个层面合作”的主张。“一个宗旨”，即促进地区经济一体化，实现

融合发展和共同发展；“两个原则”，即坚持东盟的中心地位，坚持协商一致、开放包容、照顾各方舒适度的“东盟方式”；“三个层面合作”，即以10+3合作为主渠道，以东盟与中、日、韩三组10+1合作为基础，以中日韩、澜沧江一湄公河、东盟东部增长区等区域合作为有益补充，使东亚经济共同体建设始终走在健康、稳定、可持续的道路上。此外，李克强总理还提出具体的六点建议，包括扩大市场开放、推进中日韩自贸区和RCEP谈判、加强东亚海关合作以推进贸易投资便利化和自由化，扩大传统产业投资和加快新兴产业合作、拓展第三方合作，推动东亚海陆空基础设施互联互通网络建设，加强地区金融合作体系构建，加强对欠发达国家和弱势人群的关切、维护地区粮食安全、打造均衡普惠包容的地区发展格局，扩大人文交流等。

在中国的积极推动和引领下，2019年11月4日，RCEP谈判取得新进展，除印度外的其余国家基本完成所有市场准入问题的谈判，囊括了自由贸易、投资等传统议题和电子商务、知识产权、政府采购等现代化议题。2020年11月15日，经过8年的艰苦谈判，由东盟10个成员国以及中国、日本、韩国、澳大利亚和新西兰等共15个国家，终于签署了RCEP。RCEP的总人口达22.7亿，GDP达26万亿美元，出口总额达5.2万亿美元，均占全球总量约30%。该协定的签署，标志着世界上人口数量最多、成员结构最多元、发展潜力最大的东亚自贸区建设成功启动，将会进一步促进地区的经济一体化进程。

对于东北亚的中日韩三国来说，RCEP的签署，使原本并没有自由贸易协定的中日、日韩间也建立起新的自贸伙伴关系，区域内自由贸易程度进一步提升，而且，也为未来达成中日韩自由贸易协定奠定了基础。

三、东亚经济共同体建设在多领域取得成效显著

东亚经济共同体建设至今已经历20多年的发展，大大加快和深化了东亚地区的经济合作和一体化进程。其中，金融、贸易和投资领域的合作和机制化的制度建设是东亚经济共同体建设的主要领域。区域内出现了许多已生效和还在谈判中的双边和多边的FTA或EPA协定，建立起了东盟10+1、10+3、东亚峰会、东亚地区论坛等众多合作机制。

首先，作为东亚经济共同体的一部分，东盟共同体建设取得重大进展，是东亚经济共同体建设的重要成就。1997年9月，第二届东盟领导人非正式会议发表了《东盟2020愿景》，提出东南亚共同体构想。2003年10月，第九届东盟峰会正式宣布东盟致力构建包括政治安全共同体、经济共同体和社会文化共同体3部分的东盟共同体。2007年1月宣布，将东盟共同体建立的时间从2020年提前到2015年。

2009 年 2 月，第十四届东盟峰会通过《东盟共同体 2009 年—2015 年建设路线图宣言》，规定了东盟三类共同体建设的具体目标、措施和时间表。2015 年年底，东盟共同体正式宣布成立，在政治安全、经济、社会文化一体化进程方面取得重大进展。东盟后又宣布继续建设东盟共同体，制定《后 2015 东盟共同体愿景》和通过《东盟迈向 2025 年吉隆坡宣言》，规划了未来十年东盟共同体建设的路线图，并提出于 2025 实现东盟经济共同体。此外，在东盟内部经济一体化方面，东盟经济共同体建设也取得进展。

其次，作为东亚经济共同体的主要内容之一，贸易和投资合作通过双边和多边 FTA 及 EPA 网络构建而得到极大发展。东亚范围内存在的自贸安排，包括已经建成的东盟自贸区（AFTA），中国—东盟自由贸易区（CAFTA）以及东盟与日本、韩国、印度、澳大利亚—新西兰之间的东盟“10＋1”模式的双边 FTA 或 EPA 安排，东盟与中日韩三国之间的东亚自由贸易区（EAFTA）、中日韩（FTA）、亚太自贸区（FTAAP）、RCEP 等多边贸易安排，以及中、日、韩与东盟内部国家之间以及澳大利亚、新西兰等亚太国家之间签订或谈判的自贸安排。这些自贸安排有的已经生效，有的还处于谈判阶段。其中，东盟自由贸易区和东盟 5 个“10＋1”自贸区已基本生效，通过关税减免以及削减非关税壁垒等措施安排，提高了这些国家之间贸易自由化水平。但这些自贸安排基本是与东盟之间的双边安排，而非东盟国家之间的贸易投资等合作机制显得欠缺。覆盖范围更广的 EAFTA、FTAAP、RCEP 等巨型自贸区安排，除了 RCEP 谈判取得新进展之外，其他多处于谈判或研究协商过程。非东盟国家的中日韩自贸区安排也处于谈判之中。

最后，金融货币合作及其制度化建设取得进展。经历 1997 年和 2008 年两次国际金融危机的打击，东亚国家加强了金融货币领域的合作，尤其是致力于稳定的区域货币秩序和机制的建立。早在 1997 年亚洲金融危机初期，日本曾提议建立由中日韩和东盟出资的亚洲货币基金组织（AMF），作为东亚区域性国际金融机构，但是遭到美国和国际货币基金组织（IMF）的强烈反对而流产。东亚被迫转向更低层次的合作形式。1999 年，在东盟“10＋3”领导人峰会机制下的由“10＋3”成员国财长和央行行长组成的“10＋3”财金合作机制正式启动，成为东亚货币合作的重要政治框架。2000 年，“10＋3”成员国签署“建立双边货币互换机制”的协议，即清迈倡议（CMI）。在这一框架下，成员国相互签署双边货币互换协议。2008 年国际金融危机后，东亚金融货币合作进一步加强。2003 年开始，在中国总理温家宝提议下，开始了清迈倡议多边化研究。2008 年各国达成清迈倡议多边化协议，并决定建立东亚外汇储备。2009 年将筹建中的区域外汇储备的规模由 800 亿美元扩至1 200 亿美元。2010 年东亚外汇储备库正式生效，标志“清迈倡议多边机制（CMIM）”，即东亚区域性的危机救援机制的正式建立。2012 年东亚外汇储备库资金规模再次得到提高，扩大至 2 400 亿美元。2016 年，作为清迈倡议多边化机制独立监测机构的“10＋3”宏观经济研究办公室（AMRO），正式成为国际金融组织。东亚地区的金融货币合作新秩序和一体化建设取得进展。随着“一带一路”建设的推进，丝路基金、亚投行的建立，也为东亚地区金融合作创造了新的机会和动力。但是，必须认识到，区域货币合作通常要经历危机救援机制、汇率协商与合作、区域汇率机制以及引入单一货币几个步骤，所以，东亚金融货币合作尽管取得重大进展，但还停留在比较初级的阶段。

四、东亚经济共同体建设面临的各种挑战

由于东亚地区的复杂性，东亚经济共同体建设的进一步发展仍然受到共同体本身的局限、东亚固有繁杂机制竞合、东亚国家关系的历史和现实不确定性、美国等域外因素等诸多方面的挑战。这些挑战有些是东亚经济合作一直固有的弊端，有些随着国际形势的变化而出现转机。东亚经济共同体建设的未来发展，虽然是大势所趋被寄予期待，但其建设过程注定会挑战重重，需要东亚各国的进一步相互理解、协商和合作。

东亚经济共同体建设缺乏明确定位和规划。虽然东亚国家都认同建设东亚经济共同体和经济一体化建设，在东亚经济共同体的地区定位（也即成员范围）、共同体建设路径（以东盟为主导的“10＋X”机制还是包括更大范围国家的东亚峰会为主要合作机制）以及基本目标和远景等基本问题上，东亚国家并没有形成共识，更没有明确的规划。东亚国家在“东亚”的地区认同问题上是存在分歧的，在各种不同的东亚共同体构想中也可以看出，东盟和中国一直坚持“10＋3”的基本合作范围，而日本一直尝试在“10＋3”的基础上纳入澳大利亚、新西兰等更多国家加入其中。近年来，随着 RCEP 的推进，东亚的地区认同进一步被模糊化。东亚和亚太地区由于地域的重合，两种地区认同彼此交织，影响着东亚国家对于东亚经济共同体建设的态度，比如日本在亚太和东亚两种地区认同中的摇摆，未来东亚经济共同体到底应该在什么范围内展开进一步机制化建设，这直接影响到共同体建设能够实现到何种程度。地区认同和定位一定程度上也影响东亚经济共同体目标的确定，是仅仅实现贸易投资、金融合作、人员要素自由流动等程度的一体化合作，还是更高水平的建立在覆盖全区域的地区合作机制和共同制度下的经济合作？目前东盟的“10＋3”机制、东亚峰会、APEC 等机制哪种机制能够成为这样一种区域性机制？这些都是需要进行认真考虑和确定的问题。

东亚经济共同体建设的主导力量缺位。毋庸置疑，东盟在东亚经济共同体建设

过程发挥了主导作用，通过东盟主导的“10＋X”机制实现了共同体建设的初步发展。但是，东盟毕竟实力有限。中日韩三国的经济总量占到东亚整体经济总量的比重超过90%以上。东盟在推动东亚经济共同体更高水平的整合和合作方面力量有限，主要发挥着协调力量，需要中日韩三国发挥主导作用。在金融合作方面，日本在早期发挥着主导作用，后逐渐发展为中日合作主导。但在整体合作方面，由于日本执着于囊括澳大利亚、新西兰、印度、美国等域外国家的东亚共同体建设路径，未能真正在东亚经济共同体建设中发挥主导作用，更多是一种推动力量。中国一直坚持东盟的主导作用，中日在地区主导权方面存在竞争，但中日都没能实现对东亚经济一体化合作的主导，而东盟力量有限，使得东亚共同体建设缺少强有力的主导力量。

东亚范围内多样繁杂机制的潜在制约和竞争的挑战。东亚地区的经贸安排数量颇多，有各种双边和多边FTA，以及RCEP、FTAAP、EAFTA、CPTPP等建立中或谈判中的经贸安排构想。而在机制方面，存在东盟10、10＋1、10＋3、东亚峰会、APEC、东亚地区论坛、中日韩三国合作机制等合作机制。这些机制之间不存在十分明确的联系和分工合作，而是存在潜在的重叠和制约。东亚经济共同体建设没有形成比较明确的一套机制，而是依赖这些不同的机制进行协商安排。这些机制和经贸安排如果整合得当，对于东亚一体化和共同体建设来说是很好的基础；反之，这些机制和经贸安排之间重叠和制约，则也可能造成东亚经济共同体的分割，不利于共同体建设。

美国等域外因素的影响。美国是东亚经济一体化进程和东亚经济共同体建设的一个重要影响因素。“马哈蒂尔构想”和日本的“亚洲货币基金构想”，就因美国的强烈反对而以失败告终。东亚经济共同体建设也因美国主导的TPP（跨太平洋伙伴关系协议）推进而受阻。东亚或者亚太始终是美国的重要关注地区，美国不允许该地区出现一个排美的经济集团，因此一直试图搅浑东亚一体化建设。美国的亚洲政策，直接或者通过同盟体系间接影响着东亚经济合作进程。现在，特朗普政府在亚洲的战略收缩和保护主义政策，给东亚经济合作带来了机会。然而，未来美国政府会采取何种亚洲或亚太政策和战略，也给东亚经济合作和经济共同体的建设带来不确定因素。

东亚地区复杂国家关系的历史和现实不确定性的影响。东亚地区的国家构成和国家间关系比较复杂，既包含日本和新加坡等经济发达国家，又存在中国等中等收入国家和老挝、缅甸等低收入国家。此外，东亚国家之间既有文化、社会等方面的相似性，又存在较大的政治、经济和社会制度的差异，以及存在众多领土争端等主权问题、民族、宗教等潜在矛盾。东盟国家间的政治和社会关系的不确定性，给东亚经济合作尤其是东亚经济共同体更高水平的发展增加了不确定性。此外，东盟在发展过程中形成了以不干涉、低制度化、协商一致和照顾成员舒适度为特征的独特的“东盟方式”。“东盟方式”反映的东亚国家对主权的敏感性，使得东亚经济合作尤其是东亚经济共同体建设，具有一定脆弱性和敏感性。

日本世界自由贸易核心地位的形成、影响及应对*

一、日本谋求成为全球自贸协定主导力量

据统计，截止到2020年1月之前，全世界共有486件FTA。其中已生效的320件，已签署协议49件，谈判中和构想讨论阶段的93件，政府间预备协议阶段的24件。实际上，许多国家和经济体于近年在贸易自由化方面取得重大进展。几项重要的新贸易协定已经敲定，包括《跨太平洋伙伴关系协定》（CPTPP、TPP11)、《加拿大—欧盟全面经济贸易协定》（CETA)、非洲大陆自由贸易区（AFCFTA）和《欧盟—日本经济协定》合作协议等。英国于2020年1月底成功退出欧盟，与欧盟的新贸易协定谈判也已经结束。这些为全球抗疫和维护自由贸易提供了稳定器。

近年在中美贸易摩擦、中国需要稳定全球自由贸易的时候，日本也快速实现了几大FTA的主导权②。日本主导的CPTPP于2018年3月8日在智利签署，日欧EPA2019年生效，美日贸易协议2020年生效，由此实现了奥巴马设想的“两洋战略（太平洋TPP和大西洋TTIP)”，2020年9月11日英国与日本就经济合作协定（EPA）谈判达成基本协议，9月14日英国国际贸易大臣特拉斯表示，希望2021年初申请加入CPTPP③。RCEP、中日韩FTA、中日第三方市场合作等中日在东亚的区域合作也积极推进。

日本政府估算认为，TPP和日欧EPA生效将把实际GDP推高约13万亿日元，使国内的就业岗位增加约75万个④。日本计划把这两个框架作为贸易政策核心，进一步推进自由贸易，对抗世界上的保护主义势力⑤。由此成为自由贸易的霸主，这

---

* 本文作者为王卓，国家发展和改革委员会国际合作中心华夏研究院国际合作处副处长、博士、研究员。

② 孙丽：《日本主导国际经贸规则制定的战略布局》，《日本学刊》，2020年第4期。

③ 南博一：《英国国际贸易大臣：希望明年初申请加入跨太平洋伙伴关系协定》，澎湃新闻，2020—09—16。

④ 张季风 王厚双 陈新 倪月菊 张玉来 姜跃春 刘轩 江瑞平 贺平 钟飞腾：《关于日欧EPA的深度分析：内容、诉求及影响》2019—01—18。

⑤ 《日欧EPA生效，世界最大规模自贸区诞生》，观察者网，发布时间：2019—02—01。

值得高度关注。

从日本主导的FTA基本情况来看，在双边领域，2001年日本首先与新加坡进行EPA谈判，并于2002年11月生效。之后2005年4月与墨西哥，2006年7月与马来西亚，2007年9月与智利，同年11月与泰国，2008年7月与印度尼西亚和文莱，2008年12月与菲律宾之间的EPA陆续生效。2008年12月，与ASEAN的AJCEP生效。此后，日本也与瑞士（2009年9月）、越南（2009年10月）、印度（2011年8月）、秘鲁（2012年3月）、澳大利亚（2015年1月）、蒙古（2016年6月）之间启动EPA。日本已生效的EPA到2017年3月为止共有15件（14个国家和ASEAN）。

多边层面，2013年，日本参加了中日韩FTA谈判（3月）、日本和欧盟的EPA谈判（4月）、包括日本等16个国家RCEP谈判（5月）。此外，2013年8月，日本还参加了TPP协定的谈判。由于大型FTA的签订生效，日本的FTA覆盖率（与FTA缔结国的贸易额占贸易总额的比率）2015年就达到了贸易额的22.7%以上①，效果显著，也鼓励了日本继续积极完成了下列FTA谈判。

1. CPTPP

全面与进步跨太平洋伙伴关系协定（简称CPTPP，Comprehensive Progressive Trans－Pacific Partnership），是美国退出TPP（跨太平洋伙伴关系协定Trans－Pacific Partnership Agreement）后的新名字。《全面与进步跨太平洋伙伴关系协定》包括近5亿人口，GDP之和占全球经济总量的13%。根据联合声明，在2016年2月签署的包含美国的基础上，CPTPP保持原TPP超过95%的项目。

CPTPP与TPP最大区别在于前者冻结了后者中涉及知识产权等内容的20项条款，在贸易便利化、市场准入、电子商务和服务贸易等方面没有差别。周小明（2018）认为，加拿大等11国签署的《全面与进步跨太平洋伙伴关系协定》极可能成为“规则改变者②”。

2. 美日贸易协定

美日2018年9月同意启动双边贸易谈判后，2019年4月启动磋商，进行了七轮部长级贸易磋商，议题涉及日本进口美国农产品关税率、《跨太平洋伙伴关系协定》优惠待遇范围、汽车关税等。9月25日双方签署初步贸易协议并发表联合声明，2020年1月1日生效。协议没有“自由贸易”的表述。而是纳入了“互惠、公正且相互的贸易”这一源自美国的表述。

---

① 日本贸易振兴机构：《FTA/EPA：世界の現状》www.jetro.go.jp。

② 《CPTPP究竟能走多远?》，FT中文网，2018－3－12。

特朗普上台后，和几乎全世界重新签署贸易协定，先是北美、接着是韩国与日本等，急需贸易方面的政绩。而安倍政府执政以来的一个重大外交政策就是推进同其他国家的自由贸易协定签署。通过贸易协定，日美经贸关系得以进一步紧密，日美两国的经济一体化进程将进一步得到深化①。

3. 日欧 EPA

2018 年 7 月 17 日，日本与欧盟签署了“经济伙伴关系协定”（Economic Partnership Agreement，EPA），并于 2019 年 2 月 1 日正式生效，日欧 EPA 的内容非常丰富，日文版协定包括序言、正文 23 章以及 23 个附属文件，共 470 多页，不仅涉及进出口产品的减免关税（仅农产品减税品目达 2000 多种），还涉及地理标识（GI）、原产地标记、贸易规则等②。

根据日本政府估算，日欧 EPA 将推动日本 GDP 每年增长约 5.1 万亿日元，并增加约 29 万个就业岗位。预计日本市场上欧洲产食品的价格将下跌，而日本汽车和电子产品等在欧洲市场则将更具竞争力③。日欧 EPA 将提高日本的开放度和国际地位。将对日本不同产业造成不同的影响。

4. 日英 EPA

2020 年 9 月 11 日英国与日本就《英日全面经济伙伴关系协定》（EPA）谈判达成基本协议，10 月 23 日签署了该协议，在 2021 年 1 月 1 日正式生效。这是英国脱欧后敲定的首个重大贸易协议。英日两国于 2020 年 6 月 9 日启动贸易谈判，只历时了 3 个月便谈判成功。主要聚焦两国数字贸易、农业、汽车等方面交易。此次英国与日本达成自贸协定，还是其日后加入 CPTPP 的重要一步。

2021 年年初生效的协议，意味着双方 99%的出口享受零关税。在 2018 年双方贸易额基础上，英国希望在对日出口增加 194 亿美元。协议可能促使英国对日本的商品和服务出口增长 21%，但英国从日本的进口估计将增加 79%。考虑到 2019 年双边贸易额只有 410 亿美元，一举增加近 50%交易量，很难在疫情难以结束的 2021 年实现。毕竟，英日贸易量只占英国对外贸易的 2%。协议使英国“获得了作为欧盟成员时不可能取得的重大胜利”，也打破了“独立的英国无法达成重大贸易协议，就是能达成也需要数年时间”这一魔咒④。

---

① 《谈了一年多，日美贸易协定要达成了?》2019 年 09 月 27 日。http：//www.hksgjcx.com/huoyun/20190927/1078345.html。

② 外務省『経済上の連携に関する日本国と欧州連合との間の協定』、2018 年 7 月 17 日、https：//www.mofa.go.jp/mofaj/press/release/press4_006239.html。

③ 贺平：《新型跨区域主义的重要一环：日本—欧盟 EPA/FTA 初探》，《日本学刊》2014 年第 2 期。

④ 外媒：《英日“快速”签署脱欧后首个大型贸易协议》，新华社，2020 年 10 月 25 日。

二、RCEP、中日韩 FTA、中日第三方市场合作与“一带一路”

始自 2012 年的 RCEP 谈判进程，2017 年以来开始全面“提速”，2020 年 11 月 15 日签署。RCEP 成功签署，将涵盖约 35 亿人口，GDP 总和将达 23 万亿美元，占全球总量的 1/3，所涵盖区域也将成为世界最大的自贸区。中日韩自由贸易区这一设想是 2002 年 11 月 20 日，在柬埔寨金边召开的中日韩三国领导人峰会上提出的，是一个由人口超过 15 亿的大市场构成的三国自由贸易区。到 2019 年 11 月底，已经举行了 16 轮谈判。目前谈判的难点包括外交、经济结构（如农业、金融服务等）、美国因素等。

第三方市场合作主要是指中国企业（含金融企业）与有关国家企业共同在第三方市场开展经济合作。截至 2019 年 6 月，中方已与法国、日本、意大利、英国等 14 个国家签署第三方市场合作文件，建立第三方市场合作机制，共同为企业搭建合作平台、提供公共服务。一般包括产品服务类、工程合作类、投资合作类、产融结合类、战略合作类等 5 个类别，涵盖铁路、化工、油气、电力、金融等多个领域，涉及日本、英国等国的合作伙伴以及印尼、埃塞俄比亚等合作项目所在国①。2018 年 5 月，李克强总理访问日本期间，中日两国政府签署了《关于开展第三方市场合作的谅解备忘录》。10 月 26 日，日本首相安倍晋三访华期间第一届中日第三方市场合作论坛在北京成功举行，签署了 52 项具体合作项目备忘录，如泰国“东部经济走廊开发计划”开展合作。

2019 年中日双边贸易总额超过 3 100 亿美元，日本累计在华实际投资超过 1 100 亿美元，在中国利用外资总额国别排名中居首位，中国对日投资稳步发展，投资领域不断拓宽。2017 年年底以来，日本积极参与“一带一路”建设，通过内阁决议的形式，选定了中日共同开发非洲基础设施建设的多个项目，并在积极展开。双方在中日经济高层对话机制下就宏观经济政策开展有效交流，积极推动第三方市场合作、创新合作、服务贸易合作。

三、对中国的影响及对策

日本这些协议可能带给中国新的压力，包括外交关系压力及各协议内的「毒丸（poison pill）条款」等。日本经济产业研究所理事长中岛厚志认为，在中美贸易摩擦的背景下，美国无法再像以前那样向中国出口农产品，而特朗普打算在日本身上

① 2019 年 9 月 4 日国家发改委发布《第三方市场合作指南和案例》（以下简称《指南和案例》）。

寻找突破口，只要向日本出口的农产品增加了，就能填补在中国身上减少的农产品出口量缺口[1]。日美贸易协议不仅使中国在中美贸易战中为反制美国而抵制美国农产品出口的计划几乎彻底落空，更让美国农产品有了新的稳定的市场，还让日本人民以超低的价格享受到欧美的优质牛肉和农产品。由此，鉴于农业是当前中美贸易谈判中的主要议题之一，这些协定可能间接影响到拜登上台后希望推动的中美第二阶段贸易谈判，在中美贸易战的博弈中更加主动。

从几个协议与 CPTPP 的关系来看，日本对美产品税率参照 CPTPP，坚持在 CPTPP 约定税率范围内与美谈判。没有美国的 CPTPP 和美日协议并存，也给多边自由贸易体制留下课题。这对包括中国在内的其他潜在成员国来说，是一个较好的时机，因此应把握住以下几个方向。

首先，要加快自贸协定谈判掌握疫情后全球多边体系主导权，利用国际贸易规则和国际投资规则、安全规则融合优势。从国际来看，虽然近年美方奉行“美国优先”，把单边主义和霸凌主义推行到极致，对国际规则合则用、不合则弃，是对国际规则体系的最大威胁和最大破坏。但实际上，美国的根本用意不是退出、而是重建对美国有利的贸易自由化体系，许多国家和经济体于近年在这方面也取得重大进展[2]。近期 RCEP 的签署和中国主动提出积极考虑加入 CPTPP，各国反映强烈。应加强我国与相关国家在规划、机制等方面的对接；在政策、规则、标准方面的联通。在中美贸易战愈演愈烈和印太战略对冲等情况下，中国应该更加鼓励传统贸易而不是投资推进“一带一路”，增加服务贸易往来和人员往来，加深了解和认同，提高对方能力建设和发展实力，减少基础设施投资以及减少不必要的产业投资等。首先要考虑对方的实际需求和能力，不能误导或唆使对方国家盲目扩大投资金额而产生债务，要量力而行。现在中国企业也要结合自己的能力选择项目，不要求快求大，要综合考虑项目在企业全球价值链和供应链中的地位和作用。“大规模走出去”与国家搭建战略互信平台，自贸战略安排与鼓励企业联合体“走出去”，主动申报与沟通合作，经验总结与避免触碰“红线”，注重公关与遵守对方法律法规，境外投资“合规性”“底线”建设与“合意性”“上线”建设，。

其次，美国“长臂管辖”是一个特殊案例，可以供中国参考，但难以仿效。美国用相似手段打压过东芝公司等为代表的日本半导体产业；数年前，美国采取种种手段“肢解”法国制造业代表性企业阿尔斯通，陆续打压中国中兴、华为和 TIK-TOK、中芯国际，制裁多家中企。但需要注意的是，中国不能效仿美国的长臂管

① 《“难逃掌心”？日媒：日对美贸易大让步引争议》中国经济网 09—28。

② 中国社科院世界经济与政治研究所：《中国是否应该加入 CPTPP?》，《国际经济评论》2019 年第 4 期。

辖。因为法律与权力是合二为一的。美国之所以能够长臂管辖，是因为有权力（包括军事）支撑。这也是为何其他国家或集团（如欧盟等）也有法律，却不能仿效美国的原因。不是中国只要有了这样的法律，就可以跨国执法，维护中国贸易或投资的利益。这个权力不单是一国的权力，它之所以能够超出国界行使，是因为它依托了一个国际权力分配体系。这个体系里，各国的权力或法律的效力和影响力是不平等的。简言之，这个体系是伴随着资本主义全球化的展开而形成的，其间虽然也有若干变动（如一些国家独立后加入等），但是，基本结构没有根本性的改变。而且，后来者（如发展中国家等）的权力和法律的地位的变动，也往往是随着先来者（如发达国家等）的变动而产生的一种跟随。这里与其说是一个先后顺序或时差，毋宁说是一个权力结构的自我调整。比如，保护投资的法律，首先是发达国家对外投资增加了，矛盾也增加了，于是制定了相关法律，并对被投资国提出了法律要求；否则，就可以拒绝或撤走投资。而后者如需招商引资，就需要根据前者的要求制定相关法律。于是，这个国家法律的框架就经过调整，适应了外来的新的政治（法律）一经济（贸易）体系的要求；而新的国际经贸法律体系的调整也随之完成。

因为中国面临的是一个已经成熟的全球政治法律框架。从1990年代开始，中国也进入了对外投资的阶段，因此，也需要制定相应的法律并实施之。这是合情合理的。因此，跨国投资法还需要考虑：被执法国的同意，即他们国内的法律体系需要调整以配合中国执法；现行国际政治法律框架的调整，即那些占据主位国家的法律或以他们的意志制定的国际法系，能够进行调整，以配合中国新法的进入；中国国内的政治法律体系更需要调整，以保持与对外法律的同步等。

比如，假定中国在某国的投资被无理或无礼地没收，又假定中国成功地实施了跨国执法或不跨国执法，相应地没收了该国在某国或在我国的投资。那么，新的问题就产生了：因为在中国国内某些公民的投资，可能因为法律欠缺或执法不严，而一直没有得到足够的保护，很多投资者甚至血本无归。于是，出现了国内法制与跨国法制的不衔接不匹配问题。又比如，中国公民在国外犯法的问题，中国如何或能否长臂管辖？其法律依据又是什么？如何与其投资国的法律衔接？这里还涉及了与国际劳工组织（ILO）的法律相匹配和衔接的问题等。

再次，应构建中美自主限制和预警机制。机会均等，利益均沾。为防止两国贸易投资突然暴涨或暴跌，应建立自主限制机制；同时，为了防止两国政经关系等出现突然的断崖式的变动，有关部门可协商建立预警机制，划定危机等级，制定相应预案。这也是美欧等曾经提倡的原则。中国可要求美国对中国公司（如微信、华为等）放宽管制；同时，作为对等，也可考虑对美 YouTube、Facebook、谷歌等重新开放。另外，共建“一带一路”或对外投资工程等可以给美国有关企业保留一定的机会和利益；作为对等，美国与其他国家或区域集团的商贸活动，也应给我国有关企业同等待遇。

最后，将日本作为冲出包围的突破口。争取以菅义伟提出的坚持举办 2021 东京奥运会为契机，加大日本从我国的进口规模，推动我国游客赴日，促进双边贸易往来更加紧密。应进一步吸引日本跨国企业在我国布局研发、设计等研发环节，带动产业技术含量提高①。此外，两国应以新冠肺炎疫情在全球各地蔓延为契机，适当推动两国医疗规则互认，引导日本医疗服务业进入我国市场。我国应推动两国在贸易、产业协作方面合作更深入，紧抓机遇，协作更充分。再有，早日实现中日韩 FTA，根据国家领导人会晤达成的共识精神，加强三国合作。适时推进两国在第三方开展产能合作，拓宽合作领域，创新合作方式。最后，统筹推进 RCEP 等多边贸易协定。全球贸易保护主义盛行，如果中日两国能够推动 RCEP 如期生效，维护 WTO 等的地位，将有效刺激经济全球化发展，为两国经济增长注入新的动力②。

总之，新冠肺炎疫情之后要稳住外贸外资基本盘，要保障外贸产业链、供应链畅通运转，稳定国际市场份额，这其中“一带一路”的作用显得尤为重要。我国经济发展质量持续提高，全面对外开放新格局正在加速形成，中共中央政治局会议指出：“必须坚定不移推进改革，继续扩大开放，持续增强发展动力和活力。”“加快形成以国内大循环为主体、国内国际双循环相互促进的新发展格局。”因此，实现“一带一路”机制高水平发展成为目前最紧要的课题。所以应该坚持防控新冠肺炎疫情、扩大“一带一路”提升对外开放的层级，倒逼竞争中性改革，尽快生效 RCEP，加入 CPTPP，从而促进全球贸易投资增长和引领新全球化，为人类命运共同体的成功奠定基础。

---

① 山下 一仁：『WTO 再生の旗頭を目指せ－TPP 拡大により米国？中国の取り込みを－』『改革者』 （2020 年 10 月号 特別インタビュー） に掲載。

② 藤 和彦：『中国、ハイテク産業と金融システムが瓦解の兆候…事実上の「ドル本位制」が行き詰まり』2020 年 9 月 28 日 Business Journalに掲載。

附 表

附表 1 中国自由贸易区建设总体情况（截至 2020 年年底）

	已签协定的自贸区	正在谈判的自贸区	正在研究的自贸区
数量	19	11	8
亚洲	·中国—东盟及升级 ·内地与香港更紧密经贸关系安排（CEPA） ·内地与澳门更紧密经贸关系安排（CEPA） ·中国—巴基斯坦及第二阶段 ·中国—新加坡及升级 ·海峡两岸经济合作框架协议（ECFA） ·中国—韩国 ·中国—格鲁吉亚 ·中国—马尔代夫（尚未生效） ·中国—柬埔寨（尚未生效）	·中国—海合会 ·中日韩 ·中国—斯里兰卡 ·中国—以色列 ·中国—韩国第二阶段 ·中国—巴勒斯坦	·中国—尼泊尔 ·中国—孟加拉国 ·中国—蒙古国
大洋洲	·中国—新西兰 ·中国—澳大利亚	·中国—新西兰升级（结束谈判）	·中国—巴新 ·中国—斐济
亚洲和大洋洲	·区域全面经济伙伴关系协定（RCEP）（尚未生效）		
欧洲	·中国—冰岛 ·中国—瑞士	·中国—挪威 ·中国—摩尔多瓦	·中国—瑞士升级
美洲	·中国—智利及升级 ·中国—秘鲁 ·中国—哥斯达黎加	·中国—秘鲁升级 ·中国—巴拿马	·中国—哥伦比亚 ·中国—加拿大
非洲	·中国—毛里求斯（2021 年 1 月 1 日生效）		

注：上述自贸伙伴根据外交部网站各洲国家和地区列表进行分类。

资料来源：根据中国自由贸易区服务网资料整理。

附表 2 2019 年中国与自贸伙伴进出口情况

单位：亿美元；%

自贸伙伴	进出口			出口			进口		
	金额	同比增长	占比	金额	同比增长	占比	金额	同比增长	占比
东盟	6 414.7	9.2	14.0	3 594.2	12.7	14.4	2 820.4	5.0	13.6

续 表

自贸伙伴	进出口			出口			进口		
	金额	同比增长	占比	金额	同比增长	占比	金额	同比增长	占比
文莱	11.0	−40.2	0.0	6.5	−59.2	0.0	4.5	81.7	0.0
缅甸	187.0	22.8	0.4	123.1	16.7	0.5	63.9	36.4	0.3
柬埔寨	94.3	27.7	0.2	79.8	32.9	0.3	14.4	4.9	0.1
印度尼西亚	797.1	3.1	1.7	456.4	5.7	1.8	340.6	−0.3	1.6
老挝	39.2	12.9	0.1	17.6	21.2	0.1	21.6	7.0	0.1
马来西亚	1 239.6	14.2	2.7	521.3	14.9	2.1	718.3	13.6	3.5
菲律宾	609.5	9.5	1.3	407.5	16.3	1.6	202.1	−2.0	1.0
新加坡	899.4	8.7	2.0	547.3	11.6	2.2	352.2	4.4	1.7
泰国	917.5	4.9	2.0	455.9	6.3	1.8	461.6	3.4	2.2
越南	1 620.0	9.6	3.5	978.7	16.7	3.9	641.3	0.3	3.1
中国香港	2 880.3	−7.2	6.3	2 789.5	−7.6	11.2	90.9	6.9	0.4
中国澳门	31.1	−1.4	0.1	30.4	−1.6	0.1	0.7	4.7	0.0
巴基斯坦	179.7	−5.9	0.4	161.7	−4.5	0.6	18.1	−16.9	0.1
智利	409.4	−3.9	0.9	147.1	−7.4	0.6	262.3	−1.9	1.3
新西兰	182.9	8.5	0.4	57.4	−0.7	0.2	125.6	13.3	0.6
秘鲁	237.0	3.1	0.5	85.1	5.6	0.3	151.8	1.8	0.7
哥斯达黎加	22.5	−8.0	0.0	15.2	−8.4	0.1	7.2	−7.0	0.0
中国台湾	2 280.8	0.8	5.0	550.8	13.2	2.2	1 730.0	−2.6	8.3
冰岛	2.6	−38.9	0.0	1.1	−55.0	0.0	1.4	−13.9	0.0
瑞士	318.1	−25.2	0.7	45.5	13.2	0.2	272.6	−29.2	1.3
韩国	2 845.8	−9.2	6.2	1 110.0	2.1	4.4	1 735.7	−15.2	8.4
澳大利亚	1 696.4	10.8	3.7	482.0	1.8	1.9	1 214.3	14.8	5.8
格鲁吉亚	14.8	29.0	0.0	14.0	27.9	0.1	0.8	50.4	0.0
马尔代夫	3.8	−3.9	0.0	3.5	−12.2	0.0	0.3	3 164.0	0.0
毛里求斯	8.5	0.4	0.0	8.1	0.3	0.0	0.4	3.8	0.0
日本	3 150.3	−3.9	6.9	1 432.7	−2.6	5.7	1 717.6	−4.9	8.3
合计	20 678.6	−0.2	45.2	10 528.3	2.1	42.1	10 150.3	−2.4	48.9
总值	45 761.3	−1.0	100.0	24 990.3	0.5	100.0	20 771.0	−2.7	100.0

数据来源：中国海关统计。

附表 3　2018—2019 年中国实际利用自贸伙伴直接投资情况

单位：亿美元；%

自贸伙伴	2018 年		2019 年		同比增长
	金额	占比	金额	占比	
东盟	57.2	4.2	78.8	5.7	37.7
文莱	0.2	0.0	0.1	0.0	−62.6
缅甸	0.1	0.0	0.0	0.0	−73.8
柬埔寨	0.0	0.0	0.6	0.0	2 792.0
印度尼西亚	0.3	0.0	0.1	0.0	−61.7
老挝	0.0	0.0	0.0	0.0	−100.0
马来西亚	2.1	0.2	0.7	0.1	−66.9
菲律宾	0.5	0.0	0.1	0.0	−72.3
新加坡	52.1	3.9	75.9	5.5	45.7
泰国	0.5	0.0	1.1	0.1	131.3
越南	1.4	0.1	0.2	0.0	−87.6
中国香港	899.2	66.6	963.0	69.7	7.1
中国澳门	12.8	0.9	17.4	1.3	35.6
巴基斯坦	0.0	0.0	0.0	0.0	−95.5
智利	0.1	0.0	0.0	0.0	−97.7
新西兰	0.3	0.0	0.4	0.0	32.4
中国台湾	13.9	1.0	15.9	1.1	14.1
瑞士	6.0	0.4	6.4	0.5	6.8
韩国	46.7	3.5	55.4	4.0	18.7
澳大利亚	2.9	0.2	4.3	0.3	48.3
毛里求斯	2.6	0.2	2.7	0.2	3.6
日本	38.0	2.8	37.2	2.7	−2.0
合计	1 079.7	80.0	1 181.5	85.5	9.4
总值	1 349.7	100.0	1 381.3	100.0	2.3

注：2018—2019 年秘鲁、哥斯达黎加、冰岛、格鲁吉亚和马尔代夫没有对华投资或金额极少。

数据来源：中国统计年鉴。

附表 4　2019 年中国对自贸伙伴投资流量和存量情况

单位：亿美元；%

自贸伙伴	投资流量		投资存量	
	金额	占比	金额	占比
东盟	130.2	9.5	1 098.9	5.0
文莱	0.0	0.0	4.3	0.0
缅甸	−0.4	0.0	41.3	0.2
柬埔寨	7.5	0.5	64.6	0.3
印度尼西亚	22.2	1.6	151.3	0.7
老挝	11.5	0.8	82.5	0.4
马来西亚	11.1	0.8	79.2	0.4
菲律宾	0.0	0.0	6.6	0.0
新加坡	48.3	3.5	526.4	2.4
泰国	13.7	1.0	71.9	0.3
越南	16.5	1.2	70.7	0.3
中国香港	905.5	66.1	12 753.6	58.0
中国澳门	5.9	0.4	98.5	0.4
巴基斯坦	5.6	0.4	48.0	0.2
智利	6.1	0.4	11.7	0.1
新西兰	0.1	0.0	24.6	0.1
秘鲁	3.5	0.3	14.0	0.1
哥斯达黎加	0.1	0.0	0.4	0.0
中国台湾	1.1	0.1	12.5	0.1
冰岛	0.0	0.0	0.1	0.0
瑞士	6.8	0.5	56.6	0.3
韩国	5.6	0.4	66.7	0.3
澳大利亚	20.9	1.5	380.7	1.7
格鲁吉亚	0.6	0.0	6.7	0.0
马尔代夫	0.1	0.0	0.8	0.0
毛里求斯	1.9	0.1	12.9	0.1
日本	6.7	0.5	41.0	0.2
合计	1 100.6	80.4	14 627.8	66.5
总值	1 369.1	100.0	21 988.8	100.0

数据来源：中国商务年鉴。

附表 5 2019 年中国在自贸伙伴市场承包工程情况

单位：亿美元；%；人

自贸伙伴	新签合同数	新签合同额	占比	完成营业额	占比	派出人数	年末在外人数
东盟	3 253	546.0	21.0	399.3	23.1	57 743	88 728
文莱	250	1.3	0.1	9.6	0.6	1 163	1 576
缅甸	129	63.1	2.4	18.6	1.1	3 674	3 848
柬埔寨	246	55.8	2.1	27.8	1.6	6 617	8 466
印度尼西亚	1 295	140.8	5.4	87.1	5.0	16 107	21 138
老挝	136	21.6	0.8	52.1	3.0	14 512	22 283
马来西亚	249	73.3	2.8	73.0	4.2	5 455	13 033
菲律宾	379	62.4	2.4	27.6	1.6	1 653	4 025
新加坡	103	50.6	1.9	35.5	2.1	775	1 632
泰国	223	33.3	1.3	28.7	1.7	2 781	4 234
越南	243	43.9	1.7	39.4	2.3	5 006	8 493
中国香港	290	80.6	3.1	63.7	3.7	2 284	2 869
中国澳门	80	33.7	1.3	13.2	0.8	1 009	1 594
巴基斯坦	444	70.6	2.7	96.7	5.6	8 537	16 857
智利	25	2.4	0.1	1.4	0.1	33	28
新西兰	14	3.3	0.1	2.5	0.1	124	85
秘鲁	111	16.6	0.6	11.1	0.6	3 006	9 576
哥斯达黎加	4	0.1	0.0	1.4	0.1	287	296
中国台湾	21	0.6	0.0	1.0	0.1	98	112
瑞士	5	0.6	0.0	0.2	0.0	66	57
韩国	27	8.3	0.3	13.4	0.8	46	100
澳大利亚	97	54.2	2.1	39.2	2.3	107	173
格鲁吉亚	11	5.0	0.2	3.0	0.2	793	1 768
马尔代夫	17	4.1	0.2	10.9	0.6	1 305	2 702
毛里求斯	27	3.0	0.1	1.2	0.1	146	540
日本	82	4.2	0.2	3.6	0.2	17	488
合计	4 508	833.3	32.0	661.8	38.3	75 601	125 973
总值	11 932	2 602.5	100.0	1 729.0	100.0	211 478	368 063

注：2019 年中国在冰岛没有承包工程。

数据来源：中国商务年鉴。

附表 6　2019 年中国在自贸伙伴市场劳务合作情况

单位：万美元；%；人

自贸伙伴	新签劳务人员合同工资总额	占比	劳务人员实际收入总额	占比	派出人数	年末在外人数
东盟	61 296	13.3	104 336	16.4	44 272	118 196
文莱	373	0.1	1 638	0.3	884	1 240
缅甸	20	0.0	343	0.1	387	897
柬埔寨	1 727	0.4	406	0.1	475	1 933
印度尼西亚	2 595	0.6	2 135	0.3	2 249	3 845
老挝	632	0.1	1 429	0.2	418	2 691
马来西亚	1 897	0.4	3 098	0.5	2 123	6 580
菲律宾	293	0.1	1 055	0.2	580	572
新加坡	51 381	11.2	92 403	14.5	35 756	96 949
泰国	464	0.1	808	0.1	643	880
越南	1 914	0.4	1 021	0.2	757	2 609
中国香港	35 613	7.7	105 387	16.6	50 061	60 809
中国澳门	139 639	30.4	153 020	24.1	65 815	134 728
巴基斯坦	1 516	0.3	1 103	0.2	1 002	1 684
智利	0	0.0	300	0.0	196	381
新西兰	1 393	0.3	851	0.1	481	987
秘鲁	0	0.0	156	0.0	0	331
哥斯达黎加	34	0.0	35	0.0	20	26
中国台湾	3 392	0.7	13 706	2.2	8 483	9 718
瑞士	0	0.0	49	0.0	0	12
冰岛	12	0.0	414	0.1	440	812
韩国	3 912	0.9	4 727	0.7	1 947	9 706
澳大利亚	2 901	0.6	3 654	0.6	239	1 351
马尔代夫	273	0.1	1 899	0.3	1 510	1 517
毛里求斯	0	0.0	44	0.0	0	454
日本	146 845	31.9	117 308	18.5	41 324	143 662
合计	396 826	86.3	506 989	79.8	215 790	484 374
总值	459 879	100.0	635 169	100.0	276 012	624 077

注：2019 年中国在格鲁吉亚没有劳务合作。

数据来源：中国商务年鉴。

附表 7　2019 年 RCEP 成员经济社会发展情况

国家	国土面积（万平方公里）	年中人口数（万人）	国内生产总值（亿美元）	人均国内生产总值（美元）	出口（亿美元）	进口（亿美元）	外商直接投资（亿美元）	对外直接投资（亿美元）
中国	960.0	139 772	143 429	10 262	24 990	20 771	1 412	1 171
文莱	0.6	43	135	31 087	65	44	3	—
柬埔寨	18.1	1 649	271	1 643	141	221	37	1
印度尼西亚	191.4	27 063	11 192	4 136	1 675	1 707	234	34
日本	37.8	12 626	50 818	40 247	7 055	7 207	146	2 266
韩国	10.0	5 171	16 424	31 762	5 422	5 033	106	355
老挝	23.7	717	182	2 534	59	60	6	—
马来西亚	33.0	3 195	3 647	11 415	2 382	2 050	77	63
缅甸	67.7	5 405	761	1 408	174	180	28	
菲律宾	30.0	10 812	3 768	3 485	703	1 128	50	7
新加坡	0.1	570	3 721	65 232	3 908	3 593	921	333
泰国	51.3	6 963	5 437	7 808	2 462	2 366	41	118
越南	33.1	9 646	2 619	2 715	2 643	2 539	161	5
澳大利亚	774.1	2 536	13 927	54 907	2 716	2 216	362	54
新西兰	26.8	492	2 069	42 085	395	422	54	−2
RCEP 15	2 258	226 659	258 398	11 400	54 790	49 537	3 669	4 379
RCEP 15 占世界比重	17.1%	29.5%	29.4%	99.7%	29.0%	25.8%	23.8%	33.3%

数据来源：中国统计年鉴。

参考文献

[1] 李光辉，袁波，王蕊 .2016 中国自由贸易区发展报告 [M]. 中国商务出版社：北京，2017.

[2] 王蕊，李光辉，袁波 .2018 中国自由贸易区发展报告 [M]. 中国商务出版社：北京，2018.

[3] 李光辉，袁波，王蕊 .2019 中国自由贸易区发展报告 [M]. 中国商务出版社：北京，2019.

[4] 顾学明，李光辉：TPP 百问 [M]，中国商务出版社：北京 .2016.

[5] 袁波，李光辉，王蕊 . 中国自由贸易区战略研究 [M]. 中国商务出版社：北京，2016.

[6] 张永涛；杨卫东：《日本主导 CPTPP 的动机及我国的对策分析》，《现代日本经济》2019－07－01.

[7] 庞中英主编：《全球治理的中国智慧 Aisa infrastructure investment bank》北京：人民出版社 2016.

[8] 孙丽：《日本主导国际经贸规则制定的战略布局——兼谈日本在大阪峰会上的得与失》，《日本学刊》2020 年第 4 期 .

[9] 肖琬君，冼国明 .RCEP 发展历程：各方利益博弈与中国的战略选择 [J]. 国际经济合作，2020，No.404（2）：14－27.

[10] 张季风　王厚双　陈新　倪月菊　张玉来　姜跃春　刘轩　江瑞平　贺平　钟飞腾：《关于日欧 EPA 的深度分析：内容、诉求及影响》2019－01－18.

[11] 筱田邦彦："中美贸易摩擦背景下日本的印太合作及 RCEP 动向"，收入张季风主编《日本经济蓝皮书（2020）》（社会科学文献出版社，2020 年 9 月出版）.

[12] 国际货币基金组织（IMF）：《世界经济展望》，2020 年 10 月 .

[13] 佐野淳也：「中国と周辺諸国との経済連携の進展——带一路構想の現状評価の一環として」「環太平洋ビジネス情報」RIM 2017 Vol.17 No.64　59－75.

[14] ジェトロ：「TPP 特恵で関税を引き下げるための実務とは（1）（ニュージーランド）～通関時の書類要件は重くないものの、積送基準に注意：地域・分析レポート」掲載日：2019－06－22.

[15] 帝国データバンク：「CPTPPに関する企業の意識調査（2018 年 12 月）～

CPTPP、企業の53.4%が（日本に必要）」。掲載日：2019—01—22.

[16] 林秀毅：「ブレグジットと日欧EPA—国際的データルールの形成へ—」，欧州経済・金融リポート2019/02/12.

[17] 国务院．国务院关于加快实施自由贸易区战略的若干意见[EB/OL]. http：//www.gov.cn/zhengce/content/2015—12/17/content_10424.htm，2015—12—17.

[18] 新华社．中华人民共和国国民经济和社会发展第十三个五年规划纲要[EB/OL]. http：//www.gov.cn/xinwen/2016—03/17/content_5054992.htm，2016—03—17.

[19] 新华社．决胜全面建成小康社会夺取新时代中国特色社会主义伟大胜利——在中国共产党第十九次全国代表大会上的报告[EB/OL]. http：//www.gov.cn/zhuanti/2017—10/27/content_5234876.htm，2017—10—27.

[20]《中国—东盟自由贸易区全面建成十周年实施报告》[EB/OL]. http：//www.gov.cn/xinwen/2020—11/13/5561364/files/2f4b31e37f4f4550bf83205c8313f1d4.pdf，2020—11—13.

[21]《2020年人民币东盟国家使用情况报告》[EB/OL]. http：//dfjrjgj.gxzf.gov.cn/gzdt/yw/t6243904.shtml，2020—09—14.

[22] State Bank of Pakistan. Gross Domestic Product of Pakistan [EB/OL]. http：//www.sbp.org.pk/ecodata/GDP_table.pdf，2020—09—04.

[23] State Bank of Pakistan. Statistical Bulletin [EB/OL]. https：//www.sbp.org.pk/reports/stat_reviews/Bulletin/2020/Aug/ExternalSector.pdf，2020—08.

[24] 巴基斯坦投资委员会发布三年期投资促进战略[EB/OL]. http：//pk.mofcom.gov.cn/article/jmxw/202008/20200802997075.shtml，2020—08—28.

[25] 中国自由贸易区服务网：http：//fta.mofcom.gov.cn/.

[26] 美国贸易谈判代表处：https：//ustr.gov/trade—agreements/free—trade—agreements.

[27] 加拿大全球事务部：https：//www.international.gc.ca/.

[28] 欧盟网站：https：//ec.europa.eu/.

[29] 东盟秘书处：https：//asean.org.

[30] 澳大利亚外交与贸易部：https：//dfat.gov.au/trade/agreements/pages/trade—agreements.aspx.

[31] 新西兰外交与贸易部：https：//www.mfat.govt.nz/en/trade/free—

trade—agreements/.

［32］韩国产业通商部：http：//english. motie. go. kr/www/main. do.

［33］日本外务省：https：//www. mofa. go. jp/policy/economy/fta/.

商务部国际贸易经济合作研究院
亚洲研究所

商务部研究院亚洲研究所长期跟踪中国与亚洲经贸合作、区域经济一体化（自由贸易协定、国际经贸规则）、地方经济与开放发展（国际合作园区、自由贸易试验区、沿边开放）等领域研究，连续多年发布并出版《中国自由贸易发展报告》，与博鳌亚洲论坛等机构共同发布了旗舰报告《自由贸易协定：亚洲的选择》。2015年以来，累计完成100多项来自国家部委和地方政府的委托研究课题项目，为中央、部委和地方等政策制订和决策咨询提供了大量研究支持，受到委托方和社会各界的广泛好评。有关自由贸易协定、“一带一路”、沿边开放、经贸规则等领域的相关研究成果多次获得中央领导批示和全国商务发展成果奖。

在亚洲国别及“一带一路”研究领域，代表性成果包括中日、中韩、中蒙、中印等经贸合作发展规划以及《中国—新加坡共建国际陆海贸易新通道合作规划》《关于中日第三方市场合作的研究》《“一带一路”六大经济走廊建设研究》《促进中日韩供应链互联互通》《促进10+3供应链互联互通》《中国对韩经贸合作战略以及中国对外经济政策中韩国的地位》等。

在自由贸易协定及其经贸规则研究领域，代表性成果包括《中国自由贸易区发展报告》《中国自由贸易区战略研究》《TPP百问》《参照TPP规则高标准，建设我国高水平自贸区战略研究》《加快实施自贸区战略的重大理论和实践创新研究》《今后一个时期自贸区谈判的策略研究》《国际经贸规则与自贸区建设研究》《TPP规则条款研究》《RCEP与中日韩自贸区未来发展研究》《TPP达成后推进RCEP谈判的总体考量》《CPTPP研究》《自贸区与产业开放研究》《东亚区域/东盟对外签署的自由贸易协定比较研究》，以及RCEP、亚太贸易协定、中国—东盟、中蒙、中尼、中马、中挪等自由贸易协定谈判可研或技术支持等。

在地方经济与开放发展研究领域，侧重于沿边省份对外开放、边境经济合作区、跨境经济合作区等开放平台研究，各地自贸试验区、国际合作园区等方案规划、制度创新与发展评估研究等。代表性成果包括《国际高标准贸易投资规则的演变与自贸试验区制度创新研究》《商务发展“十三五”规划中期评估》《沿边开发开放规划》《边境地区城市布局建设发展研究》《中韩产业园总体规划》《中日韩服务贸易（济南）创业创新园战略实施方案研究》《济南市构建开放型经济新体制试点城市的总体方案》《中国（河北）自贸试验区曹妃甸片区总体方案》《广东自贸试验区横琴新区片区打造高水平对外开放门户枢纽行动方案研究》《中国（陕西）自由贸易试验区西安区域产业发展规划》《中国（山东）自由贸易试验区青岛片区对外开放发展规划》《泛北论坛发展中期规划和升级转型方案》《对外开放助推东北地区振兴问题研究》等。